〈口絵1〉 バンクーバーの保険代理店連続強盗の犯人居住確率図 (p.210, 240参照)

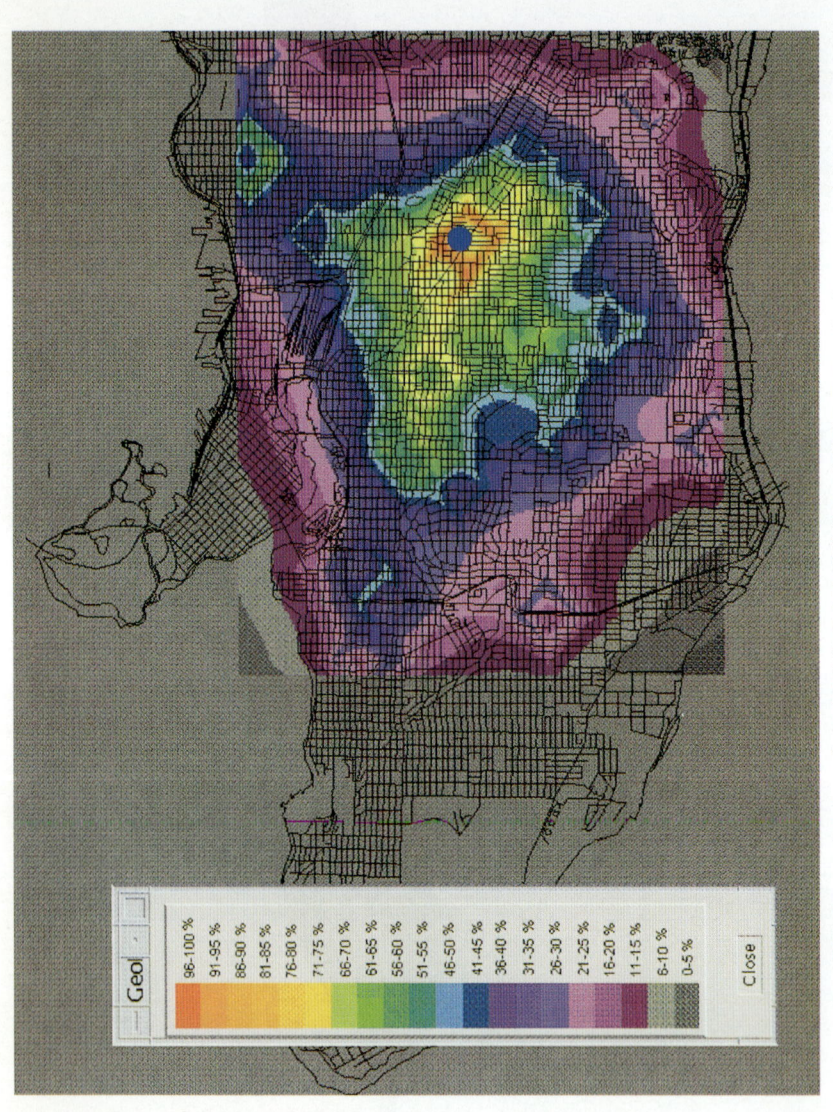

<口絵2> バンクーバーの保険代理店連続強盗のジオプロファイル (p.210, 240参照)

〈口絵3〉 ラファイエットのサウス・サイド強姦事件の犯人居住確率図 (p.234参照)

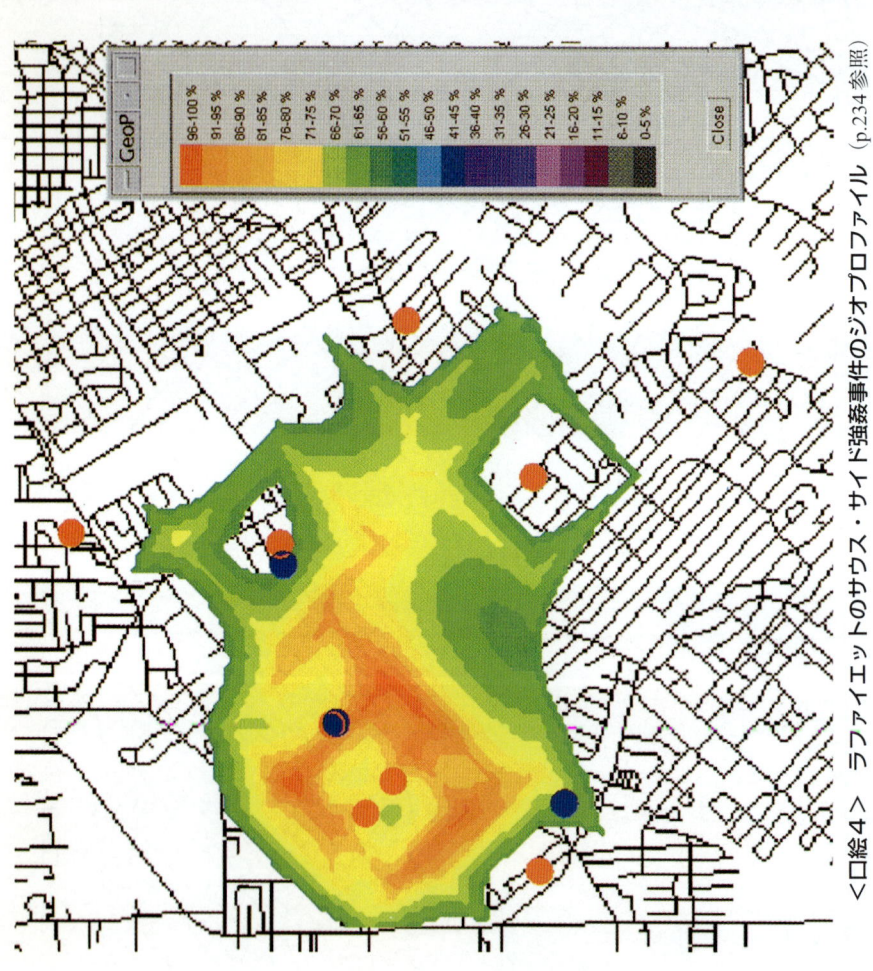

〈口絵4〉 ラファイエットのサウス・サイド強姦事件のジオプロファイル (p.234参照)

地理的プロファイリング

凶悪犯罪者に迫る行動科学

D・キム・ロスモ 著
科学警察研究所防犯少年部長
渡辺昭一　監訳

北大路書房

GEOGRAPHIC PROFILING

D. Kim Rossmo

CRC Press
Boca Raton London New York Washington, D. C.

GEOGRAPHIC PROFILING by D. Kim Rossmo
Copyright © 2000 CRC Press LLC
Japanese translation published by arrangement with CRC Press LLC
through The English Agency (Japan) Ltd.

<口絵1> バンクーバーの保険代理店連続強盗の犯人居住確率図 (p.210, 240参照)

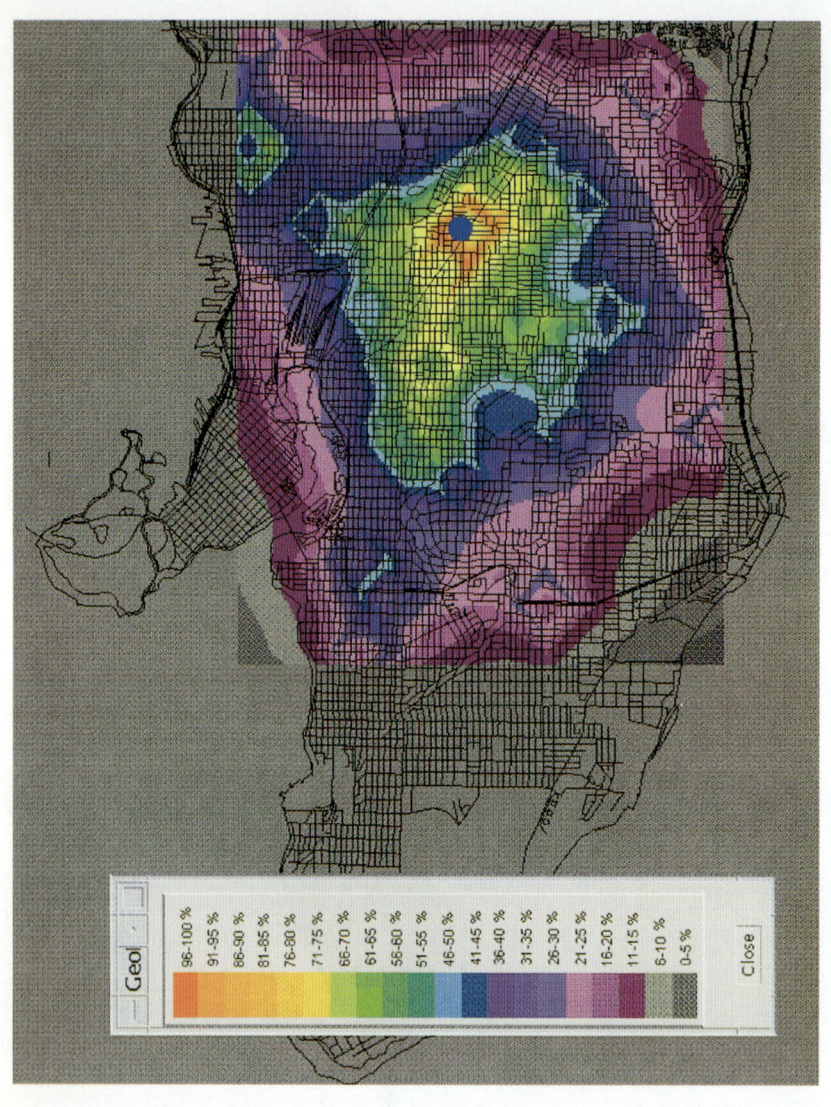

<口絵2> バンクーバーの保険代理店連続強盗のジオプロファイル (p.210, 240参照)

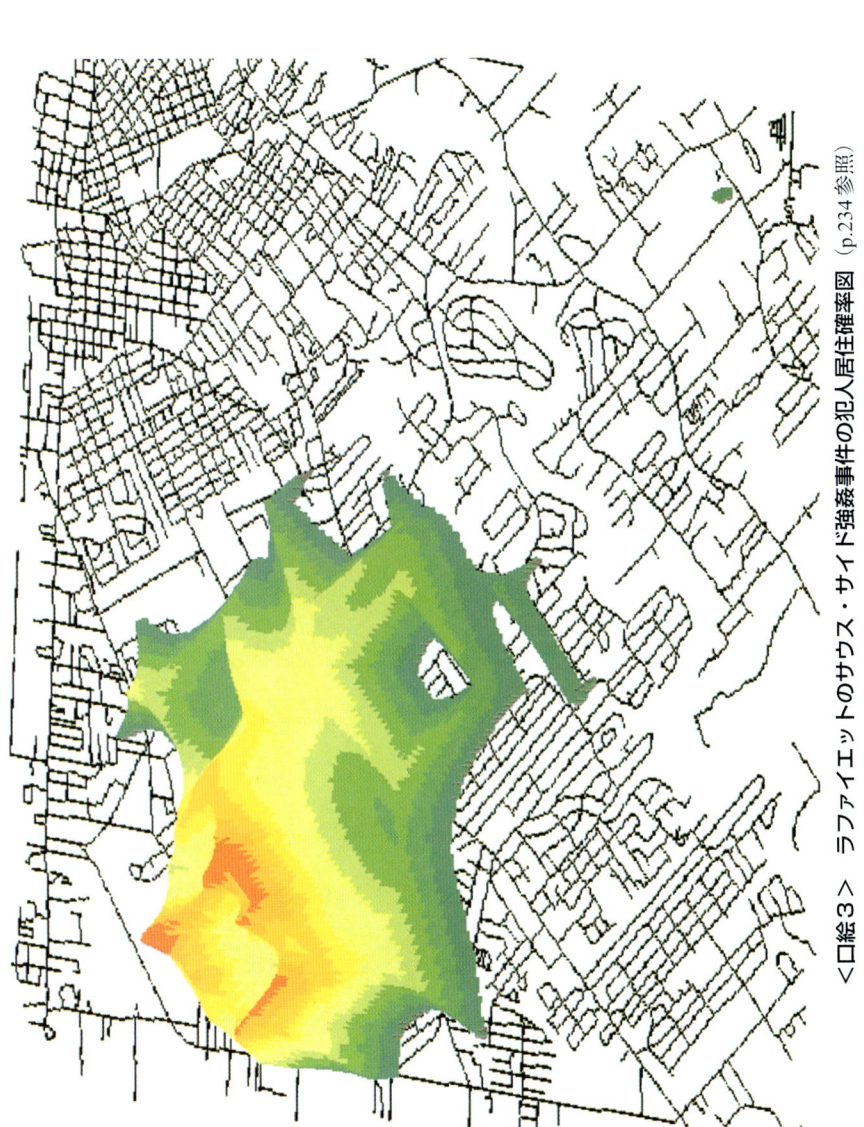

<口絵3> ラファイエットのサウス・サイド強姦事件の犯人居住確率図 (p.234参照)

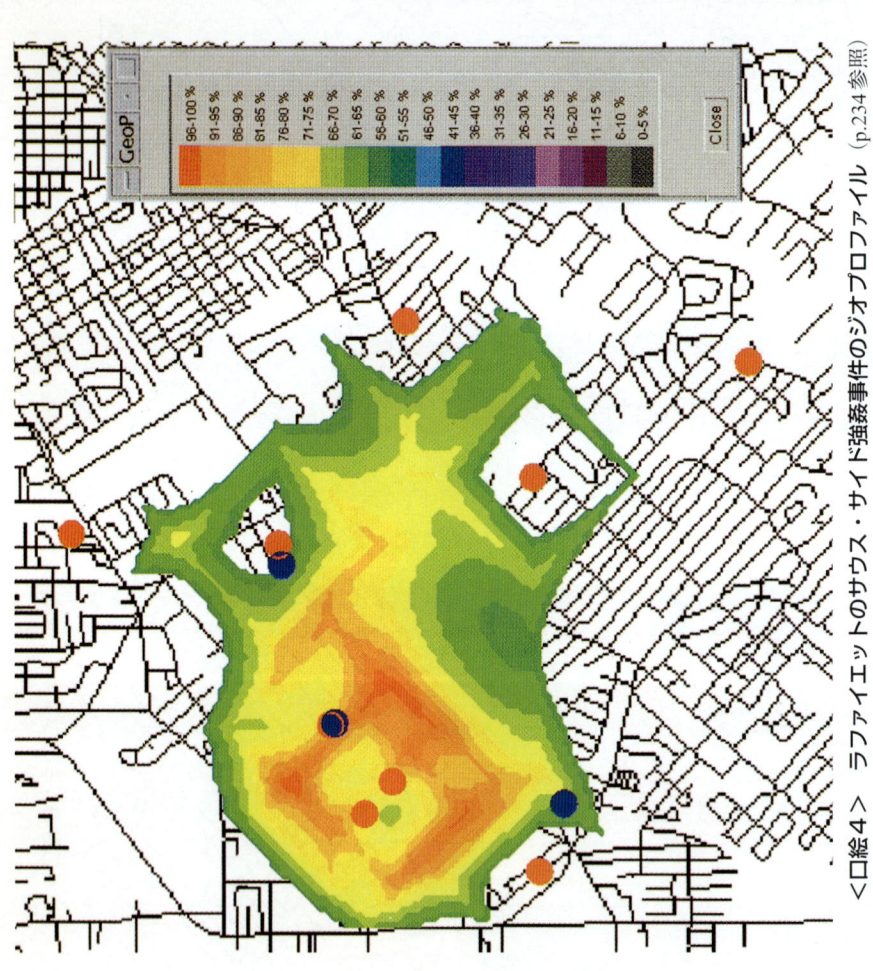

<口絵4> ラファイエットのサウス・サイド強姦事件のジオプロファイル (p.234参照)

地理的プロファイリング

凶悪犯罪者に迫る行動科学

D・キム・ロスモ 著
科学警察研究所防犯少年部長
渡辺昭一　監訳

北大路書房

GEOGRAPHIC PROFILING

D. Kim Rossmo

CRC Press
Boca Raton London New York Washington, D. C.

GEOGRAPHIC PROFILING by D. Kim Rossmo
Copyright © 2000 CRC Press LLC
Japanese translation published by arrangement with CRC Press LLC
through The English Agency (Japan) Ltd.

日本語版への序

　地理的プロファイリングは，カナダにおいて世界で初めて開発されたものであるが，そのルーツは遠く離れた日本の地にもある。1991年5月，東海道新幹線に乗って東京から南に向かっていたときのことである。車窓から田舎の風景をじっと見ていると，地理的プロファイリングで使われている基本分析アルゴリズムのアイデアが浮かんだ。あわてて，車内販売でもらった紙ナプキンに数式を書きとめ，私は，そのメモをなくさないように荷造りして，カナダへ持ち帰ったのである。帰国してからは，その数式を9か月かけてコンピュータにプログラミングした。そして，次に私を待ちかまえていたシステムの実証試験には，3年以上を費やした。犯罪捜査への地理的分析の貢献という観点からみると，結果はそれだけの努力を払うのに十分価値のあるものであった。

　おそらくこの発見の経過は，異国での方向感覚の喪失，列車のリズムによる無意識の覚醒，目新しい風景による刺激によって促進されたものであろう。我々の精神は，新しくてふだんと異なるものを扱わなければならないとき，より創造性を発揮したり，発明を思いついたりしやすくなるのかもしれない。もしそうであれば，より多くの旅に出ることで―より多く列車に揺られることによって―我々の社会は様々な恩恵を受けることになろう。

　日本語版を読んでいただくと，これまで他の国でも議論されてきた点について，疑問に思われるかもしれない。すなわち地理的プロファイリングは，北アメリカ以外で適用可能なのかということである。南アフリカ共和国ヨハネスブルグの廃石場，ドイツの古都リューベックの曲がりくねった通り，カタールのドーハにある高塀に囲まれた家並みは，我々にとってどれほど異質なものであろうか？　北アメリカでは，人間の空間行動に何か独特のものがあるのだろうか？　西洋人の犯罪者と東洋人の犯罪者は違うのだろうか？

　こうした問いの答えには2つのポイントがある。第1に，北アメリカ内での環境の多様性はきわめて大きい。大都会，田舎，古いもの，新しいもの，歩行者からの景観，自動車からの景観，といったものを包含している。迷路のようなボストンの旧市街は，碁盤の目のようなシカゴとは対照的であり，ロサンゼルスの高速道路網は，ニューヨークの地下鉄網とはずいぶんと違うものである。つまり，北アメリカ内の環境の多様性は，他の国々がもつ多様性に匹敵するものである。

　第2に，人間は差異よりも類似している点が多いことがしだいに認められるようになっていることがあげられる。人類学者はこれを一般化可能性と呼び，これ

がなければ我々が異なる時代やはるか遠方の地域に住む人々や文化を理解することがけっして望めないことになる。しかし，新奇な状況がユニークな特徴を生み出すことがあるのもまた真実である。人間の空間行動の多様性は，文化的人種的影響よりも，物理的環境の働きによる部分が大きい傾向がある。犯罪者は自身の状況を利用し，異なる環境は異なる機会を与える。ロシアの殺人犯は，ウォッカをふるまうといって貧しい者を罠にかける。オランダの強姦犯は，アムステルダムの行き止まりが少なく通り抜けしやすい道路を自転車で走る。メキシコの凶悪犯は，ファレスのバス停で，マキラドーラ^{訳注}へ通勤する若い女性をつけねらう。

◆――――訳注：保税加工制度。ここではそれを利用した工場，工場地帯を指す。

ここに理論の優位性がある。犯罪地理に影響を与える主たる要因—環境，犯行対象，犯罪者—がわかれば，我々は状況の多様性を補正することができる。これまで地理的プロファイリングは，北アメリカ，ヨーロッパ，アジア，アフリカ，オーストラリアで成功をおさめてきた。また各種の犯罪や犯罪場所で有効であった。本書が，日本における犯罪地理に関する思考，研究，議論を引き起こすことによって，新しい知見が得られることを切に期待したい。

2002／08／05
D・キム・ロスモ

監訳者まえがき

　本書はD. Kim RossmoによるGeographic Profiling (CRC Press, 2000)の全訳である。

　著者のキム・ロスモは，本書の著者紹介にもあるように，カナダ・バンクーバー市警察における21年以上にわたる警察官としての経歴のなかで，組織犯罪情報分析，緊急対応，警ら，犯罪予防，地域連絡調整の各課に勤務した後，バンクーバー市警察本部の地理的プロファイリング課を最後に警察を退職した。この間，1995年にサイモンフレーザー大学で，「地理的プロファイリング：性的殺人者の犯行行動（Geographic Profiling: Target Pattern of Sexual Murderers）」という学位論文により犯罪学の博士号を取得している。この論文は，被害者との接触，襲撃，殺害，死体の遺棄場所を含む，犯罪に関連した様々な地理的な地点の分析を通して，連続殺人犯が被害者を物色，襲撃する際の空間パターンについて研究したものである。おそらく彼は，カナダで博士号を取得した最初の現役の警察官であろう。

　現在，彼はワシントンD.C.にある警察財団の研究部長の要職にある。この他にも，サイモンフレーザー大学の非常勤講師，国際的な学術雑誌「殺人研究（Homicide Studies）」の編集委員，カナダ凶悪犯罪分析官協会の副会長，国際警察本部長協会捜査支援委員会の委員でもある。また，裁判における専門家証人として認定されており，連続犯罪者の行動パターンや地理的プロファイリングについて，専門家の立場からの証言を行なっている。

　キム・ロスモは，警察官としての職務のかたわらサイモンフレーザー大学において，犯罪学者であるポール・ブランティンガム教授とパトリシア・ブランティンガム教授夫妻によって開発された犯行地点選択モデルを用いて連続殺人犯の犯行行動のパターンを分析し，犯罪者の行動と犯罪現場の位置との関係を概念化しようとした。この研究と警察官としての経験から得られた知見が，その後，連続凶悪犯罪捜査のための情報管理戦略である地理的プロファイリングの開発へと導いたのである。

　キム・ロスモの連続凶悪犯罪の捜査に対する重要かつ革新的な新戦略は，バンクーバー市警察本部地理的プロファイリング課を通して，しだいに世界的な注目を集めていった。地理的プロファイリングは，アメリカやカナダ，イギリスを始めとするヨーロッパ諸国，オーストラリアなどの警察組織で積極的に活用されるようになり，今や，連続凶悪犯罪の捜査において捜査現場に提供される一般的な

支援サービスとなっている.

　地理的プロファイリングは,一連の連続犯罪が行なわれた位置情報を用いて,犯人の居住地として最も可能性の高い地域を検出することであるが,この手法は,連続殺人事件はもちろんのこと,連続強姦や連続放火,連続爆弾事件などの捜査にも適用できる.推定犯人居住地域というプロファイリングの結果は,様々な警察の捜査戦略の基盤として用いることが可能である.たとえば,捜査対象地域内の容疑者や情報の優先順位づけ,犯罪者プロファイリングと併用することによる容疑者の絞り込み,パトロールの重点や張り込み地域の決定,住所情報に基づく警察情報システムの検索,緊急配備計画の立案などである.しかし,本書の中でキム・ロスモ自身が何度も強調しているように,地理的プロファイリングは事件を解決する手法ではなく,重大事件の捜査において蓄積される膨大な量の情報を管理する手法と最適な捜査戦略を提供することによって,捜査の意思決定を支援するための「道具」の1つにすぎないと認識すべきであろう.

　地理的プロファイリングのような犯罪関連情報の捜査への戦略的活用がここ10年あまりの間に急速に発展してきた背景には,近年の犯罪捜査を取り巻く主に2つの状況があろう.1つは,捜査環境の悪化による捜査力の低下である.自動車の大衆化と道路交通網の整備による移動性の増大とスピード化,携帯電話やインターネットの普及による情報入手の容易さ,都市における住民の流動化,都会の中での匿名性,個人のライフスタイルの多様化,大量流通の進展などの要因によって,「人からの捜査」や「物からの捜査」がいっそう困難になるなど,捜査環境はますます厳しさを増している.もう1つは,凶悪犯罪の増加とその質的変化による捜査の困難化,長期化の問題である.地理的プロファイリングを必要とするような事件は,子どもや女性が被害者となり,犯人と被害者とに面識のない,しかも連続して発生する凶悪事件である.犯人と被害者との間に人間関係のない,いわゆる「流し」の犯行の場合には犯人に結びつく手がかりが得られにくく,捜査は困難をきわめる.また,このような重大犯罪の捜査では,窃盗などの頻繁に発生する犯罪の捜査よりも大量の情報が蓄積されるため,当然,捜査は長期化し,高コストとなる.捜査力の低下,捜査の困難化,長期化に対応するための「犯罪関連情報の捜査への戦略的活用」は,まさに時代の要請に応えるものであったと言えよう.

　一方,わが国の刑事司法は,1980年以来の犯罪率の上昇と最近10年間の急激な検挙率の低下に直面している.2001年の犯罪情勢を端的に表現すれば,「1日に約7,500件の犯罪が認知され,そのうち被疑者が検挙されるのは1,500件であり,6,000件が未検挙である」ということになろう.また,近時,東京と埼玉における連続幼女誘拐殺人事件,神戸市のいわゆる「酒鬼薔薇事件」,松本サリン事件

と東京地下鉄サリン事件，東京八王子市のスーパー女子店員強盗殺人事件，大阪の池田小学校児童殺傷事件，東京世田谷区の一家4人殺人事件など，過去に例を見ないほどの連続殺人，大量殺人などの凶悪犯罪が発生している。このような状況から，わが国においても地理的プロファイリングを始めとする犯罪情報分析の先進国である欧米の国々をモデルにした，新たな犯罪捜査の戦略的システムの構築が真剣に求められるようになった。訳者らが所属している科学警察研究所防犯少年部は警察庁の付属機関であり，犯罪・非行問題を総合的に扱う日本で数少ない研究組織である。本書で紹介されている地理的プロファイリング，犯罪者プロファイリング，クライムマッピングについても日本の犯罪情勢を踏まえた研究を行なっている。将来的には，これらの手法に基づく犯罪情報分析と捜査支援を行なう専門の組織が，国や地方の警察機関に設置されることが望まれる。

　本書の主な読者は，犯罪捜査に携わる警察官と犯罪学・心理学・地理学の研究者を想定しているが，犯罪問題に関心のある大学生や一般の読者にも十分に興味を引く内容である。本書の著者は，地理的プロファイリングの第一人者であり，また警察官であったことから捜査に実践的な例が豊富に示されており，地理的プロファイリングの格好の入門書であり，具体的実践の参考書となると思われる。本書が多くの人に読まれて，わが国の刑事司法が直面する問題の解決にいささかでも寄与することができれば翻訳した苦労も報われよう。

　本書の訳出は，3人の訳者のプロファイリングについての勉強会が発端であり，わが国には地理的プロファイリングに関するまとまった本はなく，翻訳する意義のあるまったく新しい本であるということで出版が企画されたものである。当時，科学警察研究所防犯少年部長の田村雅幸氏の監訳で北大路書房から『犯罪者プロファイリング―犯罪行動が明かす犯人像の断片』という本が出版されており，本書の続編として田村氏の監訳で北大路書房から出版することとなった。しかし，その後，田村氏は病に倒れ，2001年12月に田村氏を病院にお見舞いした折に，当初の出版予定を大幅に遅れてしまい，これ以上出版社に迷惑をかけられないので監訳者を引き受けてほしいということで，筆者が監訳を引き受けたしだいである。田村氏は病臥後快方に向かうことなく，ついに2002年1月に逝去された。彼の企画のおかげで本書が日の目を見ることができたことを記し，ここに感謝の意を捧げご冥福を祈りたいと思う。

　本書の翻訳分担は，1章，2章，5章，8章，9章は渡邉和美，3章，7章，10章，12章は鈴木　護，4章，6章，11章は島田貴仁が担当し，全章の原稿および校正刷りについて監訳者が原文と照らし合わせて，訳語および全体の統一をはかった。また，序文，緒言および著者紹介は渡邉和美，謝辞と日本語版序文は鈴木

護，巻末の用語集は島田貴仁が担当し，詳細な語彙の調整は訳者全員で行なった。本書の翻訳担当者は，それぞれ犯罪者プロファイリング，地理的プロファイリング，GIS を応用した犯罪情勢分析等の分野を専門とする新進気鋭の研究者である。さすがに，できあがった原稿は期待に応えたものであった。

　訳出するのに予定の期間がはるかに過ぎてしまい，北大路書房へはたいへんなご迷惑をおかけしたが，絶えず激励を惜しまれなかった編集部の奥野浩之氏に深甚なる謝意を表するものである。また，日本語版への適切な序文を快くお寄せくださったキム・ロスモ博士に対して心からの感謝の意を表したい。そして，本書のカバーデザインを快く引き受けてくださった福島県警察本部科学捜査研究所の三本照美氏に対して心からお礼を申し上げたい。

　末尾ながら本書を本年1月に突然逝去された，わが国におけるプロファイリング研究の先駆者であり，捜査心理学研究を志す筆者の友人であった前科学警察研究所防犯少年部長・田村雅幸氏の御霊に捧げたい。

2002年7月

監訳者　渡辺昭一

# 序　文

犯罪学は成熟する

　科学的な犯罪学は，犯罪地図にその起源があり，系統的な犯罪研究が初めて大規模に行なわれたのは犯罪地図製作についてであった。これは19世紀初頭のフランスとイギリスにおいて有罪判決を受けた犯罪者を追跡するために作成された記録システムによって可能になったものである。人口統計学的，経済的，社会的なデータに関する地図と，犯罪地図とを照合することで，犯罪地図研究において「一般に，犯罪は若者，男性，貧困層，低教育水準層という属性と関連している」という重要かつ永続的な科学的事実が確立された。20世紀初頭のアメリカの主要都市における犯罪パターンの地図は，19世紀の知見を再確認したうえで，犯罪発生地点と犯罪者居住地が都市形態と交通網によって予測される場所に集中しており，そういった場所には地域の社会組織がほとんど存在しないという知見が加えられた。

　これらの幅広い犯罪学的知見は，犯罪減少に向けて様々な対処政策をもたらした。犯罪と若者との間に相関関係が見いだされたことで，若年犯罪者には少年審判や処罰の軽減，特別教育プログラムといった特別な対処が取られるようになった。犯罪と男性との間の相関の発見からは，男性を対象とした集団スポーツプログラムや熟練工養成のための職業訓練，カウンセリングといった特別プログラムが作られた。最も顕著な変化としては，犯罪と貧困に相関があることが判明した結果，貧困の排除を目的とした計画が導入され，困窮地区の社会組織を改善することをめざした社会的介入が行なわれたことがあげられる。これらの計画は1960年代から1970年代に主に実行され，多くの予算が投入された。その指導的役割を果たしたアメリカの「貧困撲滅政策」では，貧困の撲滅がもともと望ましいものではあるが，それに加えて犯罪を減少させるであろうという見込みのもとに予算が組まれた。

　しかし，犯罪は減少しなかった。凶悪犯罪，財産犯罪ともに犯罪発生率は大きく上昇した。1960年から1980年までに，犯罪発生率はアメリカとカナダの両方で3倍に増加した。イングランドとウェールズでは，同じ期間に暴力犯罪の発生率は5倍になった。その時期に犯罪学は，警察にとって有益な知見をほとんど提供できなかった。

　何が間違っていたのか。犯罪地図研究に関する初期の解釈はなぜ間違いにつながったのか。本書はなぜ重要な是正策となるのか。

可逆的法則

　地図は重要な分析ツールである。莫大な量の情報を理解しやすい形で表示できるが，同時に間違った解釈に導くこともある。空間的な傾向を示すために，地域ごとの平均値を示した地図が使われることがあるが，その代償に，重要な情報である地域内の分散がそうした地図では読みとれなくなってしまう。これは，ある地域の平均値が，その地域内における個々の地点の分布をすべて説明すると仮定してしまうことによる。

　地図作成の落とし穴は，より広い問題である生態学的誤謬—集計し平均した値を用いて個々を説明しようとする問題—の一部分だと考えるべきである。たとえば，貧しい地域で犯罪発生率が高いことが犯罪地図で示された場合，2つの間違った結論が導き出されることがある。1つは，その地域の人々のほとんどが犯罪者であるということである。もう1つは，その人々は貧しいために，犯罪者となっているということである。事実，個人に関する研究によると，犯罪発生率の高い地域に住んでいたとしても，貧しい人々のほとんどが犯罪者ではないことが示されている。個々の犯罪者に関する研究は，少なくとも貧困が人々を犯罪に走らせるのと同程度に，犯罪者としてのライフスタイルをとることが貧困につながることを示している。

　生態学的誤謬にしばしば惑わされたがために，科学としての犯罪学は犯罪統制の専門家の世界にほとんど何も貢献しなかった。犯罪統制，そして警察では特に，全体的状況の改善はもちろんのこと，個々の問題解決の助けとなるような処方箋が必要である。それには逆転の発想を必要とする。

　ここで，相関関係の双方向を予測できる関係式を用いて説明したい。初等物理の基本方程式 $F = mv$ を例として示す。力は，質量と速度の積に等しい。これは，ある弾丸が標的に当たる時の力は，その質量と速度から計算できることを意味する。この計算式は比例式（左辺と右辺が交換可能）であるから，代数的な演算により，質量と的に当たった時の力から弾丸の速度が計算できるし，的に当たる時の力と速度からその質量が計算できる。

　しかし犯罪学の知見の多くは，不可逆的な因果関係として記述されている。たとえば，ほとんどの犯罪者は貧しい地域に住んでいるが，貧しい人々のほとんどは犯罪者ではない。侵入盗犯のほとんどは若者であるが，ほとんどの若者は侵入盗を行なわない。深刻な児童虐待者のほとんどが子ども時代に自身も虐待を受けているが，虐待を受けた子どものほとんどは大人になったときに児童虐待を行なわない。その結果，犯罪学は歴史的に，犯罪の解決や犯罪者の再犯危険性の予測，コミュニティにおける犯罪不安感の減少に役立つものをほとんど提供してこなかった。

キム・ロスモは本書において，まさに交換可能な犯罪学の新しい知見と，法則とを手際よく示してくれる。

環境犯罪学と犯罪統制への道

　環境犯罪学では，潜在的な犯罪者が，犯罪を促進する限られた条件のもとで，潜在的な犯行対象と特定の時空間で出会うことで初めて犯罪が発生するとみなしている。この分野での研究が着目してきたのは，より一般的な社会的習慣行動を背景とした，犯罪者と犯行対象の行動の空間的パターンである。犯罪者も他の人々のように予測可能な習慣的な方法で動き回ることが一般的に示されている。犯行行程[訳注]は，仕事や買い物に出かけるのと類似しており，また，それらと同様の制約を受けている。この意味で，少なくとも，ほとんどの犯罪者は他の人たちと同じである。

◆――――― 訳注：「犯行行程（journey to crime）」とは，犯罪者の拠点から実際に犯行を行なった場所までの移動を意味する。

　環境犯罪学者は犯罪予防に多大な関心をもっている。彼らの研究は，人々の習慣的行動や空間行動パターンにあてはめる方法で，犯罪の発生しやすい場所を予測することを目的としている。状況的犯罪予防の技術によって，加害者と犯行対象となる被害者とを単に分け隔てるのではなく，被害に遭いやすい場所で彼らが接近遭遇することを防ぐことによって，犯罪の発生を防ごうとしている。

　本書で，キム・ロスモは，環境犯罪学から導き出され，現在，犯罪予防の分野で一般化されているモデルが，実際には逆もまた真であることを示している。犯罪者の日常生活での主な活動領域に関する知識に基づいた犯行地点予測モデルは，逆に考えれば，犯罪捜査の支援にも有効である。犯罪の発生地点は，犯罪者の活動パターンの空間的な痕跡を構成している。犯行行程モデルに基づく分析により，一連の犯行地点群から，捜査官は犯罪者の主な活動領域を知ることができるし，また，それらは捜査指揮の優先順位を決定する有効なツールともなる。そして，犯罪学はついに成熟する。それは犯罪統制のすべての側面に役に立つ法則を提供する。

　　　　　　　　　　　　　　　ポール・J・ブランティンガム
　　　　　　　　　　　　　　　サイモンフレーザー大学犯罪学教授
　　　　　　　　　　　　　　　カナダ，ブリティッシュコロンビア州バーナビー

目次

日本語版への序　i
監訳者まえがき　iii
序　文　vii
目　次　x
緒　言　xiii
著者紹介　xiv
謝辞・献辞　xv
表一覧・図一覧　xvii

1章　はじめに …………………………………………………1

2章　連続殺人 ……………………………………………………5
連続殺人　5
　　定義と類型／発生数と母集団，増大／理論／被害者学
子どもに対する殺人　32
殺人と距離　35

3章　連続強姦と連続放火 ……………………………………37
連続強姦　38
連続放火　47

4章　法行動科学 ………………………………………………53
捜査の困難性　53
警察の戦略　56
　　リンク分析／他の捜査戦術

5章　犯罪者プロファイリング ………………………………69
プロファイリングの発展　71
秩序型と無秩序型の犯行現場　73
プロファイリングの適用　75
批　判　77
評価研究　79
プロファイリングと確率　83
法廷での専門家証言　84
プロファイリングの将来　88

6章　行動地理学 ……………………………………………………91
- 移動と距離　91
- メンタルマップ　93
- 意識空間と活動空間　94
  - アンカーポイント
- セントログラフィー　96
- 最近隣分析　98

7章　犯罪地理学 ……………………………………………………101
- 地理学と犯罪研究　102
  - 犯行行程（journey-to-crime）の研究
- 環境犯罪学　114
  - ルーチン・アクティビティ理論／合理的選択理論／犯罪パターン理論

8章　犯行対象と犯行 ………………………………………………127
- 犯行対象のパターン　127
  - 場所と空間／狩り場／犯行対象の構造的背景／犯行地点／死体遺棄
  - 学習と転移／犯人の類型
- 犯行方法　140
  - 犯行対象の手がかり／人間狩り／探索と襲撃／犯罪者の犯行類型

9章　犯罪者のパターン ……………………………………………151
- 空間類型　151
- 連続殺人の地理学　158
  - 方法論／連続殺人犯の特徴／事例の解説
- 連続殺人犯の特徴　176
  - 犯人／被害者／場所／犯行分解／クラスター／犯行移動距離の増加

10章　地理的プロファイリング ……………………………………193
- 地図作成と犯罪分析　193
- 地理学と犯罪捜査　196
- 犯罪者居住地推定　203
  - 地理的犯罪者探索（CGT）／モデルの成績／妥当性，信頼性，実用性
- 地理的プロファイリング　218
  - プロファイリングの検討事項／地理的プロファイリングの実施手順
  - 実地研修課程／コンピュータシステム「リゲル」

11章　捜査における応用 ……………………………………………233
　戦略と戦術　233
　　　　　容疑者の優先順位づけ／警察情報システム／捜査本部の運営
　　　　　性犯罪者登録システム／行政・商用データベース／車両登録情報
　　　　　集中パトロールと張り込み／緊急配備計画／郵便の利用／聞き込み
　　　　　ニュースメディア／血液検査／ポリグラフ・緊張最高点質問法
　　　　　逃走場所／未発見の死体／裁判での証拠
　切り裂きジャック　243

12章　結　論 ……………………………………………………………251

付録A　FBI連続殺人者リスト　254
付録B　データコーディング用紙　261
用語集　264
文　献　269

緒　言

　地理的プロファイリングという分野に興味をもったのは，2つの理由による。第1は，バンクーバー市警察のスキッドロード[訳注]に新米警察官として配属された当時に，環境犯罪学，特にサイモンフレーザー大学のポール・ブランティンガム教授とパトリシア・ブランティンガム教授の考え方に強く関心をもったことによる。街にはホット・スポット（犯罪多発地域）があり，パターンがあり，リズムがある。薬物の売人は自分の縄張りで売買を行ない，売春婦は気に入った街角で商売し，逃走する犯罪者すら，それとわかる特徴的なパターンに従っている。

◆────── 訳注：スキッドロードは，バンクーバーの中心街の東側に位置し，カナダで最も貧しい地域となっている。そのため，「スキッドロード」は，都市部の貧しい水辺地区を示す言葉としても用いられるようになっている。

　第2に，20年以上警察官としてやってきてベテランとなった今，ほとんどの犯罪は犯罪者の立場から考えさえすれば，その動機を理解するのは難しくない，と私は思っている。しかし，連続して行なわれる凶悪犯罪は，人間のとる行動のなかでも極端に逸脱した，単純な説明を拒む暴力行為である。たとえわずかであろうと，彼らのような人間やその行為を理解することは気の滅入る難問である。

　地理的プロファイリングの研究とその発展は，学問と実践，学者と捜査の専門家を統合しようとする努力のもとに進められた。科学と捜査手法，実験と経験を融合することで，象牙の塔にも街中にも有益な何かが生まれることを望んでいる。

著者紹介 訳注

　キム・ロスモ博士はワシントンD.C.に置かれた警察財団（Police Foundation）の研究部長であり，以前はバンクーバー市警察本部地理的プロファイリング課に所属する警部階級の刑事であった。警察での21年以上の経歴を通じて，組織犯罪情報分析，緊急対応，警ら，犯罪予防，地域連絡調整の各課で働いてきた。犯罪学で博士号を取得し，警察業務，犯罪者プロファイリング，環境犯罪学の各分野で研究を行ない，論文を発表している。サイモンフレーザー大学の非常勤講師，国際学術雑誌「殺人研究（Homicide Studies）」の編集委員，アメリカ犯罪学会，刑事司法科学会の会員でもある。

　ロスモ博士はカナダ凶悪犯罪分析官協会の副会長，国際警察本部長協会捜査支援委員会の委員，カナダ警察協会の前副会長である。国際犯罪捜査分析官協会の会員であり，また西部犯罪学会の会員でもある。さらに1999年，地理的プロファイリングの手法を開発した功績で，サイモンフレーザー大学から優秀卒業生として表彰された。

　1991年に，日本とカナダの警察活動に関する比較研究プロジェクトに参与し，日本全国各地で交番勤務の警察官にインタビューを行なった。日本語にも翻訳されているジャクソンとベカリアンが編集した『犯罪者プロファイリング』（北大路書房刊）という本には「地理的プロファイリング」の章を執筆している。

　ロスモ博士は，現在，様々な研究，執筆活動，プロジェクトに携わっている。また，警察組織に対して，連続殺人，連続強姦，連続爆弾，連続放火事件に関する支援を行なっており，犯罪地理学や，連続犯罪者の犯行パターンについての法廷証人の専門家として認知されている。

◆─── 訳注：日本語版のために原著者が作成したものであり，原著とは内容が異なる。

謝　辞

　多くの研究と同様，本書も著者と著者以外の多くの方々との共同作品である。地理的プロファイリング手法の開発に関連した研究については，次にあげる方々の支援と助言をいただいた。サイモンフレーザー大学のポール・ブランティンガム教授，パトリシア・ブランティンガム教授，ジョン・ロウマン教授，トム・カルヴァート教授，ブリティッシュコロンビア大学のジョン・ユール教授，そしてラトガース大学のロナルド・クラーク教授に感謝を捧げたい。

　次の研究者や文献の著者の方々には励ましや支援をいただいた。カリフォルニア州立大学のエリック・ヒッキー教授，サンガモン州立大学のスティーヴン・エッガー教授，南イリノイ大学のジェームズ・ルボー教授，テンプル大学のジョージ・レンガート教授，サイモンフレーザー大学のジョナサン・アルストン氏，ロンドン警視庁のアン・デイビス氏，オランダ刑事司法研究所のジャネット・ジャクソン博士の諸氏に感謝したい。

　捜査手法の1つとして，地理的プロファイリングは次の方々にも負うところが大きい。バンクーバー市警察本部のレイ・カニュエル本部長，ブルース・チェンバース本部長，ブライアン・マクギネス次長，ケン・ヒギンス次長，ケン・ドーン警部補，ジョン・エルドリッジ警部補，シェリーリン・ドラビンスキー氏。バンクーバー統合犯罪情報分析部門のドーグ・マッケイダン巡査部長，カナダ国家警察のジョープ・プロンプ副長官，ロン・マッケイ警部補，グレン・ウッズ警部補，キース・デビッドソン巡査部長，スコット・フィラー巡査。オンタリオ州警察のケイト・ラインズ警部，ブラッド・ムーア巡査部長。イギリスの国立犯罪捜査支援部のエイドリアン・ホッグ警部，ニール・トレイナー巡査部長。アメリカ連邦捜査局のジェイムズ・A・ライト主任特別捜査官，グレッグ・O・マックラリー主任特別捜査官，ローランド・ルブージン博士。ニューファンドランド州警察のジョン・ハウス巡査部長，ブリティッシュコロンビア州連合警察局情報分析課のガイ・ポロック巡査。ミルウォーキー市警察本部のデブラ・ダビドスキー警部補。ブリティッシュコロンビア州司法研究所のスティーヴ・ヘス巡査。ブリティッシュコロンビア警察官協会のダイアン・ベル氏。そして黎明期に地理的プロファイリングを試みるのをいとわなかったすべての警察関係者に感謝を捧げる。

　アメリカ連邦捜査局のジャドソン・レイ主任特別捜査官は，国立凶悪犯罪分析センター（National Center for Analysis of Violent Crime: NCAVC）から初期段階の

データ収集を進めてくれた。ジャニス・キャンベル=バーネット，キム・バフトン，レベッカ・ウォール，ローリー・ヘンダーソン，ローズ・チョウ，ケビン・ボニーキャッスル，ミッシェル・ジェニオン，ドロシー・ロット，ケリー・スミス，以上のみなさんは貴重な研究助手となってくれた。ジェイ・クラーク，マイケル・スレイド，ロバート・デクラーク警視正，そして某氏は本書を宣伝してくれた。そして私の受け持つ「連続殺人研究」と「法行動科学」のクラスの学生たちは，教える側，教えられる側の双方が学ぶということを，これ以上ないくらい適切に示してくれた。

地理的プロファイリング分析用のソフトウエア「リゲル」が完成したのはエクリ社（Environmental Criminology Research, Inc.）のイアン・ラヴァティ，デビッド・デマース，バリー・ダルツィール，ティム・ロクナー，マット・ネーシュ，ブライアン・エング，リサ・シールズの各氏，さらにファセット意思決定システムズ（Facet Decision Systems）のジェニファー・トンプソン氏らの知見とビジネスに関する眼識，プログラミングの専門知識のおかげである。貴重な開発資金は，カナダ国家研究会議とサイモンフレーザー大学産業連絡事務局の提供による。

本書の出版にあたっては，CRC出版のベッキー・マックエルドウニー氏と専門チームにたいへんお世話になった。最後に，常に私を支え励ましてくれた両親と家族，そして友人たちに特に感謝を贈りたい。

献　辞 訳注

**被害者を援助し，凶悪犯を追う，
キャンディ・アンフィールド（旧姓モリ）巡査に捧ぐ**

- ───── 訳注：日本語版出版にあたり，原著者より変更の希望があったため，原著とは異なる。原著の献辞は「人狩りたちを狩る警察官に捧ぐ」であった。アンフィールド巡査はバンクーバー市警察本部の女性警察官で，カナダ生まれの日系人。長年ロスモ博士とともに働き，今秋からブリティッシュコロンビア大学大学院修士課程でカウンセリング心理学を学ぶ。

表一覧

表 4-1	犯罪手口対応表
表 4-2	事件-変数対応表
表 7-1	犯行行程に関する諸研究
表 8-1	犯罪者の狩猟類型
表 9-1	ホームズとドビュルガーによる連続殺人犯の類型
表 9-2	連続殺人犯の特徴
表 9-3	州別に示した連続殺人事件の発生数とその比率
表 9-4	連続殺人の犯人データ
表 9-5	連続殺人の被害者データ
表 9-6	連続殺人の場所データ
表 9-7	犯罪場所集合
表 9-8	犯行移動距離の増加
表 10-1	犯行地点パターンとCGTモデルによる予測
表 10-2	犯行地点ごとのCGT予測の比較
表 10-3	都市部の人口密度
付録A	FBI連続殺人者リスト

図一覧

口絵 1	バンクーバーの保険代理店連続強盗の犯人居住確率図
口絵 2	バンクーバーの保険代理店連続強盗のジオプロファイル
口絵 3	ラファイエットのサウス・サイド強姦事件の犯人居住確率図
口絵 4	ラファイエットのサウス・サイド強姦事件のジオプロファイル
図 4-1	事件リンクチャート
図 7-1	犯罪者／対象／環境の関係についてのベン図
図 7-2	犯行地点探索に関する地理
図 7-3	距離減衰関数の例
図 8-1	電撃型の犯行対象パターン
図 8-2	ストーカー型の犯行対象パターン
図 9-1	事件ごとの確認された被害者数と推定被害者数
図 9-2	州別に示した連続殺人事件の発生率
図 9-3	連続殺人事件の曜日別分布
図 9-4	犯行地点への移動距離
図 9-5	犯行移動数と平均犯行移動距離（対数変換後）
図 9-6	犯行移動数と犯行移動距離の平均標準偏差
図 10-1	犯行行程のベン図[1]
図 10-2	バンクーバーの保険代理店連続強盗の犯行地点
図 10-3	ジオプロファイルの信頼区間[2,3]
図 10-4	CGT得点の分布
図 10-5	CGTの実用性
図 10-6	CGTの学習曲線
図 10-7	実地研修の構成
図 11-1	ラファイエットのサウス・サイド強姦事件の犯行地点

「ちょうどパイプ3服分の問題だ」
——シャーロック・ホームズ『赤毛連盟』
アーサー・コナン・ドイル卿, 1891

1章 はじめに

> 犯人にインタビューしなさい。彼らにとって本当に魅力的なのは狩猟であり，狩猟と無防備な被害者の探索について彼らはあなたに語るだろう。
> ——FBI特別捜査官ジョン・ダグラス『連続殺人犯の心』[*4](p.3)

　本書は，地理的プロファイリングに関する著作である。また，連続犯罪や凶悪犯罪者に関する本でもある。人間を狩る者はめずらしいが，彼らがそれを行なったときには人々や刑事司法システムは重大な影響を被る。このような犯罪者は，犯罪の暴力と悲劇だけでなく，地域にとてつもない恐怖感をもたらし，警察や裁判所，刑務所に対して多大な資源の投入を要求する。殺人事件や強姦事件のほとんどは，加害者と被害者との間に何らかの関係があるために事件が解決している。面識のない者による犯罪ではそうした関係はなく，捜査においては数百の容疑者と数千の情報を精査しなければならない。その結果，警察は情報過多の問題に悩まされることになる。この無差別の暴力という犯罪に対する捜査力を強化したいと願うならば，連続犯とその犯行行動に関する我々の知識を広げることが重要である。

　地理的プロファイリングは1つの捜査手法であり，一連の連続犯罪が行なわれた位置情報を用いて，犯人が居住している可能性の最も高いエリアを導き出すものである。この手法は，連続して発生する殺人や強姦，放火，強盗，爆弾などの事件に適用できるだけでなく，複数の犯行現場を有する単発事件や，その他地理的に特徴のある単発事件にも適用可能である。サイモンフレーザー大学犯罪学科で行なわれた研究から開発されたこの手法は，犯行行動を説明するモデルに基づいている。本書では，連続凶悪犯による犯行行動や犯行対象の位置から示される空間パターンについて検討し，考察する。犯行行動は，加害者による被害者探索過程と襲撃過程からなり，個々の犯行対象の位置は，一連の犯罪として結びつけられた様々な地理的な地点である。連続殺人の場合，それは，被害者との接触地点，襲撃地点，殺害地点，死体遺棄地点となる。犯人の犯行行動のパターンと方法は，犯罪地理学の視点から分析される。犯罪場所の分析を通してこれらのパタ

ーンを確立することによって，犯人の居住地として最も確率の高いエリアを描き出すことが可能となる．

そうした関係についての概念的基礎は，ブランティンガム夫妻の犯行地点選択モデルにある．彼らは，犯罪者を含む人間の行動に関する研究から，人は自分の置かれた環境の中でランダムには行動しないことを示している．この研究から，犯行地点の分析により犯人居住地を予測するためのアルゴリズムが導き出されたのである．このアルゴリズムを搭載したコンピュータシステムが犯人居住確率図を描き出す．3次元の確率分布は，犯人の居住地として最も可能性の高い地域を示す．これらがカラーの等高線図として示されるので，捜査資源をどこに投入すればよいかがわかる．

地理的プロファイリングは，様々な捜査戦略の基盤として使用することが可能である．たとえば，容疑者や情報の重要度の優先順位づけ，住所情報に基づく警察記録の検索，パトロールの重点や張り込み，地取り捜査や捜索，DNAスクリーニングの優先順位づけ，登録自動車の捜査，関連している場所の郵便番号の優先順位づけ，ダイレクトメールの発送地域の絞り込みなどである．特に強調しておきたいのは，地理的プロファイリングが事件を解決するのではなく，むしろ重大犯罪の捜査において必要とされる，莫大な量の情報の処理方法を提供するのだということである．捜査員が利用できる「道具」の中の1つにすぎないと考えてほしい．またこれは，他の捜査手法と組み合わせて用いるのが最良の使用法である．住所情報は，様々なデータベースに含まれており，地理的プロファイリングは強力な意思決定支援ツールとして様々な場面で応用が可能である．正しく読み解くことさえできれば，犯罪の地理的パターンは，犯人の方向性を示すために用いることができる手がかりとなる．

たとえば，1988年から1996年の間にアメリカのミズーリ州セントルイスで発生した20件を超える連続強姦事件の捜査において，マーク・ケネディ刑事は，DNA検査を行なう際，90人あまりの容疑者の優先順位を決定するために，心理学的プロファイリングと地理的プロファイリングとを行なった．その結果，ジオプロファイル[訳注]により犯人の居住地が絞り込まれただけでなく，セントルイス州立病院と，さらには犯人が犯行の際に通るのではないかと考えられる経路が浮かび上がってきた．その犯人が侵入盗で検挙され，そのときに行なったDNA検査でサウスサイドの連続強姦犯であると特定されたとき，一連の犯行の最中に犯人が数回転居していたことが明らかとなった．ジオプロファイルは，犯人が最も活動的に強姦事件を行なっていた時期に居住していたエリアを特定していた．ある居住地は狩猟エリアの上位2％（0.64km^2）の地域に該当しており，他の居住地はセントルイス州立病院から道路を渡ったところにあり，狩猟エリアの上位5.6％

（1.93km²）の地域に該当していた。

◆──── 訳注：「ジオプロファイル」とは，ロスモの開発したモデル（CGTモデル）を使用して，地理的プロファイリングを行なった結果として示される図である。

　どのように，そしてどこで，凶悪犯罪者が被害者を物色するのかという問題に関する研究と経験から導き出された知見は，実践面でも理論面でも有意義なものである。地理的プロファイリングは，今や，連続凶悪犯罪の事件捜査において警察に提供される支援サービスとなっており，北アメリカやヨーロッパ，オーストラリアの警察組織で使用されている。また犯罪者の空間パターンに関するさらなる研究が，現在数か国で推進されている。

　本書は，警察実務家と，大学などの研究者の双方を対象にした，地理的プロファイリングについての参考書として企画されたものである。カナダを始めとしてアメリカやイギリスにおける捜査方針や，犯罪情勢，調査研究を網羅している。全体の構成は，問題発生から解決にいたる順序に沿っている。1章は導入である。2章では連続殺人事件について論じたうえで，子どもを殺害する事件における地理的特徴や，距離と殺人捜査との関係について論じる。連続強姦と連続放火に関する研究は3章で示される。全体的には，犯罪者の犯行行動や犯行場所，移動，地理的特徴に関連した連続犯罪の諸側面に焦点を当てている。この議論から，4章で示される捜査上の問題と法行動科学に基づいた戦略へとつながっていく。その戦略の1つである犯罪者プロファイリングについては，5章で特に検討を行なう。6章では行動地理学の分野に進み，7章で示される犯罪地理学の研究や理論を理解するために重要な概念を紹介する。犯行対象となる被害者の物色行為を含む，犯行過程は8章で議論される。

　9章では，サイモンフレーザー大学で行なわれた連続殺人犯の地理学と犯行対象に関する研究から導き出された新しい知見を示すことにより，凶悪犯罪者の空間パターンの分析を行なう。10章では，地理的プロファイリングの基礎となる概念や，その能力を示す尺度，関連理論，実践的手続き，実地研修制度に焦点を当てる。11章では，地理的プロファイリングの結果を用いた捜査戦略のいくつかを示す。事件例をあげて，それらの捜査手法を詳述するが，プロファイリングが支援としての役割を果たすにすぎないことを強調したい。プロファイリングが犯罪を解決するのではない。事件解決は担当した捜査官の職責である。この章では19世紀の「切り裂きジャック」と呼ばれた連続殺人事件に関する地理的プロファイリングについても論じる。12章の結論では，今後の研究の方向性について検討する。付録には，調査データとコーディングの形式を添付している。また，専門用語を説明した用語集の後に，引用したすべての文献を添付している。

付記：資料の表記を尊重して，kmならびにマイルの双方を採用している[注1]。

●────── 注1：関連する換算は次のとおりである。1km=0.621マイル，1マイル=1.609km，1m=1.094ヤード，1ヤード=0.914m，1cm=0.394インチ，1インチ=2.54cm，1ha=2.471エーカー，1エーカー=0.405ha，1km^2=0.39平方マイル，1平方マイル=2.59km^2

2章 連続殺人

連続殺人

　1888年8月31日の祝日，バックス・ロウでビクトリア地区の売春婦ポリー・ニコルズの喉が切り裂かれたとき，連続殺人は我々の文化の一面を示す言葉となった。[*5]「切り裂きジャック」は，確かに最初の連続殺人犯でもなければ，最後の連続殺人犯でもない。しかし，「ホワイトチャペル殺人事件」と呼ばれる連続殺人事件が未解決で謎のまま残されていることは，危険な犯罪者を理解できないことの象徴となっている。連続殺人は，捜査官と犯罪学研究者の双方にとって難しいパズルを解き明かすような，恐ろしくややこしい現象なのである。連続殺人は発生が稀ではあるが，発生したとなれば，より広い地域社会に多様な衝撃を与える。[*6, 7] 恐怖や，ショック，嫌悪，科学的好奇心，病的な魅力はすべて，連続殺人事件に対するふつうの反応である（ディーツ[*8]参照）。また，こうした危険な犯罪者の出現の増加については多大な関心が寄せられている。連続殺人犯は，暴力的なポストモダニズム社会における犯罪者の典型であるという指摘さえあったのである[*9, 10]（エリス[*11]とカー[*12]も参照）。

　どんな現象の研究においても適切な定義と類型は必要である。連続殺人はその意味が人によって異なっているが，その「連続殺人」というラベルは多様な犯罪者たちを1つの統合的なカテゴリーに包括してしまう危険性をもっている。カナダで最も悪名高い連続殺人犯クリフォード・ロバート・オルソンは，この状況を適切に述べている（原文のまま）。

> 奴らが向こうから自分の考えや物の見方を見せてくれない限り，連続殺人犯の俺たちだって，他の連続殺人犯の心の中の動きを覗き見ることはできないし，何をしたのかもわからない。あんたたちは殺人がどこであったかなんて，わかってないことが多いじゃないか。　　　——個人的談話，1991年9月10日

　一般市民と同様に，インタビューを受けた連続殺人犯たちの考え方も様々であ

殺人は忌まわしいものには違いないが，理解することが可能なものである。怒りや，裏切り，葛藤といった感情。復讐や金銭，功利主義といった動機。死にいたるまでの暴行。これらすべては我々の想像の範囲内である。実際のところ，ほとんど誰もが殺人犯になりうるといわれている。しかし，連続殺人という行為は通常の経験の範囲を超えている。それは，ハムレットの父の亡霊が示した「醜い，最も不自然な殺人」である。残念ながら，この不可思議さは，説明や予測，予防を促すわけではない。

定義と類型

> *1人の人間によって行なわれた複数の殺人におけるパターンには，多くの場合，はっきりと理解できるリズムや理由，動機があるわけではない。*
> ―アメリカ上院第98回会議の前に行なわれた，連続殺人の問題に関する聴聞会の題目「殺人のパターン」[*13]

連続殺人の定義は容易ではなく，現象を識別して分類する試みに一貫性のないことも多い。複数殺人（multiple murder）[注2]という言葉は一般に，大量（mass）殺人，スプリー（spree）殺人，連続（serial）殺人を示すものとして用いられている。犯行と犯行との間の時間間隔は，これらのグループを識別するために最もよく用いられる変数である。[*15] 大量殺人は，複数の被害者が同時に，または相対的にみて短期間，つまり「持続する感情の爆発」の間に殺害された事件として記述される。[*16] ホームズとドビュルガーは，大量殺人を「だいたい同じ場所で，おおむね同じ時間に，1人の犯人が複数の人間を殺害すること」と定義している（p.18）。

●―――― 注2：複数殺人（multicide）という用語は，加害者が2人以上の被害者を殺害した場合に対して用いられている[*14]。

スプリー殺人は，大量殺人と連続殺人の分類の中間にあたり，複数の被害者が，無謀で衝動的な犯人によって，たいてい無差別に選択され，比較的短期間（数時間から数週間）に殺害されるものである。[*15] FBIは，スプリー殺人を，2か所以上の場所で，感情的冷却期間を置かずに殺害することと定義している。殺害行為のすべては1つの出来事の結果であり，短期間であったり，長期間であったりする[*17]（p.139）。

連続殺人には犯行期間が長いものがあるために，その定義はより難しくなる。ブルックスらは，連続殺人を次のように定義している。[*18]

*2*章　連続殺人　7

　　連続殺人は，2つ以上の殺人が異なる出来事として，たいてい（常にではない
　　が）単独の加害者によって行なわれる。事件は数時間から数年間の期間にわた
　　り発生するであろう。多くの場合，動機は心理的なもので，犯行現場で観察さ
　　れる犯罪者の行動と物的証拠はサディスティックで，性的な意味合いを示して
　　いる。(p.vii)

　キーニーとハイドが[*19]，過去の文献から10種類の連続殺人に関する定義を概観し，それらに対する批判を行なったうえで，より包括的な11番目の記述を示した。おそらく最も簡潔で，最も実用的な定義はFBIが用いた以下の定義である。

　　連続殺人犯は，殺人と殺人との間に感情的な冷却期間がある状態で，3件以上
　　の異なる殺人事件を敢行する者である。このタイプの殺人犯は，たいてい，犯
　　罪について前もって熟慮している。特定の被害者という例外はあるが，犯人は
　　殺人のあらゆる側面を空想したり，計画したりする。そして時が来て，前回の
　　殺人から感情的に冷めたときに，次の被害者を選択し，計画を進める。感情的
　　冷却期間は数日ということもあるし，数週間，数か月となることもある。そし
　　てそれが，他の複数殺人から連続殺人を識別するための主要な要素なのである。[*17]
　　(p.139)

　事件の数ではなく，代わりに再犯傾向の評価を用いることを提唱する研究者もいる[*20]（以下参照）。ホームズとドビュルガー[*15]は連続殺人の中心となる要素として次のことを提唱した。①反復的な殺人のパターンがある，②殺人1件あたりに1人の被害者と1人の加害者が存在する，③被害者と加害者との間には面識がないか，希薄な関係の知人である，④殺人の原因には心因性のものがある，⑤明白な動機が欠如している（他の人にとっては非合理的にみえる本質的動機は存在するかもしれない）。

　殺人1件あたり1人の被害者と1人の加害者という条件は，連続殺人の主要な要素ではない。一度に複数の被害者を襲撃するケースは多々ある（たとえば，ケネス・ビアンキ，エドモンド・ケンパー三世，リチャード・ラミレス）。4つの異なる研究が，連続殺人事件には，ある程度の割合で複数の加害者が敢行した事件が含まれることを示している。その事件の割合は，ヒッキーの研究[*21]では14％，ジェンキンスの研究[*22]では21％，ロスモの研究[*23]では11.9％，シモネッティの研究[*24]では25％であった。これらの推定では，連続殺人犯の4分の1を超える者がチームあるいはグループで犯行に及んでいることになる（たとえば，ヒッキーの研究における28％）。しかしその一方，ニュートン[*25]は，自身のサンプルでアメリカの

連続殺人犯の87％が「一匹狼」であることを見いだしている。

　ホームズとドビュルガーは、動機、殺人行動のパターン、意思決定過程によって、連続殺人犯を4つのカテゴリー（そのうち1つは3つの下位分類を有する）に分類している。このグループ化は、被害者選択、殺害場所の選択、殺害方法などの変数に基づいている。彼らは、面接や生育歴データ、法廷記録、事例研究、臨床記録を情報源として、110人の連続殺人犯の犯罪行動パターンに関する分析を行ない、その分類を導き出した。それらの概要は以下のとおりである。

1. 妄想を動機とする連続殺人犯は、殺害に「合理性」を与えるメッセージを聞き、幻想を見る。
2. 任務遂行を動機とする連続殺人犯は、売春婦のような「罪深い」人たちを社会から排除するといった遂行すべき課題があると信じている。
3. 快楽主義を動機とする連続殺人犯は、殺害行動に喜びを見いだしている。このタイプは次の下位カテゴリーに分類される。①快楽殺人犯（lust killer）は、典型的に、性的サディズムや食人症、穿刺嗜好、死体性愛に耽る。②スリル殺人犯（thrill killer）は、殺害時のハイな気分を楽しむ。③安楽殺人犯（comfort killer）は、人生を楽しもうと思っており、他人の金銭を使うことによって自分の目標達成が容易になると考える（例：いわゆる「黒後家蜘蛛殺人」犯）。
4. 力あるいは支配への志向を動機とする連続殺人犯は、他者に対する優位性を求める。人間の生死をコントロールすることは、究極の力の行使であるとみなされる。

　バーレットは、ホームズとドビュルガーの類型とFBIが用いた連続強姦犯の分類システムとを折衷し、動機に基づいた連続殺人犯の5分類の枠組みを提唱している。①妄想型連続殺人、②復讐型連続殺人、③怒り興奮型連続殺人、④力主張型連続殺人、⑤機会型連続殺人である。フォックスとレヴィンもまた、ホームズとドビュルガーの分類を修正し、それぞれが2つの下位カテゴリーを有する3カテゴリーを提唱している。①スリル型連続殺人には、(a)性的サディズム型、(b)支配型が属し、②任務型連続殺人には、(a)革新主義型、(b)妄想型が属する。また、③便宜主義型連続殺人には、(a)利益型、(b)自己防衛型が属する。彼らは、スリル型の殺人が最も一般的であり、便宜主義型の殺人は最も稀であるとしている。ラパポートは、連続殺人犯を組織犯罪者集団の構成員、要管理毒物や窒息性ガスを用いる者、重篤な精神障害者、性的サディストに分類した。しかし、この分類は手段と原因とを混合したものに基づいているため、若干混乱している。

2章 連続殺人　9

　被害者の数と時間間隔に関する曖昧さのために，連続殺人の定義と分類には多くの問題が生じている注3。複数殺人のあるタイプ，ナチの強制収容所大虐殺，民族浄化，政治的テロリズムによる殺害，組織犯罪の契約殺人などは，これらの要因だけでは正確に分類することができない（ディロン*16, 31参照）。ペンシルバニア州のある町には，広場にトム・クイックを賞賛する記念碑がある。彼は，デラウェア州の「インディアン・スレイヤー（インディアン殺害者）」と呼ばれ，99人を殺害したといわれている*33。しかも，その殺害の多くは平和条約調印後に行なわれたものであり，法的には殺人である。定義によっては，トム・クイックは植民地開拓のヒーローであった。しかし定義を変えれば，彼はアメリカ初期の連続殺人犯の1人とされている。

● ───── 注3：犯罪学における定義のロジックや方法，誤りについての議論に関しては，ボールとカリー*30を参照。

　数か月にわたり同じ病院で多数の患者に毒物を与えた看護師は，すべての犯行を1つの場所で行なっているが，連続殺人として分類してもよいであろう*16。1982年にシカゴで発生したタイレノール不正使用のような無差別大量毒殺事件は，さらに分類が難しい*31。1回の不正使用の結果，長期にわたり，様々な場所で複数の人が死んだ場合には大量殺人となるのであろうか，連続殺人となるのであろうか。人間の行動に関する類型のほとんどは包括的でもなければ，相互に排他的なカテゴリーでもない。それらは曖昧な部分もあるが，犯罪者の行動の多様性に関する理解の助けとなりうるものである。

　犯罪分類マニュアル（Crime Classification Manual：CCM）は標準化された専門用語を用い，殺人，性的暴行，放火に関して犯行と犯人の特徴を分類する包括的な診断システムを作成しようとした最初の試みである*34。この研究プロジェクトはFBIアカデミーにある国立凶悪犯罪分析センターにより行なわれ，その成果である犯罪分類マニュアルは警察の捜査を支援し，調査研究を促進し，刑事司法と精神保健の専門家との間のコミュニケーションを促進するために企画されたものである。これは，アメリカ精神医学会の精神障害に関する診断統計マニュアル訳注をモデルとしており，下位カテゴリーについては主な犯意を4つに分類した統一犯罪報告（Uniform Crime Report：UCR）による定義—①営利目的，②個人に起因，③性的意図，④集団に起因—を用いている。分類変数には，犯罪手口，凶器使用，被害者要因，物的証拠，検死結果，およびその他の類似した要因がある。犯罪分類マニュアルは，犯罪のタイプごとに捜査側が解明すべき点と考慮すべき点とを示している。有益な進歩ではあるが，犯罪分類マニュアルは非論理的であり，カテゴリー構造が実証的に検証されていないという批判を受けてきた。

◆ ───── 訳注：Diagnostic and Statistical Manual of Mental Disorders：DSMと呼ばれる。

■ 特徴

　42人の大量殺人犯ならびに連続殺人犯に関する研究と，同時に発生した複数殺人に関するFBIデータから，レヴィンとフォックスは,*31 典型的な複数殺人犯のプロファイルを構成した。そうした殺人犯の多くは，20歳代後半から30歳代前半の白人男性であった。重篤な精神障害がある場合は稀で，個人的背景，外見，人格はとりわけふつうに見える。殺害行為の前には葛藤を有する期間があり，何らかの特定の出来事が契機となって殺害行為が行なわれる。

　レヴィンとフォックスは,*31 アメリカ国内で被害者が1人である殺人事件の半分は黒人の犯人によって行なわれる一方，1974年から1979年までの間にアメリカ国内で発生した事件に関する彼らの研究では，複数殺人の犯人が黒人であったのは20％のみであったと記述している。この割合は，実際のアメリカの人種構成における黒人の割合11.7％にかなり近い。*35 ヒッキーは,*21 1800年から1995年の間におけるアメリカ国内の事件に関する研究から，連続殺人犯の20％が黒人であることを示し，最近の事件では黒人の割合が増加する傾向があることを示した。ニュートンは,*25 彼の研究ではアメリカの連続殺人犯の16％が黒人であることを示している。

　レヴィンとフォックスのサンプルでは女性の犯人は1人だけであるが,*31 FBI統計は，すべての同時殺人事件の犯人の7％未満が女性によるものであると記述している。レスラーらによる研究では,*17 36人の性的殺人犯すべてが男性であり，少なくとも共同研究者の1人は，真の女性の連続殺人犯はいないと信じている（エ*36,37プスタインも参照）。*38しかし，ヒッキーは,*21 1800年から1995年の間にアメリカで発生した連続殺人事件の犯人の16％が女性であり，それは殺人全体における女性の比率に見合っていることを見いだした。彼はまた，加害者2人で行なわれた*15,31殺人事件の36％に女性が関与していることを示している。ニュートンのサンプル*25では，女性が連続殺人犯の10％を構成している。

　セグレーブは,*39 1580年から1990年の間に，世界各国で発生した連続または大量殺人犯の女性83人について考察している。彼女は，5年にわたって，主に毒物を用いて17人を殺害した，典型的な女性の連続殺人犯について記述している。こうした犯罪は，犯人の住居，または，犯人の住居より頻度は落ちるが被害者の住居で発生することが多い。殺人は街中や公共の場所ではほとんど発生しない。被害者の多くは弱者であり，そのほとんどが殺人犯の親族か近親者である（ヒッ*40　　　*41キー，スコットも参照）。
　　*42
　キーニーとハイドは，単独の女性による連続殺人犯に関する研究において，「移動性の少なさ」を共通点として見いだした。14人中13人の犯人は特定の場所で殺人を行なっており，被害者は通常，犯人から世話を受けている者（43％）や

家族（37％）であった。彼らは，行動パターン，被害者探索と襲撃の方法，拷問具の使用，犯罪現場の秩序性，動機，精神障害（演技性人格障害や躁うつ病がよく見られる）に関して，これらの女性の犯人とその比較対照としての男性の犯人との相違を観察した。彼らは，女性の連続殺人犯のケースには，男性の連続殺人犯と共通する要因もあるが，独自の要因もあることを示している（ピアソン，スコット[*41]も参照）。[*43]

ヒンチとスコット[*44]は，単独で犯行に及ぶ女性の連続殺人犯は一般に，注意を引くことを避けるために，より緻密な殺害方法を用いることを観察している。一方，男性の犯人は死体を隠したり，事故や病気によって死亡したと申告したりする。おそらく，それは犯罪性の究極の形態にさえ性役割が何らかの影響を与えるという1つの例であろう。あるいは，女性の犯人は通常，親類か知人を殺害するために，単に容疑がかかることを避けたいと願っているだけかもしれない。

発生数と母集団，増大

連続殺人は統計的に稀ではあるが[注4]，直接の被害者やその家族という範囲を超えて広く地域社会に対して，発生数に不相応なほど大きな衝撃を与える。犯罪の深刻さに関する単一指標値（犯行の相対的な深刻さを評価するために作成された重みづけされた尺度）の変化は，主要犯罪の90％以上が財産犯であるにもかかわらず，殺人率の変化によってほぼ完璧に説明することができる。[*49]また，被害者となるリスクと犯罪不安感は社会全体に均一に広がるのではなく，性別や年齢，人種，収入レベル，地理によって影響を受ける。[*50,51,52,53,54,55]あるグループの人たち，たとえば，売春婦，独り住まいの若い女性，ヒッチハイカー，子ども，同性愛者，町の盛り場にいるホームレス，高齢の女性，入院患者は，特に連続殺人の被害に遭いやすいようである。[*21,31,56]

● 注4：殺人のすべての形態は異常なものではなく，また，ほとんどの殺人は面識のない者ではなく，親密な関係にある者の間で発生している[*7,45,46,47]。リードとゴーチャー[*48]は，「カナダにおいてはくり返し行なわれる殺人の数は非常に少なく，一般に信じられているよりもかなり少ないであろう」と指摘している。

連続殺人事件の発生数と増加に関する統計分析を行なうためには，社会的・歴史的文脈や警察の対応，公的記録の取り方の多様性に加え，定義の難しさや事件リンクの問題を扱わねばならない。定義どおりならば，1つの連続殺人事件は1人の連続殺人犯によって行なわれていなければならない。しかし，誰が連続殺人犯であるかを正確に決めることは難しい。連続殺人の発生数や連続殺人犯の人数の推定は，適切でない情報源や，論理的でない，あるいはでたらめな方法論に基づいているため，時に誇張されていたり，不正確であったり，様々な値を示して

いたりする（ジェンキンス参照[*57]）。まさにその性質によって，連続殺人は重大なニュースの題材であり，それゆえに政治的な勢力盛り返しの契機として用いられることが多いのである[注5][*58]。カイガーとジェンキンスは[*6]，連続殺人を取り巻く社会問題の形成に対して影響を与えるような，ヒステリックで大げさな研究結果の主張とメディアの役割について，洞察に満ちた検討を行なっている。

●───── 注5：これは何も新しいことではない。1888年における「切り裂きジャック」によるホワイトチャペル殺人に対する下層階級の反応については，ランベロウ[*5]を参照。

以降の議論のために，未解決事件であるシアトル地域のグリーン・リバーの殺人犯はすでに引退して二度と殺人を犯さなかったと仮定してみよう（スミスとギレン参照[*59]）。彼は連続殺人犯の人数を推定する際に，今も数に入っているのであろうか。1件目の殺人で逮捕されてしまい収監中であるために殺人を行なうことのできない連続殺人犯の予備軍は，推定時に数に入れられるべきなのであろうか[*45,60]。アレクサンダー・コリヤコフは，1回の犯行で3人の子どもと1人の教師を刺殺してラトヴィア警察に逮捕された時点では，連続殺人犯ではなく大量殺人犯であるとされた[*61]。しかしコリヤコフは，この事件がロシアで53人を殺害したかどで逮捕された，ロストフの切り裂き魔と呼ばれるアンドレイ・チカティロと張り合おうとして行なった一連の殺人の始まりにすぎなかったと後に自白している。「連続殺人犯」とは，調査測定の時点で理論的に把握できる状態にあるものと仮定される。しかし，この仮定は問題をはらんでいる。

事件のリンクの問題は，連続殺人の多くの事件を連続殺人事件として認知するのを妨げている[*15,62]。異なる場所で発生したために管轄する警察が異なると，それらが一連の犯行の一部であるとは認識されないであろう。一連の殺人事件が同一市内で発生していたとしても，殺人の発生率が高すぎて殺人課が非常に多忙であれば，あるいは犯罪が長期間にわたって行なわれていれば，それらが結びつけられることはないであろう。

事件によっては，唯一の公的記録が行方不明者通報だけかもしれない。死体がなければ殺人統計に記録されるかどうかは疑わしい。多くの連続殺人犯，たとえばジェフリー・ダーマーやジョン・ウェイン・ゲーシー・ジュニア，ユアン・バレージョ・コロナは，被害者の死体を埋めたり，隠したりしていた。高リスク・グループ，たとえば売春婦や行商人，貧困者であれば，行方不明になっても誰にも気づかれないであろう。届出がなければ，公的な行方不明者通報にはのらないのである。

こうした困難さはあるが，何人かの研究者たちは連続殺人の発生率とその増大について推定を行なっている[*16]。レイトンは，最大100人の連続殺人犯がアメリカで活動中であり，その被害者は数千人にのぼると述べ，現在の社会における暴力

の状況を考えればかなり低い数であることに驚きを示している。しかし，ホームズとドビュルガーは，アメリカだけで現在350人の連続殺人犯がおり，その被害者は年に3,500人から5,000人にのぼると推定している。ノリスは，260人の連続殺人犯の調査を行ない，その被害者は10,360人にのぼると述べている。1人の殺人犯あたり平均40人の被害者という比較的高い割合となるが，彼はこれらの連続殺人犯の氏名リストを示してはいない。

ジェンキンスは，1971年以降の新聞記事に掲載された数百件の連続殺人事件を調べ，そのうち49事件で10人以上の被害者が殺害されていることを見いだした。アメリカ司法省は，その方法論は明らかにしていないが，アメリカで活動中の連続殺人犯は35人であると控え目に見積っている。ジェンキンスは連続殺人の被害者は年間約400人であると指摘しており，一方フォックスとレヴィンは，アメリカ国内で1年間に連続殺人犯に葬られる被害者は240人より少ないと算出している。ヒッキーは，1975年から1995年のピーク期間で，新たに発生した事件は年に7.7件（被害者は49人から70人）しか報告されていないことを見いだした[注6]。FBIの行動科学課（BSU）は，年に約30回，連続殺人事件に対する支援依頼を受けていると述べている。

●――― 注6：アメリカ司法省は活動中の殺人犯についての推定値を提示したが，ヒッキーの数字は新たに発生した事件についてのものである。ヒッキー*64が調査したサンプルでは連続殺人犯の活動期間の中央値が4.3年であることを考慮すれば，この2つの数字は似ていないというほどではない。ジェンキンス*65によると，イギリスでは連続殺人犯の活動期間は4年以下である。

カイガーは，連続殺人事件の発生数推定のための様々な方法を批判的に評価し，方法論と算出手続きに関する説明がないことを問題として指摘している。アメリカにおける現在の統一犯罪報告（UCR）システムは個々の犯罪者の追跡をしておらず，不明情報の多い補充殺人報告（SHR）の事件ベースのデータでは，連続殺人ではなく大量殺人だけしか数えることができない。補充殺人報告（SHR）において，面識のない，あるいは動機不明の殺人が急激に増加していることを根拠にして，連続殺人が増加していると評価する研究者もいるが，これは根拠のない推定である。というのは，重大殺人（特に薬物関連で解決困難な事件）の件数，都市化レベル，警察への要請の増大のすべてが，殺人事件の未解決率に影響を及ぼしているからである（カーダレリとカバナ参照）。面識不明の殺人と面識なしの殺人のカテゴリーを混合し，その結果，面識のない殺人事件の発生数を高く推定してしまっているものもある。その方式だと，面識のない殺人が全殺人事件の50％となるが，18％から25％がより正確な推定である。ジェンキンスとカイガーは，これらのデータを連続殺人の発生数推定に用いることを批判している。

国立衛生統計センター（NCHS）衛生統計課による死亡者数に関するデータは，

統一犯罪報告（UCR）の殺人データをチェックするために用いられてきた。この情報は特に連続殺人の発生数推定に役立つわけではないが，カイガーは，毎年発見された身元不明の死体の数に関する検死官データが，完全には一致しないが関連があるかもしれないと指摘している。FBIの国立犯罪情報センター（NCIC）は，そうした身元不明の死体に関する情報を電子的に記録し，保有している。また，国立犯罪情報センターは，カナダ国家警察（Royal Canadian Mounted Police：RCMP）が運営しているカナダ警察情報センター（CPIC）が行なっているように，行方不明者リストも保有している。連続殺人の被害者の数，とりわけ子どもの被害者数の推定はこのデータに基づいているが，死体が隠蔽された事件の割合を推定することには問題がある。

　親による誘拐以外の理由で行方不明になる子どもの数は，比較的少ない。ある特殊な利益団体によって出された煽動的な声明とは対照的にカイガーは，アメリカ国内では年間に20人から300人程度の子どもが面識のない犯人によって殺害されるにとどまっていると推定している（アレン＝ヘーゲン，フィンケラーらも参照）。1984年から1988年の間に，アメリカ国立行方不明・被搾取児童センター（U.S. National Center for Missing and Exploited Children）に報告された，行方不明になって殺害された16,551人のうち，面識のない者によって誘拐されたのは3%のみであった。495人の子どものうち，15%（75人）は死体で発見され，47%（235人）はいまだに行方不明となっている。おそらく，これらの殺人には，連続犯によって行なわれたものが含まれているだろう。

　カバナは，公的な情報源から連続殺人の被害者の数を推定する方法を提示している。彼は1976年から1989年までの補充殺人報告（SHR）を，国勢調査小地域ごとに45セット（9小地域で5年代分）集計した。異なるタイプの殺人であっても，連続殺人に関連すると合理的に判断できる場合には統合し，連続殺人を最もよく予測する組み合わせを回帰分析により決定した。殺人のカテゴリーは，面識なしまたは面識不明，身体的接触，重罪，性的殺人を含んでいた。このモデルは，ニュートンによって収集された連続殺人の被害者数に対応させたものであった。カバナは，彼のモデルはまだ予備的な探索段階であると断っており，ニュートンの計算法では結果にバイアスをかける可能性があるという問題点を指摘している。そうではあるが，彼は，明確な方法論を用いて，補充殺人報告（SHR）と国勢調査から連続殺人の割合を推定するための実行可能な手法を開発したのである。これは，誇張した推定や直感的なあて推量を超える意義深い進歩である。

　連続殺人は20世紀後半に固有の問題というわけではないが，研究者のほとんどが，連続殺人の数が増加していることに同意している（ボイドも参照）。399人の連続殺人犯に関する包括的な研究に基づいて，ヒッキーは，1970年から1995

年までの期間は，1800年から1969年までの期間と比較して年間に活動している連続殺人犯の数は10倍に増加していることを見いだした[注7]。彼は，1連続殺人事件あたりの被害者数の減少を指摘し，それはおそらく警察の効率が増大しているためであろうとしている（ジェイムスも参照）[*75]。1925年以来，1連続殺人事件あたりの総殺人被害者数は7人から13人の範囲にある[*65]。ジェンキンスは，最近のアメリカにおける連続殺人犯の年間総被害者数は5人から6人であり，イギリスの場合にはそれが4人であると推定している。フォックスとレヴィンは，年間に6人の被害者が典型的であり，実際に，未発見の被害者を考慮した場合には，その数は2倍の12人となるであろうと示唆している[*28]。

● 注7：これらの数値は，人口の増大という要因によって調整されたものではない。人口増加を考慮すれば，連続殺人の割合は，この数十年間に2倍になっただけである。この推定もまた，事件が最近であるほど，新聞記事になりやすく，多くの研究者の著作に掲載される確率が高くなるというバイアスがかかったであろう。

ジェンキンスは[*63,69,76]，1900年から1990年までの期間のアメリカ国内の「最悪な」連続殺人事件（被害者が10人以上）を分析し，「連続殺人は，今世紀初期でも同様に経験しており，最近とほとんど変わらない頻度で発生していた」(p.378)と結論づけている[*63]。しかし，彼は，1940年から1990年までの期間のアメリカにおいて，特に快楽殺人を含む「連続殺人の流行」があったという証拠を提出している。彼は，1950年から1964年までの11事件，1965年から1969年までの11事件，1973年における12事件の快楽殺人について記録している。あるイデオロギーや利益団体に有利なようにその問題の実際の規模が大袈裟になって拡大するであろうと認識して，彼はさらに「単により多くの連続殺人犯がいたならば，そのぶんだけ，より多くの者が快楽殺人犯として分類されうるというだけだ。新しい問題が加わったので，新しい問題が認識されたのである」(p.13)と結論づけている[*76]。ジェンキンスは，少なくとも18年の犯行期間をもつ49人の殺人犯をリストアップしたが，これは，今世紀初頭の時期と比較して4倍の増加であった（人口増加に応じた補正なし）。このタイプの犯罪に関する歴史的な証拠はイギリスやドイツにも存在している[*65][*69]。

　連続殺人の発生に関する歴史的研究には，いくつかの問題が存在する。古いデータの所在を突きとめようとするときに遭遇する困難や，過去の記録を保管することに関するけっして厳格とはいえない習慣の問題に加え，連続殺人の多くの事件がおそらく公式には認知されなかったことがある。あちこちと移動する殺人者は，電気通信が発達する以前には，より自由に旅行し殺害していただろう。初期の大量・連続殺人犯は犯罪者としてではなく，むしろ悪魔や魔女，狼人間として記述されていたかもしれない。暴力や殺人は，今日よりも，ヨーロッパ中世期で[*21]

ははるかに一般的であった（グッドマンとワデル[*77,78,79]，グール[*80]，ジョンソン[*81]も参照[*82]）。逆に，広大な都市エリアに比較して田舎の村落地では犯罪者はかなり早期に逮捕されたであろう。その結果，多くの連続殺人犯予備軍が1人目の被害者を出したあとに逮捕され，処刑されたであろう。

また，ジェンキンスは[*83]，連続殺人の報告数が増加した当然の結果として，必ずしも潜在的な犯罪者数が増加するわけではないと指摘している。彼は，連続殺人の公的記録の解釈は，実際の殺人犯の人数が与える影響と同程度に，被害者学的要因や官僚的要因によっても影響を受けると主張している。

> むしろ，「連続殺人の犯罪の流行」を生み出す重大な要素は，被害者として攻撃されやすい人を見つける機会が増大していることと，殺人を犯したあとに逮捕を免れるチャンスが増大していることであろう。経済成長の結果として，または社会的慣習の変化によって機会が増加する一方，官僚的で政治的な要因は発覚の可能性に影響を与えるであろう。いずれにしても，殺人の「流行」は，犯罪者の人数の増減とは独立して起こりうるのである。(p.471)

これらの定義や測定の問題は連続殺人の発生レベルの評価を困難にしており，将来の傾向を予測することは容易ではない。FBIは，移動性，被害者選択の観点からの「容易な」被害者，都市化，社会の匿名性，マスメディアにおける暴力，ポルノ，不法薬物の使用といった要因が影響しているであろうと指摘している。[*37,84]

根拠のない恐れと理由のないパニックに屈することなしに，この犯罪のレベルと重大さを理解することが重要である。カイガーはこの問題を視野に入れて連続殺人の暗数に関する考察を行なっており[*58]，その中で「アメリカ国内における連続殺人の発生数は現在のところ不明である。同様に，活動中の連続殺人犯の人数も不明である」(p.47)と警告している。連続殺人の発生数と正確な増加については，いかなる精度でもいまだ測定できていない。そして乱立する推定と根拠のない理論は，解決に導くというよりは多くの混乱を引き起こすであろう。

理論

> 燃える心と鉄拳。
> ——落書き，カナダ，ブリティッシュコロンビア州バンクーバー，1995年4月

連続殺人に関する説明は，生物学から心理学，そして社会学にいたるまで幅広い。この犯罪は今日でも完全に理解されているわけではないが，その原因を探る

ための努力がなされてきた。ルンドは，複数殺人犯のほぼ全員が臨床的に精神障害のある白人の男性であり，彼らの精神障害は，通常，妄想型の精神分裂病か性的サディズムの形を取ると述べている。また，幼年期の経験が，複数殺人犯が一般的にもつ歪んだ世界観を形成する役割を果たすのであろうと指摘している。バートルとバートルは，「ルンドと同様に，大量殺人犯のほぼ全員が臨床的にみて精神障害があり，我々とは大きく異なった方法で世界を認識し考える，極度に内向的な人間である傾向があると決めてかかる」(p.185) ことは誤りであると注意を促している。刑事裁判所は，連続殺人犯のほとんどが法的に精神障害ではないという判決を下す思考様式を示してきた (オグルらも参照)。そして，精神障害のラベルが明白な信頼性と妥当性を欠くラベルであると警告する論評者もいる。

ブリテインは，性的サディストは自尊心が失われたと感じる原因となった行動によって刺激されると，殺人をくり返すであろうと考えた。しかし，ルンドやブリテインの説明では「連続殺人犯」という用語の代わりに「妄想型の精神分裂病」や「性的サディスト」というラベルが用いられたが，こうした破壊的行動様式の原因理解には何の進歩も見られない。また，彼らは「妄想型の精神分裂病」や「性的サディスト」に該当する人々のほとんどは殺人者，まして反復性の殺人者にはけっしてならないという事実を無視している。

生物社会的アプローチを適用することによって，ノリスは，連続殺人犯は医学的な病理を有しており，彼らの暴力行為は脳の器質的な機能障害によるものであり，それが時折生じる制御不能な暴力行為を導き出すのであると主張している。彼は，連続殺人犯を自分の自由意思を失った，一種の伝染病の被害者としてみている。

> 連続殺人犯は，考えうる遺伝的な欠陥や，傷害や身体的外傷に起因する脳損傷のあらゆる兆候，慢性的な栄養失調や薬物乱用によってもたらされる重篤な化学的不均衡，一貫した否定的な養育や育児放棄の結果として生じる自己感覚の欠如，身体的・社会的な結果を考慮せずに外的な刺激に対してすぐに暴力的に反応することなどに関する証拠を含む，多くの共通した医学的・心理学的パターンを共有している。(p.40)

連続殺人犯が子どもの頃に経験した暴力的なしつけや否定的な養育は，飴とムチ，愛と憎しみなどの伝統的な二分法的世界観に逆戻りすることになり，有害な衝動を抑制し，正常な社会の枠組みに沿って機能することのできない「無人格タイプ (nonpersonality type)」を育てる結果となったのであろう。ノリスは，連続殺人犯は，次にあげる7つの主要な段階からなる殺人の儀式を通過すると提唱し

ている。

1. 前兆段階（Aura phase）：殺人犯は現実から引きこもる
2. 流し釣り段階（Trolling phase）：次の被害者を強迫的に探索し，物色する
3. 求愛段階（Wooing phase）：被害者が殺人犯の罠に騙される
4. 捕獲段階（Capture phase）：殺人犯にとっての決定的瞬間を目前にした段階
5. 殺人段階（Murder phase）：殺人犯のファンタジーが儀式的に実行される
6. トーテム段階（Totem phase）：「ハイ」な状態を持続させるために，記念品によって犯罪を再体験する
7. 抑うつ段階（Depression phase）：殺人犯は，殺人を通して実現した力を失い，もう一度すべての過程を始める

　ラングとデウィット・ジュニアは，多くの連続殺人犯は頭部外傷や物理的な脳病理を有している証拠があると述べている[*90]。彼らの調査は，1600年から現在にいたるまでに動機なき殺人を行なった世界各国の165人の殺人犯について検討を行なった。頭部外傷やてんかん，または他の判別しがたい側頭葉深部の棘波が原因となった神経学的機能障害は，発作間自動症や発作後自動症といったけいれん発作を発生させる[訳注]。そして，それは抑えられないほどの衝動的な自動症または「自動的」行動につながる。連続殺人犯は，殺害時に体験する「発作」や「眩惑状態」を導きだす制御不能な脳の活動の被害者となっている，というのが彼らの仮説である。

◆─── 訳注：てんかん発作に伴う自動症については，大熊輝雄（1999）「臨床脳波学」第5版，医学書院を参照。

　犯罪の生物学的・遺伝学的理論は，現在の犯罪学では一般的ではなく，生物学的なレベルでの犯罪者に関する仮説を検証するために必要なデータを得ることは難しい場合が多い[*91]。それでも，最近の10年間は，生物社会学領域でいくつかの新しい先駆的な研究がなされてきた（たとえば，フィッシュバインら参照[*92]）。一方では，行動が暴力的で恐ろしく，異質な場合には特に，人間の行動の複雑なパターンを単純な方法で説明したくなる。そのような理論は，同じ社会にいる「怪物」が自分たちとは身体的・先天的に異なる存在だとして安心させてくれる[*93]。それゆえ，我々の文化，ひいては個人としての我々は，そうした残忍な犯罪のすべての責任を回避できるのである。しかしながら他方では，連続殺人は稀な現象であり，個人レベルの説明が役割を果たしていることに疑いはない。

　犯罪や殺人，複数殺人に見いだされる文化的相違点をつきとめるためには，生物学的理論は，社会心理学理論や社会学理論に統合されるべきである[*17]。それらの

理論単独では，犯罪行動における歴史的，地理的差異を説明することはできない。神経科学的な機能不全と衝動性，否定的情動，刺激の追求，反社会的行動に認知的に関連するその他の要因とを結びつける証拠を要約することによって，フィッシュバインは[*94]，いかなる生物学的素因も，社会環境的要因を契機として影響を及ぼすと述べている。「簡潔に言うと，ある種の神経生物学的なメカニズムにおける異常性が有害な環境状況への感受性を高め，反社会的な結果が生じるリスクが増大する」(p.3)。

レヴィンとフォックスは[*31]，複数殺人の研究で犯罪者のみに理論的焦点を絞ることを批判し，生物学的要因の役割や初期経験の影響は無視できないが，「状況要因，つまり5歳以降の経験や学習は，暴力の素因をもっていようがいまいが，殺人のような反応を促進する要因として，少なくとも素因と同程度には重要である」(p.39)と強調している。カーターもまた[*95]，連続殺人犯は学習によって連続殺人犯になるのであって，それゆえに社会の産物であると主張している。彼は，社会的特徴が危険な兆候の早期発見に役立つであろうと示唆している。

ホームズとドビュルガーは[*15]，連続殺人犯を理解するために社会心理学的アプローチを援用し，くり返し殺人を行なう行動パターンは，次にあげる主要な特徴を有する思考様式から生み出されるとしている。

1. 殺害に対する固有の持続した動機づけ
2. そうした暴力的行為（一貫したファンタジーに関連していることが多い）から得られる心理的な「利得」によって強化される殺人への表出的な志向
3. 社会病質者としての中心的な特徴（たとえば，罪悪感の欠如，愛情に関する歪んだ観念，非常に強いが，気まぐれで感情を伴わない攻撃性への受容力，衝動性，制御できない欲動，反社会的な考え方など）

ホームズとドビュルガーは[*15]，連続殺人犯たちが彼らの行動や生育歴のいずれにおいても互いに同質ではないと注意を促している。それゆえに単一原因論を避け，その代わりに，主要な動機が適当な条件のもとである思考様式と結びついて展開するならば，くり返し殺人を行なうという行動が結果として生じうることを示している。そうした説明の枠組みは必要であるが，それだけでは十分ではない。彼らは，適当な条件と主要な動機が何であるかについて説明をしていないし，ある思考様式がどのように生ずるのかについて説明をしていない。

くり返し殺人を行なうパターンの原因は，このように心因性のものと考えられている。殺人犯の精神は，殺人の多様な行動を促進し，それを正当化する価値，規範，信念，知覚，性癖によって特徴づけられる。しかし，動機が常軌を逸して

おり，それらの中心は内因性のものであるが，精神病理や器質的な脳の疾患に起因するものではない。直接の原因ではないが，社会的影響によって生じる要因は，殺人傾向の発達過程を理解するために重要である。ホームズとドビュルガーのコメントは，包括的な理論というよりは記述的命題の寄せ集めとしてみるべきであろう。[15]

連続殺人犯に関する過去の文献において，解離の過程に関する事例が頻繁に見つかることに注目して，ベッターは，有名な連続殺人犯に対して系統的に行なった，バーンスタインとプットナム（Bernstein and Putnam）の解離経験尺度（DES）が，新しい研究に有益な接近手段となるかもしれないと示唆している。彼の見解では，多くの連続殺人犯の行動は，解離と精神病質の組み合わせであり，彼が言うところのメフィスト症候群の症状を示している（カーライルも参照）。[96][97]

解離性障害は，「意識，記憶，アイデンティティ，環境知覚といった通常は統合されている機能の分裂」（p.477）を特徴とする。解離には，いわゆる白昼夢から，論争のある多重人格障害までの幅がある。この障害は，現在は「精神疾患の診断と統計マニュアル第4版（DSM-Ⅳ）」で定義されており，解離性健忘，解離性遁走（以前は，心因性遁走と呼んでいた），解離性同一性障害（以前は，多重人格障害と呼んでいた），その他の特定できない解離性障害を含んでいる。[98]

スリル志向，病的饒舌，反社会的な力の追求，罪悪感の不在は，極端な「真の」精神病質者（psychopath）を特徴づけるものである。DSM-Ⅳは，社会病質や精神病質ではなく反社会性人格障害（ASPD）という用語を採用している。反社会性人格障害のDSM-Ⅳによる診断基準は，以前の版であるDSM-Ⅲ-Rがあまりにも幅が広く，行動志向であると非難を受けたために，それを大幅に修正したものである。[96][99]

これらの批判は，ブリティッシュコロンビア大学のヘアによる精神病質チェックリスト改訂版（Psychopathy Checklist-Revised : PCL-R）の開発につながった。このチェックリストは，クレックリーたちの研究に基づいており，人格障害としての精神病質をより正確に測定する尺度となった。PCL-Rを用いた精神病質に関する研究は，現在DSM-Ⅳで用いられている反社会性人格障害の診断基準がどのように修正されてきたかを知る手がかりとなる。[100][99,101,102,103,104]

ヘアは，ハーベイ・クレックリーの「正気の仮面」で示される特徴に基づいて，精神病質を評価するための主要な診断症状を明らかにした。これらは2つの要因，人格の記述と行動的な特徴とに分類することが可能である。[101]

- 感情的／対人関係：①饒舌で表面的，②自己中心性と誇張，③罪悪感や良心の欠如，④共感の欠如，⑤欺瞞的，操作的，⑥浅薄な感情

- 社会的逸脱：①衝動的，②貧弱な行動統制力，③興奮への欲求，④責任感の欠如，⑤早期からの行動の問題，⑥成人後の反社会的行動

精神病質は，「ナイトストーカー」として知られたリチャード・ラミレスの自己診断である「死んだ良心」という言葉にうまく要約されている。しかし，多くの連続殺人犯が精神病質的人格を有しているが，この障害自体はくり返し行なわれる暴力の十分条件ではなく，精神病質者のほとんどは犯罪者ではなく，ましてや連続殺人犯ではないのである。[101, 105, 106]

レスラーら[17]は，性的殺人犯の男性既決囚36人（うち29人が2人以上を殺害していた）との面接を通して，凶悪犯罪行動の動機とパターンの分析を行なった。また，彼らは，精神疾患の既往歴や，警察，法廷，刑務所といった様々な機関の保管データを綿密に調査し，性的殺人の動機づけモデルを構築した。それは，社会的環境，幼年期や青年期に人格形成の要因となった出来事，そうした出来事に対して示した反応パターン，その結果として他人に対してとった行動，心理的な「フィードバック・フィルタ」を通して暴力行為にいたる犯罪者の反応を統合したモデルである注8。

注8：レスラーら[17]は，彼らの動機づけモデルは認知的，心理・社会的要因しか取り上げておらず，「ある条件のもとに存在するであろう」神経生物学的要因あるいは遺伝的要因を考慮していないことを特に言及している（p.69）。しかし，彼らはその条件が何であるかについては触れていない。

レスラーらの動機づけモデルにおける第1段階は，殺人犯の幼児期における有害な社会環境の存在を記述している。[17]殺人犯の保護者は，彼の行動を無視し，彼が出来事を歪曲するのを支持し，一般的に非介入的で非保護的な方法でふるまう傾向がある。したがって，人生の愛着と絆の力は不適切に形成される。このモデルの第2段階は，性的・身体的な虐待，否定的な社会的愛着による発達不全，縮小した感情的反応，一貫しない養育と逸脱した役割モデルに起因する対人関係の失敗といった，人格形成の要因となる出来事が非常に重要であることを説明している。

第3段階は，これら初期の影響に対する反応パターンである。この研究で面接した連続殺人犯は，肯定的で重要な人格特徴を学習するのではなく，フェティシズムの愛好訳注や，自己性愛，特権意識，そして，社会的孤立や反抗，攻撃性，虚言癖といった特徴を発展させていた。結果として生じる認知マッピングとその過程は，白昼夢やファンタジー，きわめて視覚的な要素の強い思考，悪夢によって構築される。彼らの内面的対話は絶対的で普遍的，強固，かつ限定的な仮定を含んでいる。彼らのファンタジーのテーマは，優位，力，コントロール，暴力，サ

ディズム，マゾヒズム，復讐，拷問，切断，強姦，死に関するものである（ディーツら参照)[107]。彼らが性的に覚醒するためには，高いレベルの運動感覚刺激や攻撃的な経験を必要とする。

◆─── 訳注：精神医学事典（弘文堂，1985）によれば，性愛の相手の身体の一部や身につけている物品など，その象徴となるすべての物や状態に対する性愛であり，性対象の倒錯の一部である。

殺人犯の幼児期における認知構造は，やがて，殺人犯の行動に影響を与える。第4段階は，幼年期，青年期，成人期の各期において犯罪者が示す外的な行動を記述している。性的殺人犯の幼年期における典型的な行動パターンは，動物虐待や他の子どもに対する残酷な行為，他者への無関心，火遊び，盗み，いたずら，そして楽しみのない，敵意のある，攻撃的で，反復的な遊びのパターンである。青年期と成人期の犯罪行為には，暴行，破壊侵入，放火，誘拐，強姦，性的な要素を含まない殺人，そして強姦，拷問，切断，死姦などを伴う性的殺人があるであろう。多くの連続殺人犯が，最初の殺人を青年期初期または中期に敢行していることは注目に値する重要な点である。ヘンリー・リー・ルーカスは，彼の最初の殺人を敢行したのは8歳の時か[108]，14歳の時であると述べている[109]注9。

◆─── 注9：この一貫性のなさは，ピータース[108]とイーガー[109]がそれぞれ個人的にルーカスと面接しているためであり，研究の原資料が間違っているわけではない（殺人犯の名声を広めることについてのルーカスの主張に異議を唱える見解については，ジェンキンス[63]ならびにローゼンバウム[110]を参照)。

こうした行動のいくつかと，将来の暴力行動に結びつく幼年期における一連の特徴として小動物の虐待，火遊び，遺尿症をあげた「マクドナルド3要素」[111,112][113]との間には類似点がある[31]（バーン，レヴィンとフォックスも参照)。「サムの息子」と呼ばれたデビッド・バーコウィッツは，殺人を行なう前あるいはその間に多数の放火を行なっており，さらに何匹かの犬を殺害した容疑がもたれていた。彼は，1,411件の放火の場所，日時，火災報知器に関する詳細な記録を毎年日記につけていた[37,114,115]。

第5段階は，そのような犯罪者の暴力行為を正当化するシステムとして機能するフィードバック・フィルタの過程である。初期の反社会的行動に反応して，それを評価していくうちに，事実上，性的殺人犯はより「効率的な」実行パターンを学ぶ。失敗は排除され，逮捕と罰を免れる方法は上達する。支配と優位性，力を増大させる新たな方法を発見し，覚醒した状態を学ぶ。ファンタジーは，この期間により洗練され，精緻化される。暴力の増大や殺人の反復可能性は，このモデルのこの段階で見いだされる。

これは，性的殺人を行なった人々に対して直接的な検討を行なった数少ない研

究の1つである。しかし，この研究には方法論的な問題がいくつかあり，レスラー[*17]は，対象とした犯罪者群は無作為抽出ではなく，代表的でないと注意を促している。クリアリーとルクセンブルグ[*116]による62人の連続殺人犯に関する研究では，虐待と崩壊家庭といった共通する背景を見いだしてはいるが，レスラーらのモデルはいまだ実証的な検証が行なわれていない。レスラーらは統計的な有意性の検証を行なっておらず，報告された関係のいくつかは偶然の結果かもしれない[*117]。また，一般人を母集団とする比較対照データがないため，彼らの知見を位置づけることができない。たとえば，彼らが面接した性的殺人犯の61％は，幼年期または青年期に強姦のファンタジーをもっていた。この数値が真の意味をもつためには，ある種の文脈に位置づけられなければならない。つまり，犯罪者でない男性，犯罪者，性犯罪者，性的要素のない殺人犯などの母集団のサンプルを用いて，同じ質問を行ない，その回答を比較する必要がある。統制群の欠如は，研究の解釈を制限してしまう（ロバートソンとヴィグノー[*118]参照）。

ラングとデウィット・ジュニア[*90]は，この研究で使用された36人の性的殺人犯のサンプルは推定目的には不適切であり，そのデータベースは，外部評価後にアメリカ司法省がプロジェクトの資金を断ち切ったため，最終的には失敗してしまったと述べている（ノビル[*119]参照）。また，彼らは，面接した殺人犯の供述をFBIが批判することなく受け入れたことに対する懸念を表明している（この問題について特化した議論についてはレスラーら[*17]参照）。彼らは，性的殺人犯コリン・ピッチフォークの「保護観察官と精神科医，そういった奴らは，奴らが聞きたいと思っていることをこっちが話してやれば幸せなんだ。そいつらをかつぐことは，信じられないくらい簡単なことなんだ」という発言を引用して，彼らの懸念をはっきりと示している。一方，方法論にいくらか懐疑的ではあるが，FBIの研究をもっとバランスのとれた視点から見る人たちもいる[*120]。

ヒッキー[*21]は，連続殺人の説明のために様々な犯罪学理論の適用可能性について評価を行なった。それらには，社会構造理論（都市化と殺人との関係），社会過程理論（攻撃性の学習），中和の理論（殺人被害者の非人間化），ハーシーの統制理論（弱まった社会的絆）[*121]，ラベリング理論（殺人犯の自己イメージの形成）などが含まれる。ヒッキーは，「連続殺人犯に関する研究はその幼年期にあるので，その原因論について性急な結論を下そうとあせるのは堅実ではないし，危険である」（p.85）と結論づけている。彼は，特にアルコールとポルノが連続殺人の原因に影響を与えるという信念に疑問を投げかけている。

ヒッキー[*21]は，今後の研究と議論の目的のために，暫定的な多重要因モデルを提唱している。このトラウマ−統制モデル（trauma-control model）は，連続殺人犯の発達の初期段階において影響を与えるであろう過程と要因を記述している。養

育拒否または育児放棄，不安定な家庭生活，性的虐待などの一連のトラウマティックな出来事は，無力で卑小な自分という感情や低い自尊心の原因となりうる。より多くのトラウマを受けるほど，暴力的なファンタジーがより発展するであろう。「連続殺人犯に共通する最も重要な要因は，暴力的なファンタジーである」(p.91)。解離の状態は，心理的な防衛の手段として生じるのであろう。

連続殺人犯の事例には，背景要因と促進要因が暴力の前兆となっているものもあるであろう。それらの要因は，生物学的，心理学的または社会学的なものであり，促進要因にはアルコールや薬物，ポルノなどがある。しかし，これらの背景要因や促進要因はそれだけでは機能しない。なぜなら，何百万の人々が同様な条件下に絶えずさらされていても殺人犯にならないからである。それよりも，増大する暴力的なファンタジーを経験する一部の人々に対して，これらの要因が攻撃行動の触媒として作用しうるのである。トラウマとファンタジーの過程が持続するならば，やがて暴力や殺人を思考から行動に移すかもしれない。これが発展して，殺人行為がトラウマとファンタジーの生活にフィードバックされるというサイクルができてしまうと，殺人犯が逮捕されるまで殺人がくり返し行なわれる。この連続殺人犯の発達に関する理論の妥当性については，今後の実証的な検証を待たなければならない。

ミッチェル[122]は，たいていの人間行動は，いかなる説明であろうと単一のものでは適切に説明することはできないと述べている。彼は，暴力行為を引き起こす契機となるものに犯罪者の背景要因を結びつける統合的なアプローチを提唱している。彼の連続殺人に関するモデルは，3つの相互作用的要素からなる。①病理的素地（環境的なトラウマやストレス要因と結びつく生物学的な素因），②最初の殺人で契機となったストレス要因の経路（非適応的な対処スキルやファンタジーへの退却，解離），③強迫的－衝動的な儀式のサイクル（殺人衝動が復活したあとの制御しがたい期間）。

キャメロンとフレイザー[123]は，反復性のある性的な快楽殺人の理解に非常に重要な要因として，社会的・政治的な状況に注目している。彼らは，フェミニストが「女性に対する男性の暴力を，男性の集合的な力を維持するために重要な，集合的で文化的に許容された女性嫌悪として政治的な領域に位置づけている」(p.164)と述べている。カプーティ[9]は，性的連続殺人は「男女の別に関する政治的に重要な犯罪であり……男性優位な文化の産物である。それは，支配あるいは権力の表現形式として定義した性に対する認識の究極の表現である」(p.2) と述べている。

彼らは，男性の暴力が，女性の非人間化と具体的な女性の社会的表象によって促進されることを指摘している。この暴力の究極の形態である性的殺人は，性的なテロリズムの一形態としてみることができるのであるが，キャメロンとフレイ

ザーは,この性的殺人の考え方はそれだけでは適切ではないと注意を促している。しかし,社会の大部分の人が同じ文化的イメージにさらされながら,けっして誰も殺害しないにもかかわらず,なぜ男性あるいは女性の中に,くり返し罪のない被害者(男性でも女性でも,また人間でも動物でも)を拷問し,殺害する者がいるのかという本質的な問いに対して彼らは答えることができない。男性の女性に対する性的殺人というセンセーショナルな先入観のために,男性が被害者となる事件や女性の連続殺人犯を無視することになり,この領域のフェミニズム研究は批判を受けてきた。女性嫌悪は,連続殺人や大量殺人のあるタイプの理解においては重要な役割を果たすと考えられ,被害者選択注10にも影響を及ぼすであろうが,それだけでは十分な説明はできない。

> 注10:連続殺人犯の被害者は,男性であるよりも女性である場合が多い。ヒッキー*21 は,連続殺人犯の35%が女性のみを対象としており,22%が男性のみを対象とし,42%が両性を対象としていたことを見いだした。対照的に,アメリカにおける全殺人被害者に女性が占める割合は約4分の1にすぎない*15。

レイトン*16は,歴史社会学的見地から連続殺人の特性を「報復,名声,アイデンティティ,性的慰安などの実質的な社会的利得,つまり社会秩序に対する原始的反抗を殺人犯にもたらす半政治的で保守的な抗議」(p.14)の一形式として記述した。個人の地位達成と過去の拒絶に対する復讐を求めることで,連続殺人犯は社会に打撃を与える。したがって,社会秩序が異なれば,異なるタイプの連続殺人犯が生まれるのである。彼は,世界各国と比較して異常な数の連続殺人犯が存在するという現代アメリカの連続殺人に関する現象について,いくつかの説明要因を示している注11。歴史上の他の期間では,主として階級の構造と関係に依拠する明確な原因論があるだろう。階級階層社会という状況においては,家族の崩壊を経験する者の増加は,社会という「場所」の感覚を欠く人々の数の増大を導いたのである。そうした個人は,社会的に構築された一貫したアイデンティティを発達させることはできないであろう。

> 注11:アメリカには数多くの連続殺人犯がいるであろうが,他国にも文書に記された事件が多数存在する。ジェンキンス*57,65は,1940年から1985年までに発生した4人以上の被害者を出したイギリスの連続殺人12件,1910年から1950年までに発生した10人以上の被害者を出したドイツの連続殺人7件をリストアップした。イギリスの合計は,イギリス全土で認知された全殺人事件の1.7%であり,アメリカにおける連続殺人の割合と同程度である*28,57,65。ピントとウィルソン*125は,1900年から1990年までの間に発生したオーストラリアの連続殺人犯17ケースをリストアップした結果,そのうち14件は1959年以降の発生であった。現在は,南アフリカと旧ソビエト連邦が不つり合いな連続殺人犯の数に悩まされているらしい。

このアイデンティティの欠如は,中産階級の地位が閉ざされ,文化的野心が押さえつけられたときに生み出される内的な社会的危機によって,人々を動揺させ

る。多くの緊張が現代の北アメリカ社会の中に存在する。たとえば，都市化，移動性，匿名性，コミュニティの喪失，家庭崩壊，失敗，孤立，絶望である。これらは，下層階級において最も際だっており，下層階級の成員が最も脅かされている。レイトンは，それらの要因が，労働階級の上層や中産階級の下層の人たちが社会の「差別を撤廃」しようとするなかで，自分たちを排除あるいは圧迫すると感じるものに対して攻撃させることがあると述べている。これらの攻撃は，暴力的な文化を顕著な特徴としてもつ社会的状況において生じる。現代アメリカ社会は復讐に寛容であり，快楽や性に暴力を結びつけている。その結果，野心の挫折によって生み出される復讐殺人や怨恨殺人は，「成功（注目と名声）」への経路となる。

　この独創性に富んだ理論は，今後の研究のための基礎を築く助けとなったが，あくまで限られたデータに基づいたものであり，その推測は実証的に検証されなかった。すべての連続殺人犯が同一カテゴリーに分類されるというアプローチは明らかに不適切である。また，連続殺人の被害者学に基づくデータのほとんどは，パワーをもたないグループの成員が最も高リスクであることを示している（以下を参照）。レイトンの考えは興味深く有益であるが，稀に行なわれる行動に対しては歴史的・社会学的説明だけでは不十分である。

　連続殺人，性的殺人，サディスティックな殺人の発生を説明するために，様々な理論が用いられてきた。性的抑圧と葛藤[126]，父親の不在に伴う母親の誘惑と拒否[127]，境界例人格の体系化と性同一性の葛藤[29]，学習理論[128]，反社会性人格障害[129]，解離と強迫観念[97]，強迫的衝動障害，器質異常，多重人格障害[130]（リーズも参照[131]），性嗜好異常的な性的サディズム[132]，間違ったことに対する極端な非寛容と定義される「正義の人」症候群[133]，自我の肥大した自己概念と，大胆なリスクと性的な気晴らしによる邪悪な欲望の実行[134]，代理ミュンヒハウゼン症候群[42]，古典的な死体性愛と吸血[135]などである。

　そのような極端な暴力的行動の起源に関する説明は数多くあり，内容も多様である。それは生物学遺伝学的な説から社会歴史的な説にまで及び，信頼できる実証的研究に基づくものはほんのわずかである。限られた事例研究や，代表的でないサンプル，問題の多い面接，明記されていない方法論，検証されていない分類，机上の空論は，連続殺人の議論の多くを特徴づけている。実証的分類の欠如もまた，説明の試みを妨げている。「連続殺人犯」という言葉自体は単一の意味をもつものとされているが，犯罪者プロファイリングの領域における研究は，互いに異なる経歴を有し，互いに異なる暴力行動の契機を有する，いくつかの異なる人格類型がそれに含まれていることを示している。

　単一要因理論は危険であり，様々なレベルで，いくつかの重要な要因——生物学

的，心理学的，社会学的な要因—があって初めて連続殺人犯を生み出す必要条件が作り出されるようである。いくつかの重なり合う原因が一度に起きて初めて連続殺人犯が生み出される。1つでも足りなければ，連続殺人犯を生み出す経路は阻害されると考えるのである。それゆえ，連続殺人犯や複数殺人犯はいまだ稀なのである。把握している範囲の研究は，児童期の虐待，一貫性のない養育態度，暴力的で性的なファンタジーは重要な原因となる要素であることを示している。

連続殺人犯の動機に関する理論的説明がなくても，彼らの犯罪に関する他の要素についての理解は妨げられない。日常生活を送るために必要なことには多くの時間を要するうえに，一般的に犯罪者は犯罪者でない人のようにふるまうため，犯罪者と犯罪者でない人との識別は困難になる。そのような連続犯罪の「無作為性」に隠れたパターンを探しあてることができれば，有益で説得力のある分析につながりうる。これは，病理（pathologic）から「論理（logic）」を見つけるための努力である。

被害者学

> *多くの場合，必要とする被害者を物色している連続殺人犯と単に出会ってしまったというだけで被害に遭っている。どうやって忍び寄るか，接触するか，襲撃するか，罠を仕掛けるかは，連続殺人犯のそれぞれが，自分の流儀と方法，または現在の流儀とやり方の形式をもっている。連続殺人犯の95％が，面識のない人を殺害している。それは，発覚を避けるという意味で最も安全な犯行対象だからだ。子ども（若い少年少女）は，犯行をくり返す性的殺人犯にとって，望ましい被害者なんだ。ほとんどの連続殺人犯が，被害者を連れて行った場所で被害者を殺害している。犯罪者（連続殺人犯）が犯行を行なう地理的範囲は，季節に左右される。そして，そこで連続殺人犯は殺害するんだ。*
> —連続殺人犯がどのように被害者と犯罪現場を選択しているかに関するクリフォード・オルソンの叙述（pp.6～8）原文のままの引用[137]

被害者学の目的の1つは，犯罪発生における被害者の役割について説明しようとすることである。被害者学は，犯罪パターンの理解のために，被害者の力動的な行動や環境的・状況的要因，契機となる要因の重要性を強調する。「被害者学的見地に立てば，暴力的行動は一方的な行為ではなく，力動的な相互作用の過程の結果としてみることができる」(p.xiv)[46]。

連続殺人の被害者になる可能性は，稲妻に打たれる可能性と同程度で，きわめて低い。ほとんどの殺人事件では，被害者は親密な相手あるいは交友関係のある

相手によって殺害されており，見知らぬ相手に殺害されることは稀である。アメリカでは殺人の6％のみが性的暴行を伴っている。連続殺人犯はアメリカやイギリスにおける全殺人の1〜2％に関与していると考えられている。そうであれば，連続殺人の被害者はアメリカの死者1万人あたり1人しかいないことになる。ヒッキーの推定値はさらに低いものである。彼は，1800年から1995年までの間にアメリカで記録に残っている連続殺人を合計2,526件〜3,860件収集した。彼の研究が示したピーク期間（1975年から1995年までの間の974人〜1,398人の被害者）でさえ，年間のリスクはおよそ500万人に1人の割合であった。カバナは1976年から1989年の期間のアメリカでは，連続殺人の被害者は合計1,424人であるという著しく高い値を算出した。彼の数値は，ニュートンの収集した事件に基づいており，これについては，すべての研究者が本当の連続殺人犯とみなしていないような事件が含まれていると彼自身が指摘している。

しかし，犯罪のリスクが人口に対して一様に広がらないという認識は重要なことである。性，年齢，人種，職業，場所などによって，あるタイプの人々が被害を受けるリスクはより高くなる。「ライオンが彼らの水飲み場の近くで鹿を探すように，犯罪者はある状況や高リスク要因によって，集中的に被害者を探し出すのである」(p.914)。ケッペルは，接触の時点で連続殺人の被害者が一般に行なっている6つの行動をリストアップしている。①家で就寝する，②職を探す，③居酒屋に行く，④売春をする，⑤大学構内を歩く，⑥ヒッチハイクをする。ヒッキーは，連続殺人のうち被害者の促進要因が高かったのは16％，低かったのは72％〜75％，その混合であったのは9％〜12％であったと評価している。ゴドウィンとカンターが，少なくとも10人を殺害したアメリカの男性連続殺人犯54人に関する研究において明らかにしたところでは，被害者の92％は加害者と面識がなく，4％は加害者の知人であり，3％は加害者の友人，1％が加害者の家族であった。売春婦は，この分析対象では28％であった。

売春婦に対する性的暴行や身体的暴行はかなり多い。1991年から1995年までの間に，把握されている限りで63人の売春婦がカナダで殺害されており，そのほぼすべてが女性であった。これは，同時期における全女性殺人（1,118人）の5％を占める。ブリティッシュコロンビア州における売春婦殺害のリスクは，同州の成人女性全体のリスクに比較して60から120倍になると推定されている。売春の客が，売春婦殺害の大部分（n = 50）を敢行しており，そのほとんどが加害者の車両内で起こっている。面識のない関係と，路上での売春交渉という秘密主義的な性質が，殺人犯の特定を困難にし，売春婦殺害の大部分が未解決となっている（殺人一般の未解決率20％に対して54％）。

ゴドウィンは，被害対象ネットワークの生態学を取り入れれば，すでに犠牲と

なっているが把握されていない被害者と，将来被害者となる可能性の高い人々を警察が割り出すのに役立てることができると述べている。彼は，連続殺人犯の意思決定過程は，利益（潜在的な被害者）とリスク要因（監視，警察，逃走経路）の評価に基づいていると提唱する。被害者の社会ネットワークも連続殺人犯によって被害を受けるリスクが最も高い地域を見いだすのに役立つ。たとえば，都市のサブカルチャー領域（バー，赤線地区など），孤立した場所（駐車場，ジョギングのコースなど），年配者の多い地域あるいは貧困地域，ドヤ街，大学構内などがそうである。ヒッキーは，女性だけあるいは男性だけしか襲撃しない連続殺人犯もいるが，連続殺人犯の多くは男女両方を対象としていることを見いだした。被害者の多くは犯人にとって面識のない者であるが，家族や知人が襲撃を免れるわけではない。連続殺人の被害者の3分の2は，彼ら自身のコミュニティ（たいていは都市部）の中の誰かによって捕獲されているのである。多くの場合，死は絞頸か殴打によるものである。

　被害者選択は殺人犯の本質に関する洞察を与えてくれる。また，被害者に関する詳細は犯罪者プロファイリングの過程で必要な鍵となる情報の1つである。被害者は，殺人犯にとっての象徴であることが多く，さらに連続殺人犯の過去の人間関係における誰かを連想させる人である可能性がある注12。被害者の特定の外見，特定の行動，またはある反応を誘発する要素は，加害者の殺害行動を誘発する契機となるであろう。「殺人犯によって前もって構築された計画やファンタジーは，ある基準に適合した被害者を必要とするであろう。そして，多くの殺人犯がファンタジーにちょうど適合する被害者を探し出すことがわかっている」(p.50)。FBIの研究における性的殺人犯の何人かは，夜毎に被害者を物色しに出かけていたが，襲撃するのに適切な状況は時折しか起こらなかったことを認めていた注13。

- 注12：しかし，性的にサディスティックな犯罪者に関するある研究によると，加害者にとって心理的に意味のある人に似ていた被害者を対象としていたのは，連続殺人犯30ケースのうち5ケース（17%）のみであった*107。
- 注13：レスラーとシャットマン*37の「サムの息子」デビット・バーコウィッツの犯行行動に関する議論を参照。

　被害者選択に関して特定の明確な基準をもつ連続殺人犯もいる。ニューヨークで17人の街娼を絞殺したジョエル・リフキンは，小柄でストレートの黒髪，セクシーなアクセサリーを身につけているという基準に合った女性を探すために，マンハッタン南部の赤線地区を何時間も車で流していたと供述した。彼は，売春の代金を受け取りながらも，彼を怒らせるようなことをした者だけを殺害した。アラスカで最悪の連続殺人犯と言われるロバート・ハンセンが人を殺すには，3つの契機となる出来事が必要であった。それは，被害者がセックス目的で彼に近

づいたこと，要求した性行為を拒否したこと，逃げようとしたことである。[148, 149, 150]

対照的に，クリフォード・オルソンの被害者は，年齢も性別も多様であった。[151, 152] 彼は，バス停で潜在的な被害者を拾って，彼らに仕事を提供すると言って，騙して彼の車に誘い込んだ。[153] 時には家まで車で送り，そうでない時には性的暴行を加え，場合によっては殺害した。オルソン自身は，被害者たちを殺害した理由をわかっていないようであった。ある時には，被害者が警察に性的暴行を通報しないようにするために殺害したと供述し，ある時には，アルコールや薬物の使用のせいだとした。

加害者の動機は多様なので，被害者選択は連続殺人犯のタイプによって異なるであろう。[146] 無作為の被害者選択は妄想型の連続殺人犯と関連しており，面識のある被害者の場合は妄想型と安楽型の双方と関連し，加害者と親族関係にある被害者の場合は安楽型の連続殺人犯と関連している。[26] バーレットは，時間が経過するにつれて，被害者を入手しにくくなるために，連続殺人犯の選択がしだいに無作為になることを見いだした。

ホームズとホームズは，[146] 有罪を宣告された連続殺人犯に対する面接を引用して，被害者選択に関する加害者側の見方を示している。

> 伝統的な考え方では，連続殺人犯のすべてが，何らかの身体的特徴あるいは個人的な特性，たとえば男性または女性，黒人または白人，若年または老年，背が低いあるいは高い，大きな胸あるいは小さい胸，引っ込み思案あるいはでしゃばりなどに基づいて被害者を選択するとしている。……その考え方であれば，典型的な連続殺人犯が人を捕獲するために活発な探索を始めるとき，自分の好みとする「理想」にかなり近い人だけを物色し，被害者とするためにどんなことでもするであろう。

> 私自身の確信では，あらゆる連続殺人犯が，自分の理想とする被害者に関するかなり明確な想像図を描いている。しかし，この考え方にもかかわらず，連続殺人犯のほとんどのケースでは，彼らの被害者リストにある個々の被害者の身体的特徴や個人的な特徴が，連続殺人犯が心に描く「理想」とする望ましい特徴と一致することは稀にしかない，ということも強く確信している。

> この不一致については，互いに関連する2つの基本的な理由がある。1つは，捕獲するための被害者探しのなかで，連続殺人犯が培ってきた極端な警戒心である。もう1つは，彼を暴力へと駆り立てる衝動性の本質である。この絶え間ない警戒の感覚は，被害者選択に直接の影響を及ぼす。そのため，獲物となる

人間を探していても，連続殺人犯が自分にとって安全で捕獲しやすい状況下で，好ましい理想の被害者を見つけることはほとんどない。事実，逮捕されるリスクを考慮することなしに，たやすく襲うことができる潜在的な被害者を探すことは困難であり，時間を要する課題である。もちろん，連続殺人犯は時間をかけることを我慢することはできる。彼は，最後に理想とする被害者が彼の警戒心にぴったり合った環境に現れるまで，理想にはあわないが捕獲しやすい人をすべて無視することができる。しかし，実際には，非常に長い時間待つことを選択することはほとんどないであろう。

どうして，そうなのであろうか。それは，2番目の理由で言及したように，連続殺人犯の暴力への衝動性という性質が延期することを妨げ，容赦のない強い衝動の行動化について自ら課した遅延を排除するためである。最初は，理想とする被害者をうまく捕獲できると完全に決め込んで自制するであろう。……しかし，この特別な目的を達成できないまま時間が経つにつれて，多くの物色行動で一般的に起こることであるが，現実世界で現実の被害者に対して暴力を振るいたいという強烈かつ肥大していく飢餓感は，機会さえあればすぐに手に入る被害者へと彼を駆り立てるであろう。(pp.69〜70)

この犯罪者側の見方が示すように，犯行の対象選択は，単にファンタジーや心理学的病理だけによって決定するのではない。それは，被害者の入手しやすさや襲撃の機会といった要因の影響も受けるのである。定義によると，連続殺人犯は少なくとも3つの殺人を別々に遂行していなければならず，この状態を成し遂げるには，それまで逮捕を免れていることが必要である。したがって，被害者となりやすい行動をとり，社会の主流から取り残されたライフスタイルをもつ「容易な被害者」を物色する殺人犯は，より多くの成功を経験できる[154]。イーガーは，売春婦，路上生活者，家出人，同性愛者，高齢者など社会からはみ出した人々である被害者を「死に近い者（less dead）」と呼んだ[155]。したがって，機会という要因は，被害者となる過程のパターンの理解と説明には重要である。「複数殺人の流行は，潜在的被害者の母集団の変化を反映して，時とともに変化するように見える。被害者学的要因は，場所や地域による発生分布の違いを考える際に，おおいに役に立つであろう」[83]（pp.471〜472）。

実際の殺人被害者だけでなく，連続殺人犯の犯罪は大勢の副次的被害者を生む[15,17,156]。家族や友人は愛する者の死によって悲嘆，喪失，経済的危機を被り，さらに新聞などのメディアや警察，法廷によって「2次的被害」を受けることが多い。処遇プログラムは犯罪者にとっては利用可能であるが，通常，被害者の家族のために

心理学的なカウンセリングが施されることはない。これらの問題に対し,「殺人で子どもを失った親の会」「アダム・ウォルシュ子ども救済センター」「国際暴力被害者の会」のような自助グループや擁護機関が結成されている。[157]

社会もまた,犯罪者が引き起こす恐怖や疑惑によって被害を受ける。[158]面識のない人に対する不信,公共の場所に対する恐れ,他者を援助することについての気後れはすべて,コミュニティの崩壊の一因となるであろう。さらに,連続殺人犯に関連した経済的損失は多大なものになる。たとえば,捜査経費,法廷費用,弁護費用,長期間の投獄は,合計すれば何百万ドルにも達する。[159]連続殺人の心理的・財政的影響は,実際の被害者が少ないにもかかわらず,それをはるかに超えた大きさで広がっていく。

子どもに対する殺人

子どもに対する殺人は社会にとって大きな関心事である。子どもを対象とした殺人のほとんどは家族の成員によるものであり,面識のない殺人犯によるものは稀である。それにもかかわらず,この種の犯罪が発生した場合には,地域社会への衝撃は強大なものとなる。連続殺人犯の中には,子どもが未来を象徴するものであるという理由で子どもを対象とする者がいると指摘されてきた。そうした犯罪者は,これまで自分たちを虐げてきたと感じている社会に報復していると思っている。しかし,連続殺人犯の最も一般的な被害者は成人に違いない。アメリカの少年司法非行防止局（Office of Juvenile Justice and Delinquency Prevention : OJJDP）は,毎年,14歳から17歳の子どもに対する面識のない者による誘拐が人口100万人あたりに1人か2人発生しており,その年齢層のリスクが最も高いと推定している（ラウも参照）。[70][160]この数値は,増加しているようにはみえない。子どもが被害者となる連続殺人事件では,加害者として家族の成員や知人が関与する傾向がある。

子どもに対する性犯罪は,状況型あるいは嗜癖型のいずれかであろう。[161]状況型の犯罪者は,子どもに対する性的嗜好があるわけではないが,機会的に子どもを被害対象とする。子ども以外の人も対象となることがある。嗜癖型の犯罪者は,よく小児性愛者という言葉が用いられるが,子どもに対する性的嗜好をもち,典型的には無防備な子どもを見分けて犯行の対象とするためのスキルを発達させる。子どものグループを見て,どの子が機能不全家庭の子であるかによく気づく小児性愛者もいる。[161]子どもに対する性犯罪者は,彼の存在が発覚したときにはそこを去らねばならない場合が多いため,放浪者となりがちである。多くの小児性愛者はくり返し犯行に及ぶ犯罪者であるが,殺人者となる者はほとんどいない。

2章 連続殺人

　子どもを対象とする殺人とその地理に関する大規模な研究が，イギリスとアメリカの両方で行なわれてきた。CATCHEMデータベースは1960年1月1日以降に発生した，イギリスにおける子どもに対する性的殺人のすべてに関する情報を蓄積している。[120, 162] そのシステムでは，捜査予測の目的で，3,000を超える事件の殺害行為と犯罪者に関する情報分析を行なうことができる（以下参照）。CATCHEMデータベースは，ダービーシアの警察隊によって運営されており，そのデータからいくつかの面白い知見を見いだしたチャック・バートン（Chuck Burton）警部によって管理されている。子どもを対象とする性的殺人のうち，被害者が移送された事件の検挙率は，被害者が移送されなかった事件の検挙率の半分以下であった。被害者移送の事件の場合には，犯人の車両が殺害場所となることが多い。たとえば，接触地点，襲撃地点，殺害地点，死体遺棄地点を別々にするというように，殺人のためにより多くの場所を用いるほど，犯罪は地理的により複雑になり，検挙率はより低くなる。

　被害者が車両によって移送されなかった場合（$n = 190$）には，98％において被害者の死体が歩道から50ヤード以内に遺棄されており，すべての事件ではその距離は100ヤード以内であった。これらの事件の46％で意図的に死体を隠そうとしていたが，水中に投棄していたのが17％であったのに対して，土中に埋めたのは5％のみであった。事件の91％で，被害者の最終確認場所から半マイル以内で死体が発見されており，距離が1マイル以内であったのは全体の97％であった。

　子どもを対象とした殺人のうち，車両により被害者を移送した場合（$n = 89$）には，その88％で被害者の死体が車両の進入できる道路や小道から50ヤード以内の距離に遺棄されており，それが100ヤード以内の距離であったのは97％であり，すべての事件が150ヤード内の距離に遺棄されていた。死体が屋外に放置されたのは94％であった。事件の57％で死体を意図的に隠そうとしていたが，水中に投棄していたのが20％であるのに対して，12％のみが土中に死体を埋めていた。

　ハンフランドらは，アメリカ国内における子どもを対象とした誘拐殺人に関する研究を行なった。[163] そうした事件は年間およそ100件発生しており，全殺人事件の0.5％を占めるにすぎなかった。そのプロジェクトでは777事件の捜査を分析し，562人の子どもの被害者と419人の殺人犯がいたことを示した。このうち，138事件は55の連続事件の一部であった。典型的な被害者は女子であり，平均年齢は11歳，性的暴行が主要な動機であった。面識のない加害者は53％の事件に関与しており，友人あるいは知人の加害者は39％の事件，家族または親密な間柄の加害者は9％の事件に関与していた。被害者の年齢が高いほど，殺人犯は面

識のない者である可能性が高くなった。

　典型的な殺人犯は，27歳，男性，未婚であったが，独居は17％にすぎなかった。約半数が無職で，16％が一時滞在者であった。殺人犯の大半は犯歴を有しており，60％に凶悪犯罪の犯歴があった。殺人犯の半数以上が以前にも子どもに対する犯罪を行なっていた。連続犯罪者の場合，この数値は76％にまで増加する。殺人犯の過去の犯行の3分の2に，類似した犯罪手口が見いだされた。殺人のおよそ3分の1で，通常，犯行の24時間以内に，警察は第一容疑者となる前の殺人犯と接触していた。子どもを対象とした殺人では，捜査の注意を他に逸らす人物がいることは稀ではなく，研究では，事件の38％でそのような人物と遭遇していたことを見いだした。一般の人々の認識とは逆に，メディアは捜査を妨げるよりも，助けとなることが多い。

　子どもを誘拐して殺害する事件では，事件の44％で被害者が1時間未満のうちに殺害されており，3時間未満では74％，24時間未満では91％であった。被害者の42％のみが，行方不明の通報がなされた時点で生存していた。多くは機会的な犯行（57％）で，ごく一部が特定の被害者を対象としていた（13％）。連続犯は，単発犯に比較して男児を被害者として選択した割合が高かった（連続犯38％に対して単発犯22％）。連続犯罪のほとんど（80％）が，面識のない加害者によるものであった。

　ハンフランドらは，事件を被害者との接触地点，殺害地点，死体発見地点ごとに詳細に調べて，子どもを対象とした殺人についての地理的分析を行なった。子どもを誘拐して殺害する典型的なシナリオは，被害者の自宅近辺の都市地域で被害者と接触し，郊外へ移送し，殺害し，殺害地点の近くに遺棄するというものである。CATCHEM研究を裏づけるかたちで，この研究は複数地点が関係する殺人が解決困難であること，つまり，より多くの場所が関係していれば，検挙率は低くなることを見いだした。

　接触地点は，たいてい，被害者の居住地（事件の33％で200フィート未満，58％で0.25マイル未満）と被害者が最後に目撃された場所（事件の65％で200フィート未満）の双方に近い。殺人捜査において被害者との接触地点が不明であった場合（17％）には，検挙率は平均を40％下回るまで低下する。接触地点が判明していれば，平均を13％上回るまで上昇する。このことは，徹底的な地取り捜査や地域での捜索を行なうことの重要性を示している。殺人犯は被害者との接触地点のあるエリアで3分の2の時間を過ごしていたために，その地域にいたのであった。警察にとっては，その地域のふだんと異なることを尋ねるだけでなく，ふだんのようすをも尋ねる必要がある。事件の29％において，殺人犯は近隣に居住しており，被害者との接触地点から200フィート以内に居住していた事件は

18％，その距離が0.25マイル以内であった事件は35％であった。

殺害現場は，死体発見地点に次いで多くの物的証拠が残されている（ロウマンとフレーザー[*143]も参照）。残念ながら，複数の犯罪場所を有する事件では，その場所が不明となりがちである（23％）。殺害地点から死体発見地点までの距離が200フィート未満であったのは事件の72％であった。殺害地点から接触地点までの距離が200フィート未満であったのは事件の31％，その距離が0.25マイル未満であったのは47％であった。

死体発見地点には最も多くの物的証拠が残されている。幸運なことに，少なくとも警察に認知されている事件については，多くの場合，場所が判明している。子どもを誘拐して殺害する事件では，殺人一般に比較して死体の隠蔽が行なわれることが多い（子どもの誘拐殺人52％に対して殺人一般では14％）。子どもの死体は背格好が小さいために発見が非常に難しいことがある。たとえば，身長が4フィートの子どもの死体は，身長が6フィートある成人の約3分の1の体積しかない。その結果，年齢の低い子どもを捜す場合には，捜索する者は特に入念に捜索しなければならない。

死体遺棄地点に戻ってくる殺人犯もいる（22％）。また，殺害後に町を離れる者もいる（21％）。時に被害者を必要以上に手元に置いておく殺人犯もいる（15％）が，それはたいてい1日未満である。こうした状況では，死体は加害者の家に隠匿されたり（50％），車両に隠匿されたり（28％），簡単に行くことのできる他の場所に隠匿されたりする（22％）。稀に，被害者の死体が殺人犯の家で発見されることがある（5％）。死体遺棄地点の選択が，特定の場所であったものが殺人犯の37％，無作為であったものが37％，他に遺棄する場所がなかったのでそこにしたというものが14％であった。被害者の自宅で被害者の死体が発見されたのは事件の4％にすぎなかった。被害者の年齢が低いほど，被害者の家の近くに遺棄される傾向があった。約63％の事件で，被害者の家から1.5マイル以上離れた場所で死体が発見された。21％の事件で，殺人犯の遺留した証拠品が発見された。死体遺棄地点から1マイル以内でその証拠品が発見された場合が過半数を占め（59％），約半数の事件で殺人犯が通った道路脇でその証拠品が発見された。

殺人と距離

1981年から1986年の間に認知した被害者1人，加害者1人の殺人（967事件，検挙率74％）に関するワシントン州の研究において，ケッペルとワイス[*164]は，犯行の時間と場所に関する情報が多いほど，事件が解決される傾向があることを見

いだした。犯行場所は，証拠と目撃者を提供してくれる。犯行時間からは，容疑者のアリバイが成立するかどうかがわかる。両方が揃えば，被害者と容疑者が同じ時に同じ地域にいたかどうかを捜査官が確認することができる。

　彼らの研究では，殺人に関して考えられる場所を次の5つに分類した。①被害者の最終確認地点，②最初の接触地点，③最初の襲撃地点，④殺害地点，⑤死体発見地点。警察の捜査員が最も知りたいのは死体発見の場所であり，次いで，殺害地点，被害者の最終確認地点，最初の襲撃地点，最初の接触地点の順である。この情報は，2つの点で事件の解決に影響を与える。第1に，より多くの犯行地点が明らかであるほど，事件が解決される確率が増大する。5つの考えうる場所のうち少なくとも4つが警察側に明らかになっていれば，検挙率は85％になる。そうでない場合の検挙率は14％にすぎない。第2に，犯行地点間の距離がより短い，特に被害者の最終確認地点から死体発見地点までの距離がより短い，という特徴を有する殺人事件と高い検挙率とが関連していることを研究は示している。最終確認地点から死体発見地点までの距離が200フィート未満である場合には検挙率は86％になり，それ以上になれば検挙率は50％に落ち込む。犯行地点間の距離が長いほど，すべての犯罪場所を発見する作業が妨げられ，より長い時間を要することになる。それゆえに，すべての入手可能な証拠を見いだす作業が妨げられ，捜査により長い時間を要することになる。

　ケッペルとワイスは，24時間が臨界時間であるように思われると述べている。時間が経過することによって，証拠は劣化し，目撃者の記憶は色あせてしまう。殺人事件の66％において容疑者が24時間以内に拘留されていたが，48時間以内に誰も逮捕されない場合には，犯罪の解決率は有意に低くなる。場所間の所要時間が24時間未満である場合には事件の解決率はより高く，そうでない場合には解決率は平均して30％低くなることを研究は見いだしている。被害者の最終確認時間と被害者の死体発見時間との間隔が24時間以内であった場合には，解決率は82％となり，そうでない場合には42％に低下した。

　時間と距離の組み合わせによる効果は劇的である。被害者の最終確認から被害者の死体発見までの間隔が24時間以内であり，かつ犯行地点間の距離が200フィート未満であれば，検挙率は86％に上昇する。その時間が1か月以上に及び，犯行地点間の距離が1.5マイルを超えていたならば，検挙率は4％に落ち込む。殺人犯は，複数の警察の管轄区域にまたがって犯行に及び，殺人に関連する場所を意図的に分散させることにより，死体発見を遅らせ，証拠の劣化を促進し，捜査を攪乱しようとしているのかもしれない。

3章 連続強姦と連続放火

　連続殺人は稀であるが，連続犯罪はそうではない。本書では主に連続殺人犯，連続強姦犯，連続放火犯に焦点を当てているが，銀行強盗犯，侵入盗犯，自動車盗犯，万引き犯，詐欺師の多くもまた連続犯罪者である。これまで，犯行頻度率（offending frequency rate）の分布，ラムダ（λ）が，一部の犯罪者たちの場合に他の犯罪者の10～50倍という高いレンジでかたよっていることが明らかにされている[165,166]。これは累犯性の高さを示すものである。たとえば，控え目な仮定として，10％の犯罪者が他の90％の者に比較してλ値が10倍であった場合，全犯罪の過半数がこの10％の犯罪者によって行なわれたことになる。ある性嗜好異常者を対象とした研究では（$n = 411$，平均性的逸脱歴12年），平均的に見て犯罪者1人あたりの性犯罪の未遂が581件，既遂が533件，被害者が336人であった[167]。しかし，こうした平均値は誤解を招くものである。なぜなら，70％の事件が実際にはたった5％の犯罪者によって行なわれているからである。

　つまりλ分布の歪みの本質の意味するところは，ほとんどの犯罪者に累犯性がないのにもかかわらず，ほとんどの犯罪には累犯性があるということなのである。同様に，受刑者の約20％は精神病質者であり（人口全体ではわずか1％でしかない），この受刑者たちが過半数の重大事件を引き起こしていると，ヘアは述べている[101]。逃亡者の転住の研究で，たとえばロスモは，カナダの逃亡犯に平均15件の起訴歴，10件の有罪判決歴があることを発見している[168]。

　誰が連続犯罪者であるかを見きわめるのは難しいことがこれまで言われてきているが，犯歴数で判断するのではなく，犯人の再犯傾向の心理力動的測定に置き換えることによって，判断することが可能かもしれない[20]。精神病質，ナルシシズム，サディズム，性嗜好異常，ファンタジー，強迫観念，解離といった要素を含んでいる，特有の内的動因のメカニズムによって，強迫観念的な犯罪ファンタジーが出現する。たとえば，プレントキーらは，連続性的殺人犯が単発の性的殺人犯よりも意識されたファンタジーを行動化することを発見した（86％対23％）[169]。

　連続犯罪の1つの特徴は被害者と加害者の間に面識がないことである。コクシスとアーウィンは，以下のような連続犯罪の指標を示している[20]。

- 殺人：死体切断やカニバリズム，様式化されたり演出されたりした死体の格好，性的暴行，死姦，過剰殺害，拷問，事件にかかわる「記念品」の収集
- 強姦：型にはまった台詞の被害者への強要，サディスティックまたは暴力的行動，性倒錯行為，被害者の膣への挿入不能，オルガスム障害，事件にかかわる「記念品」の収集
- 放火：火災による損害以外の財物の損壊，犯行現場での性的行動，サイン（例：落書き，大便や小便，事件の証拠品）の存在，放火の際の様式化された行動

アルストンは，連続犯罪の形態を分別し，5つのパターンに分類した[*170]。最も多いⅠ群は，1人の犯人と複数の被害者という古典的なパターンである。Ⅱ群は，2人の犯人と複数の被害者というものであり，Ⅲ群，Ⅳ群，Ⅴ群は数人の犯人が，異なる組み合わせで複数の被害者を襲うというものである。たとえば，スミスが，ジョンと何件かの事件を起こし，アンダーソンとも何件かの事件を起こし，そして単独でも犯行している場合である。アルストンはⅢ群，Ⅳ群，Ⅴ群のタイプは不安定なものであり，Ⅰ群やⅡ群に分類されていくことがあると述べている。

地理的プロファイリングの要請の大半は，連続の殺人・強姦・放火事件に関するものである。これらの異なるタイプの犯罪が，少なくとも地理的にはどの程度類似しているものであろうか。ワレンらは，連続強姦犯と連続放火犯の空間的パターンのバリエーションを検討し[*171]，連続放火犯のほうが犯行領域の中に居住している傾向があるとしており，「連続犯罪の地理的パターンは罪種により特有のものがあり，ある種の連続犯罪で特徴的なパターンは，別の罪種では違う場合がある」(p.219) と指摘している。

この観察はある点では的確であるが，類似性は差異よりも強く現れる。連続犯罪者の犯行地理に関する研究では，多くの共通点が明らかにされており，実際の捜査経験からもこうした知見が確認されている[注14]。空間行動の類似点は，人間の共通した潜在的なプロセスの産物であるように思われる。テイラーは，「パターンというものは存在せず，プロセスだけがあるのだ」(p.134)と主張している[*178]。

●───注14：この研究では連続殺人[*15,21,23]，連続強姦[*170,171,172,173,174,175]，連続放火[*176,177]について検討した。

連続強姦

連続強姦犯は，連続殺人犯といくつかの類似したパターンを示す。たとえば，連続殺人犯の多くが最初は強姦犯として犯行を重ねており，殺人の合間に生命に

危害の及ばない性的暴行を行なうことも多いのは驚くべきことではない。連続と単発の強姦のパターンを峻別した初期の研究者のひとりであるジェームズ・ルボーは，犯人の群（連続，単発）によって犯行地域のタイプが異なることを見いだした。また，連続強姦における被害者と加害者の関係は，強姦事件一般のそれとは違うことも見いだした。大部分（84％）の連続強姦犯は被害者と面識がないのに対して，強姦被害者全体の場合では約半数は犯人と面識があり，また児童誘拐および性的暴行が面識のない犯人によって行なわれているのは，ほんの少数（5～30％）である。ミーテとマッコークルは，共犯のある事件が全強姦事件の10％未満であるとしているが，連続強姦事件での比較可能な割合は示していない。
[175, 179, 180, 181]
[182]

　強姦全体が高い割合で発生している地区には，人種の多様性，住民の入れ替わりの多いこと，賃貸集合住宅が多いことといった特徴がある。そうした地区は大都市部にあり，失業者や低所得者の割合が異常に高い。性的暴行事件は夏（7月，8月）に多く，冬（12月～2月）に最も少ない。こうしたかたよりは，曜日でみると週末，時間帯では晩（37％が午後6時～12時）にみられる。
[182]

　性的暴行は被害者または加害者の住居近くで行なわれることが多く（37％），公共空間，駐車場，路地で発生するものはわずかである（14％）。しかし，被害者と面識がない加害者の場合には，およそ半数の暴行は屋外の公共空間や駐車場で発生している。人口密度の低い街では，監視性が低く，強姦発生率が高い。住宅，工場，商店の混在した土地利用が特徴となっている地域では，駐車場や廃屋，さびれた街区に面した通りがあるため，人々がより危険な状態にさらされてしまう。またこうした地域は一般には低所得地域である。
[182]
[183]

　強姦は力と怒りの犯罪であるとみなされることが多いが，一部の強姦犯にとって，犯行の主要な動機としてセックスが重要であることについて，何人かの研究者が指摘している。人間の性欲の主要な要素として，生物学的・心理学的・性心理学的なものが含まれる。警察の捜査員が性犯罪を理解するのに最も重要なのは，性心理学的要素である。すなわち，性的ファンタジーが犯罪者の性行為において主要な役割を果たしている。一般的に，複雑な事件ほどファンタジーが肥大し，加害者の知能も高い。現実の犯行は不完全なものであり，けっしてファンタジーのようにはいかない。そのため，犯人は再度犯行せざるを得ないと感じ，結果として連続性犯罪を起こしてしまう。
[169, 184, 185]
[186]
[186]

　子どもを対象とする強制わいせつや強姦犯で，被害者宅へ侵入して襲う犯人が，性的な要素を伴う犯行の興奮を説明した。この犯人の異常なファンタジーは，逮捕されるかもしれないというスリルと絡み合っている。

自分はそれでよかったし，他人のことはまったく気にならなかった。いったん被害者の家に入り込んだら，その快感は途方もないものだった。自分では自分をコントロールしていたが，誰も自分を止めることはできなかった。そしてその家から逃げると，さらに危険な，もっと向こう見ずなことをやった。……あの快感は何にも増してよかった。(ウッドら, p.358)[187]

　捜査員は性犯罪者の家宅捜索で，付随物品を見つけることがある。[188] 付随物品とは直接に犯行と結びつく物ではなく，むしろ犯人の性的志向や関心，性行動に関する証拠や情報を与える物である。こうした物が犯人のファンタジーの本質を示すことがよくある。付随物品は，以下のような物を含む。

- 性　的：性的なことに直接関連する物
- 教育的：犯行を行ない，逮捕を避け，裁判過程を操作するための知識を与える物
- 内省的：犯人の異常な性行動と性嗜好異常の理解を助ける物
- 知　的：将来の犯罪の計画と実行を補助する物

　FBIは，グロスらが発展させたカテゴリーに基づく，強姦犯の類型を採用している。[189] FBIやグロスの類型は，力，怒り，性的動機を枠組みとして用いており，①力再確認型，②力主張型，③怒り報復型，④怒り興奮型の強姦犯に分類している。FBIの研究によれば，この類型化に従ってプロファイラーが分類した的確率は80～95％であった。[190] ヘイゼルウッドはFBIとグロスの類型を概括し，犯人と犯行特徴の関連を述べている。[27]

　力再確認型の強姦犯は，女性に対する力の行使を通じて自身の男らしさを再確認する。犯人は「紳士的強姦犯」を装うことが多い。このタイプの強姦犯は，通常監視やのぞきを行なって被害者を事前に選択したり，被害者候補を複数確保したりしている。そのため，ある強姦に失敗したとしても，多くの場合，犯人は同夜に近くにいる別の被害者を探すであろう。力再確認型の強姦犯は，一般的に奇襲的アプローチを取り，夜遅くから早朝にかけて犯行する。犯行は一定のパターンを示し，同じような社会経済状況にある特定の地域で発生する。犯人は常習犯で，被害者から犯行の記念となる品物を奪って，犯行の記録として持っている可能性がある。このタイプが最も多い強姦犯である。

　力主張型の強姦犯は，女性に対する「当然の」優越という犯人の信念を表現するものとして犯行を位置づけている。犯人は自己中心的であり，被害者の立場に注意を払わない。このタイプの強姦犯は，通常詐欺的アプローチを取り，その後

に被害者に無理やり再三にわたって性的暴行を加える。被害者は，半ば裸で犯行現場に置き去りにされることがある。犯行現場は，犯人にとって都合がよく安全な場所であろう。犯行の間隔は概して断続的である。2番目に多いのがこのタイプの強姦犯である。

　怒り報復型の強姦犯は，憤怒と復讐の感情に動機づけられている。犯人は女性に「仕返し」がしたいのである。被害者は他の誰かのシンボルであり，見かけや服装，または仕事が似通っていることがある。セックスは，女性を罰するため，品位を汚すために行なわれ，過度な暴力が犯行の特徴である。犯行は感情の爆発の結果として起こるため，無計画的である。こうした衝動性は，犯行計画や事前の被害者選択がほとんどないことを意味し，通常，被害者選択はごくわずかな時間が費やされるのみである。犯行は散発的で，昼夜を問わずいつでも起こりうる。このタイプが3番目に多い強姦犯である。

　怒り興奮型の強姦犯は，身体的または心理的苦痛に対する被害者の反応を見ることによって性的快感を得る。強姦は拷問を伴い，恐怖と残忍な行為によって特徴づけられる。犯行はファンタジーに基づいて行なわれ，凶器・道具・移動手段・移動経路は完全に前もって決められている。犯人は通常，詐欺的アプローチを取り，被害者を襲って拘束し，事前に決めてあった人目につかない場所に連れ込む。犯人は一定時間被害者を拘束し，サディスティックな性的行為を録音したり，ビデオに録画したりするかもしれない。ふつうは被害者と犯人とには面識がなく，犯行の時間帯には明白なパターンがない。このタイプの強姦犯が一番稀である。

　強姦類型が実証的な検証を欠いており，大部分は未検証のままであることを，ソレイら[191]は指摘している。たとえば，グロスの強姦犯類型は，包括的な分類基準のみを示し，その妥当性評価は限定され，内部一貫性の推定は行なわれていない。犯罪者類型の根拠が薄弱な点は，犯罪捜査分析の発展を妨げ，結果として犯罪現場の指標に関する適切で標準化された測度の不足と，犯人分類についてのコンセンサスの欠如を招いている。ソレイらはMTC:R3（マサチューセッツ治療センター強姦犯分類第3版）を最も信頼でき，強姦犯の分類に妥当なもので，合理的・経験的な分類法の発展の結果であると指摘している。MTC:R3には，①機会的，②怒り充満，③性的充足（サディスティックと非サディスティック），④報復，という4つの主要な動機的テーマがある。

　FBIのデータを用いた既存の調査から，ソレイら[192]は犯行現場に関する変数の有用性をMTC:R3の強姦犯類型を予測するために検討した。彼らは，表出的な怒り（治療を必要とするけが，切り傷，打撲，擦過傷，噛み付き，凶器使用）と，成人の反社会的行動（アルコール飲用，薬物使用，凶器の存在）という予測可能な

領域があるという興味深い結果を発見した。これらの領域に関する多くの変数があるほど予測能力が高かった。

　犯行現場に関する変数から強姦犯のタイプを予測することが可能であることは，プロファイリングのための経験的な枠組みを与える。ソレイらは，「地理的プロファイリング技術が……強姦犯のタイプだけでなく，犯人がどこから来て犯行したのか，という直接的で実証的な情報を捜査機関に提供するために，犯行現場パーソナリティ・プロファイリング（crime-scene personality profiling：CIA）と組み合わせることができる」(p.18) と指摘している。ニューファンドランド州警察の犯罪容疑者絞り込みシステム（Criminal Suspect Prioritization System：CSPS）は，ある程度こうした点を可能にするものであり，強姦犯や武装強盗犯の予想される犯人像を決定するために犯行テーマを用い，次にこの情報を既存の警察記録から容疑者を割り出すために近隣居住者情報と結びつけるのに利用する[193]。こうしたアプローチが警察の通常の捜査手法となるためには，数値化してコンピュータ上のデータベースで検索できるような，妥当性と信頼性のある加害者分類スキームが必要不可欠である。

　デービスらによるイギリスの研究[194,195]では，面識のない強姦犯によって行なわれた犯行現場での行動が，加害者の犯歴の予測要因として有用であることが示された。個人を特定されないようにする，刑事司法システムへの慣れ，被害者の支配，接近方法，犯罪行為，飲酒の有無といった変数が，ロジスティック回帰分析によって犯歴の特徴を決定するために用いられた。このモデルが最もよく予測したのは，侵入盗（69％正確），暴力犯罪（59％正確），単発の犯罪（暴力犯罪でない性犯罪）（71％正確）の犯歴であった。これらのモデルは，性的暴行事件で容疑者を浮上させ，捜査の優先順位づけを行なうのに，将来的に有望なツールである。

　最低10人以上を襲った41人の服役中の連続強姦犯を対象としたFBIの研究では，こうしたタイプの性犯罪者について，より詳細に検討している[196]。対象者の強姦犯は，合計837人の被害者を襲い，犯人1人あたりの被害者は平均20.4人となる。大部分の被害者は犯人と面識がなく（84％），被害者の半数は自宅で襲われており，多くの場合1人でいた時（79％）となっている。一般的な感覚とは逆に，わずか12％の事件が屋外で発生した（6％が通りや路地，6％が駐車場や高速道路）。ウォー[197]は，強姦全体の50〜60％が住宅での発生であると推定している。こうした知見は，強姦が屋外犯罪で，住居内では安全であるという認識に疑念を抱かせるものである。

　さて，こうした性犯罪者は多くの点で一般人と同じように見える。大多数は安定した職業につき，誰かと一緒に住んでおり（78％），1回は結婚している（71％）。多くは一戸建てに住んでいるが，集合住宅に住んでいる者も少数とはい

え無視できない程度となっている。彼らは平均的な知能を上回っているが，相当数が少年時代に問題を抱えている。研究では，夜尿症（32％），動物虐待（19％），放火（24％）——およびそのすべて——のような問題行動が対象者にあったことを示している。また盗みや万引き（71％），飲酒（63％），成人への暴行（55％），といったこともよく見られる。彼らの多く（68％）は，のぞきから性犯罪を始めている。たとえば，スキー帽強姦犯として知られるジョン・ベリー・シモニスは，露出症，わいせつないたずら電話，そして最後には強姦へと悪質化する前に，15歳のときにのぞきを始めた。[*198]

これらの犯罪者の多くが生育の過程で虐待を受けた形跡があり，76％が子どものときに性的に虐待されたとし，73％が心理的な虐待，38％が身体的虐待を受けたとしている。多くの場合，虐待したのは親や保護者である。性的虐待が家族の一員によって行なわれていた場合には，虐待するのは男性と同じくらい女性も多いが，虐待が見知らぬ人からだった場合，そのほとんど全員が男性である。

最初の犯行を行なった際の平均年齢は21.8歳で，中間の犯行の平均年齢は25.8歳，最後の強姦の平均年齢は29歳であった。ほぼ全員に逮捕歴があり，58％には施設収容歴があった（46％は矯正施設，12％は精神病院）。犯歴には，犯人の住居近隣での住宅対象の侵入盗がしばしば含まれる。彼らは平均7.6件の性的暴行に関して有罪の判決を受けていたが，実際には平均27.8件の事件に関与していた。言い換えるならば，彼らは3.7件の性犯罪を実行して，やっと1件についての有罪判決を受けたことになる。

ガルビンとガンは，調査したイングランドおよびウェールズの連続あるいは単発強姦犯（$n = 142$）の86％に犯歴があり，典型的には何らかの窃盗が含まれていることを発見した。[*199] 半数は過去に4回以上の有罪判決を受けており，29％が20歳前に最初の判決を受けていた。連続強姦犯のほうが単発の強姦犯よりも，過去に陰部露出や強制わいせつなどの性犯罪を起こしている者の率が高かった（連続犯46％，単発犯25％）。また犯罪性を増大させる者も認められた。

FBIの研究は，計画的な強姦のほうが機会的，衝動的な強姦よりも一般的であり，犯人がのぞきや自宅への尾行によって被害者を選択していることがよくあることを認めている。犯行に先立って，一部の強姦犯は被害者の留守中に被害者宅の内部を熟知するために侵入する。しかしながら，ヘイゼルウッドとワレンは，ほとんどの強姦犯が特定の被害者をねらったり，つきまとったりしないと強調している。[*196] むしろ，強姦犯の被害者選択は多くの犯罪者の場合と同様，無計画であったり大雑把な計画しかない。約3分の1の犯人が犯行前に飲酒しており，変装する者は7〜12％にすぎない。

連続強姦における被害者選択は概して象徴的ではないと，ヘイゼルウッドとワ

レンは結論づけている。それよりも，被害者は犯人の近隣にいること，実行可能であること，住居に近づきやすいことなどによって選択されている。この研究で犯人が回答している被害者選択の基準は，実行可能性（98％），性別（95％），場所（66％），年齢（66％），人種（63％），身体的特徴（39％），着衣（15％），特になし（25％）であった[注15]。平均的な被害者は20歳代であるが，19％は子どもであった。この研究において，白人の連続強姦犯は黒人のそれとは違い，異なる人種を対象としないこと，ヨーロッパの白人男性が最も性的に逸脱した犯罪者であることが明らかとなった。

●————注15： 複数回答形式のため，合計は100％ではない。

　車両は強姦事件でよく用いられており，62％は犯人自身の車，7％が借りた車，8％が被害者の車となっている。この研究では盗難車は犯行に使用されていない。強姦犯の中には，被害者を暴行するために墓地へ連れて行く者がいる。これは犯人が警察はめったに墓地をパトロールしないと考えているためである[198]。
　最も広く用いられている接近方法は奇襲的アプローチであり，次いで詐欺的アプローチ，そして急襲的アプローチと続く。強姦犯は，被害者が抵抗する場合には，概して平均の倍長く被害者と一緒にいる。犯行後，12〜15％の犯人が犯行現場に戻り，8〜13％は被害者と連絡を取り，28％は捜査に関するメディアの報道を確認している。約半数（44〜51％）の犯人が後に犯行を後悔する。
　FBIによる他の研究では，犯行現場での5つの行動が，「インクリーサー」（後の強姦で暴力の使用が増える者）を予測するのに使うことができるとしている[200, 201]。①被害者との交渉の欠如，②被害者への配慮の欠如，③拘束具の使用，④接触場所からの被害者の移動，⑤男らしい犯人イメージ。この尺度は，調査対象事件の89％について暴力のエスカレーションを正確に予測した。インクリーサーは，調査対象強姦犯の25％を占めており，他の強姦犯よりも平均して被害者数が2倍で（40人対22人），犯行頻度が3倍であった（犯行間隔が平均19日対55日）。
　こうした知見は，ガルビンとガンやワレンらの研究では再現されなかった[199][171]。前者はイングランドおよびウェールズの連続強姦犯（$n = 11$）の分析から，インクリーサーは年齢が若く，早漏に悩んでいる傾向があることを見いだした。後者は，アメリカの連続強姦犯（$n = 108$）の研究では，白人の強姦犯がより暴力性を増大させる傾向があったと述べている。研究による非一貫性は，犯罪行動レベルでのサンプルの違いに起因するものであろう。
　FBIによる他の連続強姦犯の研究では，連続強姦犯の空間行動の特徴を記述し検討するため，凸包ポリゴン（convex hull polygon：CHP）という概念を導入している。CHPは，連続犯行における各発生地点の外周を結ぶ凸型の多角形で，原理

的に犯罪者のすべての犯行現場を含んでいる。調査対象の強姦犯の居住地は，24％がCHPの内部で，76％がCHPの外部であった。ワレンらは，犯人の住居（CHPの内部か外部か）と犯行現場への平均距離（近いか遠いか）という2つの二分法的な変数値で4つの地理的モデルを作った。調査対象となったデータでの各群の内訳は次のとおりである。①モデル1（居住地がCHP内部，犯行距離が短い）13％，②モデル2（居住地がCHP内部，犯行距離は長い）11％，③モデル3（居住地はCHP外部，犯行距離は短い）37％，④モデル4（居住地はCHP外部，犯行距離は遠い）39％。

　この研究での典型的な犯罪は，面識のない被害者を対象とし（92％），奇襲的アプローチで（78％），被害者の自宅で強姦し（60.2％），早朝に発生している（32％が午後6〜12時，52％が午前0〜6時）。怒り興奮型の強姦犯はいくらか違ったパターンを示し，特定の被害者選択基準があったり（55％対16％），ほとんど全員（91％）が被害者の自宅で犯行を行なっている。

　犯行現場のある種の様相は，犯人の空間行動の態様の一部分を説明する助けになる。たとえば，FBIの連続強姦犯の研究では，拠点犯行型犯罪者と通勤犯行型犯罪者の違いについて調べている。前者は居住地付近で犯行するのに対して，後者は犯罪を行なうために，居住地から違う地域へと「通勤」する（こうした考え方については後述する）。連続強姦犯による夜間の犯行は，拠点犯行型犯罪者の90％で特徴的であるのに対して，通勤犯行型犯罪者では70％である。この結果は，拠点犯行型犯罪者が自らの正体を隠そうとしているのかもしれないし，単に通勤犯行型犯罪者の移動手段の利用形態によるものかもしれない。通勤犯行型犯罪者は拠点犯行型犯罪者に比較して，より儀式的な行動を示す。最短犯行距離（言い換えれば，居住地直近であるため犯行が行なわれない「非犯行領域」）は，拠点犯行型犯罪者のほうが通勤犯行型犯罪者よりも短く（0.74マイル対2.51マイル），非白人のほうが白人よりも短く（1.23マイル対2.70マイル），年長者よりも若年の犯人のほうが短く（0.59マイル対2.58マイル），日中の強姦犯よりも夜間の強姦犯のほうが短い（0.59マイル対3.12マイル）。当然のことながら，最短犯行移動距離と平均犯行移動距離には相関関係がある。

　他の地理的な要素を含む知見として，以下の点がある。

- 61％の強姦事件が屋内で発生している
- 最も多い被害者との接触地点は被害者の住居（60.2％）であり，公道（20.4％）がそれに続く
- 51％の強姦犯が通勤犯行型である
- 車両はわずか15％の犯行で使われているにすぎない

ヘイゼルウッドとワレンは，儀式的行為が性犯罪者の空間行動の決定因となることを見いだした。彼らは連続性犯罪者を，衝動的犯罪者（洗練されておらず，激高しやすく，無計画な犯行）と，特殊な儀式的犯罪者（計画的で，リハーサルを行ない，概して洗練されている犯行）とに分類している。様々な犯歴があり，一般的な性的趣味が特徴である衝動的性犯罪者は，ファンタジーの強い影響を受け，様々な倒錯的性行為に関心がある儀式的な犯人よりも，通常，被害者選択にそれほどこだわらず，身元が明らかになることを気にしない。結果的に，前者は犯行に及ぶための移動距離がより短く（2.30マイル対3.64マイル），狭い地域で犯罪を行なう（4.57平方マイル対20.39平方マイル）。

慣れた強姦犯は女性を路上ではなく，むしろ被害者の自宅で襲うほうを好む。というのも，いったん家の中に入ってしまえば，見られたり，邪魔が入ったりする危険が比較的低いからである（ウォーを参照）。ヘイゼルウッドは，ある経験豊かな力再確認型の強姦犯が6人もの候補から被害者を選定しているケースを詳述している。もし最初の強姦が失敗すると犯人は次の候補を襲い，被害者の家は警察が最初の事件の捜査を行なっている際に，犯人の「隠れ家」となる。驚くべきことではないが，強姦犯の性犯罪以外の余罪で最も多いのは，不法侵入である。実際，強姦犯の犯罪の一部は「ボーナスレイプ」であり，犯人が侵入盗を行なっている際に偶然女性と出くわした結果発生している注16。また，押し込みを含む強姦未遂の多くは，侵入盗として分類されている。もし警察が強姦を立証できなければ，入手可能な証拠から，犯人を起訴することになるだろう。逆に，フェティシズムやのぞきを目的とする侵入盗は，性的暴行や殺人の前兆となりうる。シュレジンガーとレビッチは，調査対象の性的殺人者（$n = 52$）の42.3％に侵入盗の犯歴があったと述べている。

●―――― 注16：フェルソンとクラーク*203によると，ある罪種の犯罪が他の罪種の犯罪機会を生み出すことがある。たとえば強姦は，侵入盗や強盗，その他の財産犯罪の副産物として起こることがある。

カナダのブリティッシュコロンビア州における30人の連続強姦犯（183件の事件）の研究で，アルストンは，強姦現場が空間的なパターンを示すと結論づけている。コルモゴロフ＝スミルノフ適合度検定により，有意なクラスタリングと，距離減衰の存在がデータから明らかとなった。連続強姦犯は，自分自身の活動経路に沿った狭い空間で犯行対象を探す。曲線距離の測度を用いて，アルストンは94％の犯行が犯人の活動空間から2.5km以内，ほとんどの犯行が0.3km以内で発生していることを見いだした注17。活動空間とは，犯人の活動上の結節点（現在・過去の住居，現在・過去の職場，配偶者の実家，友人や家族の居住先）と，それを結ぶ日常的な移動経路と定義される。活動上の結節点だけを考えた場合，

72％の犯行が5km以内で発生し、大部分は2km以内となっている。強姦現場から一番近い犯人の活動拠点は、平均0.91km（中央値0.72km、標準偏差0.89）であった。強姦現場から一番近い日常経路までは、直線距離で平均0.53km（中央値0.41km、標準偏差0.93）であった。

● 注17：曲線（キルビ）距離とは、道路網に沿って計測された距離、すなわち走行距離である。通常、この距離は直線の最短距離より長く、直線距離と同じとなることはありうるが、けっして直線距離よりも短くなることはない。

犯行地の地理的な環境が判明している事件から、犯人の好む場所は売春婦がうろつく路地、ヒッチハイクが行なわれる地域であることが明らかになっている。ほとんどすべての犯人が強姦の犯行に車両を利用している。約43％の連続強姦犯が詐欺的アプローチを用い、28％が急襲・奇襲的アプローチを用い、11％が知己偽装アプローチを用いている（なおアプローチ法不明が18％であった）。

連続放火

放火はたいへん被害が大きく、危険な犯罪であり、性的な連続殺人に先行することもある。1991年中にアメリカでは、放火によって10億ドル以上の損害（1件あたり平均11,980ドル）を被り、住宅火災による死亡原因の第2位となっている。[*205] 1986年のニューサウスウェールズ州での放火による物的損害は6,500万オーストラリアドルと見込まれているが、商取引での損害や生産性の低下、保険料の引き上げといった付随的なコストを含んだ経済的損失は、推計260万オーストラリアドルであった。[*206] 殺人と同様、連続・スプリー・大量放火がある。

連続放火に関する包括的研究は、アメリカアルコール・タバコ・火器局（BATF、一般的にはATF）[*177,205,207]とFBIによって行なわれている。合計2,611件の放火（1人あたり平均31.5件）を起こし、死者7名を出した83名の連続放火の既決囚に対して調査が行なわれた。ATFとFBIが用いた連続放火犯の類型は、次のとおりである。①バンダリズム型、②復讐型、③興奮型、④犯罪隠蔽型、⑤利得型、⑥混合型、⑦精神障害型。犯罪分類マニュアル（CCM）では、これ以外に過激派型が含められ、精神障害型が除かれている。

バンダリズム型の放火犯は、財物を破壊する意図をもって、いたずらで火をつける。このタイプの放火では、子ども、いたずら集団、非行少年グループがかかわっていることが多く、主な対象は学校・廃屋・草木である。犯人の自宅から0.5ないし1マイル離れた、犯人にとってなじみのある地域で放火が行なわれる。犯人は通常徒歩で移動するが、車で現場に行く場合もある。

復讐型の放火犯は、犯人が過去数年、あるいは数か月以内に不当だと感じたこ

とへの報復をめざしており，下位分類として個人復讐・集団復讐・組織復讐・社会復讐がある。個人復讐型の放火は，特定の個人の住居や車に対して直接行なわれることがほとんどである。集団復讐型の放火は，教会や公共機関の本部，待ち合わせ場所，何らかの象徴的なものが対象となることが多い。組織復讐型の放火は，政府・病院・宗教・教育・軍事施設をねらうものである。社会復讐型放火は，不特定の対象，犯行のエスカレーション，連続犯行が特徴である。組織や社会に対して恨みをもつ加害者が，対象が曖昧であるために，報復のためには多数の犯行を重ねる必要があると感じ，より多くの連続放火を引き起こしているのではないか，とサップらは述べている。[*205] 復讐型の放火犯は一般に，自宅から1ないし2マイル以内の生活圏内から対象を選択し，犯行現場へは徒歩で移動する。

　興奮型の放火犯は，スリル・承認・注目を求めている。スリル追求型放火犯は，犯行を事前に計画し，火事場の興奮と消防の緊急出動を楽しむ。このタイプの放火犯が最も危険である。稀ではあるが，興奮には性欲が関連する。承認追求型放火犯は，火事を通報し，人々に注意して回り，救助を行ない，消火活動に協力する「ヒーロー」タイプの者が含まれる。注目追求型の放火犯は，周囲の人から重要な存在であると思われたいと考えている。興奮型の放火犯は，通常なじみのある地域で，自宅から1ないし2マイル以内の場所で犯行を重ねる。犯行現場までは徒歩で移動する。犯行を重ねるにつれて，しだいに規模の大きな火事を起こさなければならなくなる。

　犯罪隠蔽型の放火犯は，横領・侵入盗・殺人といった他の犯罪を隠蔽するために二次的な行動として火をつける。放火殺人においては，犯罪隠蔽が主要な要因である。このタイプの犯人は土地勘のある場所で対象を選ぶ。自宅から1ないし2マイルにある近隣の犯行現場までは，通常徒歩で移動し，共犯者がいることもある。

　利得型の放火犯は，金銭的な理由で放火をする。この分類には，保険金詐欺，仕事上の理由，雇われたプロの「火つけ屋」が含まれる。対象は事前に選定され，たいてい自動車や公共交通機関で移動し，共犯者がいる。

　精神障害型の放火犯は，情緒的・心理的な問題に悩んでいる。混合型の放火犯は，様々な動機を示す。過激派型の放火犯は，政治的・社会的・宗教的な目的を達成するために火をつける。典型的な対象は，人工妊娠中絶を実施している病院，動物実験を行なう施設である。複数犯が多く，発火しやすくするための装置が用いられることが多く，「過剰殺戮(さつりく)」的に必要以上に使われることもある。放火の全分類の中で，力と復讐が重要であり，放火の一般的な発生原因となっている，とサップらは述べている。[*205]

　ATFとFBIの連続放火の研究から，次のような分類がなされた。①バンダリズ

ム型7.3％，②復讐型41.4％，③興奮型30.5％，④犯罪隠蔽型4.8％，⑤利得型4.8％，⑥精神障害型6.1％，⑦混合型6.1％。復讐型はさらに，個人復讐型14.7％，集団復讐型5.9％，組織復讐型20.6％，社会復讐型58.8％と細分化される。興奮型は，スリル追求型64％，承認追求型16.0％，注目追求型16.0％に細分化される。

犯人が自供した放火理由の主要なものは，復讐63.9％，興奮26.5％，感情的問題22.9％，利得12％，バンダリズム9.5％，他の犯罪の隠蔽4.8％であった[注18]。対人関係の葛藤や経済的問題を含むストレスが，犯行の促進要因となったと供述した者は，44.6％であった。こうした犯人が犯行中に感じていた主な感情は，怒り（33.3％）であった。

●――――注18：複数回答形式であるため合計は100％ではない。

典型的な連続放火犯は，男性（94％），白人（81.9％），若者（ほとんどは少年），独身（65.9％）であり，夜間に活動し，知能的には平均かそれ以上であった。半数以上は労働者階級であり，3分の2は自分自身が中流であるとし，3分の1は下層階級であると評した。約半数が問題のある家庭で育っている。1人で生活しているのは16.3％のみであるが，対象者のほとんどが安定した人間関係を欠いている。居住形態としては一戸建てが最も多く（42.9％），アパート（23.8％），下宿（18.1％）がそれに続いている。入れ墨（43.4％），身体欠損（22.9％）も比較的多い。約25％がホモセクシュアルかバイセクシュアルだとしている。共犯者は20.3％の事件で見られ，割合が高いのは犯罪隠蔽型と利得型であった。

対象者の多くに，凶悪犯罪の逮捕歴があり（86.6％，放火は23.9％），凶悪犯罪の逮捕歴が複数の者も多い（63.4％）。最初の放火を行なったのは平均で15歳の時で，放火の再犯率は28％である。大部分が少年院経験者（54.2％）で，何度か収容された者もいる。郡刑務所に収監された者も多い（67.5％）。犯人の半数は過去に心理的な問題を抱えており，3分の1以上には現在も複数の心理的問題があった。4分の1は自殺未遂を経験している。

この研究では，様々なレベルの犯行計画が放火犯によって報告されている。犯人の多くは事前に犯行を決意し，計画しているが（46.2％），衝動的だったとする者（35％）や，機会的であったとする者もいる（12.8％）。彼らが報告した対象選択には，識別可能なパターンが見られなかった。対象の選定理由は，無作為（17.6％），既知（14.6％），利便（11.8％），徒歩圏（5.9％），複数理由（32.4％）となっている。

調査対象となった連続放火犯は，それほど行動的ではなく，95.1％が土地勘のある場所で放火を行なっていた。犯行移動距離は，距離減衰とバッファ・ゾーン

の双方の存在を示した。すなわち、20.3％が自宅から0.5マイルのエリアで犯行し、50％が1マイル以内、70％が2マイル以内、86.3％が60マイル以内であった。犯人の6.8％は様々な場所で放火し、6.8％が自宅や収容先の施設に放火した。多くが徒歩で現場に向かい（60.8％）、自転車を使用する者はわずかであった（5.1％）。自動車を使う者もいたが（20.3％）、そのほとんどが自己所有ではなかった。複数の移動手段を使う者や（6.3％）、すでに犯行現場にいた者もいる（7.6％）。仕事や学校に行ったあとで放火が行なわれることが多く（42.5％）、職場や学校までの道中で発生することもある（7.5％）。

放火対象として選択されることが多いのは住宅で（10.5％）、玄関や車庫がしばしばねらわれる（住宅対象放火の26.5％）。ほかには事務所（18.1％）、その他の建造物（14.6％）、車両（16.3％）、草木（16.5％）、その他ダンプスター（廃棄物用コンテナ）やごみ箱、ぼろ切れなど（24％）となっている。建物火災が全放火の43.2％を占めている。こうした結果は統一犯罪報告の統計と違っているが、これは主に連続放火犯が興奮を味わうために被害の小さな放火をよく起こすためである。相当する統一犯罪報告の数値は、住宅（34.1％）、事務所（13.3％）、その他の建造物（8.6％）、車両（26.1％）、農地他（18％）である。建物火災は、統一犯罪報告での放火の55.1％を占めている。

大半の放火は洗練されたものではなく、現場にあるものに点火している（58.9％）。着火具はマッチ・ライター・タバコで92.1％を占める。犯行に先立って、ほぼ半数が飲酒しており、3分の1は薬物を使用している。犯行現場にとどまる者もいるが（31.4％）、現場から離れながらも遠くから現場を眺める者（28.6％）や、完全に立ち去ってしまう者（40％）が多い。現場に残らない者の過半数（52.9％）は、あとで犯行現場に戻っている。多くは1時間以内（54％）、ほとんど全員（97.3％）が24時間以内である。

犯人は逮捕される前に、容疑者として浮上することが多い。調査対象となった犯人による放火の検挙率は11％で、彼らには他に11％の放火について嫌疑がかけられていたが、起訴されなかった。統一犯罪報告のデータによれば、1982年から1991年にかけての全米の放火検挙率は18.3％であったことから、連続放火はより解決が難しい犯罪であるといえよう。

放火のあとの行動については、18.1％がマスコミの報道をチェックし、20.4％は警察、被害者、マスコミのいずれかに連絡を入れていた。13.3％は同じ場所でさらに犯行を重ね、6％は転居し、4.8％は別の街に出て行った。良心の呵責や罪責感を感じているのはごくわずか（4.8％）である。多く（43.5％）は、逮捕される可能性を考えず、もし逮捕されるのがわかっていたとしても、犯行を思いとどまることはなかったとしている。連続放火は強迫的な犯罪と思われるが、この

調査からは放火頻度の増加は確認できなかった。しかし多くの犯人（64.9％）は，犯行内容がより重大なものになることが調査結果から明らかになっている。成人の犯人は少年よりも犯行件数が多い。

　ピロマニア（放火癖）は，ごく稀に現れる精神障害で，複数の故意による放火を行なうものである。DSM-Ⅳによる診断基準では[*98]，①2回以上の意図的で目的をもった放火，②その行為直前の緊張感または感情的興奮，③火災やそれに伴う状況に魅了される，興味をもつ，④放火したときの，または火事を目撃したときの快感，満足感，または開放感，⑤道具的理由，復讐または精神障害によるもの以外の放火，⑥行為障害，躁病エピソード，ASPD（反社会的人格障害）といった診断ではうまく説明されない行動を含む。

　ピロマニアは通常，成人男性で学習障害と不十分な社会的スキルを伴う。重篤な精神障害者ではなく，犯行を事前に計画し，財産・人命が損なわれるかもしれないという火災の結果に無関心な傾向がある。ピロマニアはしばしば火災を眺めたり，火災報知機を誤作動させたり，様々な形で地元の消防署にかかわっている。ピロマニアは突発的・断続的であり，放火の頻度は様々である[*98]。サップらはピロマニアの存在に懐疑的であり，もし存在するとしても非常に稀であるとしている[*205]。

4章 法行動科学

　犯罪捜査と科学研究とはたいへんよく似ている。これらはともに，データを収集し，観察し，探究（捜査）し，真実を確立しようとする努力の過程であり，証拠を求めるという点でも共通する。科学の基本的な原則であるオッカムのかみそり—ある現象に対して複数の説明が可能であるときには，最も単純なものを採用すべきである—は，犯罪捜査でもまた真である。警察の捜査官は，DNA検査，弾道学，繊維分析，指紋採取といった自然科学に由来する様々な捜査技術を用いているが，同様に行動科学も利用できることは明白である。本章は凶悪犯罪捜査の問題点を分析し，法行動科学的アプローチを紹介する。また，リンク分析や他の捜査手法について論じる。犯罪者プロファイリングと地理的プロファイリングについては別章で論じる。

捜査の困難性

　ここに1つ手がかりがある。おまえにくれてやる。どんなやつをやったかって。それらはみんな女だ。
　血は赤い。おまえらお巡りは青い。被害者の数を数えろ。そんなにたくさんじゃない。
　草は緑。枝は死んでいる。彼女を見つけたか。確かに死んでいる。
　残りも同じだ。彼女も殺された。用なしになったから。
　　　—1984年，ブリティッシュ・コロンビア州クランブルックでの2女性殺人事件で
　　　　有罪を宣告されたテレンス・バーリンガムの公判に提出された詩より。

　凶悪犯罪者の存在は，法執行において，警察が特別な対策と捜査の戦略を必要とするという独特の問題を引き起こしている。犯罪を解決するには①自白，②目撃者，③物的証拠というたった3つの方法しかないと言われてきた。[*208, 209] 伝統的に，目撃者，容疑者，証拠の捜索は，被害者や犯罪現場を基点として行なわれてきた。たいていの殺人事件は面識のある人間どうしの話であって，犯人探しは容疑者を

しらみつぶしにあたることで解決している。ボイドはカナダで有罪を宣告された殺人犯の80％は家族や知人を殺していたことを見いだした。また，シルバーマンとケネディが1961年から1990年の間にカナダで発生した殺人事件を調べたところ，加害者と面識がない被害者が巻き込まれた事件はわずか8％で，14％は別の犯罪に関連して発生したものであった。しかし，連続殺人，強姦，放火事件ではこの種の人間関係はめったに存在しない。これらの事件は，被害者と加害者の間に関連がないため解決が困難である。行きずりの事件では被害者から捜査の網を広げる外向きの捜査は難しい。これに対し，可能性のある容疑者と被害者，犯罪現場の間にリンクを確立しようとする内向きの捜査が考えられる。

　この捜査の手法は，犯行に及ぶ可能性がある容疑者のグループを特定し記述するものであり，この手法をカインドは「枠組み（framing）」，スコーガンとアンチューンは「捜査の輪（circle of investigations）」と称している。この手法では，関連した犯歴や精神疾患の既往歴をもつ人間を当たり，情報を積み上げ，一般市民から容疑者に関する情報を募ったりする。ランドコーポレーションによる犯罪捜査過程の研究では，事件の解決に最も貢献した情報の出所は市民からで，次はパトロール中の警察官，3番目は刑事であったと報告されている。この結果は，警察とコミュニティとの間，そして警察組織内部で効果的なコミュニケーションを保つことの重要性を強調するものである。

　カナダとイギリスの警察官は，重大な事件において収集した大量のデータを使いこなすためには，情報管理システムを活用すべきであると確信している。1990年は典型的な年で，殺人事件の検挙率はイギリスで90％，カナダで78％であったのに対し，アメリカでは67％にとどまった。情報理論の警察活動への応用は大きな可能性をもっている（クリッペンドルフを参照）。情報は事件が解決するかどうかの重要な決定因であるが，情報の有用性—どの情報が役にたち，どれが役に立たないか—の見きわめはけっして容易ではない。

　捜査のプロセスは情報の適切な収集，分析と共有に基づく。しかし，すべての情報が同じ価値をもっているわけではない。そのため，捜査官は「ノイズ」—無用で紛らわしい情報—に用心する必要がある。さらに捜査により容疑者を何百人，何千人でさえも作り出すことができるために，情報が多すぎることによる問題がしばしば発生する。これは「干し草の山の中から一本の針を探す」問題そのものである（フォックスとレヴィンによるゲーンズビル連続殺人の捜査についての論説を参照のこと）。

　たとえば，未解決のグリーン・リバー殺人事件では，18,000名もの容疑者が浮かんだが，1992年2月の時点で，警察は12,000名しか捜査が完了できていなかった。警察は犯行現場から8,000点もの物的証拠を収集し，たった1回のテレビの

特集番組で3,500件もの通報がもたらされたが功を奏さなかった。イギリスにおいては、スタフォードシャー連続殺人事件で全国指名手配された子ども殺害犯ロバート・ブラックを逮捕するまでの11年間で、185,000人の詳細情報と、10,000台以上の車両情報を蓄積しなければならなかった。[217]

イギリス、レスターシアのナーボロー殺人事件の捜査では、2人の少女に対する殺人罪でコリン・ピッチホークを逮捕・起訴するまでの4年間で、最終的に4,000近くの血液試料を採集してDNA検査を行なった。[218]ヨークシャーの切り裂き魔事件では、268,000人の洗い出し、115,000件の職務質問、27,000戸への聞き込み、31,000回の事情聴取を行なった。市民からは毎日最高1,000通に及ぶ手紙が寄せられた。そして、捜査官は540万のナンバープレートをチェックした。[219,220]

情報が集まり過ぎることで当然、捜査は長期化し高コストとなる。アトランタの児童殺人事件の捜査には最終的に900万ドル以上かかり、[221]ヨークシャーの切り裂き魔事件で警察は延べ500万時間を費やした。[219]また、グリーン・リバー殺人事件の捜査本部は1992年初頭までにおよそ2千万ドルを出費していたが解決にいたっていなかった。[216]

捜査官にとって、ある事件がどの事件と関連し、どの事件と関連しないかを知ることは重要である。そうして初めて、関連した事件を比較することが可能になるからである。連続事件の捜査で生じた混乱により、ヘンリー・リー・ルーカス、ピーター・サトクリフ、クリフォード・オルソンなどの連続殺人犯が野放しにされたといえよう。被害に遭う危険性が高い人が被害者となるような事件では特に、警察は自らの管轄区域の中で凶悪犯罪者が犯罪を遂行したことにさえ気づかないかもしれない。

異なる地域で犯行を行なう移動型犯罪者の場合、事件の連続性の識別はさらに深刻な問題となる。犯罪捜査が管轄区域をまたがる際には、調整、協力、競合の問題が起こる。この「未解決の殺人事件に関する捜査情報の共有の欠如、また法執行機関の間でのネットワークの欠如」は「リンクの見落とし」と言われている。[222]この問題は、ニューヨーク市警察のような巨大な単一警察組織でも起こりうる。実際、サムの息子による連続殺人の初期段階の犯行はニューヨークの異なる区で行なわれていた。[37]連続強姦事件では、連続殺人同様に「リンクの見落とし」が生じる危険性がある。しかし、連続放火事件では犯人がさほど遠くに足をのばさないため、この危険性は少ない。これ以外にも、同一犯による事件のリンクや、殺人犯や凶悪な性犯罪者の逮捕をより難しくする問題が存在する。これらの問題には次のようなものがある。[15,75,109,155,223]

- 事件に対する人々の著しい恐怖、メディアの関心や政治的圧力。

- 警察が連続殺人事件に不慣れであること[注19]。すなわち，状況を適切に判断して十分な人員を投入せず，適切な捜査戦略を怠ること。被害者からの情報を見落とすこと。
- 特に複数の警察機関の管轄区域にまたがる場合に人事や予算が複雑になること。たとえば，ヨークシャー切り裂き魔事件では，3年間で250人の刑事が専従で投入された。[*219]
- 犯罪者が「実践」の中で学習し進歩してしまうこと。
- 模倣犯。
- たれ流し的な報道に引き込まれて情緒不安定になった人々からの虚偽申告。

● ── 注19：イギリスやカナダ，アメリカといった多くの国では，「希少な犯罪」の捜査のノウハウを蓄積しようとしている。現在の記録はおそらく，ヨハネスブルグにある南アフリカ警察本部のピエット・バイエベルド警部が保持するものだろう。彼は今まで6件の性的連続殺人の捜査に携わっている。

モット[*224]は，解決事件（$n = 399$）と未解決事件（$n = 75$）の比較を行なった。この際の仮説は，解決した事件のほうは殺害率がより高く，被害者の脆弱性がより少なく，遺体を屋内に遺棄する率がより高いというものであった。ところが実際は仮説と正反対で，犯人の移動性の高さや複数の犯罪場所が存在することが事件解決と正の相関を示した。ただ，彼女はこれらの結果はデータが人為的に作られたものであるかもしれないと注意を促している。判別分析により事件の75.2％が正確に分類された。

警察の戦略

お願いだからこれ以上人殺しする前に私を逮捕してくれ。自分では自分がコントロールできないのだから。
　　　——連続殺人犯ウィリアム・ヘイレンスに殺害されたフランス・ブラウンの居間の壁に口紅で残されたメッセージ。（ケネディ, p.38）[*225]

連続凶悪事件の捜査の困難さを克服するため，いろいろな法執行戦略がこれまでの数年間に開発された。[*109]この取り組みの基礎となったのは犯罪捜査における行動科学的手法の開発と応用であった。人間行動についての科学的研究を犯罪現象に適用するなかで，リンク分析システム，犯罪者プロファイリング，地理的プロファイリング，犯罪に特化した統計データベースが開発された。この研究領域は，伝統的な心理学や社会学におけるより学問的な追究と一線を画すため，「法行動科学」と呼ばれる（とはいえ，本来的には犯罪捜査のための手法を研究している

のに,「法廷に属する」を意味する「法科学」を冠するのは必ずしも適切な語法ではないかもしれないが)。

　捜査をより有効で効率的なものにするために行動科学アプローチと並んで用いられてきたのが,情報管理システムと容疑者の優先順位づけの手法であった。被害者周辺の人物の利害を綿密に調査するにはたいへん時間がかかる。容疑者の徹底的な尋問,関係者の綿密な取り調べ(事件を目撃したかどうかや容疑者を知っているかどうか),物的証拠を広範囲に収集し分析することにも,限られた貴重な資源を費やすこととなる。そこで,捜査対象の優先順位づけの方法を活用することで,個々の容疑者につけられた優先順位に従って捜査戦力を割り振ることができる。最も怪しい容疑者の一団に捜査力を集中させることにより,犯人をより早く割り出すことができるであろう。

　捜査の過程で容疑者の優先順位をつけるため,カインドは「枠(frame)」と「型(form)」の利用を提案している。枠は,容疑者の特徴を柔軟かつ大まかに包括したものである。一方,型は,ある集団に属する人間が同じようにふるまう傾向を示したものである。両者が重なりあう領域に属する人間こそ,捜査の対象にするべきである。この手法はすべての犯罪捜査で有用であるが,特に大規模な捜査で力を発揮する。

リンク分析

　ブラック・ウイッチ・モス(エレブス・オドラ)が,連続殺人犯バッファロービルの最後の被害者の喉に詰められた状態で発見されたとき,FBIの特別捜査官,クラリス・スターリングは即座にこの事件を他の殺人事件と関連づけた。しかし,実際の犯罪はトマス・ハリス(Harris, T.)の有名な小説『羊たちの沈黙』と異なり,事件をリンクさせるのはたいへん難しい。「売春婦が絞殺され,路上に遺棄された。しかし物証はない」というのが捜査官を落ち込ませる犯行現場の典型例である。

　ある犯罪が連続事件の一部かどうかを判定することは,連続事件の捜査でたいへん重要で基本的な作業である(ゴットリーブらを参照)。このプロセスは,リンク分析[注20],またはケース比較分析(CCA)と呼ばれている。一連の犯行の範囲を知ることで,警察活動をどのレベルで行なえばよいかが確定し,捜査官どうしや管轄区域間で情報交換したり,事件の類似性から共通する容疑者を割り出すことができる。そして,事件が解決した際には余罪も同時に解決にいたる。さらに裁判では危険な犯罪者,常習的な凶悪犯の全犯行に対応する適切な量刑を言い渡すことができる。パズルのすべてのピースを知ることで,より包括的な犯罪者像を得ることができ,リンクの見落としを防ぐことができる。

● ──── 注20：ここでいうリンク分析（linkage analysis）は，i2社の「アナリスト・ノートブック」のリンク分析（link analysis）と名称は似ているが，別の機能であり混同すべきではない。「アナリスト・ノートブック」でいうリンク分析は，単一の犯罪内もしくは複数の犯罪間で，名前，電話番号，車両などの関連を分析するものである。これに対し，本書でいうリンク分析は，犯罪の類似性の程度を分析するものである。

たとえば，二人組の強姦犯が1993年から1994年の間にブリティッシュ・コロンビア州サレイで，住居に侵入し独身女性──その多くに子どもがいた──を襲った。これらの犯行は，お互い近接しているがつながってはいない2地区（ニュートンとベアクリーク）で行なわれていた。捜査官が抱いた疑問の1つは，犯人は歩いて移動したか，車で移動したかであった。エスカレート・プロジェクトの最初のステップでは，性的暴行，未遂，侵入窃盗や徘徊を含めて，すべての関連した犯罪を調べることであった。その結果，14の異なった事件が同一犯のしわざであることが示された。次に，各事件の発生日時における天候がバンクーバー気象台でチェックされた。その結果は，各事件は晴れた夜に発生していたというものであった。カナダの北西太平洋岸は，秋から冬にかけての夜間は雨がちな気候であり，晴れる確率は非常に低い。これは悪天候のときには犯行を控えたことを意味し，したがって，犯人は徒歩で移動していたことが示唆された。2人の犯罪者はその後逮捕され有罪を宣告され，この予測は正確であることが示された。この事件ではパズルの断片ができるだけ多く集められたが，リンク分析が完了するまでは犯罪者の移動手段に関する疑問が確信をもって解き明かされなかった。

犯人逮捕に先立って犯罪をリンクさせるために捜査官が用いる方法には，①物的証拠，②犯人の詳細特徴，③犯罪現場行動の3つがある。それぞれの方法には長所と短所があり，各手段を組み合わせて犯罪捜査が行なわれる。

■ 物的証拠

すべての事件で有効とは言い切れないが，物的証拠は犯罪をリンクさせる最有力な手段である。法科学における有力な手法であるDNA検査は，ヘンリーの指紋分析法以来の犯罪捜査における革命として脚光を浴びた。[218,230,231,232,233,234,235] 精液と血液はともにDNAを含んでいるので，DNA分析は凶悪犯罪と性犯罪の両方で事件をリンクさせるのに有効である。DNA分析の有効性を高めるためには，コンピュータによる照合や比較をするための情報の一元化が必要である。[236,237]

1990年にFBIは国レベルでのDNAデータベースの開発を開始し，1993年に連邦警察，州警察，地方警察でのパイロットプロジェクト間の統合を完了させた[238]（ウィードンとヒックスも参照）[239]。DNA情報を比較対照が可能なように貯蔵するために設計された統合DNA索引システム（Combined DNA Index System：CODIS）

は，2つの捜査情報—未解決事件の法科学的資料，有罪宣告された凶悪犯罪者の資料—からなっている。また，行方不明の人物や身元不明の遺体の資料も含まれている。

このシステムの重要な機能の1つが連続犯罪の同定である[238]。たとえば，DNAのパターン照合によりミネソタ州の18の事件がリンクされ，2人の容疑者の資料が犯行現場のそれと照合され事件解決に寄与することとなった。このような成功例は，DNAデータベースをいち早く導入したイギリスではごくあたりまえである[240, 241]。イギリスでは，1997年5月現在で，犯行現場相互間，犯行現場と犯罪者の間で，5,000件以上の一致を見いだしている。カナダでも国立のDNAデータバンクを設立するための法整備を行なっている。

リチャード・ラミレスをナイトストーカー事件の犯人だと割り出した指紋自動照合システム（Automated Fingerprint Identification System：AFIS）は，かつては不可能であった大量の指紋の比較照合を可能にするものであり，各警察で急速に普及しつつある[242]。統合弾丸鑑定システム（Integrated Ballistics Identification System：IBIS）はATFとFBIが共同で全国レベルの弾丸情報データベース（NIBIN）を統合しネットワーク化したものである。このシステムは弾丸の微細な発射痕パターンと薬きょうにできる特徴点とをコンピュータで比較し，犯行時に残された弾丸とそれを発射した銃器とをリンクさせることができる（デービス[243, 244]とディマイオ[245]も参照[246]）。また，イギリスの足痕跡画像入力検索システム（Shoeprint Image Capture and Retrieval System：SICAR）は，犯行現場に残された足痕跡と，コンピュータに貯蔵された足跡画像の紋様によって犯行現場をリンクする全国レベルのデータベースシステムである。

■ 犯人の外見的特徴

犯人の外見的特徴は，犯罪をリンクさせる方法として昔から広く使われていた。人相手配書はいまだ出回っているが，身体特徴情報の検索や絞り込みが可能なコンピュータ写真データベースに取って代わられつつある。

この方法は，ひとえに犯罪にはすべて目撃者がいるという仮定に基づいている。しかし，殺人や放火事件では1人も目撃者がいないというケースもありうる。被害者が目撃者となる性的暴行でさえ，被害者は加害者の容姿を見て，記憶し，正しく思い出さなければならない（獲得，保持，想起）。捜査官が犯人の身体特徴を正しく得るためには，現場の明るさ，犯罪者が覆面をしているかどうか，攻撃が背後から行なわれたかどうか，被害者のトラウマ・ストレス・恐怖の程度，飲酒の程度，被害者の忘れっぽさ，被害者の協力の程度といった要因に左右される。

同様に，個人の外見も変容する可能性がある。体重の変化はわずかかもしれないが，頭髪は一瞬で変化する。衣服も毎日変化する。より安定しているであろう年齢や人種，身長や体つきも被害者にとってはまちまちに見えてしまう。たとえば，テッド・バンディは，写真や指名手配書と遠くかけ離れた容姿になることが可能だった。[*247, 248]

防犯カメラの普及により，警察は犯罪者の身体特徴をより扱いやすくなった。銀行や金融機関，商店，公共交通機関やビルのロビーには防犯カメラが設置されている。イギリスでは防犯カメラ（CCTV：クローズド・サーキット・テレビ）が繁華街，駐車場，その他の公共の場にごくあたりまえに設置されており，捜査支援のためにこれらのカメラの写真や映像が使われている。

顔画像の自動認識システムは現在実用化され，顔の対照や同定のために用いられている。[*249] 顔の正面と側面から，顔面の特徴点間の距離や角度（たとえば，耳の下部と鼻先との間隔，顎の先と鼻先の間の角度）が測定される。そして，顔の数学的な「プロファイル」を生成するために，水平・垂直両方向の指標となる点が計算される。この特徴点のデータにより，顔画像間の一致度を計算することができる。

これらのシステムを空港のターミナルに設置したビデオカメラと接続して，税関や出入国検査の行列をスキャンさせることが可能である。旅客の顔が，犯罪者や行方不明者，逃亡者，誘拐された子ども，テロリストなど要注意人物として登録されたデータベースに一致した場合，警告を発することができる。実際の犯罪捜査では，顔の自動認識システムを用いて，銀行のカメラに写った人物が2人の強盗犯と同一人物であるか評価した事例がある。これらの身体計測の方法は，犯罪鑑識の歴史におけるアルフォンス・ベルティオンの初期の業績を受け継いだものであり，犯罪者の画像データの有効活用だといえるだろう[注21]。

●———— 注21：耳のパターンも特有であり，犯罪者や被害者の個人識別のために用いられてきた。

■ 犯行現場における行動

犯行の比較を行なう第3の方法である犯行現場での行動分析は近年急速に発達してきた。犯罪を行動面からリンクさせるには，関連，非関連両方の犯罪について類似点と相違点を比較しなければならない（ロバートソンとヴィノーを参照）。[*118] リンクされた犯罪はリンクされない犯罪よりも多数の類似点がなければならず，逆に，リンクされない犯罪はリンクされた犯罪よりも多数の相違点がなければならない。通常，犯行間の比較は，犯行時間と場所の近接性，犯罪手口（犯行形態）や犯行現場での署名的行動の類似性に照らして行なわれる。

時間的，空間的に接近して発生する犯罪は，長い時間と遠い距離を隔てて発生する犯罪より明らかに関連性があるといってよいだろう。とはいえ，なかには，個人的，職業的，公的な理由により，長距離を出かけたり，引っ越したり，犯行を中断したりする犯罪者も存在する。すなわち，時間的，空間的な要因は犯行間のリンク確率に影響する，すなわち，より近接しているほどリンクする可能性が高まるということを意味するにすぎない。

　犯罪手口とは犯罪のメカニズムであり，時系列的には犯罪者が用いる方法から構成される3つのステージに分解することができる。それは，①狩猟（被害者を探索し襲撃すること），②身元特定の防止，③現場からの逃走である。これまで犯罪手口は①犯罪の遂行，②現場からの逃走のため犯罪者に用いられる行動と定義されてきた。しかし，我々の経験によれば，被害者の探索と襲撃の段階にこそ特徴的な犯罪行動が存在している。したがって，犯罪手口にはこれらの活動が含まれるべきであろう。また，身元の隠蔽は，犯行のどの場面でも見られる。

　表4-1は犯罪手口をカテゴリー化したものであり，事件比較分析の枠組みとして役立つ。この表は，上に述べた3段階を，攻撃的（犯行を遂行するために何をしたか），防御的（自分を守るために何をしたか）の面から分けたものである。

　犯罪手口は不変ではなく，様々な理由により変化する。すべての人間の行動と同じく，個人内変動が存在する。犯罪手口は被害者の反応やその場の状況，捜査の進展，メディアの取り上げ方といった環境の影響を受ける。警察活動の結果，犯行場所，時間，対象，方略や犯罪の形態が変化する「転移」が起こりうる[250, 251]。犯行の方法は時間の経過に伴い，教育，発達，経験として発展する。ファンタジーが発展することもある。

　「署名的行動」は犯罪手口とは異なり不変であるが，その表現形態は進展していく[252, 253]。署名的行動は，犯罪を遂行するため必要最小限の行為を超える行動と定義される。ファンタジーに基づく儀式的な行為は，犯罪者各個人に固有なものである[254]。署名的行動が存在する場合，これを用いて事件のリンクを行ない，犯罪者の潜在的な欲求を推測することができる[255]。

　行動分析の際に注意を要する点には偽装がある[254]。偽装とは犯行現場を故意に変化させることである。偽装は，警察活動を誤った方向に導き，別のシナリオをで

表4-1　犯罪手口対応表

行為／段階	物色	犯行	逃走
防御的			
攻撃的			

っち上げるために行なわれる。偽装ができるのは，加害者が被害者をよく知る場合が多い。たとえば，被害者がばつの悪い思いをしないように家族によって犯行現場が改変されるということもありうるのである。

　犯罪者プロファイリングの目的の1つは，複数の犯罪が同一犯によってなされたかどうかの評価である。エクリプス，ケイヨの各プロジェクトでは，プロファイラーのチームが，バンクーバーとエドモントンで発生して未解決の売春婦や若い女性を対象にした女性殺人事件が同一犯の犯行であるかを評価した[*256]。地理的分析を用いると，別々の場所で発生した連続犯罪のもつれを解きほぐすことができる（犯罪集合の分解は9章を参考のこと）。

　しかし，現実には連続事件をリンクする警察の能力は限られている。特に，犯罪率が高い都市では警察は多忙であり，犯罪のリンクの確立は至難の業となる。他にも似たような犯罪があまりにも多いためリンクづけが妨害されてしまう。このような「背景ノイズ」により誰がどの犯罪を行なったのかがわかりにくくなってしまう。どの犯罪者も一貫性と恒常性をもっているわけではないので，分析により犯罪がリンクされたといっても，そのリンクは確実なものではなくむしろ確率の問題といえよう。特に複数の犯罪者が関与する場合，事態はさらに困難となる。

　さらに難しいのは，異なる罪種間にリンクが存在する場合である。たとえば，アパートに侵入して女性を襲った連続強姦事件では，警察は他の強姦事件（未遂を含む）ではなく性的暴行や住宅侵入窃盗，徘徊の事件を調査しなければならない。連続犯のパターンを正しくリンクするためには，数百数千の事件を分析しなければならない。

　これらの問題を解決するために，捜査情報を一元管理するコンピュータシステムが創設された。元ロサンゼルス市警察本部（LAPD）殺人事件課警部であるピアース・ブルックスは，殺人事件をリンクする国家レベルでのデータベースシステムの構想を立てた[*257,258]。ブルックスは，1950年代末期，カリフォルニアの連続殺人犯ハーヴェイ・グラットマンを捜査するなかで，パターンに合う容疑者を探すために市警本部の管轄を越えて殺人事件を調べねばならず，そのために，様々な新聞ファイルを調べるという手段を取らなければならなかった[*37,259]。国立連続殺人事件助言グループが入力したデータに基づき，凶悪犯罪者逮捕プログラム（Violent Criminal Apprehension Program : VICAP）は1980年初期に創設された[*164]。

　国立凶悪犯罪分析センター（NCAVC）の援助により，1985年にVICAPの運用が開始された。VICAPでは標準化された入力フォームにより，犯行，被害者，加害者についての行動科学の見地からのデータを登録すると，国家レベルのデータベースから類似した事件が検索できる。VICAPでは，時刻と場所について複数の

情報が区別して登録される。殺人の犯罪場所に限っても，①被害者の最終確認地点，②加害者が被害者に最初に接触した地点，③殺害の実行地点，または重傷を負わされた地点，④遺体が発見された地点の4通りがある。[*17]これにより，時間と距離との関係を計算することができる。この関係の重要性は国立連続殺人事件助言グループにより強調されている。[*164]

イギリスやヨーロッパでは1907年から連続事件を検出—犯罪と犯罪とを，犯行と犯罪者とを—する犯罪手口に基づく犯罪通知システムを装備している。[*18,212,260,261]イギリス警察はヨークシャーの切り裂き魔事件の後，国立犯罪情報局（NCIS）で犯罪パターン分析のためのコンピュータデータベースを開発した。現在，国立犯罪捜査支援部の中の凶悪犯罪分析課（SCAS）で，殺人，強姦，誘拐事件の事件比較分析が行なわれている。

アメリカでは各州で独自の犯罪リンクシステムが開発され，そのうちのいくつかはVICAPに反映されている。たとえば，ワシントン州の殺人捜査追跡システム（HITS，オレゴン州やアイダホ州でも使われている）や，ニューヨーク州の殺人事件評価追跡システム（HALT），フロリダ州の凶悪犯罪捜査システム（ViCIS），インディアナ州の犯罪者逮捕支援プログラム（ICAAP），アイオワ州の性犯罪分析プログラム，ミシガン州の性犯罪ファイル，ミネソタ州の性犯罪分析システム（MN/SCAP），ニュージャージー州の殺人事件評価追跡システム（HEAT），ノースカロライナ州の殺人暴行事件レポートシステム（SHARE），オクラホマ州の性犯罪分析レポートシステム（SCARS），ペンシルバニア州のATACプログラムがある。[*262,263,264,265,266]また全米6地域で地域情報共有システム（RISS）が導入され，管轄区域を越えた犯罪情報分析と捜査分析のネットワークが構築されている。[*267]

性犯罪は，殺人よりもはるかにありふれているため，コンピュータによる犯罪リンクシステムの有効性は，強姦や性的暴行のデータの収集を開始してすぐに示された。連続放火の発生場所，時間帯，曜日，手口に関する変数から，クラスター分析によりリンクと予測を行なうパターン認識モデルも開発された。[*176,268]

カナダの凶悪事件リンク分析システム（Violent Crime Linkage Analysis System：ViCLAS）は，カナダ国家警察によって開発され，1995年に国レベルで運用されるようになった。[*269]その後，ViCLASは国際的にも認められ，アメリカのインディアナ州，ニュージャージー州，テネシー州や，オーストリア，オランダ，オーストラリア，ベルギー，ドイツ，イギリスといった国に導入された。[*266,270]他の国でも導入が検討されている。1999年には，VICAPとViCLAS双方の新しいバージョンが導入された。

ViCLASはWindows環境で動作し，リレーショナルデータベースを用いている。

サーバはオンタリオ州オタワに設置され，広域ネットワーク（WAN）を介して全国の端末から接続できる。その際，データ通信は専用回線で暗号化されて行なわれる。ViCLASでは事件の登録，継続的な追跡や監査が可能である。オンタリオ州では，ポール・バーナード殺人事件の捜査を再調査したキャンベル・レポートにおいてViCLASが推薦され，その結果，ViCLASへの事件の登録が義務化された。1999年半ば現在でViCLASには7万件以上のデータが登録されている。

　コンピュータ化されたリンクシステムでの最大の問題は，事件の報告率が低いことである。事件がリンクする率は報告率の指数関数であるため，報告率が低ければ深刻なデータ不足という結果になる[注22]。たとえば，報告率が50％の場合リンクの成功率は25％であるが，報告率が20％になるとリンクの成功率はたった4％になってしまう。犯罪者更生の意識が低い典型的な警察官が，前科者を検索する汎用的な犯罪追跡システムの価値を認めないのは逆説的である。

> 注22：一般に，通報率x，全犯罪に対するリンク率yとの間には，$y = x^{1/2}$という関係が成立する。厳密にいうと，リンク率は連続犯罪における平均犯行数やリンク成功の定義によって左右される。たとえば，同一犯による10件の犯行のうち3件がリンクされたことを成功とするかどうかである。

　事件を報告しない理由の1つは，150項目以上もの入力フォームへの登録にあまりにも時間がかかることである。したがって，分析に用いる行動もなかなか決定しづらい。項目の識別性と入力しやすさを両立させる必要がある。たとえば，犯罪者のある行動（たとえば，腟への挿入）は普遍的であるが，それでは識別性が低くなってしまう。またある行動（たとえば，犯罪者は被害者の体に字を書きこむ）はきわめて稀で，あてはまる事例はめったに出現しそうにない[注23]。リンクは，全体論的なプロセスであり，質問は出来事のすべてを包括するものでなければならない。システムデザイナーは，入力が簡便で，かつ，犯行現場での行動を包括的に記述しなければならないという相反する要求のバランスをうまく取る必要がある。

> 注23：この対策として質問文を逆転させることが考えられる。たとえば「被害者は移動されたか」を逆転すると，「犯行は1か所で行なわれたか」になる。逆転により，一般的な行動が一般的でなくなる。

　リンクシステムでは，行動が犯行間で多かれ少なかれ一貫性をもっているという仮定が基礎にある。アメリカでの児童誘拐殺人事件の分析では，被害者の性別と緊縛具の使用が，最も強力で一貫したリンク変数となった。[*163] 強姦事件のリンクでは，加害者の会話内容が，一貫性と有効性が高い変数として見いだされた。[*271] ロンドン警視庁性的暴行インデックスの分析では，会話の内容がリンクの鍵となった。[*120] しかし，FBIが108の連続強姦犯を分析したところ，119の行動変数のうち

58％は，犯罪間の一貫性がまったくないか，きわめて低かった[171]。これらの項目は単独では事件のリンクシステムの基礎とならない。統合してはじめて，事件に共通して潜むファンタジーや行動のテーマを示す。

したがって，これらのシステムは，複数の変数間の比較を同時に行なうことで初めて本領を発揮することになる。イギリスの連続強姦犯の研究では，犯罪者の28％が顔を被害者に見られないようにするために何らかの対策を講じていたことが明らかになった[240]。FBIの研究では，犯行の70％が屋内で，そして60％が被害者の家で起きたことが指摘された[171]。これらの変数は単独での識別力は高くはないが，変数間の独立を仮定すると強力な合成変数を生成できる。覆面をしたうえで住居に侵入する強姦犯は，全強姦犯の中のわずか17％である。変数を追加するとさらに対象を絞ることができる。ViCLASの最新バージョンでは，この多変量解析機能が強化されている。

再認のプロセスは，その対象が顔，犯行現場，自動車，声，建物のいずれにせよ，単独の要素よりは要素間の関係に強く影響を受けている。画像処理や複雑なパターン認識機能に関しては，人間は，並列処理コンピュータよりもはるかに優秀である[272]。今日では，コンピュータ化された事件リンクシステムのほとんどは，大容量の情報を管理し検索することのみを主眼に置き，事件を関連づける究極的な決定は人間である分析官に任されている。データベースに貯めこまれる情報量が多くなればなるほど，エキスパートシステムによる決定サポートの必要性は増すといえよう。

グルービン，ケリーとアイスは，「行動の証拠が流動的になればなるほど，犯罪をリンクするプロセスは，直観力，経験と理論の組み合わせよりむしろ，科学的な原則に基づくようにしなければならない」と警告している[273]（pp.12, 20）。彼らは，加害者の行動をもとに犯罪をリンクする際の実務的な問題として以下の点を指摘している。それは，①一貫しているがありふれた行動，②一貫しているが一般的でない行動，③行動記述の正確さ，④被害者の反応の影響を受けた行動，⑤行動間の重みづけ，⑥行動一貫性の変化，⑦行動の進化，⑧行動の解釈である。

グルービンらは，面識のない犯人による連続性犯罪をリンクさせるなかで，犯行現場における行動がどうグループ化し，相互作用しているかを検討した[273,274]。30の二値変数をクラスター分析で識別するために4つのドメイン—支配，性行為，逃走，スタイル—が用いられた。その分析では，ドメイン内の行動の犯行間での一貫性（垂直的一貫性）と，各犯行内での同一ドメインパターンの一貫性（水平的一貫性）を検討した。その結果，犯行間での行動的な一貫性が確認され，このアプローチの有効性が支持された。行動の中での一貫したパターンを探す方法は，

遺伝子配列を照合するDNAマッチングに合い通じるものがある。

　リンクされた事件は相互に関連しているはずだという概念は，パターンを決定する単純な方法を提供する。すなわち，犯罪Aと犯罪Bとが類似性を示し，犯罪Bと犯罪Cとが類似性を示すなら，犯罪Cと犯罪Aも同じく類似性を示すはずである。このような場合，この3件の犯行がリンクされる蓋然性は増加する。たとえば5人の売春婦殺人事件でのリンクを考えてみよう。被害者はスミス，ジョーンズ，ベイカー，アンダーソンとウィリアムズである。分析官が重要な7つの犯行現場での行動があると決定した。それらは，以下のとおりである。

　変数1：被害者は絞殺された。
　変数2：被害者は裸で発見された。
　変数3：緊縛具が使用された。
　変数4：被害者はドヤ街の売春婦である。
　変数5：被害者の遺体は隠された。
　変数6：被害者は首を切断された。
　変数7：被害者は刺殺された。

　表4-2は，事件と変数との対応表である。Vnは変数の番号を示しており，Cnは被害者（犯罪）の一連番号を示している。ある事件のある変数におけるXは，その事件でその変数が該当していることを示している。事件と変数との対応関係から，事件リンクチャートが作成される。このダイヤグラムは，関連の強さを示している。この分析では犯罪行動を適切に選び，描写することが重要である。図4-1は例に基づいて作成したリンクチャートである。

　この例では，犯罪1，2，5（スミス，ジョーンズとウィリアムズ）の間に関連したパターンが浮かび上がり，同一犯による犯行であることが示唆される。この

表4-2　事件－変数対応表

被害者／変数	V1	V2	V3	V4	V5	V6	V7
C1（スミス）	X	X	X	X			
C2（ジョーンズ）	X	X	X	X	X		
C3（ベイカー）		X		X			X
C4（アンダーソン）	X					X	
C5（ウィリアムズ）	X		X	X	X		

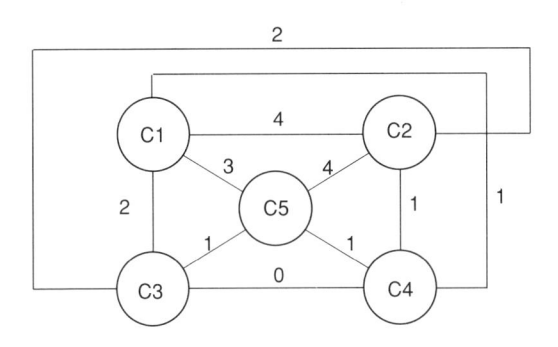

図4-1 事件リンクチャート

方法は，検討している変数の重要度に応じて重みづけをすることにより改善することができる。ありふれていない変数（たとえば，被害者は首を切断された）は，より一般的な変数（たとえば，被害者が絞殺された）に比べ高いリンク確率を適用する。物的証拠がある場合には，証拠がある犯罪のみをはっきり結合させることができるため，この方法は有用である。行動の内的相関により，犯罪の連続性の度合いを判定することができる。ドイツのリューベックでは，この方法により物的証拠が伴わない連続放火事件のリンクに成功している。本節で論じたリンクの方法をまとめると以下のとおりである。

1. 物的証拠
2. 犯人の外見的特徴
3. 犯行現場での行動
   a) 時間と場所の近接性
   b) 犯罪手口
      ・被害者の発見と襲撃
      ・犯行の遂行
      ・現場からの逃走
   c) 署名的行動

他の捜査戦術

イーガーは[109, 155]，警察組織が連続殺人事件の捜査支援のためにこれまで用いてきた，または開発中の方法をまとめた（アメリカ司法省資料[275]も参照）。これらの捜査手法には次のものがある。

- 警察署レベルでの，複数の管轄区域にまたがる犯罪の場合は広域レベルでの捜査本部の設置。公式に捜査本部を設置しない場合でも中央で連絡調整することは可能である。
- コンピュータ化した犯罪分析システム。重大事件管理システムは，大量の捜査情報を収集，貯蔵し分析するものである。たとえば，ロンドン警視庁の刑事は，イギリス内務省の重大事件捜査システム（HOLMES）を用いているし，FBIの捜査官は，初動情報管理システムを利用している。*219, 276
- 特定の解決および未解決連続事件について検討会を開催する（グリーンとホイットモアを参照）。*212 カナダ国家警察では，国内の売春婦や若い女性の殺人事件の検討会に助成を行なっている。1991年のイクリプス・プロジェクトではバンクーバーで発生した25件の未解決殺人事件が検討され，1993年のケイヨ・プロジェクトではエドモントンでの14事件が検討された（ロウマンとフレイザーも参照）。*256 *143
- 地理的パターン分析（地理的プロファイリングや法地理学）。
- 連続殺人事件を捜査する警察機関に情報提供を行なうクリアリングハウスの創設。
- 事件に精通した捜査官からなるコンサルタントチームが各警察の殺人事件担当者に助言と援助を与える（ブルックス，ブルックスらを参照）。*277 *260
- 連続殺人事件の情報に対して懸賞金をかけることもできる。ブリティッシュ・コロンビアのクリフォード・オルソンの事件で初めて懸賞がかけられた。*152, 278

手がかりを得るために霊媒師を使う警察もあれば，手がかりや目撃者，犯人に関する情報提供を呼びかけるテレビの特別番組を組む警察もある。そして，通常の捜査手法，日常業務としてのパトロール，容疑がかけられていない事件での容疑者の自白，その他まったくの幸運が連続殺人事件の解決に重要な役割を果たすこともある。*31, 140

5章 犯罪者プロファイリング

「さて，ここに最近手に入れた懐中時計がある。前の持ち主がどんな人だったか考えてみたから，聞いてくれないか。」

「その男は無精な人だった。ひどく無精でずぼらな人だった。よい前途がありながら，いくたびか機会を逃し，たいていは貧乏だったが，時にはほんの短い間だが羽振りがよいときもあった。しかし結局は酒を飲むようになって死んだ。ざっとまあこんなところだ。」

「いやはやいったい全体どうしてわかったんだい。すべてが事実どおりだよ。」

「いや，運よくあたったのさ。僕はただ確率の法則の示すとおりを言っただけなんだが，ここまであたるとは思っていなかったよ。」

「じゃあ，単なるあて推量じゃなかったのかい。」

「いやいや，僕はあて推量などしたことはない。そんなひどい習慣は，論理的思考能力をだめにする。君が不思議がるのは，単に君が私の思索の筋道がわからず，重大な推定の基礎となる小さな事実の観察を怠るからだよ。」

――「四つの署名」アーサー・コナン・ドイル卿，1888

　ワトソン博士に対してシャーロック・ホームズが行なった懐中時計の持ち主の個人特性に関する帰納的な論理の構築は，プロファイリングの技術の一部である。犯罪者プロファイリングあるいは心理学的プロファイリング[注24]は，性暴力犯罪事件の容疑者の優先順位づけや捜査支援のために用いる基本的な捜査ツールの1つである。犯罪者プロファイリングまたは心理学的プロファイリングは，「彼または彼女が敢行した犯罪の分析に基づいて，その個人の主要な人格特徴や行動特徴」[*145] (p.405) を特定することと定義できる。また，より簡潔に一般化して言えば，

犯行特徴から犯罪者特徴を推論することと定義できる。*280

●————注24：同じ意味をもつものとして，犯罪者プロファイリング（criminal offender profiling），犯罪者人格評価（criminal personality assessment），犯罪現場プロファイリング（criminal scene profiling）などの用語も用いられている。

そうした行動の構成要素の構築—社会学的および心理学的な評価—は，犯罪現場の証拠について適切な解釈をすれば，犯罪を行なった人間の人格類型を示すことができるという前提に基づいている。人間の行動は「空間と時間という具体的な枠組みの中での個人の人格構造の表現」*261（p.243）である。ある特定の人格類型は類似した行動パターンを示しており，これらのパターンや「手がかりとなる情報源」に関する知識によって，犯罪捜査と容疑者の評価を支援することができる。

それゆえ，プロファイリングは，一貫した人格パターンを生成する試みであり，性格特性は犯罪現場の行動から推論が可能であり，性格特性を他の行動の予測に利用できるという前提に基づいている。*117 特性理論は，人間の行動は一貫しており予測可能であることを仮定しているが，社会心理学者の中には人格は特定の状況下の行動を予測する際に適切な要因ではないとする者もいる。基本的な帰属の誤りは，行動の発現が内面的な資質の産物とされ，状況の影響が無視されることにある。*281 プロファイラーは，極端な病理が関連する事件や，特に固定化していることが明らかな凶悪な成人の反社会的行動に関する事件を扱ってきたのである。いずれの事件においても，特徴は複数の手法を通して最良の形で測定される。

犯罪者の危険性の予測はプロファイリングと関連がある。しかし，将来の行動予測が困難で議論のあるように，犯行現場プロファイリングにおいても推論の負担はより大きなものとなる。というのは，犯行現場プロファイリングは，行動から個人を予測し，さらに行動を予測しなければならないからである。犯罪者プロファイリングは3つの主要な質問に対する回答を通して，その分析を進めていく。

1. 何が犯行現場で起こったのか
2. これらの出来事はなぜ起こったのか
3. どんなタイプの人間がこれを行なったのか

これらの問いに対する答えは「類似の犯罪を扱った捜査経験や，類似事件の分析から得られた統計的知識，臨床研究と実践から得られた知識の混成物に基づいたもの」*226（p.22）である。多くの捜査方法論の本質である「事実至上主義」とは異なり，プロファイリングは犯罪者に関する確率論的な知識の構成物である。情報

内容の質という点から見ると，捜査手法の階層構造は，①物的証拠，②目撃者，③プロファイリングとなる。したがって，プロファイル*訳注*は，物的証拠の補助となるべき情報であると認識することが重要である。

◆────── 訳注：プロファイリングは手法およびその作業を指し，プロファイルはプロファイリングの結果として示されるものを指す。

プロファイリングの発展

「犯罪人類学」に関する研究は1820年にまでさかのぼるが，知られている最初の犯罪者プロファイルは，「切り裂きジャック」の殺人捜査のために用意されたものであった[*282][*5]。グレイト・ウエスタン鉄道で外科医をしており，法医学の講師であったトーマス・ボンド博士（Dr. Thomas Bond）は，一般に切り裂きジャックの最後の被害者とされるメアリー・ケリーの検死を行なった。1988年の11月10日に書かれた，ロンドン警視庁の犯罪捜査部長ロバート・アンダーソンに送付された報告書の中で，ボンドは切り裂き魔の身体的外見や健康状態，職業，収入，習慣，動機，性嗜好異常，精神保健に関する推定を行なっていた。彼は，殺人犯が「殺人狂で色情狂」の周期的な発作の支配下にあったと結論づけた。

現在，犯罪捜査の過程で心理学的プロファイリングが活用されるようになった経緯をたどると，1956年に「ニューヨーク市の爆弾魔」のプロファイルを作成した精神科医ジェームス・ブラッセル博士（Dr. James, A. Brussel）の業績に行きつく[*283]。犯罪統計，精神医学，犯行現場の捜査的洞察を組み合わせることによって，ブラッセルは，爆弾犯であったジョージ・メテスキーの人物像とその背景情報に関していくつかの正確な予測を成し遂げた。他にも，初期のプロファイリングの努力として，「ボストンの絞殺魔」を分析するために1964年に結成された精神医学委員会（Medical-Psychiatric Committee）によるものがある。これは，委員間でどの殺人事件を同一犯の犯行としてリンクするかに関する同意が得られなかったために，不成功に終わっている[*284]。

1978年以来，この分野における捜査支援，研究，教養訓練は，ヴァージニア州クァンティコにあるFBIアカデミーの重大事件対応グループ（Critical Incident Response Group：CIRG）の中に設置されている行動科学課（Behavioral Science Unit：BSU）―現在は国立凶悪犯罪分析センター（National Center for Analysis of Violent Crime：NCAVC）として知られている―によって，アメリカ国内で提供されてきた。北アメリカにおける犯罪者プロファイリングの教養訓練は，国立凶悪犯罪分析センターと国際犯罪捜査分析官協会（International Criminal Investigative

Analysis Fellowship：ICIAF）によって提供されている。国立凶悪犯罪分析センタ[*285]ーは，過去10年間にアメリカ全土で急増した凶悪犯罪の問題に対応するために，FBIによって1984年に設置された。[*286]犯罪捜査分析（Criminal Investigative Analysis：CIA）と呼ばれるプロファイリング・サービスの提供に加えて，国立凶悪犯罪分析センターは凶悪犯罪者逮捕プログラム（Violent Criminal Apprehension Program：VICAP）や研究，教育に関する責務を負っている。[*17, 287]

警察官協会（Police Fellowship）は，当初FBIによってイニシアチブがとられていたが，現在は独立した専門家組織となり，法執行機関の適任とされた候補者に対して，適切な指導者による体系的な2年間の集中訓練プログラムを提供している（テテン参照）。[*282]カナダにおける犯罪者プロファイリングは，現在，FBIやICIAFのモデルに従い，カナダ国家警察の行動科学・特別サービス部門（Behavioural Sciences and Special Services Branch）やオンタリオ州警察（Ontario Provincial Police：OPP）行動科学課が全国的にサービスを提供している。[*256, 285, 288]

イギリスでは，犯罪者プロファイリングと行動分析は，心理学，精神医学，地理学，数学，統計，刑事としての専門技術による貢献として認識されており，より一般的な用語として用いられている。犯罪者プロファイリングは，犯罪者の特徴予測，犯行現場の評価，連続犯行の特定，捜査上の助言の提供から成っている。それは，①実践的な刑事の専門技術，②行動科学の理論，③解決事件情報の統計的分析という3つの異なるアプローチを基礎としている。行動科学研究には2つの対照的な研究の流れがある。1つは臨床心理学の分野であり，1つは環境心理学の分野である。[*120]後者の分野は，犯罪者に関する行動の推論と同時に地理的な推論と関連している。

犯罪者プロファイリングへの統計分析のアプローチは，1960年以降にイギリス全土で発生した性的な動機を有する子どもの殺人および誘拐に関する情報を集積しているCATCHEMデータベースの開発にその起源がある。[*120, 162, 289]1997年の終わりには3,310ケースを蓄積していたそのシステムは，予測目的のために作成された470人の被害者と417人の加害者に関する精緻化したデータベースも保有していた。未解決事件のための統計的なプロファイルは，精緻化したデータベース内の解決事件との比較によって作成される[注25]。これらは加害者の動機や人格に関する何の仮定もしない，実証的なものである。統計的プロファイルは，様々な予測をするが，その中でも犯行地選択の範囲の推定や，死体なき殺人事件における犯行現場と死体遺棄地点との距離の推定を行なうことが特筆される。[*120]CATCHEMデータの今日までの分析は，加害者・被害者・犯行特徴間の確率論的な関係を視覚的に表現する方法であるベイジアン・ビリーフ・ネットワークが，統計的なモデル化の裏づけとなることを示している（イヴァーセン参照）。[*289, 290] [*291]

●───── 注25：全データベースにおける検出率は94％であり，精緻化したデータベースの検出率は88.7％であった。

　ブラムシルの警察大学にある国立犯罪捜査支援部（National Crime Faculty：NCF）は，イギリス警察のために犯罪者プロファイリングや関連サービスの企画調整を行なっている。ここでは，凶悪犯罪の問題についての実践的支援や捜査教養，犯罪分析，データ収集，研究を行なっている。NCFは，認定プロファイラーのリストや，犯罪訴追手続き，法科学，情報分析，捜査，行動科学などの分野における専門的支援のための登録者リストを保有している。また，彼らは，イギリス国内の女性殺人に関して未解決事件と解決事件との関連性について検討を行なう「オペレーション・エニグマ」と呼ばれる活動にも従事している。

　イギリス内務省の犯罪抑止課（Policing and Reducing Crime Unit：PRC）は，理論の妥当性，プロファイリングの有効性，強姦事件の地理学などに関する研究を行ない，凶悪犯罪者データベースの構築や，プロファイリング・サービスを提供する最適な方法の決定などの分野において，NCFを支援している。彼らは，現在，イギリス国内で作成されたすべての実践的な犯罪者プロファイルの評価に関与している。[*120, 240, 271, 290, 292, 293]

秩序型と無秩序型の犯行現場

　FBIのプロファイリングのアプローチは，①データの収集，②犯罪の分類，③犯罪の再構成，④プロファイルの作成という4段階の系統的な手続きに基づいている。[*294]犯罪者プロファイル作成の過程は，入力データに基づいて，犯罪評価と犯罪者のプロファイルを行なうための意思決定モデルを使用している。[*17]さらに捜査が進行した場合には，そのシステムへのフィードバックがなされる。プロファイリング過程においては，犯行のタイプによって異なる犯罪者人格類型が採用される。たとえば，殺人事件の場合には，心理学的プロファイラーは犯行現場の行動と犯人の生活様式から決定される秩序型と無秩序型の分類を用いる。これは典型的な二分法であるが，現実の殺人犯はある程度それらが混合していることが多い。

　秩序型の犯罪者は，典型的には，犯行を計画し，車両を使用する傾向があり，犯行のために自宅から遠くまで出かける傾向がある。彼らは，多くの場合，知的で正常であるが，精神病質者（サイコパス）である可能性が高い。特徴としては，高い知能と，社会的・性的な能力があり，技能職，長男である傾向，安定した職歴をもつ父親，子どもの頃の一貫しないしつけ，犯行中の支配感，アルコール摂取，状況的なストレスの存在，配偶者と同居，高い移動性，整備された車，報道

による捜査への注目，犯行後の転職あるいは転居の可能性などがあげられる。[*17]秩序型の犯行現場には，計画的な犯行，面識のない被害者，被害者を人として扱う，従順な被害者であることの要求，拘束具の使用，意図的な会話内容，秩序だった犯行現場，殺害前の攻撃性，凶器や証拠を残さない，被害者の死体を移動させる，死体を隠すなどの特徴がある。

典型的な無秩序型の犯罪者の犯行は，衝動的な行為で計画性はない。彼らは犯行現場のそばに住居あるいは職場があることが多い。多くの者は妄想型の精神分裂病などの，何らかの精神障害を有している。特徴としては，平均以下の知能，社会的・性的に未成熟，貧弱な職歴，末子である傾向，安定しない職歴をもつ父親，子どもの頃の厳格なしつけ，犯行中の不安感，アルコールの摂取はほとんどない，独居，住居あるいは職場に近い犯行現場，事件に関する報道への無関心，犯行後に生活様式の変化はほとんどないことなどがあげられる。[*17]無秩序型の犯行現場の特徴は，衝動的な犯罪，既知の被害者あるいは既知の場所，被害者に対する突然の暴力（急襲），拘束具の最小限の使用，被害者の非人格化，最小限の会話，乱雑でまとまりのない犯行現場，死姦，凶器と証拠を現場に残す，死体を見える場所に放置し，殺害現場から移動させないことである。

犯罪現場が確かに秩序型と無秩序型に分類可能であり，この分類が犯罪者特徴と関連していることを支持する証拠がある。[*117]220か所の犯罪現場の分類を行なったFBIの研究では，74.1％という評定者間の一致度を示した。[*295][*206]コクシスらは，秩序型と無秩序型の二分法が主観的な分類であるのか，あるいは実際に犯罪自体の本質的な表象なのかを判断するために，オーストラリアのニューサウスウェールズ州における放火事件の検討を行なった。その研究は，後者の仮説を支持する結果を見いだした。犯罪現場変数のクラスター分析は，ア・プリオリな秩序型・無秩序型の分類と加害者の特徴に一致する2つの基本的なグループを示した。しかし，犯罪者プロファイリングのこの二分法と犯罪現場を分類するための客観的な測定尺度の開発については，さらに研究を積み重ねる必要がある。[*117]

最もよく用いられるプロファイリングの方法論は，FBIアプローチの犯行現場分析であり，それに次いで用いられるのは診断評価である。[*296]イギリスで初期に使用されたもう1つのプロファイリング手法である捜査心理学は，ファセット理論と最小空間分析から構成された5要因モデルに基礎をおいている。それは，①擬似的な親密さ，②性的な欲求充足，③攻撃性，④無人格的な相互作用，⑤犯罪性である。[*297]オーストラリア国家警察犯罪者プロファイリング研究課は，1960年から1998年の間に発生した86件の性的殺人に関する統計的な分析からプロファイリング・モデルを開発した。[*298]ほとんどの犯罪に共通する行為を除いたあとに，4つの異なる行動パターンが明らかになった。それは，①略奪者パターン：これは拷

問やサディズム，計画性の高さを特徴とする，②性倒錯パターン：秩序型の行動と著しい性倒錯を特徴とする，③憤怒パターン：憎悪や敵意，過度に激しい攻撃を特徴とする，④強姦パターン：当初の目的は性的暴行であり，殺人は偶発的なものであるか，逮捕を免れるためのものであることを特徴とする（加害者は被害者を漠然と知っていることも多い）。略奪者パターンと性倒錯パターンは秩序だっており，秩序型といえ，憤怒パターンと強姦パターンは無計画であり，無秩序型といえる。

プロファイリングの適用

プロファイリングは，おそらくはその手法の確率論的な性質のために，詳細な情報を必要とする。言い換えれば，プロファイリングは，年齢，人種，性別，社会経済的地位，居住地のタイプ，移動方法，教育水準，結婚状態，職歴，犯歴，精神疾患の既往歴，社会的・性的な発達，軍隊歴，身体的特徴，習慣，秩序の程度，犯行前の行動，犯行後の行動，共犯の可能性などの犯人特徴について幅広い示唆を提供することができる。[*17, 299]

プロファイリングは，犯行現場に近接した犯罪者の居住地の大まかな推定をするための手法でもある。たとえば，「犯罪者は殺害現場の近隣に居住しているか，近隣で働いている傾向がある」とするものである。プロファイリングに必要とされる背景情報には，様々な詳細情報があるが，その中でも特に必要とされるのは被害者の居住地や勤務先，被害者が最後に確認された場所，犯行地点の位置情報，殺害されるまでの被害者の足取りの地図である。[*299]

容疑者不明の犯罪者プロファイリングと捜査の優先順位づけ以外にも，プロファイリング技術は様々な目的に用いられている。それには，捜査面接技術，潜入捜査技術，反対尋問技術の確立を支援する「間接的人格評価（indirect personality assessment）」や，自他殺の不明な不審死に関する死因分析（equivocal death analysis），捜査戦略や法廷戦略の開発，捜索や押収のための根拠の確立，脅威分析（threat assessment），リンク分析[訳注]による情報提供などが含まれる。[*226, 288, 300]

◆────訳注：リンク分析とは，複数事件を同一犯による一連の事件として関連づけるための分析を指す。

プロファイリングが適用可能な犯罪は，容疑者が精神病理学的な様相を呈している事件や，犯行が稀にしかみられない要素をもつ事件，凄惨または暴力的，性的である事件，くり返される性質のある事件である。[*301]バラバラ殺人や拷問による殺人，快楽殺人などの事件や，連続殺人事件，死後の切り裂きやメッタ刺し，内臓の摘出，死体の探査が行なわれた殺人事件，儀式的で悪魔崇拝的な事件あるい

はカルト犯罪，強姦やサディスティックな性的暴行事件，無差別放火事件，子どもに対する性犯罪事件，爆破事件，銀行強盗事件，強姦の虚偽申告などに関して，プロファイルが作成される。使用された拳銃の種類，型式，イメージ，口径，弾薬などの特徴に基づいて，殺人犯の人格特徴が示されることもある。

しかしながら，元FBI捜査官であり犯罪者プロファイリングの生みの親の1人であるハワード・テテンは，この技術は，犯罪者による明白な性的行為や現実世界とのやりとりの喪失が示されるような事件に代表される，特定のタイプの犯罪にのみ適用されるべきであると警告している。財産犯や薬物事犯のプロファイリングにも問題があるであろう。財産犯罪では被害者との接触がほとんどなく，犯行現場で過ごす時間も短い場合が多く，また薬物使用は犯人の本来の人格を変えるためである。被害者が意識のない状態あるいは状況を思い出せない状態にある強姦事件，あるいは犯人が薬物の影響下にあったり，一言も発していなかったり，最小限の力しか行使していなかったり，特異な性的行為を行なわなかった強姦事件は，プロファイリングが困難である。一般に，犯人の行動やそれに関連した情報が欠如している事件については，プロファイリングが困難であることは明らかである。そして，その確率論的性質のために，プロファイリングは単発事件よりも複数の事件でより強力なツールとなる。ケネディとホーマントは，「現代のプロファイリングというものは，一般に，限界はあるが実行可能で興味ある捜査ツールである。……（しかし，）他の犯罪カテゴリーへと手を広げる前に，まず連続強姦と連続殺人に関する研究の進歩をめざして洗練化の努力に取り組むべきである」(pp.226, 228) と指摘している。

ニューヨーク市警察のジョン・バエザ刑事は，現場の警察官が心理学的プロファイリングや地理的プロファイリングにどこまで期待してよいか，その基準を概説している。プロファイラーは，自分の専門分野の範囲において仕事を行ない，物的証拠と行動学的証拠を統合し，犯行地点を訪れる準備をする必要がある。報告書自体は包括的に書くべきであり，しかも捜査への示唆を提供するものとすべきである。プロファイラーが自分の論理を説明することができれば，捜査員は手法や結論に関して積極的に質問をする気になるはずである。彼は，プロファイルはあくまで道具であり，その結果は絶対不動ではないが，容疑者や情報の優先順位づけによって捜査運営に重要な役割を果たしうると考えている。FBIと警察協会のプロファイラーは，捜査員が写真や地図，チャート，報告書を用いて，数人のプロファイラーに対して犯罪の詳細を呈示するという事件相談受理モデルに従うことが多い。質疑応答のあと，ブレイン・ストーミングに入り，詳細なプロファイルや特定の事件方略が導き出され，捜査員によってすべてが文書化される。

批　　判

　プロファイリングは，その役割への関心と論争と非難とを生み出した[*31, 57, 226, 306, 307, 308, 309, 310]。プロファイリングは最善でも一般的で曖昧な情報しか提供せず，最悪の場合には捜査を誤った方向へ導く情報を提供することが指摘されてきた。とりわけ，プロファイリングは，プログラムに従った妥当性と信頼性に関する研究を必要としており，適切な理論的基礎が欠けている点を批判されてきた。バートルは，152人の常勤および非常勤の警察心理学者に対する調査から，70％の者がプロファイリングの妥当性と有用性に満足しておらず，さらなる研究が必要であると考える者が多かったことを見いだした[*311]。捜査心理学のアプローチは，実証的な検証の欠如と最小空間分析に基づく不可解な方法論のために，イギリス国内で疑問を投げかけられてきた[*312]。一方，オーストラリアにおける少ない事件数からのプロファイリング分析は，混乱した結果を生み出した[*313]。

　おそらく，今日のプロファイリングに対する最も重大な非難は，少なくとも北アメリカでは，アメリカ議会の再調査に源を発している[*306]。アメリカ下院軍事委員会（House of Representatives Armed Services Committee：HASC）は，1989年の戦艦アイオワの爆発に関する海軍の捜査を再調査しているが，彼らは「故意の行為」という結論に達した方法について懸念を示すようになった[*308]。砲兵隊員であったクレイトン・ハートウィグは，47人の海兵隊員が死亡するという結果をもたらした悲劇的な事件について唯一責任を問われた。彼は，自殺を遂行するために16インチの旋回砲塔を爆発させたと申し立てられたのである[*314]。

　海軍捜査局（Naval Investigative Service：NIS）は，国立凶悪犯罪分析センターに対して再構成心理学的評価を行なうよう要請した。この手続きは，FBIのプロファイリング・サービスの一部であるが，自他殺の不明な不審死に関する死因分析（Equivocal Death Analysis：EDA）と呼ばれるものであり，概念的には心理学的検死（psychological autopsy）と同様のものである[*308, 315, 316]。不審死に関する死因分析は，死因が疑わしい場合にその死因が事故あるいは自殺，殺人，不明のいずれであるかについて，回顧的な心理学的技術を用いて決定しようとする。

　下院軍事委員会は不審死に関する死因分析の妥当性と信頼性に懸念を示したが，国立凶悪犯罪分析センターのプロファイラーが妥当性とデータの信頼性の問題に関する無関心さを示したために，その懸念はますます悪化した[*308]。下院軍事委員会はアメリカ心理学会に支援を要請し，12人の心理学者と2人の精神医学者からなる再検討委員会が構成された。アメリカ心理学会の専門家の大多数は，後に，FBIの分析は論拠が薄弱であることを認めた。そして委員会は，不審死に関する死因分析の手続き，方法論，不十分な分析による限界といった批判に合意した[*317]。

行動科学課のプロファイラーが示した妥当性や信頼性に対する関心の欠如は、受け入れがたいものであることが明らかとなった。つまり、FBIはアメリカ心理学会の専門家による再調査をパスすることができなかったのである。[*318]

下院軍事委員会はこの過程を捜査の失敗と呼び、次のように記述している。「海軍捜査の重大な問題は、過剰な確信という罠にはまったことである。薄いオートミールの粥が牛肉になった。妥当な理論や仮説は、確かな事実へと転換された」(p.10)[*308]。アメリカ心理学会の専門家委員会は次のように警告した。「心理学的再構成において導き出される結論や推論は、最善でも、情報に基づく考察や理論構築であり、次のように理解すべきである。不審死に関する死因分析の報告書の最終部分でFBIが示したクレイトン・ハートウィグに関する曖昧さのない記述は、科学の技術的な限界がある中で許されるものではない」(p.12)[*308]。1990年に、ニューメキシコにあるサンディア国立研究所が、偶発的な原因による旋回砲塔の爆発を再現することができ、海軍の捜査結果はさらに批判されることとなった。[*306, 308]

審問の際、FBIの担当者は、反証の中で、戦艦アイオワの不審死に関する死因分析は爆発が自殺であったのか、殺人であったのか、拡大自殺（殺人を含む自殺）であったのかという質問に対する回答を行なうためのものであり、偶発的な事故による死という選択肢はなかったことを指摘した。アメリカ心理学会の委員会はFBIの方法論を批判したが、彼らの結論にまったく異を唱えたわけでもなかった。[*198]

ホーマントとケネディ[*117]は、プロファイリングの妥当性に対する警察の認識について次のように説明している。「法執行機関の観点からは、他に効果的な手段がない限り、また、その手続きが用心深く用いられている限り、プロファイリングが一般的に妥当な手続きを経ていることを確証するまで待つ必要はない」(p.323)。容疑者と捜査の方向性が、プロファイルに適合しないからといって除外すべきではなく、捜査官は時には困難な決断を素早く行なわなければならない。そのような状況下で、プロファイリング情報が、たとえそれが情報に基づく推測にすぎないようなタイプであったとしても、価値あるものとなりうるのである。

アメリカ心理学会の再調査は、心理学的プロファイリングの使用や限界、危険性について重要な警告を行なっている。「プロファイルは支えとなるものであり、自立するものではないと見るべきである」(p.31)[*319]。FBI自身も、いまだプロファイリングは科学というよりは芸術であり、けっして伝統的な捜査手法に取って代わるものではないと警告している。[*37, 320, 321, 322] 人工知能やコンピュータによるエキスパート・システムの使用による自動処理の犯罪者プロファイリングの開発に関して議論が行なわれたが、今日、この目標は実現されていない。[*323, 324, 325, 326] ディエッツは[*327]、「プロファイリングについては、その過程の各段階における経験や洞察、判断から導き

出される論理的な推論の過程であると考えるほうがより正確であろう」と述べている。この意味で，プロファイリングは医学における臨床的な推論の過程に似ているといえよう。

評価研究

　こうした関心や批判，示唆は，犯罪者プロファイリングの捜査側のメリットを検証するために計画された様々な評価研究につながっている。評価研究は，アメリカ，イギリス，オランダ，カナダ，オーストラリアで行なわれた。これらの研究の多くは，①プロファイリングがいかに正確であるか，②その過程がいかに信頼できるものであるか，③その結果はいかに有用であるか，という3つの重要な問題に取り組むことによって評価しようとするアプローチをとっている。プロファイルが有用であったならば，それは捜査における意思決定過程を支援しているはずである。漠然としていたり，一般的であったり，実行不可能であったり，ありそうもない示唆は，役に立つ手がかりを生み出さないであろう。これらの疑問や必要条件は，心理学的プロファイリングや地理的プロファイリングを含む，あらゆる新たな捜査手法の開発に重要な枠組みを提供する。

　最初の犯罪者プロファイリング評価プロジェクトの1つは，FBIが行なったものである。行動科学課が提供したプロファイルを利用した192名の利用者に対する209事例（殺人を含むもの65％，強姦35％，その他27％）[注26]に関する組織内調査である。[*328]この研究は，これらの事例の46％がその後に解決したにすぎなかったことを明らかにしている。そのうちの88事例の捜査において，プロファイルが次のことに有用であったことを見いだしている。その内訳は，①捜査の方向づけ（事例の72％），②可能性の高い被疑者の居所を示す（20％），③被疑者の識別（17％），④被疑者の起訴における支援（6％），⑤何の支援にもならなかった（17％）[注27]である。解決していない104事例でも，プロファイルが方針策定や，動機の提示，他の事実の確認といった事柄に関して有用であると考えられるとしている。行動科学課は，伝統的な捜査手法を受けつけないような難事件に応じているのであり，こうした結果はそうした文脈の中において評価する必要がある。[*28, 226]

● ───注26：1事件に複数の犯行タイプが該当しうるため，合計は100％ではない。
● ───注27：複数回答形式のため，合計は100％ではない。

　ピニツォットとフィンケル（[*329]ジャクソンら，[*226]ピニツォットも参照[*330]）は，ある技能への熟達をはかるために認知心理学で用いられる専門家・初心者のアプローチ比較を通して，犯罪者プロファイリングの結果と過程について検討を行なった。

プロファイラーや捜査員，心理学者，学生を用いて，群間比較分析を行なった。彼らは，プロファイラー群が群間で最も詳細で根拠の確実な報告を書くことを見いだしたが，正しく犯人の特徴を予測することの能力については差異がないという結果を見いだした。情報処理過程には，群間で何ら質的な差異はないことが示された。

コクシスら[*331]は，捜査経験や犯罪心理学の知識，客観的で論理的な分析，心理学的プロファイリングの過程に関する知識の影響について検討するために，同様の研究を行なった。殺人事件の予測について，プロファイラーや警察官，心理学者，学生，霊能者の群間で比較を行なった。プロファイラーはプロファイラーでない人たちに比較して，犯罪者の認知過程や身体的特徴，社会生活歴と習慣，犯罪行動の特定において，若干ではあるがより正確に予測していた。心理学者は，犯罪者の人格的特徴の判定など，いくつかの分野でより正確に予測していた。霊能者は，殺人の社会的なステレオタイプだけに頼っていたようであった。

オランダ犯罪・法執行研究所（Netherlands Institute for the Study of Criminality and Law Enforcement：NISCALE）は，オランダ国家警察の犯罪情報分析部門（Criminal Intelligence Division：CRI）の科学助言課（Scientific Advisory Unit）によって提供された特定プロファイリング分析や捜査助言についていくつかの評価研究を行なった[*226, 319, 332]。彼らは，最初，実践上の心的スキーマについて，経験豊富な捜査員と犯罪者プロファイラーと間の差異を見いだそうとした[*226]。知識構造のモデルは[*333]，領域，推論，課題，方略的階層から成る。そして，専門的知識は，「もし…ならば，〜せよ」というif-then型のルールの集合から導き出される。専門家のいくつかの領域は，総数が万単位に達するヒューリスティックス（発見的方法）を含んでいる。実用的であるためには，専門的知識が適用されるべきであり，他の状況にも一般化できる可能性があり，構造と秩序があり，強靱さがなければならない。

捜査員によって採用された認知的表象と方略は，プロファイラーによって用いられたものとは質的に異なっていた。とりわけ，捜査員の「もし…ならば，〜せよ」というプロダクション・ルール（生産規則）では，捜査価値が高いというためにはあまりにも広く一般的であるか，より特定化した特異なものであるかのいずれかであった。この研究が見いだした他の知見は，経験豊富な性犯罪捜査員とFBIでトレーニングを受けたオランダのプロファイラーとの間の過程の違いであった。前者は，「何が」についてボトム・アップの形で考えることが認められたが，後者はトップ・ダウンのアプローチを取っており，「誰が」に焦点を置いていた。

この研究は，どのようにプロファイラーや捜査員がデータを理解するかについ

て，興味深い差異を明らかにした。平均して，プロファイラーは捜査員に比較して，捜査報告書の情報を読むためにより長い時間をかけていた。その時間は，1事件につきプロファイラーで12時間29分であり，捜査員で2時間33分であった。一方，検視報告書には同じくらいの時間を割いていた（プロファイラー14分，捜査員16分）。プロファイラーは，主要な警察の報告書類（プロファイラー4時間54分，捜査員6時間28分）や，地理的な位置（プロファイラー18分，捜査員31分），犯行現場の写真（プロファイラー26分，捜査員1時間9分）には，捜査員に比較して短い時間をかけていた。全体的にみて，プロファイラーは捜査員に比較して，データの理解のためにかなり多くの時間をかけていた（プロファイラー18時間21分，捜査員10時間57分）。平均して，捜査員はプロファイラーに比較して，地理的な位置により多くの時間をかけていた（捜査員は総時間の4.7%，プロファイラーは総時間の1.6%，実際の時間にすると1.7倍）という観察は，ピニツォットとフィンケルによる「殺人について，犯人の職業および犯人居住地と犯行現場との関係についての質問で高得点を示したのは捜査員であった」(p.224)という結果に照らして興味深いものである。

　NISCALE研究は，顧客満足度についても検討を行なっており，利用者である捜査員のほとんどが犯罪捜査分析サービスに満足していることが見いだされた。プロファイル自体には様々な批判があるが，おそらくより重要ないくつかの機能を提供することも認められた。捜査助言，人格評価，プロファイルの作成，犯行現場の評価，尋問技術，脅威評価などはすべて，プロファイラーのレパートリーに含まれているものである。捜査員は，プロファイラーの特異な犯罪に関する専門性と彼らが捜査にもたらす新鮮な見解から得られる付加的な利益を認めている。「独立したスタンスを取ることによって，実際に事件の捜査にあたる捜査員が，取り組まねばならない些末な細部の中で動きがとれなくなることはない。プロのプロファイラーは，犯罪者を逮捕するという成功をチームが達成する起因となりうる方向性を示し，助言をすることができるのである」(p.32)。

　NISCALEの評価は，「実際にはプロファイルが作成されたことの直接的な結果として逮捕された犯人はいない」(p.24)ことを明らかにした。しかし，それはプロファイラーだけでなく，利用者側の問題にも起因することが明らかとなった。プロファイラーの報告書は時にあまりに漠然として一般的であると批判されるが，刑事の側の許容性のなさや意見の相違，経済的制約，時間の遅れ，組織としての配慮といった問題がプロファイルが活用されなかった原因となっている。犯罪情報分析部門は，現在，プロファイリングによる助言に対するいかなる結果をもフォローアップするために，十分な捜査資源が存在することを確認している。

　NISCALE研究は，プロファイリングはそれ自体で完結するのではなく，ある

タイプの犯罪捜査の方向づけを支援するための捜査運営の道具にすぎないと結論づけている。[*226]現在進行中の犯罪学的評価研究の重要性もまた，強調されている。たとえば，ある独立した研究は強姦事件のプロファイリングに用いた派生原理のいくつかを確認したが，他の法則はオランダの状況では実証されなかった。それゆえに，科学的フォーラムの中での共同研究は，犯罪情報分析部門の現在のポリシーに不可欠な要素なのである。

犯罪者プロファイリング研究プログラム（Offender Profiling Research Programme）は，イギリス内で用いられているプロファイリングの包括的な評価であり，警察研究グループ（PRG）と国立犯罪捜査支援部（NCF）により行なわれたものである。[*120, 240]暫定的な研究結果は，認知されたプロファイリングによる助言の有用性は，プロファイルの推論的側面というよりは，犯罪とそれに対する捜査の戦略的な理解と関連していた。[*335]そうした知見は，オランダの研究が示す結果と一致するものである。[*226]

この研究プログラムの一部として，コプソンは，[*280]イギリスでプロファイリングを利用したことのある捜査員184名に対する調査を行なった。プロファイリングを行なった事件の大半は，殺人あるいは性犯罪であった。プロファイリングは，「単発の犯罪あるいは一連の犯罪の中で示される行動からの犯人特徴の推論に基づくあらゆる予測，助言，観察であり，捜査員に対して統計学あるいは臨床心理学の専門家の意見の所産として示されるもの」（p.v）と定義された。捜査員がプロファイリングに期待するものが常に明らかであるわけではなく，一般に次に示す情報に言及する捜査員が多かった。それは，①犯人特徴，②犯罪者の理解と将来の危険性のレベル，③取り調べ戦略，④複数の犯罪を同一犯による一連の犯行としてリンクすることである。再度プロファイリングによる助言を求めたいと思うかという質問に対しては，回答者の68.5％が「きっと，そうするだろう」と答えており，23.9％が「おそらく，そうするだろう」と答えている。

イギリスにおけるブリットンによる先行研究は，プロファイリングは容疑者を逮捕することに対して直接的に役に立つわけではないが，その手法は実行可能であり，将来的に有望であり，可能性があると述べている。ゴールドブラットによる解決事件についてのプロファイリング助言に関するレビューでは，予測した犯人特徴の72％（n = 114）が正確であり，19％が不正確であり，9％が分類するための情報が不十分であった。コプソンは，プロファイリングが事件解決に役立ったのは14.1％だけであり，犯人を特定できたのはさらに2.7％と少なくなることを見いだした。しかし，プロファイリング助言が捜査の新たな方向性として用いられたものが事件の16.3％あり，回答者の82.6％がプロファイリングは捜査活動に有効な情報を提供したと答えており，自分たちの捜査に役立ったと答えた者

は53.8％であった。

　プロファイルの正確性に加えて，捜査員は対応のタイムリーさと明確さに強い関心を示していた。特に，言葉だけでプロファイルを伝えることは，役に立たない。文書化した報告書であれば，誤解や忘却をできるだけ少なくすることができる。しかし，理解できないことに関して質問をしたり，説明を求めることもまた，捜査員の義務である。残念ながら，プロファイリング助言は，常にうまくいくわけではなく，その潜在的な効用にも限界がある。この研究結果を，犯行現場遺留指紋や目撃者からの事情聴取などの確立した捜査技術に関する研究と比較することは興味深いであろう。

　コプソンは，プロファイリングが刑事の犯罪に対する理解と「捜査哲学」の発展を間接的ではあるが最も有効に促すと述べている。彼は，また，完璧で適切な捜査がなされることを保証するのにも役立つであろうと指摘している。警察本部長協会（The Association of Chief Police Officers：ACPO）の行動科学と捜査支援に関する犯罪委員会は，現在，犯罪捜査におけるプロファイリング助言の質的向上をはかるために，イギリス警察組織のための研究，実践での応用，メディアへの情報公開に関するポリシーをうち立てている。

プロファイリングと確率

　多くの捜査員にとって，プロファイリングは不可解な芸術であり，その予測はブラックボックスから生み出されるものである。犯罪者プロファイリングの可能性を十分に理解するためには，次の2つが必要である。1つは，プロファイラーは警察の捜査が必要とするものと要求をよりよく理解しなければならないことであり，もう1つは，捜査員がプロファイルの性質と用途についてよりよく理解しなければならないことである。プロファイリングが事件を解決するのではない。それは，自白，目撃者，物的証拠によってなされるものである。それよりも，プロファイルは，方針立案を導き，情報管理を支援し，事件をより深く理解する助けとなるものとして最もよく用いられる。[208]

　捜査とプロファイルは相互依存の関係にある。より完璧で徹底的な捜査がなされるほど，プロファイルはより正確なものとなる。[282]たとえば，注意深いリンク分析がなされなかったならば，捜査は不完全なパターンに悩み，プロファイルは重要な情報を見落としてしまう。犯行現場や，補充捜査，日常の警察活動における的確な情報収集は，とりわけ重要である。[336]また，プロファイルの価値は，他の行動学的捜査ツールや，伝統的捜査ツールと組み合わせることによって著しく高まる。

プロファイリングは，他の形式の捜査分析と独立して存在するものではない。犯罪分析手法の枠組みは，インターポールの犯罪情報分析課（Analytical Criminal Intelligence Unit：ACIU）の課長であったマリオ・ドゥコック*337が開発したものである。分析技術は，まず，戦略的か実践的かのいずれかに分類され，そしてそのうえで，犯罪事件，犯人，犯罪の統制手法に焦点を合わせることによって分類された。この枠組みの中で，心理学的プロファイリングや地理的プロファイリングを示す「未知の犯人に対する特定プロファイル分析（Specific Profile Analysis [Unknown Offender(s)]）は，「実践的／犯人」に分類される。ケース比較分析（リンク分析）は，「実践的／犯罪事件」に分類される。このアプローチにより，分析手法間の相違点を容易に見分けることができる。

　プロファイリングの難点は，その確率論的な性質にある。警察の捜査員は，そのような捜査手法に不安を感じ，それよりも「確実性」に頼るほうを好む。このことは，プロファイリング・サービスの理解や利用法，評価においてよく問題となっている。次に示す例が，その点を明らかにしている。さいころ賭博で賭けをする前に，統計の専門家に相談するとしよう。最もよく出る目は7であるとアドバイスを受け，そのとおりに賭ける。しかし，さいころを振ってみると5が出て，賭けに負ける。

　アドバイスが不正確であったのであろうか。もちろん，確率論の研究者なら誰でも，2つのさいころを振ったときに最も出やすい数字は7であり，最も出にくい数字が2と12であることを知っている。そして，1回振ったときに7が出る確率は1/6である。統計の専門家のアドバイスは予測ではない。実は，6回中5回的中するようなもっとよい予想は，7以外の数値が出るというものである。どちらかと言えば，統計の専門家によるアドバイスは，1回の結果で最も出やすい数値について述べたものである。予測が間違っていたとしても，アドバイスは正しいものであり，どんなときに予測しても7と予測するのである。この情報は，ゲームの一連の流れを通して活用すると，より高い価値をもつものとなる。言い換えると，誰もルーレットの回転盤の回転運動を予測できないとしても，賭博場が1日の終わりに金を稼ぐであろうことにはまったく疑う余地がないのである。同様に，プロファイリングは，くり返される作業の方向性や，大量の作業に優先順位づけをするのを支援する際に，捜査に用いるのが最適なのである。

法廷での専門家証言

　法廷におけるプロファイラーからの専門家証言は，現在，アメリカとカナダで

はすでに導入されている。対象となるものは，将来の危険性，脅威のレベル，類似した犯行の証拠，事件リンク，犯罪現場における署名的行動，偽装，精神障害である。損害の直接の原因が適切な防御手段をとる義務の不履行であった場合には，プロファイリングは法廷が確証しなければならない起訴事実の根拠を提供する役割も担う。防御手段に対して予想される犯罪者の反応に関する専門家の意見陳述は，申し立てられた過失と原告の権利侵害との間の因果関係の立証に影響を与える。そうした状況で，プロファイルの多くは，一定の防御条件下における典型的な犯罪者の行動—固執するか，断念するか，別の行動をとるか—を予測しようとする。そうした情報は，適切な事例において陪審員を支援するかもしれないが，いかなる信頼度でも，特定の個人の行動を予測することは困難であり，おそらく専門家であってもそれは同じである。

　これは，犯人が特定されていない，あるいは逮捕されていないという犯人未詳の場合にはことさらそうである。ホーマントは，犯罪の動機と逮捕を免れたいという欲求の2要因に基づき，①計算型：動機づけられており，警戒している，②機会的：動機づけられておらず，警戒している，③決意型：動機づけられており，警戒心に欠ける，④衝動型：動機づけられておらず，警戒心に欠けるという犯行制止のための類型を提唱している。犯人の知能，犯行対象の重要性，薬物やアルコール使用といった理性のなさを示す証拠に基づき，調整がなされる。プロファイリングは，犯行現場における署名的行動，犯行現場の再構成，動機の評価を通して，防護訴訟という前提で一定の役割を担うことができるのである。

　専門家証人に指名されるためには，次の3つの要件を満たさなければならない。①証言は適切なものでなければならない，②専門家証人の分野は科学的あるいは，技術的，専門的知識を有するものでなければならない，③専門家証人はその分野の専門家として適格であるために必要な技能，専門的教養訓練，正規の教育，経験などの背景をもたなければならない。関連性は，審理に重要な意義をもつ事実の存在確率に影響を与える証言と定義される。1993年までは，「科学的知識」の量定は，その知識が関連する学問分野で信頼できるものとして一般に承認されたものであるかを問う，フライ事件の判決で示された基準（フライ対合衆国政府訴訟事件）に従って行なわれていた。1993年に連邦最高裁判所は，アメリカ連邦証拠法がフライ基準に優先するという判決を下した（ドーバート対メレル訴訟事件）。ドーバート基準は，現在，対象となる事象が「科学的知識」の域に達しているかを決定するために用いられている。それは，フライ基準よりも柔軟で，厳格でない基準であり，①反証可能性（技術の検証能力），②専門家による再調査と公表，③実際のあるいは潜在的なエラー率と操作的基準の維持，④関連する学問分野での方法論の一般的承認，といった要因に基づいている。これらは，アメ

リカの法廷で科学的証言の許容性を示す目下の原則である。

　カナダの基準は，アメリカのものほど厳格ではない。モーハン対カナダ政府訴訟事件の中で，カナダ最高裁判所は，専門家証言の許容性の要件として，①争点となっている事実の関連性，②事実に関して審査者が支援することの必然性，③違法収集証拠排除の法則が該当しないこと，④適切で資格のある専門家，と概説している。新たな科学の理論や概念は，その妥当性や信頼性に関して特別の精査を行なう対象となる。この精査は，検証可能性やその分野の専門家による再調査，公表といった基準を提示した，科学界での承認を考慮に入れた柔軟な基準である。カナダの法廷は，専門家の意見証言は，陪審員が心理学，行動，人間の行為について理解するのを援助することができると述べている。しかし，同時に，プロファイリングで用いられる立証手法は「相当に鋭敏で整理されたものであるべきである（クラーク対カナダ政府訴訟事件）」(p.21)と警告している。プロファイルは，イギリスの法廷では，一般に証拠として採用されていない。

　プロファイリングは，帰納的，確率論的手法に基づいている。そのような証拠の法廷における適切な役割は何であろうか。すべての科学は帰納的であり，科学的「法則」は，反復観察に基づく予測にすぎない。対照的に，演繹的システムは公理または確立した公式から導かれたものである。多くの科学的理論は十分に受け入れられているために，あらゆる意図と目的で日常生活上確立した事実として扱われるが，真の演繹的システムはただ1つ数学だけである。科学は量的で，法律は質的であると言われている。たとえば，「合理的な疑い以上に」という有罪判決の基準は，主観的量定であり，法令あるいは判例法によって特定の数値に翻訳されるわけではない注28。一般に，専門家が学問分野の境界を超えて不適切なアドバイスをしたとしても確率論的情報は妥当であり，特に状況証拠のある事件では妥当である。専門家は結論を導く基礎となるデータを論理的かつ明細に表現する心構えがなければならない。

●────注28：1,200人のアメリカ判事に対する調査では，3分の2の判事が少なくとも95％の有罪確率を示した場合に，「合理的な疑い以上に」と考えていた。

　法廷でプロファイリングの専門家の意見を導入し，評価するための最も適切な方法は，ベイズの確率論を使用することである。ベイズの定理は，新たな関連情報を与えることによって確率を再計算する方法を提供する論理的定理である。それは，次のように表現される。

$$（事前のオッズ）（尤度比）＝事後のオッズ \qquad (式5.1)$$

　事前のオッズとは新たな情報の前に存在していたものであり，事後のオッズは，

その後に存在するオッズである。確率は常に0から1の間の値を示す。オッズは，ある事象が真でない確率に対する真である確率の比，$p/(1-p)$である。尤度比は，ある主張を真（たとえば，被告人は有罪である）とする証言の蓋然性の比率であり，その主張を偽（たとえば，被告人は無罪である）とする証言の確率で除したものである。これは，次のように表される。

$$尤度比 = P(E/G)/P(E/I) \quad (式5.2)$$

証言により有罪となる確率$P(E/G)$は，有罪となる証言の確率$P(E/I)$によって決定される。ベイズの定理によれば，

$$P(G/E) = P(G)P(E/G)/[P(G)P(E/G)+P(I)P(E/I)]$$

$$(式5.3)$$

有罪と無罪の確率が等しい場合には$P(G) = P(I) = 0.5$となり，上記の方程式は，$P(G/E) = P(E/G)$と簡略化される。有罪の事前確率が高ければ高いほど，有罪の事後確率への証言の影響力（尤度比）は弱くなる。

しかしながら，専門家証言は，観察，プロファイル，検査結果に基づく尤度比を提供することに限定されるべきである。現存している類似した事実，犯行現場に残された署名的行動（シグネチャー），心理学的なもの，あるいは地理的なもののいずれにせよ，行動科学的証拠はこうした原則のうえでのみ正当化されるのである。有罪あるいは無罪の確率を推定することは，事前のオッズの情報を仮定しており，その決定は，法廷で専門家証言を行なう者ではなく，裁判官や陪審員の責任である。[*118]

法廷という状況で確率論を用いることの誤謬は，残念ながらめずらしいことではない。検察官の誤信は，尤度比の分子あるいは分母のいずれかの条件を移項することに起因している（マーティンも参照）[*344]。これは，たとえば，有罪をもたらす証言の確率$P(E/G)$が，その証言によって有罪となる確率$P(G/E)$と等しいときに生じる。言い換えれば，牛は4本足の動物であるが，4本足の動物のすべてが牛ではない。行動科学の文脈におけるこのタイプの誤りは，次に示す2つのいずれかに起因する。①90％の信頼水準で，犯罪現場がある特定の人格プロファイルを示唆していれば，そのプロファイルに合致する人は90％有罪であると仮定する。これは，分子における条件の移項である。②5万件蓄積されたデータベースのうち10件の殺人事件だけが犯行現場で特定の行動を示していれば，そのような類似性が生ずる確率は5千分の1であると結論づける。これは，分母における条件の移項であり，偶然の錯誤ともいわれるものである。前者のタイプのエラーは，1996年のアトランタ・オリンピックでのパイプ爆弾事件の直後の時

期にみられた。警備員のリチャード・ジュエルは，彼がFBIの作成したあるタイプの爆弾犯のプロファイルに適合するという単純な理由で捜査上の第一容疑者となった。事実上の有罪の烙印を押され，最終的に容疑が晴れるまでに数週間を要した。[*345]

　弁護士の誤信は，全体としてというよりは，分離して証拠事実が審理されるときに生じる。それは，複数の，独立した有力な証拠となる要素の影響力の結合である[注29]。行動科学的文脈におけるこのタイプの誤謬は，プロファイルが劇的な弁別力に欠けていたがゆえに無視されるときに，その知見の代わりに他に存在する証言とつなぎ合わせて考察し，そして事後のオッズを適度に増大させるために用いようとすることに起因している。

● ───── 注29：論理におけるこれらの誤りは，プロファイルにおいても同様に生じうる。擬似変数，介在変数，非独立変数の使用には問題があり，それらの使用は分析を歪めるであろう。

プロファイリングの将来

　私立探偵であるという彼の主張にもかかわらず，シャーロック・ホームズは，演繹的推論と同程度に帰納的推論を用いている。[*282]彼の名高い成功にもかかわらず，そのような手続きは，まさにその性質によってある程度の失敗率を伴っているのである。間違った予測は，プロファイリングを含めて，確率論に基づくすべての手法に起こりうる。[*117]提供者，使用者のいずれも，プロファイリングの限界を知り，ステレオタイプの適切な適用と優先順位づけの手法を理解して，注意深く，職業上の倫理にかなった方法で用いることが重要である。グルービンは，また次のように警告している。[*346]プロファイリングは犯人の「心の中に入り込むこと」ではけっしてなく，またプロファイラーがプロファイルよりも報道価値があるようになったとき，我々は心配しなくてはならない。

　「要するに，目的によっては，犯罪現場プロファイリングは十分な信頼性と妥当性をもちうることを示すに足る先行研究がある。幅広い文脈で考えるならば，行動特性と状況にかかわらない一貫性の概念は支持されることを，文献は示している」[*117](p.338)。プロファイリングや他の法行動科学的技術の発展は，その初期の段階にある。このことが，時としてフラストレーションの原因になることもあるが，今後の発展可能性がおおいに期待できる活気に満ちた時でもある。たとえば，犯罪者プロファイリングはファジー理論の適用によって意義のある利点が得られるであろう。[*347,348]伝統的なブールの論理は二分法によるものであり，つまり答えは

「はい」でも「いいえ」でもありうる中間を除外するというルールに従っている。ファジー理論は，主観や「おそらく」を許容するものである。こうした意味の濃淡は，0と1の間の中間的な値を与えることができる。フェルマは，不正確な特徴がファジー変数となりうるかについて論じている。そうした変数の数が十分あれば，ファジーなプロトタイプ・パターンの階層を形成しうる（たとえば，若い，背が高い，体重の重い，暴力的）。これは，捜査中に行なう容疑者の順位づけに用いる枠組みや，柔軟で曖昧な絞り込みという考えに似ている。最小値および最大値を予測することは，パターン・セットの限界をはっきりさせるのに役立つ。このアプローチは，関連のある一連の事件についての記述の多様性を調和させるなど，いろいろな形で補助となりうるものである。オースチンは，一連の強姦事件を他の強姦事件と結びつけるために，そして一連の強姦事件に犯罪者を結びつけるために，犯罪や被害者，事件の詳細を分析する犯罪者プロファイリングのためのファジー理論に基づくエキスパート・システムを用いた。

　プロファイリングは有用であり，将来有望な捜査の方法論となりうるものである。それは新しい技術ではあるが，データの収集や分析，捜査への適用だけでなく，実践的なフィードバックと統合を必要とする成熟期でもある。帰納的なシステムは，その知識基盤を発展させ，拡張するために，システマティックな方法を必要とする。したがって，科学や捜査方法論にとって妥当性や信頼性を問題にするということが重要なのである。プロファイリングの知識は，経験や調査，統計的データベースを基盤としている。経験は重要であり，もし経験が十分でなければ，プロファイリングは，特異な，限界や認識されていないバイアスを含むものとなりうるのである。それゆえ，経験は研究から得られた知見によって裏打ちされねばならない。ある方法の基礎をなす仮説に内在する限界を明確化することも重要である。最後に，実際の警察の捜査で真価を発揮するならば，その技術は実用性をもっているに違いない。そうした考察が，プロファイリングの予測を霊能者の推測と区別することになる。

6章 行動地理学

　人文地理学の研究領域は人間とその活動であり，自然地理学の研究領域は自然環境である。[351] これら2つの研究領域はお互い無関係ではないが，人文地理学では特に3つの統合化されたテーマが興味の対象となっている。このテーマとは①空間分析，②人間と環境との相互作用，③前2テーマの地域レベルでの統合である。人文地理学は，行動地理学，経済地理学，歴史地理学，政治地理学，地域地理学，農村地理学，社会地理学，輸送地理学，都市地理学といった領域を含んでいる。

　行動地理学はどのように人間が物理的，社会的な環境を受け入れるかを検討するが，その際に人間の空間的な行動パターンを理解する手段として行動主義が用いられる。どのように人間が環境を符号化し反応するかが，学習や刺激－反応といった認知的なプロセスとして説明される。本章では，犯罪のパターンと犯罪者の空間行動を理解するため，行動地理学の研究領域と，それに関する計量的な技法を論じる。

移動と距離

　地理学での最も基本的な知見とはおそらく最近接の原則であろう。[352] この原則は心理学では最少努力の原則として知られている。「人が何かをするにあたって複数の選択肢をもっている場合，努力が一番小さくてすむ手段を選択するであろう」[353] (p.400)。もちろん心理学や選択行動の分野では多くの他の要因が加わってくるが，この格言は人々の行動をうまく言い表している。[354,355,356] この最少努力の原則は，犯行における移動の研究では重要な役割を果たす。

　最少努力の原則に従うと，同じ望ましさの目的地が複数存在する場合，その中で最も近い目的地が選択されると考えられる。しかしながら，「最も近い」を決定する際，様々な問題が発生する。人間の地理的な経験の中で，地表や空間がどの方向にも同じ物理的な特性をもっている―等方性を有する―ことはほとんどない。むしろ，ある方向・ルートへ進むのは簡単だが，他の方向・ルートへは難しいという非等方性の空間に直面しているといえよう。実際，人々はユークリッド

距離ではなく走行距離に基づいて一般道路や高速道路のネットワークを認知し、移動している。*357

他の要因も物理的な空間と同じくらい重要になってくる。マクロレベルでの旅行の選択は、時間的・金銭的な出費に影響される。たとえば、航空機の利用者にとって、距離は乗り継ぎ回数、所要時間や運賃ほど重要ではない。すなわち、お金がなければとりうる選択が自然に決まってくるように、収入や社会経済的な地位が空間行動に強い影響を与える。

都市内でのミクロレベルの移動も同じような影響を受けている。都市の構造は、グリッドまたはマンハッタンレイアウト注30 に従う非等方性の空間であり、ルートによって生じる交通流は異なるといってよい。*359 都市内でのルート選択が単に最短距離を探す問題ではなく、時間、手間、コストを減らす問題であるように、犯罪パターンの空間分析においては都市のレイアウトや犯罪者の交通手段、心理的・物理的な障壁を考慮しなくてはならない。

●──── 注30：都市構造の研究ではその都市に応じた距離系を必要とする。北アメリカの多くの都市ではグリッド（マンハッタン）パターンが用いられるが、イギリスにおいてはクローフライト距離がよく用いられている。ともに、ミンコフスキー距離系の特定の形式である*358。しかし、個人のメンタルマップや空間環境の内的表象は、外的な環境以上に人間行動に影響を与えるかもしれない。

距離を主観的、心理的にどう知覚するかは、それに対応する距離が客観的物理的にどのくらいであるのかと同じぐらい重大である。人間の距離の知覚は、以下に示す要因の影響を受けている。*360

1. 出発地と目的地の相対的な魅力度
2. 地点間に存在する障壁の数とタイプ
3. ルートへの精通度
4. 実際の物理的な距離
5. ルートの魅力度

最短距離原則は一見単純であるが、この原則を実際に犯罪者行動の理解に応用しようとすると、客観的（物理的）、主観的（認知的）要因の両方を考慮する必要があるため、いささか複雑になってくる。人間の移動を理解するためには、実際の地図を考えねばならないのと同様に、メンタルマップや認知地図が存在することやその形成過程を考慮することが重要である。

メンタルマップ

メンタルマップ[注31]は，近隣や都市といった人間がよく熟知しているエリアの認知的なイメージであり，人間とそれを取り巻く環境との相互作用によって形成されるものである。ハチドリなどの動物は空間的な経験を詳細に保持している。これに対して人間は空間的知識を記憶の中で一般化させる。犯罪者が犯行対象を知覚してはじめて犯行対象は被害に遭う。したがって，メンタルマップは犯行地点選択に影響を与えているといえよう。

● 注31：人間は多くの異なる場所と相互作用しているため，多くの地図を必要としている。このため，メンタルアトラスが形成される[*359]。

> メンタルマップは，人間が各個人の心の中にもつ知覚された環境の空間的表象である。その表象はふつうの地図ではなく，人間の主観的な場所のイメージである。その表象は場所の特徴や空間的な関係の知識を含むだけではなく，場所に対する個人的な態度や選好を含んでいる。……人間が新奇の場所を経験していくどの時点でも，メンタルマップあるいは認知地図は形成されており，知覚された地表面として地図のように表現することができる。[*351] (p.299)

これらのイメージは情報の受容，符号化，貯蔵，再生，解読，解釈の結果である。同様にして，認知地図に関しても色，音，感情，意味，象徴化といった非空間的な次元が関与している。[*78, 361]

地理的な情報は，移動における重要な決定要因であり，それによって個人の社会的，職業的，教育的，経済的地位をも決定しうる。[*362] しかし，この情報は必ずしも完結的ではなく，言語的，政治的，自然的，宗教的，文化的な相違がもとでその場所を知ることができないという障壁が形成されうる。[*78, 363] したがって，空間的相互作用は，個人の地理的な居場所，社会的地位，選択しうる移動手段に関する知識や知覚の影響を受ける[注32]。

● 注32：侵入盗犯の犯行対象の選択における地理情報の影響についてはレンガートとワジルチック[*364]を参照。

認知的なイメージは個人の生育歴や，社会階層，住所，環境によって様々に変化しうるが，メンタルマップは個人間で共通点が多くなる。これは流行のように，人々が物事を同じように知覚した結果である。リンチは，この空間的イメージは5つの構成要素からなると述べている。[*365]

1. **パス**（Paths）：多くの人々の都市のイメージに共通して現れる移動ルート（たとえば，高速道路，鉄道）

2. **エッジ**（Edges）：認知地図の組織化を手助けする境界線（たとえば，川，鉄道）
3. **ディストリクト**（Districts）：ある特徴で区別でき，はっきりした中心部をもっているが境界は曖昧な地域（たとえば，金融街，盛り場）
4. **ノード**（Nodes）：その一点に活動が集中する場所（たとえば，主要な交差点，鉄道駅，街角の商店）
5. **ランドマーク**（Landmarks）：方向づけに用いられるシンボル。多くの場合その中に物理的に入ることはできない（たとえば，標識，高い建物，木）

意識空間と活動空間

メンタルマップは，各個人の意識空間の中での経験から作り出されていく。意識空間とは次のように定義される。

> ある人間が，最低限の知識をもっている領域すべて。一度も訪れていない場所も含む。……意識空間は，活動空間（その人のほとんどの活動が行なわれ，他者や環境の地物と接触する領域）を含んでいる。意識空間は，新しい場所を発見したり，場所の情報を得るたびに拡大する。[*361]（pp.24〜25）

活動空間（activity space）[注33]は，ある人間が日常的（毎日，毎週）に訪れる場所と，その場所を結ぶルートから構成される。[*366]活動空間は，犯行地選択に関するブランティンガム夫妻のモデルで最も重要な役割を果たしており，地理的プロファイリングの理論的な背景となっている。「人間がどこに行くかはその人間の知識に依存する……人間が何を知るかはその人間がどこに行くかに依存する」[*367]（p.111）。

●―― 注33：研究者によっては，活動空間（activity space）と意識空間（awareness space）の両方に，行動空間（action space）という語を用いている。

メンタルマップにより，活動空間の限界を知ることができる。その限界とは，個人の立ち回り先の大半を含む領域とも定義することができよう。活動空間はメンタルマップの一部分であり，その人間が好んで訪れる既知の領域が，好まない未知の領域の中に飛び飛びに存在するという構造である。活動空間の形は特に自動車志向の社会では線状になる。さらに，活動空間を定義する行動パターンは，個人の本拠地から方向的な歪みをもっていると考えてよい。すなわち，ある方向へは伸びているが，他の方向へはさほど伸びていないということがあ

りうる。[*359](p.139)

アンカーポイント

　活動空間の内部には，アンカーポイント（anchor points），またはアンカーベースと呼ばれる人間の空間生活における最重要の場所が存在する。おおかたの人にとって主たるアンカーポイントとは住居である。しかし，住居以外にも職場や親しい友人宅といったポイントは存在すると思われる。一部の路上犯罪者は住所不定であり酒場や賭博場などを根城としている。彼らは決まった住所をもたず，路上を勝手気ままに移り住むため，アンカーポイントはしばしば移動する。犯罪者のアンカーポイントは犯罪パターンを理解するうえで重要である。[*368]

> 都市環境においては，犯罪者の日常行動が集中する「アンカーポイント」が特に顕著に見られる。……犯罪者が同じ場所を毎日のように訪れる場合，その場所は，その犯罪者の行動が集中する「アンカーポイント」としての役割を果たす。多くの犯罪は犯罪者の居住地近くで発生するということを考えれば，この定理は首肯できる。住居は，おおかたの人間にとって最有力のアンカーポイントである。その一方で，他のアンカーポイントも同様に犯罪者の空間行動に重要な影響を与える。[*78](pp.4～5)[*369]

　犯罪者は，日常生活を営む社会の中で生きようとする限り，仕事，家族，睡眠，食事，資金，交通手段といった，日常生活の中で当たり前に受ける条件に拘束される。カンターは，環境心理学と犯罪者のメンタルマップ（「犯罪者地図」）を利用することで，凶悪犯罪の捜査を支援できると述べている。犯罪者は，自らの経験，習癖，意識や知識の範囲内でのみ活動する。「買い物に出かける人のように，犯罪者も同じく都合がよい場所に行くであろう」(p.187)。[*367]

　凶悪犯罪者はおそらく定住タイプと放浪タイプのいずれかであろう。定住タイプには，その犯行の中で固定したアンカーポイントが存在する。放浪タイプは，住所不定であり固定したアンカーポイントはもたない。たとえば，アルバート・デサルボは，彼が殺人を行なった期間中ずっと同じ家に住んでいた。一方，オーティス・ツールは，犯行期間中は路上で生活しており，市から市へ，州から州へ移動していた。犯罪者はこの両極の間のどこかにあてはめることができる。デイビッド・バーコウィッツは犯行期間中，ニューヨーク市の2つの異なった場所に住んでいた。一方，テッド・バンディーは，放浪こそしていなかったが，殺人にふけっていた期間に数回転居した。[*114, 370]

セントログラフィー

　犯行地点パターン分析で利用されている空間平均（spatial mean）とは，点パターンの中心傾向性の測度である。空間平均は，セントロイド，平均中心ともいわれる。この地理的な「重心」とは，パターンの各点との距離の二乗和が最小になるような点である。重心は，セントログラフィーと総称される空間統計学の利用の1つであり，点パターンを1点で縮約して表現することができる。

　空間平均は下記の式で求めることができる。

$$(SM_x, SM_y) \tag{式6.1}$$

$$SM_x = \left(\sum_{n=1}^{C} x_n\right) \Big/ C \tag{式6.2}$$

$$SM_y = \left(\sum_{n=1}^{C} y_n\right) \Big/ C \tag{式6.3}$$

ここで，
SM_x, SM_y：重心のx座標，y座標
C：犯行地点数
x_n, y_n：n番目の犯行地点のx, y座標

　点パターンの中心傾向の分析で，ある点が他の点よりも重要な場合には，重みづけした中心を求めることができる。点パターンの中心傾向を示すもう1つの測度である中央点，すなわち最小移動点は，パターンを構成する点の中で，その点とそれ以外のすべての点との距離の和が最小になる点である。点パターンから中央点を選択する一般的な方法はなく，各点から反復計算で求める以外ない。

　空間平均の変化を継時的に観測することにより，速度（空間的な変化の度合い），加速度（速度の変化の度合い），モーメント（ポイントの数と速度の積）の概念に対応する地理的な指標を計算できる。空間平均は，点パターンのばらつきを示す標準距離の計算に用いられる。標準距離は非空間データにおける標準偏差と同じように考えることができる。点の2次元的な分布は空間平均により記述することができ，2つ以上の点パターンの散らばり具合は，各パターンの標準距離の比によって比較することが可能である。また，メディアン距離は，点パターンを形成する点の半数が，その半径の円内にカバーされる距離である。

　標準距離は次のように定義される。

$$Sd = \sqrt{(\sum r_{ns}^2)/C} \qquad (式6.4)$$

ここで，
Sd：標準距離
C：犯行地点数
r^2_{ns}：空間平均とn番目の犯行地点間の距離

　セントログラフィーは様々な犯罪学研究や捜査の中で用いられている。サンディエゴの強姦事件の捜査では，犯行地点の空間平均とその移動が計算された[*174]。ヨークシャーの切り裂き魔事件の再検討チームは，殺人事件発生地点の重心から犯人の居住地を推定した[*371]。ロンドン東部での恐喝事件でも同様のアプローチにより預金が引き出された現金自動預払機（ATM）の場所から犯人の居住地が推定された[*372]。同様の分析法は，ヒルサイドの絞殺魔の回顧的な分析でも使用された[*373]。FBIとATFは，連続放火の発生地点の空間平均を計算した[*176]。このように，セントログラフィーは犯罪捜査を支援する伝統的な手法となっている。しかし，事件によってはセントログラフィーの分析がうまくいかない例もある。その原因として以下の3点があげられる。①空間平均ではただ1つの点の情報しか得ることができない。②空間平均は空間的な外れ値により歪められる。③犯罪発生に関する理論では，犯罪者の活動空間と，犯行対象の構造的背景（犯行の対象となりうる事物の分布）とが重なりあった場所で犯罪が発生するとしているが，この重なりあった場所は必ずしも空間平均とは一致しない。仮に，犯罪者の活動空間が犯人居住地の近辺でなかったり，犯行対象が分散していたなら，犯行地点の空間平均と犯人の居住地は一致しなくなってしまう。

　イギリスでの連続強姦犯の空間的パターンを分析した研究では，セントログラフィックな分析の限界が明らかになった[*172]。この研究では各事件について，犯人の居住地と居住地から最も遠い犯行地点との距離と，犯行地点間の距離の最大値との散布図を示し，下記の回帰式をあてはめた。

$$y = 0.84x + 0.61 \qquad (式6.5)$$

ここで，
x：居住地と最も遠い犯行地点との距離
y：犯行地点相互間の距離の最大値

　式6.5におけるxの係数0.84は，住居の位置が犯行地点群の中でかたよって

いることを示している（もし，犯行地点群の中の中心にあるなら係数は0.5になるであろう）。アメリカとイギリスでの連続殺人事件のデータではこの係数は0.81と0.79となっていた。オーストラリアのデータによると，強姦では0.77，放火では0.60，侵入窃盗では0.65であったという。このかたよりは，空間平均により犯人の居住地を予測するには限界があることを示している。

加えていうと，空間平均には実世界での有効性が欠けている。すなわち，カナダの地理的な中心は北西州にあるが，その重心は人口的にも経済的にも政治的にもまったく中心ではない。ルボーは，「空間平均とは，現象が起きている場所の平均を示すために合成的に作られた点であり，現象の特徴を平均的に示すわけではない」（pp.126～127）と指摘している（テイラーも参照）。

犯行移動の研究，中でもとりわけ特定の罪種に関する研究により，犯罪者が犯行対象を探す際の半径を特定することが可能になっている。たとえば，ほとんどの犯行対象は，犯罪者の住居から1，2マイルの範囲内に位置していたという（マックイヴァーを参照）。この種の情報が空間平均とともに利用されると，犯罪捜査にとっては有用であると思われる。

最近隣分析

空間平均が点パターンの中心傾向の測度であるのに対し，植物生態学で最初に開発された手法である最近隣分析（nearest neighbour analysis）は，点相互間の間隔を定量的に扱う手法である（ブーツとゲティス，ガーソンとビッグスを参照）。ある点と，その点から最も近い点との距離から，植生パターンのランダム性や植生の発展過程に関する重要な情報を得ることができる。また，この分析により，セントロイド，k度最近隣，中点，最遠隣距離といった点パターンの近接性の測度を計算することができる。

地図上へのランダムな点の発生は，ポアソン過程により記述することができる。ポアソン確率関数は以下のように定義される。

$$p(x) = e^{-\lambda} \lambda^x / x! \qquad (式6.6)$$

ここで，
$p(x)$：所与の小領域に点xが含まれる確率
λ：その領域にxが含まれる確率の期待値

最近隣分析とポアソン確率関数を結合することで，所与の独立した点パターンのクラスタリング，散らばり，ランダム性の程度を計算することができる。R

（点がランダムに分布すると仮定した場合の平均最近隣距離の期待値と実現値の比率）は，散らばりの程度を測る単純な指標である。これは以下の式により求めることができる。

$$R = r_a / r_e \tag{式6.7}$$

$$r_e = 1/2 \sqrt{(n/A)} \tag{式6.8}$$

ここで，
r_a：平均最近隣距離の実現値
r_e：平均最近隣距離の期待値
n：ポイントの数
A：面積

点パターンをランダムに生成したとしても，たまたまクラスターが形成されたり散らばったりすることが起こりうる。そこで，R値の有意性の検討が必要となる[178]。平均最近隣距離の期待値の標準誤差からZ値を計算し，正規確率表からそのZ値の両側検定の出現確率値を求めることで有意性を判断できる（たとえば，ブラロック）[379]。標準誤差（SE）は次の式で推定される。

$$SEr_e = 0.26136 / \sqrt{(n^2/A)} \tag{式6.9}$$

ここで，
SEr_e：平均最近隣距離の期待値の標準誤差
n：ポイントの数
A：面積

Rは理論的には0と2.149の間の値を取る。しかし，実世界での空間パターンではRは0.33と1.67の間にとどまった[178]。R = 1（r_aとr_bが等しい）場合，パターンはランダムである。Rが1より小さい場合，パターンはクラスターをなしており，1より大きい場合，パターンは散らばっている。なお，パターンの境界が歪んでいる場合にはRの解釈に問題が生じることがある[378]。

Rは空間的なランダム性の測度であるが，点パターンが実際どのように生成されているかについての情報はもたらさない。複数の異なるプロセスが同時に働いた結果，カオス的な二進点が生成されることがありうる[377]。統計的検定は推測統計学上のことにすぎず，継時的に分析を続けるか，高次近隣距離またはk次近隣距離（たとえば二次近隣距離）の分析を行なう必要があると思われる。

7章 犯罪地理学

「人殺し路地」というのは、ウィスコンシン州ケノーシャの中心街近くにある舗装されていない狭い道につけられた名前である。ここでは、1967年から1981年にかけて、7件の猟奇的な殺人事件が発生した[*73]。その頻度と犯行の異常性―死体が霊柩車内で発見されたり、バラ園に埋められていたり、三重殺人を含む―から捜査員は公然と、この「殺人のバミューダ三角地帯」では何か異常なことが起きていると語った。

ロサンゼルスは、発足初期には、荒々しい辺境の街だった。カリフォルニアが合衆国に加盟した1850年に、天使という意味のロサンゼルスは、「ロス・ディアブロス（悪魔）」とも言える状態で、人口4,000人の町で毎日殺人事件が1件発生していた。これを殺人発生率に換算すると、住民11人に1人が殺されたことになる[*380]。殺人事件のほとんどは、中心街の広場に近い「カリエ・デ・ロス・ネグロス（黒人街）」と呼ばれた、荒れ果てた建物、酒場、売春宿、賭博場といったものが集まっていた狭いスラム街で発生した。そこでは銃撃、暴動、略奪、リンチが日常茶飯事であった。

「ひどい場所で見えるのは……人々と場所の共鳴とも言える状態で、生存戦略と役割演技の区別がつかなくなっている」（p.233）[*381]。ルーチン・アクティビティ理論と場所の生態学理論によって、危険な場所や「恐怖の囲い地」の現象が説明される。連続殺人犯や強姦犯が被害者を探し求める場所を指す「釣り穴」「罠の列」といった関連する概念もまた、襲撃型の殺人や強姦が集中発生することの説明の一助となる。犯罪地理学は、犯罪の空間的・時間的な分布に関する研究を含むものである。

様々な学問分野で発展してきた方法論や理論的アプローチが、犯罪や犯罪者の研究に適用されることが多く、地理学や都市分析の分野が、犯罪学者にいくつかの分析手法を提供している。犯罪の社会生態学、環境犯罪学、犯罪地理学、ルーチン・アクティビティ理論、状況的犯罪予防、課題指向型警察活動（problem-oriented policing：POP）といった分野において、それぞれ特有の方法で地理学的手法が使われている[*382, 383, 384, 385, 386, 387, 388, 389]。そしてこうした分野での研究が地理的プロファイリ

ングの概念的な基盤となっている。

地理学と犯罪研究

　犯罪の地理的分布は，19世紀の半ばから注目されてきており，アンドレ＝ミシェル・ゲリーとランバート＝アンドレフ・ケトレーの先駆的な研究では，国家レベルで粗暴犯や財産犯の分布地図を作成し，それらと貧困との空間的関係を検討した。[91,390] そして最も有名な犯罪の空間的研究が行なわれたのは20世紀初頭であり，シカゴの街がシカゴ大学の社会学者たちにとって発想の源泉であり，実験場となっていた。[391,392] 犯罪学の地理的な面での主要な関心は，地域（regional area）という比較的広い単位から近隣地区（city neighbourhood）という小さな単位に移っていった。

　ロバート・パークとアーネスト・バージェスによって展開された，シカゴ学派の人間生態学と都市発展の理論は，元保護観察官であったクリフォード・R・ショウと同僚のヘンリー・D・マッケイにとって研究の指針となった。[78,91] イリノイ青少年調査研究所に勤務している間，ショウとマッケイは政治的に重要な問題であった犯罪を含む，数多くの都市の社会病理を研究した。[79,392] 研究の多くは，社会の周縁部で行なわれ，犯罪者，ギャングのメンバー，ホボ（ホームレス），移民，スラム居住者といった人々を観察したり，インタビューしたり，調査した。最も重要なのは，こうした研究が研究対象となった人々と一体となった，「ありのままの」都市の状況の中で行なわれている点であり，主観的な人間の見方と，より客観的な人口統計とを結びつけようとする試みは，シカゴ学派の研究の典型を示している。[389]

　空間的な犯罪分析には長い伝統があるが，最終的な分析単位は個々人，また人間の日々の社会的相互作用であって，国勢調査の統計あるいは人口統計学的データではない。1960年代の不毛な実証主義的地理研究では，この点が忘れ去られており，手法としては複雑であっても理論的には不十分な因子分析的手法が，空間的に分布している変数の相関を見るために用いられた。[389]

　昨今の犯罪の空間分析に関する発展は，こうしたものよりも有望である。地理学の観点，都市計画の手法，環境犯罪学，計量経済学研究に基づく生態学的アプローチといったものの統合が，一連の興味深い研究を導いている。[388,389,393] この分野はもともと，本質的に道具主義的であったが，ローマンやスミスといった研究者は，批判的犯罪地理学を展開し始めた。他の実証主義者も現在，犯罪の状況的，空間的特性に関心をもつようになってきた。[54,394]

　犯罪者の犯行対象パターンを理解したり，犯行現場の選択モデルを構築したり

するためには，地理学の概念や用語が重要である。そうした概念や用語は，犯人の居住地推定法の開発のためにも必要な要素であり，それらの考え方のいくつかについては以下で述べられる。

犯行行程（journey-to-crime）の研究

犯行行程については，北アメリカやヨーロッパの都市における様々な罪種の犯行移動に関する数多くの研究がある。こうした研究では，性別，人種，年齢，犯罪経験，居住地域の土地柄，罪種，犯行地の属性，犯人が想定した成果，といった犯人や犯罪の特徴の影響が調査されている。[173, 357, 395, 396, 397, 398]

これらの研究では，以下の所見を含むいくつかの共通の結果が得られている。

- 犯罪は，犯人の居住地に比較的近いところで多く発生している。「犯人には移動性があるが，犯行のためにそれほど遠くへ行くようには思われない。大多数の犯罪は，犯人の住居から1マイル以内で発生しているようである」[376] (p.22)。時間は有用なものであり，ほとんどの人はむだにしないようにしている。このパターンは近接と最小努力の法則と矛盾しない。表7-1は，犯行行程研究の結果をまとめたものである。[78, 175, 261, 357, 364]
- 犯行移動は距離減衰関数に従い，犯人の住居から遠ざかると，発生する犯罪の数が減少する。このパターンは，他の人間行動に現れるものと似通っている。[78, 357, 396] [366]
- 非行少年は自宅近辺で犯行に及ぶ傾向があり，成人の犯罪者に比較して移動性は小さい。[171, 395, 399]
- 罪種による犯行移動距離の違いが常に指摘されており，たとえば，一般に凶悪犯罪は財産犯罪よりも犯人の住居の近くで発生している。[173, 357, 395, 399]
- 犯罪率の高い地区があるたいていの都市では，その位置や配置が犯行移動のパターン形成に影響を与えている。[357, 399]

犯行移動や犯行行程は通常，犯人の居住地と犯行地点間の距離の，何らかの直接的または代用的な測度によって定義される。この距離は実際に犯人が移動した距離かもしれないし，そうではないかもしれない。犯人は，職場，友人の家，近所のバーから出かけて犯罪を行なっているかもしれない。たとえば，ペティウェイ[400]によるフィラデルフィアでのクラック（精製結晶コカイン）使用者の研究では，25.7％は自宅から購入しに出かけているが，その他の移動の起点は，街角や溜まり場（22.9％），友人や親類の家（10.7％），買い物先や職場（10.8％），レクリエーション先（7.4％），その他の場所（22.4％）となっている。しかし重要なのは，

どこから出かけたかにかかわらず，ほとんどの行き先は犯人住居の近隣地区であった（61％）ということである。ほとんどすべての移動（93％）は，フィラデルフィア市内から始まるとともに終わっている。こうした結果は「薬物使用者が自宅から遠く離れて出かけることがあっても，自宅近くに戻ってきて薬物を入手していることを示唆している」(p.515)。

北カリフォルニアにおける強盗の研究で，フィーニィは70％の犯人が自分の居住する町で，3分の1以上が居住している近隣地区で強盗をはたらいていることを見いだした。30％は居住している町とは別の場所で犯行に及んでいるが，強盗を行なうためにそこへ行ったのはその半数のみであり，それ以外は別の理由で犯行地に行っていた。強盗を行なうために別の町に出かけて行く者は，ほとんどが隣接する町を犯行地としていた。強盗はごく簡単に計画された犯罪で，犯行地に見込んでいる場所の下見をしたり，万一の際の，あるいは所定の逃走経路を考えておくというように，綿密な計画を立てているのは5％未満の犯人だけであったと指摘している。被害者は，犯人にとって好都合で，金があるように見え，リスクが少なく，すばやく逃走できそうであるという理由で選ばれる。あるいは，ある強盗犯によれば，「ただ，たまたまそこにいたからやったんだと思う」ということである (p.92)。

カンターとグレゴリーは，大ロンドンと南東イングランドで1980年代に発生した45人の連続強姦犯による251事件から得られた犯行移動パターンを分析した。犯人の平均犯行件数は5.6件（標準偏差は3.6）で，最小2件から最大14件であった。様々な資源を利用できる犯人ほど，犯行行程がより長くなるであろうということが想定された。すなわち，地理的な情報に精通し，金と暇のある強姦犯が，より遠くまで出かけて犯罪を行なう可能性があるということである。カンターとグレゴリーは，より多くの資源（地理的情報，金銭的余裕，時間）がある犯罪者は，自宅からより遠くまで行って犯罪を行なうと提言している。彼らは，犯人の人種，年齢，犯行場所，曜日のそれぞれについて二分法的な変数を用いて，連続強姦犯のサンプルについての犯行移動距離を分析した。このアプローチに基づいて，犯人の居住区域を決定するエキスパートシステムが提案されている。しかし，この研究では学習と検証の両方に同じデータを使っていることから，その結果は無効であり，そのためこのシステムの基本的な実用性については，不明のままである。

白人の強姦犯は黒人の強姦犯に比べてより遠くに行って犯行に及ぶことが明らかになっており，黒人の場合は犯行現場から0.5マイル以内に居住している可能性が80％である。屋内強姦犯あるいは屋内・屋外両方で強姦する者に比較して，屋外強姦犯は2.7倍遠くまで移動する。週末に強姦する者は，平日に強姦する者

に比較して統計的に有意差はないものの，最小犯行移動距離の平均が2.5倍長い。年長の強姦犯（25歳以上）は，若い強姦犯よりも移動距離が長いが，この結果も有意差はなかった。最初に認知された犯行で，自宅からの移動距離が0.5マイル以下であった者の割合は，黒人の場合74％，白人の場合18％，屋内または屋内・屋外の混合の場合70％，屋外の場合28％，平日の場合41％，週末の場合50％，平日・休日混合の場合60％，25歳未満の場合54％，25歳以上の場合38％，全体では47％であった。

犯行行程研究の結果は，以下の4つの方法のうち，どれかで述べられることが多い。①平均犯行移動距離，②中心円，③「移動性の三角形」，④距離減衰関数。平均犯行移動距離を用いる研究では，犯人が住居から犯行地点まで移動した距離の算術平均を算出する。また外れ値による歪みを避けるために，幾何平均を用いる研究者や[173]，最頻値[357]，最大犯行移動距離[172]，最小犯行移動距離[171]，レンジ[404]，方角[364]など，その他の記述統計を用いる研究者もいる。

平均や最頻値を用いることの主な問題は，一変量の統計量が提供するのは限定された情報だからである。また，平均は外れ値の影響を受けやすく，典型的な犯行行程についてあまりいえることがないかもしれない。さらに，平均距離が複数の犯罪者による移動量の集約から算出されることから，どのタイプの犯罪者をも適切に記述していないかもしれない。

中心円を用いる研究は，何パーセントかの事件を含む半径を定義する[注34]。ボストン市内での強盗の研究で，レペット[251]は90％の事件が犯人の自宅から1.5マイル以内で発生していることを発見した。平均犯行移動距離と同様に，中心円は犯行行程の1つの測度しか与えておらず，典型的な犯行移動についてほとんどいえることがなく，設定した半径に入る範囲の外側にある事件については，ほとんど何も表すことができない。

●——注34：もし，円が半数の事件を含むとすれば，その半径は犯行移動距離の中央値に等しい。

「移動性の三角形」は，犯行現場と犯人の居住地が異なる地区にある状況を記述するのに，バージェス[405]が最初に用いたもので，犯人の自宅のある地域で犯罪が起こるという「近隣の三角形」とは対照的である。その後の「移動性の三角形」の概念の発展は，犯行現場，犯人の住居，被害者の住居の空間的結合の様々な組み合わせを取り入れた[406,407]。犯行行程研究の知見は，「近隣の三角形」に適合した事件の割合として示されることが多い[408,409]。

近隣地区や「移動性の三角形」を用いる研究では，「近隣地区（neighbourhood）」という概念をどう定義するかという点が問題となる。国勢調査単位区がしばしば用いられるが，これは問題のある仮定である。国勢調査単位区は，単なる近隣地

区の大ざっぱな基準でしかなく，移動性，日常行動，対象選択といったより洗練された概念が有用である。[386,410] 他の研究では，近隣地区の概念を定義しておらず，むしろ回答者の主観的な解釈が使われている（たとえば，デフランシスとスミスを参照）。[411]

最も有用な犯罪移動データの提示法は，距離減衰アプローチであり，犯人の自宅からのいくつかの異なる半径に入る（たとえば0.5マイル刻み）移動の回数を示す曲線である（たとえば，カポネとニコルズ[412]，ローズとコンリィ[357]，ボールドウィンとボトムズ[395]を参照）。こうした形式のデータが，距離減衰関数の精査を可能にするとともに，犯行行程の本質に関するさらに詳細な分析とより完全な理解のために，多くの情報を提供する。

ヴァン・コッペンとデ・ケイジャーは，犯行行程に関する論文において距離減衰の知見の的確さに疑問を投げかけた。[413] 彼らは，ランダムに生成させた距離減衰のないデータを用いて，個々の犯罪移動の距離を集約することによって，距離減衰の結果が得られることを示したのである。彼らの要点は正しい。個人の行動を集約されたデータから問題なく推論するのは難しく，いわゆる生態学的誤謬といわれる誤りが起こりうる。

ある空間レベルの分析についての研究は，そのスケールで妥当であっても，別のレベルでは説得力がないこともある。[351] ある地理的なレベルで導かれた結果を，他のレベルと関連づけて議論をしたときに，生態学的誤謬が起こる。よくあるのは，地域データから得られた相関関係を個人にあてはめた場合であるが，空間的な分析の枠組みにおいては，個人データの結果を地域レベルにあてはめた場合と，地域データの結果を個人レベルにあてはめた場合の双方で，生態学的誤謬は起こりうる。[78] 地理学者たちのいう縮尺問題は，分析の焦点のレベルが変わること（個人，近隣，市町村……）によって，関係の本質が覆い隠されてしまうことがあるために，地理学の地域研究の知見を一般化しようとする際に重大な障害となることである。[178,414]

たとえば，個々の犯行移動距離を標準化しないで統合した場合，バッファ・ゾーンの存在が不明瞭になることがよくある注35。しかし，ヴァン・コッペンとデ・ケイジャーの方法は，実際は犯行移動が短くなるようにバイアスのかかったランダムでない距離を作成したため，距離減衰がみられたという指摘がある。[415] 本当にランダムなデータであれば，一様な分布を示したであろう。また彼らは，移動の目的地の研究と，距離減衰の始点の研究とを区別しなかった。しかも連続犯罪者についての，適切な形で確証された距離減衰の研究を無視している。[1,177,240,416]

● —— 注35：標準化の1つの方法は，個々の犯罪ごとに犯行移動距離を犯人の平均移動距離で割ることである。

犯罪者の犯罪経験が増すことで，犯行行程距離が長くなり，犯行対象を探す領域が増大することが指摘されている。デイビッド・バーコウィッツの逮捕後に，警察がアパートを捜索したところ，「コネチカット，ニューヨーク，ニュージャージーの地図が発見され，印や書き込みがしてあった。そのため捜査員は，バーコウィッツが殺人を行なう地域を拡大させようと計画していた証拠として，地図を押収した」(p.179)。ハンガリー人のシルベスタ・マツシカは，たくみに細工した列車衝突事故で22人を殺害し，75人以上に傷害を負わせた。1932年に彼が逮捕された際に，当局はフランス，イタリア，オランダの鉄道の時刻表と地図を押収した。それはマツシカが将来にわたって毎月衝突事故を起こそうと計画していたことを示すものであった。

連続殺人の最初の事件が，犯人の家に最も近い可能性があるとFBIでは考えている。バレットとカンターのいずれもが，連続犯罪の最初の事件は偶発的で衝動的なものであり，被害者選択性は犯行を重ねるにつれて減少する傾向がある，と述べている（たとえば，ジェフリー・ダーマーの殺害パターンの変化に関するレスラーとシャットマンの論議を参照）。こうした所見は，犯罪の空間的なパターンの分析における時間軸の重要性を示すものである。

FBIによるアメリカの連続強姦犯108人，565事件の移動距離と犯行パターンの研究で，ワレンらは，犯人の自宅に最も近い場所で強姦が行なわれたのは，全体の18％が最初の事件であったが，24％は5件目であったことを見いだしている。イギリスにおける79人の強姦犯による299件の性犯罪についての研究では，犯行件数の多い（5件以上の強姦）犯罪者について，最初と最後の犯行の移動距離に有意な差はなかった。侵入盗や強盗の常習犯はより長い距離を移動することに注目して，デイビスとデールは，家宅侵入罪の前歴のある強姦犯では，一連の犯罪の最初の強姦は50番目の家宅侵入に相当するかもしれないと示唆している。つまり，犯罪行為に関する様々な熟練が，かなり以前から起こっているようである。この問題は，性犯罪の通報率がきわめて低いという事実と重なり，最初に認知された強姦が，その犯人にとって実際には2番目，3番目であるかもしれない。こうした誤解は「吸血鬼殺人犯」事件の際に起こっており，サクラメント郡警察は2番目の殺人を最初の事件だと考えていた。

犯行行程の概念は，移動が始まる拠点（自宅）を想定しているが，犯罪者の中には，住居のない者もいる。前歴のある犯罪者は，非犯罪者に比較して住居が一定せず，特に精神病質者は放浪者のように住所が一定しない。ロスモは，カナダの逃亡犯の相当数が，収監されまいとして数千マイルを移動するのをいとわないことを発見した。マーベルとムーディーは，少数ではあるが非常に活動的な重大犯罪者のグループが，警察への恐怖，他の犯罪者との摩擦，単なる放浪癖といっ

た理由できわめて移動性が高かったことを述べている。こうした犯罪者は,「遠征」に明け暮れしており,いろいろな地方に一時的に滞在したり,何か月,何年かごとにある州から別の州へと引っ越しをする。そのため,犯行移動の流動性について混乱しないことが重要である。

しかし,移動性の犯罪者は少数であり,カンターの研究では逮捕時に,住所不定だった者は全体の10％未満である。デイビスとデール*240は,流しの強姦犯の22％が移動労働者だったとしている。被害者が事件に巻き込まれたのは,41％が自分の家で,58％が公共の場所(アパートの共用部分を含む)であった注36。「潜在的な被害者に接触しやすい歓楽街のような場所に引きつけられる強姦犯もいる……。犯人が移動する距離は,自宅とこうした場所までの近さと明らかに関連している」*419(p.13)。

- 注36：ハウス*422は,カナダの30人の犯罪者によって行なわれた61件の面識のない性的暴行の発生現場を調査した。40％は連続強姦犯で,平均2.8件の事件を起こしている。61％の犯行は屋外で発生し,39％が屋内であった。屋内強姦のうち,38％は被害者の自宅で発生している。

こうした被害者と接近しやすい場所は,女性が仕事,学校,買い物,娯楽のために出かけるのに通過するノード(たとえば,駅やアパートの建物への入り口)と経路の両方を含んでいる。こうした「被害者の狩り場」の価値は,女性の活動レベルによるため,犯人にとってのそうした場所の魅力は時間帯に影響される。接触場所には種類がいくつかあり,ある場所は被害者との接触可能性と関連し,またある場所は犯人にとって重要な意味のある人物の住宅と関連していた*419。FBIが作成したテッド・バンディの手配ポスターは,彼が好む対象が多い地域——海水浴場,スキー場,ディスコ,大学の構内——の人々に注意を促した*37。こうした知見は,次節で述べられるブランティンガム夫妻のパターン理論や犯行地点選択モデル*410,423と一致するものである。

7章　犯罪地理学

表7-1　犯行行程に関する諸研究 注37

文献	罪種	犯行地	犯行年	犯行距離	備考
エイトケン 1994 *282	性的動機づけによる年少者殺人	イギリス全土	1960から91年	91.6%が5マイル未満	被疑者が旅行中、あるいは誘拐事案の場合は5マイル以上
アルストン 1994 *166	面識のない相手に対する連続性的暴行	ブリティッシュコロンビア州	1977から93年	31.1%が0.5km未満、44.4%が1km未満、55.6%が1.5km未満、60.0%が2km未満、75.6%が3km未満	被疑者の活動ノードまでの最短距離
エミール 1971 *399	強姦	フィラデルフィア	1958から60年	72%が自宅付近で犯行（5ブロック圏内）	「移動性の三角形」
ボールドウィンとボトムズ 1976 *388	財産犯	シェフィールド	1966年	47%が1マイル未満、69%が2マイル未満	
ボールドウィンとボトムズ 1976 *388	不法侵入	シェフィールド	1966年	54.4%が1マイル未満、74.8%が2マイル未満	
ボールドウィンとボトムズ 1976 *388	窃盗	シェフィールド	1966年	51.9%が1マイル未満、74.3%が2マイル未満	
ボールドウィンとボトムズ 1976 *388	自動車盗	シェフィールド	1966年	45%が1マイル未満、63.3%が2マイル未満	
ボックス 1965 *417	殺人と暴行	セントルイス		ほとんどが居住地域で犯行	
ボックス 1965 *417	強姦と強盗	セントルイス		ほとんどが居住地域外で犯行	
ブロック 1955 *418	殺人	ハウストン	1945から49年	40%が1ブロック圏内、57%が0.4マイル未満、74%が2マイル未満	
カンターとホッジ 1997 *367	連続殺人	アメリカ全土		犯行地まで40km、死体遺棄地まで最短9km、最長90km	89%が拠点犯行型、11%が通勤犯行型
カンターとホッジ 1997 *367	連続殺人	イギリス全土		犯行地まで24km、死体遺棄地まで最短6km、最長36km	86%が拠点犯行型、14%が通勤犯行型
カンターとラーキン 1993 *169	連続強姦	ロンドン一帯とイングランド南東部	1980年代	平均最短犯行距離1.53マイル	87%が拠点犯行型、13%が通勤犯行型
かぶとニコルス 1976 *405	強盗	マイアミ	1971年	3分の1が1マイル未満、2分の1が2マイル未満、3分の2が3マイル未満	
かぶとニコルス 1976 *405	武装強盗	マイアミ	1971年	26%が1マイル未満、45%が2マイル未満、59%が3マイル未満	
かぶとニコルス 1976 *405	非武装強盗	マイアミ	1971年	36%が1マイル未満、60%が2マイル未満、75%が3マイル未満	

文献	罪種	犯行地	犯行年	犯行距離	備考
チャペル 1965 *419	侵入盗	イングランド	1965年	21歳未満の50%、14歳未満の85%が1マイル未満	
デイビスとデール 1995b *234	面識のない相手に対する強姦	イングランド	1965から93年	17%が0.5マイル未満、29%が1マイル未満、52%が2マイル未満、60%が3マイル未満、69%が4マイル未満、76%が5マイル未満	接近地については、26歳未満の72%、26歳以上の24%が1.8マイル未満
デブランとスミス 1994 *404	全罪種	アメリカ全土	1991年	43%が自宅近辺で犯行（暴力犯罪の44.7%、殺人の44.5%、強姦の59.6%）	州刑務所で服役している者についてサンプル抽出して調査
アーランソン 1946 *420	強姦	シカゴ	1938から46年	87%が自宅近辺で犯行	自宅近辺とは、自宅のある警管管轄内を指す
ファーリントンとラムバート 1993 *286	侵入盗と凶悪犯罪	ノッティンガムシャー州	1991年	侵入窃盗は69.2%が1マイル未満、80.7%が2マイル未満、暴力犯罪は55.3%が1マイル未満、67.8%が2マイル未満	被疑者が若いほど犯行地の近くに居住
ガボールとゴットセイル 1984 *392	10罪種の合計	オタワ	1981年	1.22マイル (70.5%がオタワ市民)	オタワ市外の住民、不明の被疑者は除外した
ガボールとゴットセイル 1984 *392	殺人	オタワ	1981年	0.54マイル (71%がオタワ市民)	オタワ市外の住民、不明の被疑者は除外した
ガボールとゴットセイル 1984 *392	強姦と強制わいせつ	オタワ	1981年	1.43マイル (90%がオタワ市民)	オタワ市外の住民、不明の被疑者は除外した
ガボールとゴットセイル 1984 *392	武装強盗	オタワ	1981年	1.22マイル (80%がオタワ市民)	オタワ市外の住民、不明の被疑者は除外した
ガボールとゴットセイル 1984 *392	非武装強盗	オタワ	1981年	0.62マイル (55%がオタワ市民)	オタワ市外の住民、不明の被疑者は除外した
ガボールとゴットセイル 1984 *392	暴行	オタワ	1981年	1.33マイル (90%がオタワ市民)	オタワ市外の住民、不明の被疑者は除外した
ガボールとゴットセイル 1984 *392	不法侵入	オタワ	1981年	0.35マイル (65%がオタワ市民)	オタワ市外の住民、不明の被疑者は除外した
ガボールとゴットセイル 1984 *392	自動車盗	オタワ	1981年	1.24マイル (70%がオタワ市民)	オタワ市外の住民、不明の被疑者は除外した
ガボールとゴットセイル 1984 *392	200ドル以上の窃盗	オタワ	1981年	1.74マイル (90%がオタワ市民)	オタワ市外の住民、不明の被疑者は除外した
ガボールとゴットセイル 1984 *392	200ドル未満の窃盗	オタワ	1981年	1.19マイル (60%がオタワ市民)	オタワ市外の住民、不明の被疑者は除外した
ガボールとゴットセイル 1984 *392	小切手詐欺	オタワ	1981年	1.74マイル (35%がオタワ市民)	オタワ市外の住民、不明の被疑者は除外した

7章 犯罪地理学

文献	罪種	犯行地	犯行年	犯行距離	備考
ハンフランド 1982 * 421	公然わいせつ	オレゴン州ユージーン	1978から81年	2.60マイル	年長の被疑者ほど遠くへ移動する
ハンフランド 1982 * 421	侵入窃盗	オレゴン州ユージーン	1978から81年	1.79マイル	年長の被疑者ほど遠くへ移動する
ハンフランド 1982 * 421	強姦あるいはソドミー	オレゴン州ユージーン	1978から81年	2.66マイル	年長の被疑者ほど遠くへ移動する
ハンフランド 1982 * 421	強盗	オレゴン州ユージーン	1978から81年	2.67マイル	年齢との相関はない
ルボウ 1987a * 170	強姦	サンディエゴ	1971から75年	2.5マイル	幾何平均、マンハッタン距離
ルボウ 1987a * 170	連続強姦	サンディエゴ	1971から75年	1.77マイル	幾何平均、マンハッタン距離
ルボウ 1987a * 170	単発の強姦	サンディエゴ	1971から75年	3.5マイル	幾何平均
ルボウ 1992 * 172	連続強姦と関連犯罪	サンディエゴ	1971から75年	25.88km、1.89km、0.52km、3.33km（連続強姦犯4人の犯行時移動距離平均）	未遂、性関連犯罪、侵入窃盗を含む
ノルマンドー 1968 * 400	強盗	フィラデルフィア		1.57マイル、33%が自宅のある国勢調査単位地区の範囲内の犯行	「移動性の三角形」
ペティ・イウェイ 1995 * 393	クラック（コカインの一種）購入	フィラデルフィア		白人の45%、黒人の64%、女性の77%が0.5マイル未満	平均犯行距離は白人1.0マイル、黒人0.73マイル、男性0.9マイル、女性0.46マイル
ポープ 1980 * 422	侵入窃盗	カリフォルニア州の6都市部		52%が1マイル未満	
パイル 1974 * 423	強姦	アクロン	1972年	1.34マイル	
パイル 1976 * 424	対人犯罪	クリーブランド		61%が自宅のある国勢調査単位地区の範囲内で犯行	
パイル 1976 * 424	財産犯	クリーブランド		48%が自宅のある国勢調査単位地区の範囲内で犯行	
ランド 1986 * 402	8罪種の合計	フィラデルフィア	1968から75年	30.77%が自宅のある国勢調査単位地区の範囲内で犯行	少年被疑者、「移動性の三角形」
ランド 1986 * 402	殺人	フィラデルフィア	1968から75年	53.13%が自宅のある国勢調査単位地区の範囲内で犯行	少年被疑者、「移動性の三角形」

文献	罪種	犯行地	犯行年	犯行距離	備考
ランド 1986 *402	強姦	フィラデルフィア	1968年から75年	53.13%が自宅のある国勢調査単位地区の範囲で犯行	少年被疑者、「移動性の三角形」
ランド 1986 *402	強盗	フィラデルフィア	1968年から75年	31.87%が自宅のある国勢調査単位地区の範囲で犯行	少年被疑者、「移動性の三角形」
ランド 1986 *402	加重暴行	フィラデルフィア	1968年から75年	38.60%が自宅のある国勢調査単位地区の範囲で犯行	少年被疑者、「移動性の三角形」
ランド 1986 *402	侵入盗	フィラデルフィア	1968年から75年	42.02%が自宅のある国勢調査単位地区の範囲で犯行	少年被疑者、「移動性の三角形」
ランド 1986 *402	窃盗	フィラデルフィア	1968年から75年	14.77%が自宅のある国勢調査単位地区の範囲で犯行	少年被疑者、「移動性の三角形」
ランド 1986 *402	自動車盗	フィラデルフィア	1968年から75年	23.05%が自宅のある国勢調査単位地区の範囲で犯行	少年被疑者、「移動性の三角形」
ランド 1986 *402	単純暴行	フィラデルフィア	1968年から75年	39.41%が自宅のある国勢調査単位地区の範囲で犯行	少年被疑者、「移動性の三角形」
リース 1967 *425	第一種、第二種犯罪	シアトル	1965年	自宅のある国勢調査単位地区の範囲で犯行しているという傾向は認められなかった	
レンガート とワズリンシック 1985 *357	郊外における侵入盗	コロラド州デラウェア		52%が5マイル未満、無職者の71%、有職者の40%が5マイル未満	勤務先と娯楽場所に方向同性のあるバイアスが認められた
レベット 1976 *245	強盗	ボストン		0.6マイル、90%が1.5マイル未満	
レベット 1976 *245	住宅対象の侵入盗	ボストン		0.5マイル、93%が1.5マイル未満	
ローズとヒコンリー 1981 *349	強姦	ワシントン特別区	1974年	1.15マイル、中央値は0.73マイル、62%が1マイル未満	走行距離
ローズとヒコンリー 1981 *349	強盗	ワシントン特別区	1974年	2.10マイル、中央値は1.62マイル、37%が1マイル未満	走行距離
ローズとヒコンリー 1981 *349	侵入盗	ワシントン特別区	1974年	1.62マイル、中央値は1.20マイル、47%が1マイル未満	走行距離
ロスモとパエサ 1998 *426	連続強姦	ニューヨーク市	1984から92年	自宅から2.5マイル、アンカーポイントから1.0マイル	
サップら 1994 *174	連続放火	アメリカ全土		27.1%が0.5マイル未満、56.8%が1マイル未満、77.1%が2マイル未満、81.2%が5マイル未満、86.6%が10マイル未満	95.1%は犯行に土地鑑あり、60.8%は徒歩で移動
ショウ 1998 *427	性的殺人	イギリス全土		接近地まで2.4マイル、中央値は1.0マイル、死体遺棄地まで2.2マイル、中央値は1.0マイル	25%は被疑者の自宅、85%9.5km未満

7章 犯罪地理学

文献	罪種	犯行地	犯行年	犯行距離	備考
サトルズ 1968 *428		シカゴ	1980年代	65%は自宅所在地域内	少年被疑者
トバリン 1992 *429	連続強姦	ロンドン地域		2.81マイル、20%は自宅内、あるいは近隣で犯行	0から27マイルの範囲、初犯検挙者
ターナー 1969 *397	暴行、器物損壊	フィラデルフィア	1960年	0.4マイル、75%は1マイル未満、87%は2マイル未満	0から23マイルの範囲、少年被疑者
ウォーラーとオキヒロ 1978 *430	侵入盗	トロント		50%が0.5マイル未満	
プレンら 1995 *167	連続強姦	アメリカ全土		3.14マイル、平均最短距離1.66マイル、同最長距離4.93マイル（移動距離が20マイル未満の地元の犯罪者について）	儀式的行為、拘束、侵入窃盗がみられる場合は遠距離である
ホワイト 1932 *431	凶悪犯罪	インディアナポリス	1930年	0.85マイル	
ホワイト 1932 *431	財産犯罪	インディアナポリス	1930年	1.72マイル	
ホワイト 1932 *431	故殺	インディアナポリス	1930年	0.11マイル	
ホワイト 1932 *431	強姦	インディアナポリス	1930年	1.52マイル	
ホワイト 1932 *431	強盗	インディアナポリス	1930年	2.14マイル	
ホワイト 1932 *431	暴行	インディアナポリス	1930年	0.91マイル	
ホワイト 1932 *431	侵入盗	インディアナポリス	1930年	1.76マイル	
ホワイト 1932 *431	横領	インディアナポリス	1930年	2.79マイル	
ホワイト 1932 *431	自動車盗	インディアナポリス	1930年	3.43マイル	
ホワイト 1932 *431	窃盗	インディアナポリス	1930年	重窃盗1.53マイル、軽窃盗1.42マイル 50%以上が被疑者あるいは被害者の居宅で犯行	
ウルフガング 1958 *432	殺人	フィラデルフィア	1930年		

注37：「不定」は住所不定、「不明」は住所不明。特に指摘がない場合、「犯行距離」の欄の数字は犯行時の移動距離の平均値を表している。ロスモ*1より抜粋。

環境犯罪学

　環境犯罪学は，人間と周囲の環境との相互作用に関心を寄せている。犯罪は，潜在的な犯罪者と彼らを取り巻く周辺環境の産物とみなされる。「犯罪事象を記述・理解・統制するために，環境犯罪学者は，社会学的想像力と協調して地理的想像力を使おうとする」(p.21)。環境犯罪学者の研究は，シカゴ学派による初期の生態学的研究とは，環境に対する関心と，犯罪者から犯罪事象への焦点の変化という点により区別される。環境犯罪学は学際領域であり，その起源は，人間生態学，環境心理学，行動地理学，認知科学にある。

　伝統的に，実証主義犯罪学の主要な関心は犯罪者にあり，犯罪者の背景，仲間の影響，犯罪経歴，抑止効果といった研究に多くの努力が割かれてきた。こうした関心の集中が，犯罪を構成する他の要素—被害者，刑法，犯行場面—を無視してきた。犯行場面または場所，すなわち犯罪行為の「いつ，どこで」が，ブランティンガム夫妻の言うところの犯罪の第4次元であるが，これが環境犯罪学における第1の関心事である。

　この分野の研究は，実務的，知覚的，行動的，社会的，心理学的，法的，文化的，地理的状況をその分析に含めることによって，幅広いアプローチをとっている。ミクロ，メソ，マクロレベルそれぞれで研究が行なわれてきており，今後の研究では理論的統合が試みられるであろう。環境犯罪学者の主要な関心の1つである，ミクロ空間レベルでの犯罪の様相に関する研究が，犯罪予防の分野において有効な知見を提供してきた（たとえばクラークを参照）。この他には，犯行移動の分析，犯行の機会からみた犯行対象と被害者選択の理解，犯罪防止の構想，特に環境設計による犯罪予防（CPTED），ショッピングモールにおける犯罪研究，都市交通システムの安全確保に対する提案，逃亡者の転住パターンの分析などがある。

　様々な理論的アプローチが環境犯罪学の分野で確認されており，これらには結果モデル，文脈理論，イベント移動性モデル，人間生態学，パターン理論，合理的選択理論，ルーチン・アクティビティ理論，戦略分析といったものが含まれる。違いはあるにせよ，これらのアプローチは，状況に対する共通の関心を分有している。個人の行動が物理的環境との相互作用による産物であり，この環境は様々なレベルで犯行機会を提供するとフェルソンとクラークは示唆している。ルーチン・アクティビティ理論，合理的選択理論，パターン理論は，それぞれ社会，地域，個人という異なる強調点がある。しかしこれら3つの理論的観点は，場面と機会の連鎖という点に収束する。犯行機会は，日常的な移動や活動に依存する。人づきあいと土地勘は犯行機会を変化させたり形成したりするが，法を犯すかど

うかは個人にかかっている。

　地理的プロファイリングは，環境犯罪学の知識や理論的原理に基づいている。パターン理論，ルーチン・アクティビティ理論，合理的選択理論はすべて関連のある観点を提供しており，犯罪地理学研究がイベント移動性モデルで果たしたような役割がある[注38]。狩猟型犯罪者の犯行対象パターンと犯行行動に関するすべての研究は，ミクロレベルの要素である犯罪者，被害者，犯罪，環境に注意しなければならない。

●────　注38：ジェームズ・ルボーとジョージ・レンガートが提唱したイベント移動性モデルは，犯罪がノード，パス，移動によって影響される空間移動の動的な副産物であるとみなすものである。

ルーチン・アクティビティ理論

　犯人と被害者の直接接触を伴う身体犯罪が発生するためには，加害者と被害者のパスが犯罪に好適な環境で，時間的，空間的に交錯していなければならない。ルーチン・アクティビティ理論の視点は，いかに違法な行動が日常の合法的な活動に依拠しているかを検討することによって，犯罪発生に必要な条件と関連する過程やパターンについて研究する。「ルーチン・アクティビティ・パターンの構造的な変化は，直接接触を伴う身体犯罪の3つの最小限の要素，すなわち①動機づけられた犯罪者，②適当な対象，③違反に対処できる監視者の不在が，時間的，空間的に収れんするのに影響を及ぼすことによって犯罪率に影響しうる」[*447](p.589)。そこで，犯罪の機会構造は次のように要約できる。

　　　　　犯罪＝（犯罪者＋対象－監視者）（場所＋時間）

　潜在的な犯罪者は対象に出くわしたときには動機づけられていなければならない。犯罪者から見て，対象は適切で犯行意欲をかき立てるように見える必要がある。有効な監視者には，警察官，警備員，施設管理者，日常活動中の一般市民が含まれる。ジョン・エックは犯罪者を統制する者（たとえば親や職場の同僚など）と，環境を管理する場の監督者（たとえば店主や建物管理者など）の役割を，被害者や対象の監視者に加えて考慮することによって，ルーチン・アクティビティ理論を拡張した。
[*183]

　フェルソンは，犯罪の「化学」を学習することによって，犯罪の発生にとって誰が，そして何が存在すべきで，誰が，または何が欠けているべきなのかをまず見いだす必要があると述べている。犯罪の発生しそうな（時間的，空間的）場面を決定し，次にその場所への到達，そこからの逃走経路を設定する。VIVAとは，対象の価値（value）または望ましさ，攻撃に対する無力さ（inertia），視認性（visibility），接近（access）と逃走を意味する頭文字であり，犯罪に関連する顕著

なリスクファクターを表している。

環境における人の流れの盛衰を理解する際に，周期的変動は重要である。同じ[*183]場所でも，時間，曜日，月によって混雑したり，閑散としたりするであろう。周期的変動には，仕事，催し物，買い物，酒場，公共交通機関，交通量，駐車状況，気温，天候，照明，警察活動，被害者，監視性，睡眠に関連したものがある。周期的変動があるために，地理を時間と独立に扱うことは難しい。犯罪の合理的な機序を理解するためには，マーカス・フェルソンの言う「地図，時計，カレンダー」を考慮する必要がある[*386] (p.128)。

連続強姦のパターンは，加害者の活動空間と被害者のルーチン・アクティビティの双方によって形成され，有効な捜査の見通しは，加害者と被害者それぞれの空間的，時間的パターン（時間，曜日，季節，天候，日，場所）が，どのように加害者と被害者の接触をもたらしたのかを考慮することによって得られることがある。これまでの犯行の「成功」の影響と同様，強姦犯の過去，現在の日常的なルーチン・アクティビティは重要である。性犯罪者はおそらく，「長い間，毎朝，通勤途中に同じバス停を通過し，同じ人や同じような人を眺め，ファンタジーを大事に育て，最終的に被害者を襲うまでに自信をつける」[*43] (p.160)。ウイメットとブルーは，小児性愛者のルーチン・アクティビティが，子どもがよく行く場所[*448]（たとえば，学校，遊び場，公園，デイケアセンターなど）と接近している場合，再犯の可能性が高くなることを見いだした。

地理的プロファイリングにおいて犯罪の要因の重要性を分析するための枠組みは，ルーチン・アクティビティ理論によって構築されるであろう。ある犯罪は犯罪者，対象，環境という構成要素に分解できる。生産的な研究は，個々の要素とそれぞれの重複部分を考慮することによって進展する。図7-1のベン図がそれぞれの犯罪構成要素間の相互関係を示している。

この分類は，検討すべき7つの異なる領域からなる。それぞれの領域と関連することがらは，以下のようにまとめられる。

1. 犯罪者—類型論
2. 被害者—被害者学
3. 環境—地域特性，景観，立地
4. 犯罪者／対象—被害者の選好と特殊性，襲撃スタイル
5. 犯罪者／環境—交通機関，犯罪者のメンタルマップと活動空間，狩り場
6. 対象／環境—犯行対象の構造的背景，地域の生活リズム，接触場所
7. 犯罪者／被害者／環境—犯罪，犯行現場

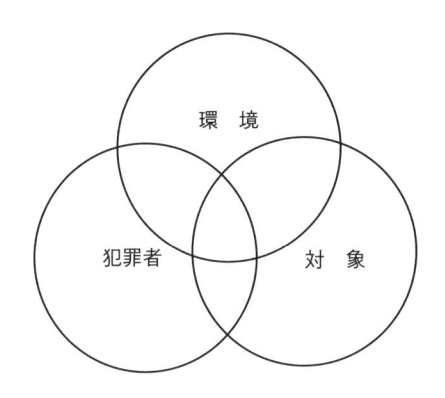

図7-1 犯罪者／対象／環境の関係についてのベン図

この枠組みは，地理的プロファイリングにとって別の重要な問題を示しており，その一部は10章で取り上げられる。

合理的選択理論

合理的選択理論の観点は，犯罪の説明に意思決定アプローチをとるものである。[*354, 449]
これは「主意的で功利的な行為理論で，犯罪と犯罪行動は選択の結果であるとみなされる。言い換えると犯罪と犯罪行動は，努力，利益，コストに関して，選択肢となる行為群の中から1つの行為を選択するという合理的な考慮によって影響を受ける」[*451]（p.362）。

> （合理的選択理論は次のように仮定する）犯罪者は，犯罪行動によって自分自身を利することを求める。これには意思決定と選択が含まれるが，これらのプロセスは場合によっては粗末なものかもしれない。これらのプロセスは，時間と能力の限界および関連情報の入手可能性に縛られるとしても，ある程度の合理性を示している。[*451]（p.1）

この理論的観点は，「合理的人間」の経済モデルと，チェザーレ・ベッカリアとジェレミー・ベンサムの古典学派に，その起源をさかのぼることができる。[*452, 453を参照] もともとの心理的，経済的モデルは，コストと期待される効用を比較する功利主義の哲学であるが，動機や好みへの関心が欠けているために，犯罪行動の理解に適用するには限界があった。

コーニッシュとクラークによって提示された合理的選択理論の観点は，3つの[*451]

基本的考え方からなる。①犯罪者は合理的であり，自分自身を利するような選択と意思決定をする，②犯罪の種類によって固有の視点が必要とされる，③犯罪への関与に関連する選択と，犯罪事象に関連する決定が区別される。この理論的観点からの枠組みにより，場面や被害者の特性といった状況要因や，選択構造の特性がきわめて重要となる。犯罪者の認知もまた，犯罪に関する系統的な分析法の理解にとって有意義である。

経験によって個人の情報処理は変化するため，犯罪者は自分自身の意思決定を時間がたつにつれて改善していくかもしれない。学習は，行動を相互作用的で適応的とみなす合理的選択理論の不可欠な部分である。しかし，合理的というのは理性的であるとか，洗練されているということではない。平均的な犯罪者の利口さというのは，フェルソンが言うところの「巧妙さの誤謬」で誇張されている。多くの犯罪は場当たり的で，安易で，未熟なもので，典型的にはなりゆきで行なわれ，せいぜい大雑把に計画される程度であり，十分考え抜いてから行なわれることは稀である。たとえば，強姦の多くは，侵入盗犯が入り込んだ先で女性と鉢合わせした結果として偶然に発生する。犯人の選択は，時間と努力と情報の制約を受けた，束縛された合理性ともいえる慣習的な決定に基づいていることが多い。これは弱行者行動，あるいは一時的な合理性という概念でとらえるのが最適で，特に短期的視点が直感的あるいは情緒的で，長期的視点が合理的な場合に，誘惑の魔手は長期的視点での意思決定をくつがえしてしまう。

異常犯罪には異常でない行動を含んでおり，一部の人々の思い込みとは逆に，性犯罪者などの凶悪犯は，相当程度の合理性を示す。不可解な動機で犯罪を起こす重篤な精神障害者でさえも，ある意味で犯行には合理的な部分がある。「攻撃的あるいは暴力的な行動が，表出的というより道具的なもの（あるいは病的というよりも正常なもの）と解釈するのは，時に恐怖にかられて問題となったことがら以上のことをしてしまいがちな我々にとって，納得できないことかもしれない」(p.14)。

1973年，2件の殺人と11件の余罪の容疑で有罪判決を受けた，前フロリダ郡副保安官のジェラルド・シェーファー・ジュニアは，犯罪場所選択の合理性を示す，次のような殺人の計画を書き残した。

逮捕されないように，俺が計画した処刑型の殺人犯は，用心しないといけない。うまくやり遂げるために，この種の犯罪についてあらかじめ十分に考え抜いておかなければならない。

隔離された場所が必要だろう。ちょっと歩いていけるような，警察のパトロ

ールやカップルが来ないような。被害者が現場に着いたら，素早く処刑するために，処刑場所は念入りに準備しておかなければならない……墓穴は，事前に処刑場所から離れたところに用意しておかなければならない。[*455] (p.219)

　合理的選択理論と，ルーチン・アクティビティ理論は組み合わさって，狩猟型犯罪者行動を理解するための強力な武器となる。フェルソンの見解では[*451]，「合理的選択理論は主に意思決定の内容に関連し，ルーチン・アクティビティ理論では逆に，選ばれる可能性がある様々な選択肢を生み出す生態学的文脈を主に扱う」(p.10)（クラークとフェルソンやフェルソンも参照[*449, 456][*386]）。これは有益な集約的見解で，さらにパターン理論，状況的犯罪予防，課題指向型警察活動についても，合理的選択理論と，ルーチン・アクティビティ理論の影響を受けている。犯罪者が被害者を探し回る場所は，ルーチン・アクティビティと合理的選択によって決定される[*374]。そして，こうした理論的観点は，地理的プロファイリングの理論的，実践的要素の双方に，提案すべきことがたくさんある。

犯罪パターン理論

　犯罪は無秩序なようにみえるが，多くの場合，犯罪発生の地理的側面に影響を及ぼすような合理性や，犯罪の空間分布には類似した構造がある。ブランティンガム夫妻は[*78, 410]，環境犯罪学的観点を用いて犯罪発生地点分布の基礎をなすプロセスに洞察を与える一連の提案を行なっている。彼らの犯行地点選択モデルは，犯罪パターン理論といわれ，犯罪行動は犯罪者の意識空間が，適当だと知覚された対象（つまり許容できる程度のリスクを伴う魅力的な対象）と交錯する場で，最も起こりやすいということを示唆している。

　こうした見解は，ほとんどの犯罪者が犯行場所を行き当たりばったりで選択しているのではないことを示すものである。どんな被害者も偶然選ばれるのかもしれないが，犯人が気づいているかどうかは別にして，その偶然の選択は，空間的に構造化されている。アトランタの子ども連続殺人事件でFBIが用意した心理学的プロファイルでは，以下のような推定が行なわれた。

犯人は犯行現場付近を熟知しており，現在その地域にいるか，かつて住んでいたことがある。さらに，現在または過去に，仕事で様々な機会にこうした地域を車で通った……殺害現場は行き当たりばったりではなく，「偶然に」見つけた勝手に使える場所でもない。犯行現場が人里離れた所で，人が頻繁に通るところでないことを犯人はわかっている。[*457] (p.70)

ウェイン・ウィリアムズが逮捕されたあと，警察は，彼がかつてフリーの写真家として，何か所かの被害者の埋葬場所の近くで仕事をしていたことを特定することができた。「犯行の機会を探し求めて，熟知していない新奇な領域や状況を開拓しようとする犯罪者はめったにいない」(p.4)。この空間的な選択過程は，犯罪パターンの理解のために規則的で習慣的な被害者の行動との関連性を強調する，ルーチン・アクティビティのアプローチと一致する。「被害者のルーチン・アクティビティと，連続性犯罪者との接触によって予想される行動および被害化リスク」(p.116) について明らかにすることの捜査上の重要性を，フォードは強調している。

犯罪パターン理論は，犯罪の分布を説明するために，合理的選択理論，ルーチン・アクティビティ理論，環境的原理を組み合わせたものである。対象選択は，犯罪者の物理的，社会的環境の相互作用に影響される。潜在的な被害者は周囲の環境から分離されて考慮されるのではなく，「犯行対象の状況」は全体的にみて，犯行前の犯罪者にとって容認できるものとみなされなければならない。

「パターンとは，対象，過程，思考の認識可能な［物理的または概念的な］相互関連を記述するために用いられる術語である」(p.264)。これは学際的なアプローチであり，犯罪，場所，状況，活動空間，犯罪行動のひな型，誘因，潜在的動機に関連するプロセスの分析を通して，犯罪と犯罪者行動のパターンを研究する。

「1つひとつの犯罪事象は，法律，犯罪者の動機づけ，対象の特性が，特定の時間と場所における環境的背景の中で，タイミングよく掛け合わさったものである。犯罪事象におけるそれぞれの要素は，過去の経験と将来の意図，ルーチン・アクティビティと生活リズム，環境の制約によって形づくられる歴史的な道筋がある」(p.259)。この文脈でいう環境は，ミクロ，メソ，マクロレベルでの社会文化的，経済的，制度的，物理的構造を含む。

ブランティンガム夫妻は，機会，動機づけ，移動性，知覚という概念を，犯罪現場の地理学的モデルを発展させるのに用いた。このモデルは，以下のような命題に基づいている。

1. 個人は，特定の犯罪を行なうよう動機づけられて存在する。
   (a) 動機の源泉は多様である。様々な因果モデルや理論が異なる人々や集団の動機づけを説明するのに的確に用いられる。
   (b) 動機づけの強さも様々である。
   (c) 動機づけの性格も，情緒的なものから道具的なものまで様々である。
2. ある個人の犯行への動機づけを仮定すれば，犯罪の実行は，周辺環境全体

から，ある状況（場所，時間）のもとに存在する対象や被害者を探し出し，確定するという多段階の意思決定過程の最終結果である。
   (a) 情緒的な動機づけが非常に強い犯行の場合，意思決定過程は最小限のものになるであろう。
   (b) 道具的な動機づけが非常に強い犯行の場合，対象や被害者を探し出す意思決定過程は多くの段階を含み，より念入りな探索が行なわれるであろう。
3. 環境はその物理的，空間的，文化的，法的，心理的特徴について，多くの前兆や手がかりを発している。
   (a) これらの手がかりは，漠然としたものから詳細なものまで多岐にわたる。
4. 犯罪を行なおうと動機づけられている者は，環境から対象または被害者を探し出し，確定するために，（経験から学んだにせよ，他者から習ったにせよ）手がかりを使う。
5. 経験的知識が増すにつれ，犯罪を行なおうと動機づけられている者は，個々の手がかり，手がかりのまとまり，手がかりの因果的連鎖が「望ましい」被害者または犯行対象と関連していることを学習する。こうした手がかり，手がかり群，手がかり連鎖は，被害者や対象選択に用いられるひな型とみなすことができる。潜在的な被害者や対象はひな型と比較され，一致度によって選択されたり，されなかったりする。
   (a) ひな型の形成過程と対象の探索過程は意識的に行なわれるかもしれないし，人工頭脳のように無意識的に起こるかもしれない。そのため犯人はどのようにその過程を行なったかを，はっきり表現することができない場合がある。
6. 一度ひな型ができると，比較的固定的なものとなり，その後の対象探索行動に影響を与えるようになるため，自らそうした傾向を強めるようになる。
7. 対象や被害者の多様性のため，多くの可能性のある犯罪選択のひな型が作られるだろう。しかし，犯罪者，対象，被害者の空間的，時間的分布が一様ではなく，集中したり，パターンがあることと，人間の環境知覚がある程度普遍性をもつために，様々なひな型の中には，同一とみなすことができる類似したものがある（pp.28～29）。[*410]

犯行対象は犯罪者の意識空間から選択され，適合性（報酬や利益）の観点と，リスク（目撃されたり，逮捕されたりする可能性）の観点から評価される。対象は一定の手がかり（視認性，新奇性，象徴性）について入念に調べられる。手がかりは犯人がもつ犯行のひな型への適合性から評価される。犯人の観点からすれば，合理的選択がそこで行なわれ，特定の対象が犯行対象や被害者として選択さ

れる。こうした選択過程は，犯人の「安全地帯」における犯行という概念と一致するものである。[*140]

人の意識空間はその人のメンタルマップの一部を形成するものであり，（それだけということはないが）主として個人の空間的な経験から構成される。意識空間は様々なものに由来するが，その1つに活動空間がある。活動空間は様々な活動拠点（住居，職場，社会活動の場など）と，それらへの移動や通勤経路のネットワークからなる。よく知られている場所（ランドマーク，観光地，重要施設）も，実際には個人の活動空間になっていなくても意識空間に含まれるであろう。

ブランティンガム夫妻は，犯罪が適当な対象と犯罪者の意識空間が重なり合う場所で起こるという，対象選択に関するダイナミックな過程を提案している（図7-2）。そこで犯罪者は，この重なり合う領域から外へ向かって対象探索を行ない，この探索行動が何らかの距離減衰関数に従う。[*78, 357, 410]探索パターン確率は，パレート関数で表すことができ，探索は活動空間を構成する場所やルートから始まり，その後活動空間からの距離が増加するのに従ってその確率は減少する。イタリアの経済学者にちなんで名づけられたパレート関数は，原点近くで不均衡に多いデータを適合させるのに都合がよく，距離減衰プロセスをモデリングするのに適している[*78]。一般形として，$y = k/x^b$ を取る。

しかしその一方で，通常は犯人の住居を中心とした「バッファ・ゾーン」がある。これはニュートンとスウィープが[*373]「暗黒空間効果（coal-sack effect）」[訳注]と呼

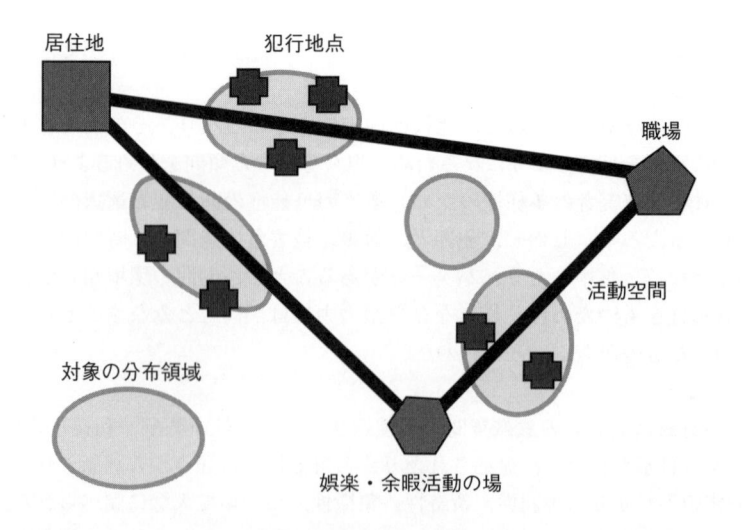

図7-2 犯行地点探索に関する地理

んだものに相当する。バッファ・ゾーンの領域内では，対象はあまり魅力的なものとみなされない。というのも，あまりに犯人の自宅に近いため，犯行に伴う知覚されたリスクのレベルが高いからである。犯人にとって，この領域は機会の最大化と危険性の最小化を最適化したバランスを表している。バッファ・ゾーンは，襲撃型犯罪に最もよくあてはまり，たとえば，家庭内の殺人がほとんどの場合に自宅で発生している事実に見られるように，激情的な犯罪ではそれほど重要ではない。図7-3は，ある連続強姦事件から得られた，代表的なバッファ付き距離減衰関数の一例を示したものである[注39]。バッファ・ゾーンの半径は，犯行移動距離の最頻値と等しい。

- ◆──── 訳注：南十字星に隣接して見える暗黒星雲（石炭袋，コールサックとも呼ばれる）が，周囲の非常に明るい銀河に対してぽっかりと穴をあけたように暗いことを，犯人が自宅直近で犯行を避けることの比喩として用いている。
- ●──── 注39：図7-3は4次多項式で傾向線はバンクーバーの紙袋強姦犯のジョン・ホーレス・オートンによる79件の犯行移動に適合させた（$R^2=0.730$）ものを示した（アルストン[*170]，イーストハム[*459]も参照のこと）。

カンターとラーキン[*172]が，イギリスの連続強姦犯の犯行地点と犯人の住居との最大距離と，犯行地点間の最大距離を回帰させたところ，0.98kmに相当する回帰方程式の定数が得られた（前述の式6.5を参照）。この範囲内は性犯罪者が犯行を

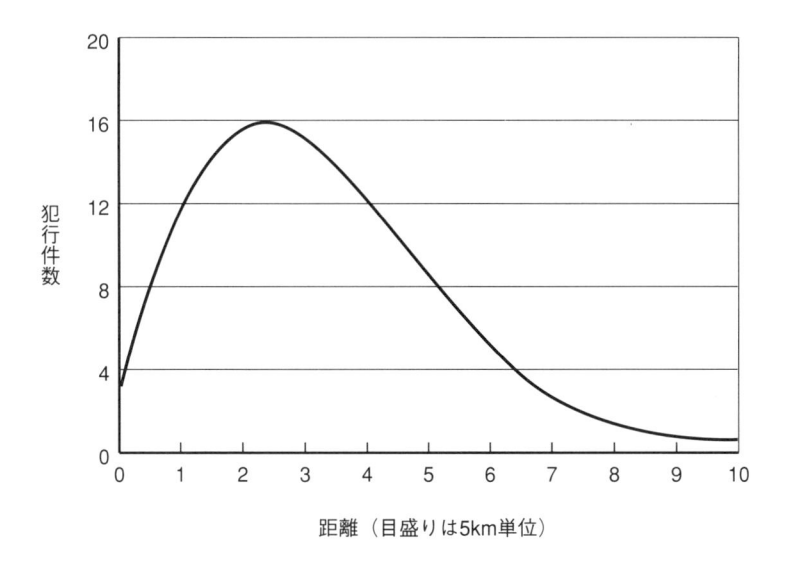

図7-3　距離減衰関数の例

する可能性の低い「安全地帯」である。同様の分析で、カンターとホッジは、そうした領域がアメリカおよびイギリス双方の連続殺人犯にあることを発見した[*374]（それぞれ3.44kmと0.53km）。しかし、「安全」という考え方は誤解を招くものであり、いくつかの研究ではバッファ・ゾーンを犯罪が行なわれない領域を意味していると誤解している。厳密に言えば、確率が減少するということは確率がゼロであることとは違う。確率の減少は、犯罪者が自分自身は犯行後に逃げ切れると考えているかどうかによる部分が大きい。条件さえそろえば、強姦犯は自分が住んでいるのと同じアパートに住んでいる女性を襲うことが知られている。

バッファ・ゾーンの存在については、別の説明もできよう。犯罪者の住居からの距離が増加するにつれて、潜在的な犯行対象の数が増加するというものである。犯行機会の増加は線形である。たとえば、犯行対象の候補は、犯罪者の自宅からの距離が1kmの時よりも2kmの時のほうが2倍になる。より一般的には、2つの犯行距離における対象数の比率は、以下のとおりとなる。

$$t_2/t_1 = d_2/d_1 \qquad (式7.1)$$

ここで、
- t_2：距離 d_2 における潜在的な対象数
- t_1：距離 d_1 における潜在的な対象数
- d_2：第2地点までの距離
- d_1：第1地点までの距離

機会の線形増加と移動性向の指数関数的な減少とが組み合わさって、バッファ・ゾーン付きの距離減衰関数が形成される。この過程はらせん的探索に相当するものであり、実際に犯罪者が行なっていることを説明するのに、より適切な手段かもしれない。探索は物理的に行なわれることもあるし、数多くの犯行対象の候補が頭の中で検討され、評価されることもあるかもしれない。[*460]この過程をモデリングした理論的分布は、経験的に得られるものと近似している。犯行行程距離の平均値と最頻値は、犯行対象の被選択確率を記述するパラメータによって変化することがある。特異で稀な対象、あるいはこだわりの強い（すなわち対象選択可能性が低い）犯罪者の場合は、犯行距離は著しく長くなる。この点は犯行行程距離に関する多くの文献で述べられている実証的な結果から説明できる。

最小努力、らせん状探索、発覚回避からなる犯行行程距離関数は、最小作用の原理として知られているものの結果と考えられる。ベルリンの科学者のピエール＝ルイ・モーペルテュイが1744年に最初に指摘し、後にフランスの有名な数学者のジョセフ＝ルイ・ラグランジュが発展させた最小作用の原理とは、ダイナ

ミック・システム（たとえば，エネルギー，距離，時間，変化，努力，コストなど）の消費を最小にすることを指す。自然界のほとんどの側面は，最小作用の原理に着想を得た経済原理に従うように思われる。この法則は，理論物理学，言語学，財政学，その他多くの分野に出てくる。明らかに，この世の中は不精にできている。反射した光は，屈折して移動時間が最小になる進路を作り出す。単語の頻度に関する研究では，言語はなるべく多くの情報を，最少の記号によって伝達しようとしていることを示している。DNA分子のコーディング部位でも同じことが行なわれていることがわかり，最小作用の原理が人間の動作パターンを決定している。

　たとえば，踏み跡道（踏みならされてできた道）の研究では，人々が単に最短経路を取るわけではないことを示している。それよりも，不快なことを最小化するような，より複雑な過程がある。既存のルートは最短ではないかもしれないが，新しいルート開拓は努力を要するため，歩行者は利便性と距離との折り合いをつける。経路の拡張（人々の歩行による）や衰退（天候や過密による）は，自然界の競争と淘汰の過程に従うことが明らかとなっている。

8章 犯行対象と犯行

犯行対象のパターン

犯行現場の地面に死体の輪郭を描いてみようとすると……徐々に浮かび上がってくるのは殺人者の輪郭である。(p.48)[*423]

　犯罪地理学に関する文献は，連続犯の犯行場所の決定に影響する様々な要因の重要性を指摘している。以下では，犯行対象のパターンに対する主要な影響要因について論じる。

場所と空間

　犯罪イベント理論は，場所に関する研究を包含している[*462]。生態学的心理学は，どのように場所が「機能するのか」について理解しようとする。行動セッティング（場所）は独立のものであり，くり返される行動パターン（慣習的行動パターン）をもつ日常生活環境の自然な単位であり，人間の周囲を取り巻く支持的な物理環境である。こうした単位は，地域社会における生活を構造化する。たとえば，バスの停留所や居酒屋，ビリヤード場，駐車場，公園，運動場，ストリートフェア，雑貨店，社会福祉事務所などがそうである。これは，場所を基盤とした関心の現れである。

　ワイスバードは，より効果的な犯罪の予防と統制のためには，個々の犯罪者から特定の場所へと焦点を移行することが必要であると主張した[*463]。犯罪状況に関する相互補完的な観点が発展したのは，それが規模の小さな問題とはいえ，より扱いやすいためである。その文脈は，マクロからメソへ，そしてミクロへの分析レベルを通して調べることができる。そうした研究は，これまでに，環境デザインによる犯罪予防（CPTED），ディフェンシブ・スペース，領域機能，状況的犯罪予防，犯罪パターン理論などにみることができる。

　犯罪行動に影響を与える空間の階層には，①公共空間（例：街路），②準公共空間（例：囲いのない前庭），③準私的空間（例：フェンスで囲まれた裏庭），④

私的空間（例：家）がある[*464, 465]。犯罪者が街路からアパートの駐車場へ，そしてアパートの建物内へ，さらに個人の部屋の中へと移動するに従い，つまりしだいにより私的な空間へと入って行くに従ってリスクが増大する。犯罪のほとんどは素早く行なわれ，せいぜいのところ数分を超える程度である[*183]。かける時間が短いほど，負うリスクは低くなる。結果的に，犯罪者は，逃走経路に近い場所にとどまろうとし，私的空間の奥に入り込みすぎた対象は避けようとする。たとえば，個人所有のガレージからの自動車盗は，公共の駐車場からの自動車盗に比べればごくわずかなのである。

犯罪者は，「個人的によく知っている地域，あるいは居住する地区と物理的，社会的，経済的特徴が類似する地域で一貫して犯行を行なう」[*466] (p.13)。場所を熟知し，その場所に出入りすることは，犯罪者による犯行対象の選択に影響を与える[*467]。人々は，ノードに集まり，ノードで交流する。人々は，異なる移動手段により，そうした場所と場所の間を移動する。ノードは活動を生み出し，活動はノードに影響を与える。

道路ネットワークの複雑さと交通流量は，犯罪の重要な決定要因であり，アクセスしやすく，利用頻度の高い地域は，より多くの犯罪問題に直面する。ビーボンらは[*467]，「街路ネットワークのデザインは，人々が都市内をどう移動するかに影響を与え，その結果として，特定の領域に対する熟知度に影響を与える」(p.115)ことを見いだした。地区の浸透性は，幹線道路からのアクセスのよさや接続する街路数によって算出することができる。ベータ指標は，地区の浸透性を決定する連結性の測度である。所与のグラフネットワークでは，ベータ指標は次のように定義される。

$$\beta = e/v \qquad (式8.1)$$

ここで，
β：β 指標
e：ネットワークのエッジの数
v：ネットワークの頂点の数

都市での犯罪は，通常，格子状に配列された街路に沿って発生する。そして，多くの侵入盗犯は，交差する道路が2つの逃走経路を確保してくれることから，角の家を好む[*470, 471][注40]。州間高速道路が横切る郡や，高速道路の出口に近い地区で犯罪リスクが高く，レンガートは[*183]，コネチカット州で行なった研究の中で侵入盗事件の21％が高速道路の出口から0.25マイル以内で発生していたことを明らかにした。これらはすべて「浸透性の高い」地域の例である。

● ───── 注40:クロムウェル,オルソン,エイヴァリー*468, 469によると,窃盗被害にあった家の39％は角地に建っていた。犯罪者が角地の家屋を好む理由については,それらが犯行対象の候補として注目されやすいこと,あるいは周囲の監視の目が届きにくいことがあげられてきた*398。

　対照的に犯罪者は,曲がりくねった街路や,三日月形の街路,行き止まりのある構造の街路形態を好まない。侵入口と逃走口が制限されており,犯罪者は逮捕されるリスクをより大きく負わなければならない。ほとんど接近経路をもたない地区,とりわけエッジによって境界が区切られ,エッジに囲まれた場所では,主にその地域内に居住する者による犯罪が起こる。エッジは,物理的にも知覚的にも存在しており,地区の境界や種類の異なる土地利用が並列するところに存在することが多い。土地に不慣れな人はそうした地域によくおり,人々は気づかずにエッジに沿って移動する。高い犯罪率は,そうした移動地域に関連した匿名性に起因している*470, 472。一般に,交通量の多いルートに近い場所における犯罪よりも,遠隔地や「片田舎」の場所における犯罪のほうが,地元地域の知識をもつ犯罪者の犯行であることが多い。

　ルーチン・アクティビティ理論は,犯罪者は監視者がいないところで被害者に接触しなければならないために,危険を伴う場所とは,にぎやかではあるがにぎやかすぎることはないと指摘する。犯罪者はそうした場所を探すであろう。犯罪のパターンは,エリアの浸透性や,エッジ,犯罪生成要因,犯罪誘発要因の存在や場所によって形成される。犯罪生成場所と犯罪誘発場所の概念は,ブランティンガム夫妻によって導入された*466。犯罪生成場所は,交通量の多い場所(たとえば,ショッピング・モール,娯楽施設,交通機関の中心地点など)であり,そこでは,日常的に大量の人々(潜在的な被害者と潜在的な犯罪者)がその場所を訪れることの副産物として犯罪が発生する。一方,犯罪誘発場所は,犯罪の機会(たとえば,酒場の集中する地区,赤線地区,薬物取引場所など)が存在するという評判によって犯罪者を引き寄せる場所である。ある人は,犯罪生成場所を訪れる間に犯行を行なうであろうが,その人がその場所に赴いた第1の理由は犯罪ではない。しかし,犯罪誘発場所は,犯罪者を犯罪行動の目的で引き寄せる。犯罪誘発場所と犯罪生成場所はふつうノードで結びついている。

　犯罪のホットスポット(犯罪多発地区)は,地理的に小さい範囲に不つり合いなほど犯罪発生数が多い場所である*473, 474, 475。一般に,様々な犯罪者や被害者が,あらゆる犯罪活動が集中する地域に集まってくる。ホットスポットは,様々なアルゴリズムにより算出することができ,それは円や楕円,不定型ポリゴン,街区によって表現することができる。ホットスポットは,危険な場所なのだろうか。必ずしもそうではない注41。危険性は,ふつう被害者になる危険性やその確率と関連して

いる。ある場所は，単に多くの人々がそこを訪れるという事実によって，多くの犯罪が起こるかもしれない。分子となる犯行数が多くなるであろうが，同様に分母となる人口も多くなるために，結果として被害者となる確率や危険性の程度は中程度となる。

● 注41：同様に，ある場所で感じる不安感と犯罪発生率は一致しないことが多い。不安感は孤立している，暗い，閑散としている，中心部から離れた場所，狭い裏通りといった要素が影響している。後者は活動しやすい，出入りしやすい，人々が集まっている，といった要因がかかわる。どちらも時間によって程度が異なるが，変化のしかたにも類似性はない。

「釣り穴（fishing holes）」あるいは「罠の列（trap lines）」（犯行対象が豊富にいる場所）は，凶悪犯にとって犯罪誘発場所として機能する。そうした場所は，潜在的な被害者を高い割合で内にもつように見える。そして，潜在的な被害者は，異なった場所まで追尾されてから襲撃されるだろう。罠の列は，線状の釣り穴であり，一般的に，街路あるいは各種商店の建ち並ぶ街路に沿って延びている。そうした場所は，犯罪者の活動期には，危険な場所となりうるのである。

狩り場

「釣り穴」と「罠の列」は，そこで理想的な被害者が手に入る可能性があるため，犯罪者にとって魅力がある。ノリスの観察によると，連続殺人犯の中には無防備な被害者を見つけやすそうな場所をテリトリーとして，そこで張り込む者がいる。彼らが好む場所は駐車場，市街の暗い道，大学構内，校庭，田舎の通学路などである。

> 狩猟型の犯罪者は犯行対象がいるところへ赴く。……殺人を成功させるための第1の前提条件は，犯行テリトリーの選択である。殺人犯が潜行する場所は個人的なファンタジーで決めてもかまわないが，基本的な要素として，アクセスしやすいこと，手っ取り早く被害者が手に入ること，逮捕を逃れる見通しが確実にあることが必須条件である。……つまり，理想的な狩り場とは，その殺人犯の人格とニーズしだいで決まるものだ。[*62]（p.64）

被害者選択は，犯人が地区，道路，建物と段階的に犯行対象を絞り込んでいく多段階あるいは階層的ともいえる過程を経たあとになされることが多い。犯行対象の選好により，まず狩り場の境界線が決定され，そのあとにその地域内から特定の被害者を選び出す。

屋外での襲撃の場合，犯人は特定の被害者を選んだり狙ったりせず，むしろ

自分にとってなじみのあるエリアを事前に選ぶほうが多いようである。これらの犯罪者は自分にとって居心地のよい場所，自分がよく知っている環境，効率的に逃げられると確信できる場所で襲撃する。そうしたうえで，襲撃者が接近可能で，かつ襲撃に弱そうな被害者を選び出す。[*367] (p.188)

ルボー[*179]は，連続強姦犯と単発の強姦犯を区別するためには，狩り場のタイプと空間行動の違いを知ることが重要だ，と述べている。彼によると，圧倒的多数の連続強姦犯がこだわるような地域の特徴は，少人数世帯が多いこと，単身用と世帯用の複合住宅が多いこと，高齢者や若年齢の賃貸居住者が住んでいることである。カンター[*367]は，屋内と屋外の犯行を分ければ，連続強姦犯の犯行場所には一貫性があることを示している。屋内強姦は計画に基づく犯行であり，犯罪者は犯歴を有し，その犯歴に住居侵入があることが多い（ジャクソンら[*226]参照）。屋外強姦のほうが衝動的，機会的な犯行である可能性が高いのである。

犯行対象の構造的背景

犯行対象あるいは被害者の構造的背景（target backcloth）は，犯行地点の幾何学的な布置を理解するうえで重要である。それは，空間上に示される機会の構造に等しいものである[*472]。それは，物理的な景観のなかで，（犯罪者の視点からみて）適当な犯行対象や被害者が地理的，時間的にどう分布するかによって形づくられる。特定の対象を得やすいかどうかは，地区やエリア，都市によっても顕著に異なるであろう。また，それは時間や，曜日，季節による影響を受けるだろう。それゆえに，構造的背景（structural backcloth）という用語が用いられている。

被害者がいる場所と被害者の得やすさは，どこで犯罪が発生するかを決定する際に重要な役割を果たすため，一様でない，あるいは「雑駁な」対象の分布は，犯罪場所の空間パターンを歪めることになる。「野ネズミのような動物は，餌がランダムに分布しているため，複雑な襲撃の方略を発展させる必要はないが，ライオンのような動物は，餌の供給源が環境中の手がかりによって示されているため，計画などのより洗練された心的能力を用いることができれば優勢に立つことができるであろう」[*477] (p.33)。作為的あるいは特定の特徴や特異な特徴に基づいた被害者選択は，ランダムで，特徴のない，一般的な被害者選択に比較して，犯罪者にとってより多くの探索を必要とする[*15, 419]。たとえば，放火犯が犯行対象として倉庫を好んでいた場合，市の用途区域条例によって決定される犯行対象の得やすさやその分布は，どこで犯罪が発生するかに強く影響力する。放火犯がそうした好みをもたないならば，少なくとも都市部では，家屋やビルの数が多くなるため，犯行対象の構造的背景は一様なものとなるであろう。売春婦を探す犯罪者にとっ

て，犯行対象の地点は，主に赤線地区の位置情報によって決定される。その一方，対象を特定しない犯罪者の襲撃地点は，どこででも見つけられるかもしれない。

被害者の空間的な分布が一様であることは，犯罪場所が主に犯罪者の活動空間によって影響を受けることを意味している。そうでない場合には，犯罪地理は，犯行対象の構造的背景により密接に関連する。殺人を嘱託された放火犯という極端なケースでは，被害者の位置がまさに犯罪場所を決定している。このように，被害者特徴を考慮することは，正確な地理的プロファイルの開発において重要な役割を果たしている。

自然環境および物理的な構築環境は，人々の居住場所に影響を与えるように，犯行対象の構造的背景にも影響を与える。住宅開発は，物理的な地形，高速道路のネットワーク，国境，市境，土地利用，用途区域の制限などの要因によって決定される。「狼人間の強姦魔」といわれたジョセ・ロドリゲスは，16件の連続性的暴行の事件中に，イギリスの南岸にあるベックスヒルに居住していた。南方のイギリス海峡方向には潜在的な被害者がいないため，彼は，居住地から北の方向に襲撃場所を制限せざるをえず，その結果，犯行対象のパターンを歪ませることとなった。犯罪者の犯行エリア内やその周辺の物理的な空間の適切な位相変換によって，そうした問題を補正することが可能なこともある。

犯行地点

様々な地点が連続殺人事件に関係しており，それらはそれぞれ地理的な意味が若干異なっている。それらには，次のものが含まれる。①被害者との接触場所，②最初の襲撃地点，③殺害現場，④死体遺棄地点，⑤車両あるいは所持品の遺棄地点である。事件によっては，複数の犯罪場所が同じ（たとえば，死体遺棄地点が殺害現場でもある場合）こともある。犯行地点は1か所だけではないという事実は，強姦に関する研究の中で認識された。エミールは，強姦事件を，最初の接触場所，犯行現場，犯行後の現場からなると概念化した。ルボーは，エミールが示した現場分類に犯人の居住地，被害者の居住地を加えた5分類を提唱した。[406][180]

地理的プロファイリングの目的のために，主に関心の対象となる場所は，殺人事件の場合，接触地点，襲撃地点，殺害地点，死体遺棄地点（接襲殺棄：EAMD）となる。他の場所分類は，存在するかもしれないし，しないかもしれない（存在するとすれば，興味深い）。しかし，接襲殺棄の分類は，犯罪の必要要素のすべてを網羅している。同様に，強姦事件は，接触地点，襲撃地点，強姦地点，被害者解放地点をもっている。放火事件では，対象が一般にビルや構造物，その他の不動産である場合には，犯罪場所は1か所となる。

犯行現場のタイプの数は，移動性の代用測度ともなりうる。ルボーは，サンデ[180]

ィエゴで行なった研究の中で,犯人が被害者と一緒に移動した距離は平均して1.5マイル ($n = 218$) であり,2つの場所がある強姦が最も一般的であることを見いだした。1971年から1975年の間に総数89件(平均8.1件)の事件を行なった常習的な連続強姦犯11ケースについて検討した結果,犯行移動距離のレンジは0.30マイルから30.0マイル(平均6.9マイル)であり,犯行地点間の平均距離のレンジは0.12マイルから0.85マイルで,算術平均値は0.37マイルであった。

犯人の地理的プロファイル作成には,犯行現場の全種類が重要であるが,とりわけ殺人事件の場合には,捜査員が全種類の犯行現場の位置情報を常に把握しているわけではない[注42]。犯人が逮捕されるまでは,それらの場所は証拠収集や目撃証言によってのみ見いだされる。一般的に未解決の殺人事件では,警察は死体遺棄地点(殺害現場であることもあるが,そうでないこともある)や,被害者が最後に目撃された場所を知っている。場合によっては,警察がこれらのうち1つの場所しか知らないということもある。

● ───── 注42:強姦事件の場合,被害者が犯人の情報を得る機会がより多い犯罪手口の事件ほど,解決する可能性が高い[*180]。接触方法と複数の犯行現場の使用は,被害者が犯人と過ごす時間の量に影響し,犯人逮捕の可能性にもかかわってくる。

犯行地点の一定の類型が,すべての事件にとって同じように適切であるとはいえない。連続して起こる売春婦殺しのように対象選択が特定化されている場合には,被害者との接触場所は限定されており,犯罪者の日常の活動空間よりも被害者の構造的背景(赤線地区がある場所)の影響を強く受けることになる。そして,時には,実際の殺害現場は警察に知られていない場合もある。しかし,警察は,少なくとも被害者の遺体が発見された場合には,死体遺棄地点を知っているはずである[注43]。そうした事件では,死体遺棄場所は,殺人犯に関する最大量の情報を提供してくれるであろう。[*373,478] その地点の詳細は,犯人の心理に対する洞察をも与えてくれることがある。

● ───── 注43:ケッペル[*140]によると,「複数の被害者が異なる時期に捨てられた複数の場所を発見したら,当局は自分たちが連続殺人事件の捜査にかかわっていることを覚悟する必要がある」(p.66)。

死体遺棄

犯罪のすべての要素が,犯人の心理を理解するために重要であるが,被害者の死体の遺棄方法と遺棄場所という要素は,死体が発見されたときには特に重要となる。

被害者の死体の扱い方や放置方法がわかれば,殺人犯にとっての被害者との関係も推察することができる。被害者が着衣のある状態であったり,簡単に

発見できる場所に放置されている場合は，彼女が殺人者に「愛されて」いたことを示唆する。丁寧な扱いや簡単に発見できる状況は，その殺人者が宗教教育を受けており，被害者や社会に対して怒りを感じているわけではないことも意味している。

被害者が遠隔地に捨てられ，死体を埋葬しようという気遣いもなかった場合，殺人犯は彼女にほとんど関心をもっていない。ひとたび被害者が殺人犯の欲求を満たしてしまえば，殺人犯は逮捕を逃れるために被害者を遺棄することしか考えない。さらに，この殺人犯は殺しを続けるつもりのあること，警察に自分の行為を認知されたくないと願っていることもわかる。被害者が公共の場所に放置されていたり，身体のどこかが切り裂かれていたり，バラバラに切断されていたりする場合は，地域社会と次の犯行対象の双方にショックを与えようという意図がある。[*26](p.167)

死体遺棄方法は，犯行経験と，科学的証拠に対する犯人の関心を示す関数になる。[*37]法科学的な証拠を意識する殺人犯は，殺害現場から死体を移動させることの利点に気づいているかもしれない。それは，殺害現場こそ，最も物的証拠が発見される場所だからである。

成功経験の多い連続殺人犯ほど，殺害現場から遠隔地や自分で仮設の墓場と決めた場所へと被害者の死体を移動させる。警察が死体の場所を特定することは，まず不可能であり，したがって殺人が起きたと断定することもできない。もし仮に複数被害者の死体が遺棄場所で見つかったとしても，法科学的な証拠になりうるもののほとんどは，被害者が殺害された場所である殺人犯の自宅や車の中に残っている。しかも容疑者がいなければ，警察はこれらの捜索すべき場所を見つけることもできない。さらに，捨てられた死体に残された微量な証拠さえも，死体が風雨や暑気，雪に晒されるうちに腐っていってしまう。[*215](pp.30〜31)

殺人課の刑事たちは，最も解決困難なタイプの殺人事件は，時間的関係が不明で物的証拠のない事件であると考える。「公園や裏道，空き家や車のトランクに死体を遺棄する行為は，何も示唆してはくれない。殺人犯と被害者，現場の関係については沈黙のままである」[*209](p.78)。数多くの被害者を生んだ殺人犯，テッド・バンディの犯行現場は，彼が被害者を移動させていたために，稀にしか発見されなかった。しかし，フロリダ州の州都タラハシーにおいて，女子学生クラブ

の寮で被害者を襲撃した際，その場に被害者を放置したために，フロリダ州当局は彼にとって不利な物的証拠を捜し出すことができたのである。[*479,480]

レスラーら[*17]は，彼らの研究では118事件中の32件（27％）で性的殺人犯が犯行現場を再訪していたと報告している[注44]。しかし，彼らは，性的殺人犯が再訪した場所がどのタイプの犯行地点であったのかについては明記していない。被害者の死体を移動させた殺人犯もいる。そして，死体あるいはその一部を家に置いて暮らしていた殺人犯もいる。死体遺棄の場所と方法は，多くの犯罪者にとってファンタジーの重要な要素のようであり，そのことは，おそらく，セルツァーの言葉[*381]「場所の空間的な特定から，犯人の正体を引き出す」（p.213）に端を発している。

●―――― 注44：デビッド・バーコウィッツは過去に行なった銃撃の現場に戻ることを性的な経験とみなしていた。テッド・バンディは，被害者の体の一部に性的暴行を加えるため，遺体を放置した現場を再訪していた[*37]。

経験と研究は，被害者の死体を殺害地点から遺棄地点まで移送する距離，あるいは車両から遺棄地点まで移送する距離が150フィートを超えることは少ないことを示している。[*481] 遠隔地に成人の死体が遺棄された場合には，道路あるいは小道から50フィート以内の場所で発見されることが多い。[*481] そして，それが子どもの死体であった場合には，道路あるいは小道から200フィート以内の場所で発見されることが多い。[*162] それゆえ，道路ネットワークをたどる捜索は，標準的な碁盤の目状の捜索に比較して効果的である。

被害者の死体を運ぶ殺人犯は，死体遺棄地点として可能性のある場所を決定するために用いることのできる時間や距離，スピード，必要とされる努力などの制約条件に従っている。ネイスミスの法則（Naismith's rule）は，距離，移動の困難さ，標高，負荷の情報に基づいた移動時間の推定技術である。地勢のタイプを考慮に入れない移動スピードに関する法則のいくつかは次に示すとおりである。

- 楽な歩行：1時間に5km
- でこぼこ道を楽に歩行：1時間に3km
- 起伏に富む土地，深い砂地，柔らかい雪，茂った藪：1時間に1km
- 500mの上昇ごとに1時間を付加
- 1,000m下降ごとに1時間を付加
- 5時間の移動時間ごとに，疲労のための1時間を付加

こうした法則は，合計移動時間の推定を行なうために組み合わせることができる。

たとえば，

$$T = d/x + h/y \qquad (式8.2)$$

ここで，

T：合計移動時間
d：水平距離
h：垂直距離
x：水平距離を歩くスピード
y：垂直距離を登るスピード

ネイスミスは，これらは単なるおおよその指針であり，個々人の移動時間は，スタミナの程度や健康状態しだいでいろいろと変化すると注意を促している。

犯罪者は，ふつう抵抗の最も少ない道を通り，タイヤ痕や足跡，捨てられた物，引きずった跡，折れた枝，折れ曲がった草の葉，押しつぶされた植物などの指標は，彼らの通った跡を確定するのに役立つ。[482,483] 地面の乱れや表土の色の変化，植物の生長が未熟であったり，早熟であること，異なる植生が覆っていることは，たとえば，鳥や腐食動物の活動の可能性はあるものの，死体が埋められている場所であることを示しているかもしれない。[484] フランスらは，[485] 秘密の埋葬場所の探知のための様々な方法をリストアップしている。それには，航空写真，地質学，植物学，昆虫学，電磁気学，金属探知器，赤外熱映像，死体の捜索棒[訳注]，考古学，人類学，地下レーダー装置の使用が含まれている（キュービックも参照）。[486]

◆─────訳注：腐敗物（死体を含む）を捜索するための鉄の棒を指す。

原野に放置された人間の死体はすぐに腐敗して関節がはずれ，動物（特にイヌ科の動物）が食べるためにばらばらになり，証拠収集の過程は複雑になる。司法埋蔵学（死体の一括遺物に関する研究）や人類学における研究の知見は，骨格の証拠と死体遺棄地点の発見の問題に関連している。[487] 太平洋側の北西部に生息するコヨーテは，28日間で骸骨になり，2か月で腐敗して骸骨のほとんどの部分がばらばらになり，1年後には骨が広大な範囲に分散することが知られている。[488]

人間の死体が動物によって移動される程度は，死体の大きさや腐敗の有無，場所，埋めた深さ，着衣や包装の有無，腐食動物の相対的な大きさや強さ，季節，環境，地形学，植生によって決まる。[488] 引きずった跡や地面を覆うものの乱れによって示されることの多い死体の移動は，複数の休憩場所との間，あるいは複数の食物貯蔵場所との間で行なわれる。それらの場所は，死体の体液の浸潤による変色によって，はっきりと示されるであろう。人間の死体を丸ごと引きずることが

できる程度に体格の大きい動物であれば，堆積物で死体を覆ったり，地面の浅い穴に埋めたりする前に，死体をある程度の距離まで移動させることが多い。激しくかじったり，骨を噛んだりするのは，もともと死体のあった場所から運び出した最初の場所であることが多い。

骸骨は，ふつう，主要な腐敗場所から100m以内の場所で発見されるが，骨の部分が300mも遠くに引きずられていることもある。主要な死体腐敗場所からその他の死体発見場所までの間で，動物が通った形跡のある道に沿って証拠が発見されることが多い。しかし，動物の通った形跡のある道は，当座の休憩場所の存在によって，一直線にはならないかもしれない。環境や傾斜，沈降もまた，死体の分散パターンに影響を与える。

歯と骨の断片が動物の糞の中に発見されることも多い。動物の糞の分析は，種の特定や，動物のテリトリーや移動パターンの判断に役立てることができる。コヨーテのテリトリーの大きさは，森林地域における平均3.2kmから，開けた場所における16.1kmまでの幅がある。その地域の動物相の活動を理解することは，証拠捜索地域の設定のために重要な方法である。

学習と転移

犯罪者の犯行は，内的要因と外的要因によって影響される。連続犯は，新たな犯行に及ぶたびに知識を得ており，たいていは経験や成功，失敗から，ミスを避け，成功する手段をくり返し用いることを学ぶ。教育やライフスタイルの変化，「プロ意識」の増進，新たな交友関係，症状の進行もまた，犯罪性の進展の原因となる。メディアでの公開や，集中的なパトロール作戦に代表される捜査戦略は，空間的，時間的な転移を引き起こすことがある。そして，犯罪者の地理的な行動が変わることで，逮捕が妨げられたり，遅れたりする。

アトランタ連続子ども殺害事件の捜査中に犯人のウェイン・ウィリアムは，メディアの報道で被害者の死体から繊維の証拠が発見されたと伝えられたあとは，死体遺棄場所を遠隔地の道路や森林地区から地元の川に変えた。彼は，着衣のない死体を川に遺棄することによって，物的証拠が水によって洗い流されてしまうことを期待していた。アトランタの河川の地理は，道路や森林の地理とは顕著に異なっているため，この犯罪手口の変化は，犯行地点の地理的なパターンを変化させた（デットリンガーとプルーを参照）。ビクトリア・タイムス・コロニスト誌が，心理学者が危険な連続放火犯に関して犯人は自宅の近隣地域で犯行を行なっていると述べた非公式のプロファイルを掲載したことによって，マンレイ・エンは，それまで放火していた地域から離れた，ブリティッシュコロンビア州のサーニッチの反対側のビルを犯行対象にした。また，ニューヨークの新聞各社が，

サムの息子はこれまでのパターンを踏襲し、ニューヨーク市の各区で犯行を継続するのではないかと報道したあと、デビット・バーコウィッツはそれに従って犯行を行なった。[*37]

　転移とは、犯罪予防施策の成果や、地域の警戒、警察の捜査戦略の結果として、犯罪者の行動パターンが変化することである。転移はけっして確実に起こるものではないが、性犯罪者のように強く動機づけられた犯罪者に、転移が起きる傾向がある。文献で一般的に議論されている、5つの起こりうる転移は、①空間的（地理的またはテリトリー的）転移、②時間的転移、③犯行対象の転移、④戦術上の転移、⑤犯行遂行上の（活動の）転移である。[*251]空間的転移は、地理的プロファイリングが主要な関心をもつところであるが、被害者の構造的背景の影響があるために、他の形式の転移も犯行対象パターンに影響を与えることがある。デービスとデイルは、[*240]イギリスにおける連続強姦犯の研究の中で、空間的、時間的、戦術的な転移の証拠を見いだした。

　地理的あるいは空間的な転移は、犯罪者が逮捕のリスクの増大や、犯罪の機会の減少を認識したことに対応して、犯罪活動の場所を移動させるときに生じる。[*250, 388]地理的な移行は、地区や、都市圏、地方のいずれのレベルでも起こりうる。空間的な転移には、繁華街の街娼がいる区域から繁華街のナイトクラブ区域への移行のように、同一の地域の中で対象となる場所のタイプが変わることも含まれる。自発的に転居して新しい近隣地域で犯行に及ぶ犯罪者もいるが、それは警察や地域活動以外のものに起因する変化であり、転移とはいえない。

　時間的な転移は、犯罪者がリスクや機会に関する状況の変化を認識したことに対応して、犯罪活動の時間帯を異なる時間帯に移行するときに生じる。リスクが許容範囲内にある、あるいは対象が得やすい期間（時間や曜日など）に移行する。これには、一般に沈静化と認められるような、犯罪者が活動休止期間を数週間から数年の範囲で延長することも含まれている。沈静化は、犯罪者の側の気まぐれな行動に起因することもある。そうした場合には、犯罪の時間的なパターンは外的な影響ではなく、内的な心理学的な要因の結果である。実際には、犯罪者が単に他の地域に転居することで、犯罪者の沈静化が明らかになることは稀ではない。おそらく空間的な転移の結果であっても同様であろう。その際にコミュニケーションの障害やリンクの見落としが生じ、新たな管轄地域での犯行をこれまでの犯行と結びつけることを妨げる。

　犯行対象の転移は、犯罪者が犯罪行動の目標としての前提、対象、主題の選択を修正したときに起こる。これは、対象の強化（target hardening）やコミュニティの意識の向上（community awareness）といったことに起因するであろう。10代後半を対象とした年少者に対する性犯罪者は、小学校周辺での警戒が高まると、

対象の転移を行なった。戦術上の転移は，犯罪者が同じ犯行目標を達成するために，これまでとは異なる方略を用いた場合や，犯罪手口を変更した場合に起こる。これは，通常，学習の結果であるといえる。機能的あるいは活動的転移は，犯罪者によって異なるタイプの犯罪行動が行なわれた場合（たとえば，金庫破りから銀行強盗への移行）に生じるが，犯行用具によって機会的に変わった場合に生じることが多い。自分の身元が特定されることを避けるためだけに，強姦犯が被害者を殺害し始めたことは，機能的転移が行なわれたことを意味する。

犯人の類型

犯罪者プロファイリングは，犯罪者の日常生活行動と犯罪者がもつ対象パターンとの関係を確定することに役立てることができる。FBIによる常習的な性的殺人犯を2分類し，秩序型と無秩序型に分類する方法は，犯罪者の人格と犯罪現場の類型に基礎をおくものである[*17][注45]。これらの類型には，秩序型で反社会的，無秩序型で非社会的という分類が用いられることもある。FBI研究は，秩序型の犯罪者は，殺人犯全体（性的殺人および非性的殺人を含む）の48％を占め，無秩序型は33％，混合型は14％，不明は5％であることを示している[*295][注46]。

● 注45：犯行現場に犯人が残した証拠や痕跡を心理分析することで，間接的に人格が秩序型であるか，無秩序型であるかを推論できる[*494]。「プロファイラーが特に注目するのは，殺害方法，使用された凶器の種類である。殺人犯が自分で武器を持参していたのであれば，ストーカーであることを示している。はっきりとした秩序型の人格を有し，ずるがしこくさえあり，町の他地域からやってきており，おそらく車を運転してきた。もし殺人犯が台所の包丁や電気コードのような手近な凶器を使っていれば，それはより衝動的な行為であり，より無秩序型の人格であることを示している。それはさらに，その人物が徒歩で来ており，近所に住んでいることも意味する」[*322] (p.47)。

● 注46：36人の性的殺人犯に関するFBIの研究の数字と比較してみると，秩序型が62％，無秩序型が25％，混合型が13％であった。あるいは，非常に秩序型が44％，秩序型が19％，混合型が6％，無秩序型が14％，非常に無秩序型が17％ともいえる[*495]。

秩序型犯罪者は，一般に，犯罪を計画し，拘束具を用い，面識のない者を襲う[*26]。多くの場合，秩序型犯罪者は，整備された車両を使い，長距離の移動もいとわない。秩序型犯罪者は，意識空間の境界を拡大する傾向があり，居住地から遠く離れた場所で被害者を襲撃する傾向がある。彼らは，概して移動性の高い殺人犯であり，被害者を殺場所まで移動させ，被害者の死体を隠蔽するために運搬することが多い[*37]。イギリスにおける子どもの性的殺人に関する研究において，エイトケンらは，移動あるいは被害者を誘拐することは，犯行移動距離が優に5マイルを超えることを示す証拠を見いだした[*289]。秩序型殺人犯は，自分の行なった犯罪をニュースで追い，逮捕を免れるために転居したり，転職したりする[*17]。

無秩序型の犯罪者は，被害者のことを知っているであろう。彼らは，機会的に

犯行を行ない，犯罪現場から歩いていける距離に居住あるいは勤務している傾向があり，多くの場合親と同居しているか，小さなアパートで暮らしている。無秩序型殺人犯は，被害者を接触地点あるいはその近辺で殺害し，殺害現場で容易に発見できるようなやり方で死体を放置することが多い。彼らは，熟知した場所から犯行地点を選択し，活動空間のノードやルートに近いところで襲撃する。無秩序型犯罪者の意識空間は，秩序型のそれに比較して小さく，複雑でない傾向がある。無秩序型犯罪者は，メディアに関心をもたず，逮捕を免れるために自分のライフスタイルを大きく変えることはあまりない。

犯行方法

連続殺人を説明しようとすると，いつも密かにあるいは欺いて人間という獲物をつけまわす際に覚える冒険的なリスクと，殺すことの興奮が話題になる……。犯人のエゴイズムが潜在的な被害者を野蛮なゲームに引きずりこんでしまう。犯行の計画と興奮，スリルは，逮捕をたくみに逃れるための思慮は別として，他のすべての冷静な思考を凌駕してしまう。[134] (pp.143, 147)

連続凶悪犯罪者は狩猟者である。彼らは肉食動物の捕食と似たような方法で被害者を探索する。そしてまるで野生動物のように，様々な狩猟スタイルを用いて被害者を探索し，襲撃しようとする。犯行対象のパターンは，犯罪者の活動と被害者のいる場所，環境，そして状況的手がかりによって決定する。犯罪者による狩猟行動を分析する際には，これらの要因を考慮すべきである。

犯行対象の手がかり

クロムウェルらはテキサス州で現役の侵入盗犯を調査して[468,469]，犯人が自分のリスクと労力と報酬を評価する際には，環境的手がかりと対象となる被害者の手がかりが重要な役割を果たすことを見いだした。侵入盗犯はまず，外から見てわかる様々な指標によって，その建物に人がいるかどうかを判断する。もしそこが不在のようなら，次に，そこが近隣の家から監視されやすいかどうか，横手や裏手から入りやすいかどうかを評価する。彼らは対象選択の最適化をはかるのではなく，満足を求める。薬物やアルコールに影響された犯人は，より狙いやすい対象を選び，リスクをより小さく見積もる。

侵入盗犯の犯行対象の探索は明確な手順を経て行なわれるものであり，クロムウェルらによれば[468,469]，侵入の予測には日常生活行動の変数が役に立つ[491]。角地か否か，通行車両の平均速度，学校・勤務先・公園・教会・停止標識・交通信号・4車線

道路の各々に近い，ガレージがある，ない，といった要素はすべて，侵入盗のリスクに大きく関係している。角地の住宅や，交通の流れが遅い道路に面した建物や，停止標識や信号機に近い場所は，物色中の侵入盗犯に目をつけられる可能性が高い。ガレージがある家やガレージがなく家の前に駐車しているような家は，車両の有無で簡単に不在かどうかがわかってしまう。これら犯罪者の生活パターンは被害者の生活パターンによって決定する。「模範的な侵入盗犯は，我々などよりはるかに我々の時間の使い方をよく知っている」(p.59)。

ライトとデッカーがミズーリ州セントルイスにおける現役の侵入盗犯を調べたところ，犯人は次の3つの方法，①被害者についての事前の知識によって，②内部情報の入手によって，③潜在的な犯行対象の観察によって，のいずれかで侵入盗を行なう場所を見つけていたことがわかった。このうち最も多いのは3番目の方法であり，この方法はある種の凶悪犯罪者がどのように行動するかについて洞察を与えてくれる。

多くの場合，侵入する家屋の選択は衝動的に決めるものではない。基礎準備を行ない，犯行対象をリストアップし，さらに予備的な情報を収集する。犯罪者は，侵入を実行する前に潜在的なリスクと報酬の見当をつけようとする。「どこかの家に侵入する前に，2度か3度その家を見ておく」(pp.41〜42)。侵入盗犯が魅力を感じるのは，外から見たときにその家の家財を推測できるような「報酬とリスク」の手がかりである。この過程によって，ある種の侵入盗犯は被害者に犯行の責任を転嫁することもある。「この家が盗んでくれって言ってたんだよ」というように。彼らは，住人の日常生活についてある程度知っており，車両の有無やその数などの情報に注目している。

ライトとデッカーは，侵入盗犯が犯行対象とする家屋を決定する方法について，以下のように述べている。

> しかし，侵入盗犯たちは，そもそもどのようにしてこれらの場所を下見するのだろうか。何かの目的をもって探し出すのだろうか。それともふだんの移動コースで偶然見つけるにすぎないのだろうか。我々が調査対象にした侵入盗犯たちは，おおむね侵入前に下見をしていたのだが，その答えは，おそらくこの「目的をもって探し出す」と「ふだんの移動中に偶然見つける」との間にあるようだ。侵入盗犯はふつう，犯行対象を探そうという特定の意図をもって外出していたわけではない。といって，空き巣に入る先を探すことがまったく念頭にないときに見つけてしまうこともあまりない。むしろ彼らは常に犯行対象を「半分探して」いたのだ。……「近所の公園かどこかへ行ったとして，それからこう言うんだ。『さて今日はこの道から帰ってみようか

な』。それから，道を歩きながら見て調べるだけだよ」。(pp.42〜43)

　犯人が日常生活行動に従事しながら環境に順応し，断続的に周囲に目を向けることによって，犯行対象が見いだされる（クロムウェルら参照）[*468, 469]。この探索過程は事前に決めて探すよりもさりげない感じだが，驚くほど効率的で，犯罪者は心の中に潜在的な犯行対象に関する「カード・ファイル」を作成することができる。侵入盗犯は，侵入したくなったら可能性のある複数の犯行対象を再吟味してから決定を下す。ある選択がそのときに適切でなかったとしても，「カード・ファイル」にある次の犯行対象を選べばよいのである。この探索過程は，侵入盗の犯歴を有する者の多い，住居侵入を伴う連続強姦犯の被害者選択に対する洞察を与えてくれる（シュレジンガーとレヴィッチ参照）[*204]。

　ワール[*197]はルーチン・アクティビティやライフスタイル露見という視点から研究を行ない，侵入盗のリスクが高い家屋ほど，そしてそういう家屋に住む女性ほど，屋内強姦に遭遇するリスクが高いことを見いだした。155の標準大都市統計地域（Standard Metropolitan Statistical Area：SMSA）について，1980年度の統一犯罪報告（UCR）の指標犯罪を比較検討した結果，強姦と侵入盗の相関が高かった（$r = 0.79$）。両犯罪間では，機会変数群との相関係数が近似しており，一貫した類似傾向があった。これら機会変数群は次の3つのカテゴリーに分類することができる。①家屋（例：低収入，新興地域，賃貸住宅，多世帯居住の建物），②女性居住者（例：離婚者，独居あるいは成人の同居者なし），③前記2群の混合。たとえば，最も強い相関値を示した変数の組み合わせは，「女性の世帯主，現在独身，25歳から34歳，50世帯以上が居住する賃貸住宅」であった（強姦で$r = 0.59$，侵入盗で$r = 0.54$）。類似性を示す要約的指標r^2も同様に高い値だった（$r^2 = 0.99$）。ワールの結論では，住居侵入強姦（住居に不法侵入したあとに強姦）は，財産犯罪の機会的側面と凶悪犯罪が結合した併合犯であるとしている（フェルソンとクラーク参照）[*203]。

　連続強姦犯に対する警察の聴取は，彼らが環境的手がかりを強く意識していることを明らかにしている。ある犯人によると，彼は，車両が家にないことを示す私道上の油染みを探して家屋を選んでいた。選んだ家屋内に女性がいたならば，そこに男性はいないと推測できる。別の強姦犯は，外にボートが置いてある家には男性がいるということなので，そこは避けたと述べている。驚くほど多くの被害者が，襲われたあとでも，夜中にカーテンを開けっ放しにしていた。ちらっと家の中を見ただけでも，住人はどんな人間か，つまり彼らが女性か，男性か，カップルか，高齢者か，子どもか，といったことがかなりわかるのである。犯人によっては，事件以前に監視をすることによって被害者を事前に知っていたと説明

する者もいるし，襲撃の最中に被害者の財布をあさって知った被害者の情報を前もって得た情報であるかのように装う者もいる。

ライトとデッカーの提唱した探索過程は，強姦場所のクラスタリングや，一晩に2件以上の襲撃を行なうことについても説明することができる。犯行特徴に適合した対象が互いに近い場所にあるということは驚くべきことではない。襲撃に失敗したとしても，前もって複数の被害者を選択している強姦犯のケースのように，犯人は単に心の中にあるカード・ファイルをめくって，次の候補となる場所に行って襲撃すればよい。このファイルの内容は，犯人の活動空間による影響を大きく受けるため，犯罪場所は捜査で十分活用できる「道路地図」を提供してくれるであろう。

人間狩り

ウクライナのジトーミル地方で，子どものいる家族を含む52人を殺害して有罪になったアナトリー・オヌプリィエンコは，自分を狩猟者，被害者たちを獲物と言った。「すごくシンプルに考えてるよ。動物みたいにね。猛獣が羊を見つめるみたいに眺めていたよ」[*496]。

人を対象とした狩猟行動は，他の犯行対象物の探索とよく似ている。しかし犯人にとってことを複雑にする要因が2つある。1つには人間は動き回ること，そして2つめは，その人間たちを自分の支配下におく必要があることである。犯罪者たちはこの問題を考慮に入れた探索方法と襲撃方法を用いる必要がある。連続殺人や連続強姦の構造を分類した先行研究のほとんどは，結果にいたるまでの過程を無視した記述に限られていた。数少ない例外としてあげられるのは，ペトルッチが実証的に分類した，連続性的殺人犯による被害者獲得技術に関する研究である[*497, 498]。ヒッキーによる包括的な連続殺人データベースの中からアメリカの殺人犯146人のデータを対象に，6項目の手続きに基づいてコーディングを行なった。ペトルッチは以下の性質が異なるグループを見いだした。

1. **誘拐**

    被害者はいきなり襲撃され，別の場所へ移送され，そこで殺害される。被害者獲得技術としては最も一般的で（36％），ファンタジーに動機づけられた犯罪者であることが示唆される。この方法を用いる連続殺人犯のうち，67％は地元で犯行を行ない，94％は白人で，31％は無秩序型であった。

2. **襲撃**

    被害者はいきなり襲撃を受け，移送されずに殺害される。この手法がとられることは最も少なく（16％），この犯人は逮捕をあまり気にしていないこ

とが示唆される。この方法を用いる連続殺人犯のうち，71％は地元で犯行を行ない，43％は未成年であった。

3. 誘　惑

被害者はまず詐言によって引きつけられたり誘い込まれたりする。そのうえでいきなり襲撃を受け，殺害される。被害者の合意の有無にかかわらず，被害者は移送される。これは2番目によく用いられる被害者獲得技術であり（25％），ファンタジーに動機づけられた犯罪者であることが示唆される。この方法を用いる連続殺人犯のうち，41％は地元で犯行を行なっており，41％は異なる地域からやってきた旅行者であった。

4. 混合型

複数の策略を用いて被害者を獲得する。これは3番目によく用いられる被害者獲得技術であり（23％），犯人はファンタジーに動機づけられた犯罪者というよりは手段として犯行を行なうタイプの犯罪者であると示唆される。この方法を用いる連続殺人犯のうち，52％は異なる地域からやってきた旅行者で，72％は秩序型だった。

略奪理論（foraging theory）は犯罪者の理解に適用されてきた。[*374] この視点は，狩猟行動の基本に対する有効な洞察となりうるが，[*499] 適切な理論的基礎とはなりえない。動物なら生き延びるために食べなければならないし，狩猟するたびに限られたエネルギーを消費してしまう。最適略奪理論は，機会の最大化と努力の最小化のバランスに基づいている。しかしこのどちらも，犯罪者による犯行対象の物色行動には適用できない。

犯行対象の物色手法によって犯行地点の空間的分布が異なっており，犯罪場所から犯人の居住地を予測しようと試みる際には，この影響を考慮する必要がある。すなわち，ここで連続犯による空間パターンの生成と関連した犯行分類を行なう必要が生じる。現在の地理的プロファイリングで指標として用いられている概念の構造は，犯罪地理学理論や実証研究，調査研究，捜査経験のそれぞれにおける情報を基にしている。

殺人でも強姦でも複数の犯罪場所をもつ可能性があるが，経験則からいって，警察がすべての犯罪場所を知るとは限らない。被害者との接触場所や被害者の最終目撃場所（たいてい，接触地点の近く）は，殺人の場合には判明することが多く，強姦の場合には必ずわかる。死体遺棄地点はほとんどの殺人事件で判明するし，被害者解放地点はすべての強姦事件で判明するが，もし殺人行為自体が別の場所で行なわれていたら，それがわかるのは犯人だけであろう。強姦場所は被害者にわかる場合とわからない場合があり，それは警察にとっても同様である。し

たがって，犯行対象の物色行動の分類は，警察が認知する可能性の最も高そうな犯行場所に対応させて，犯罪者の行動を示すものになる。放火の場合はもっと単純で，すべて所在の自明な静止物の目標のみを対象としているため，犯行場所は1つしか存在しない。つまり，次節で述べる犯行行動の中で連続放火にあてはまるのは最初の3つの探索技術だけで，襲撃方法は必要ない。

探索と襲撃

犯行過程は，①適当な被害者の探索，②襲撃方法，の2つの要素に分けられる。探索は被害者との接触地点の選定に影響し，襲撃は死体遺棄地点あるいは被害者解放地点の選定に影響する。探索要因と，襲撃要因を組み合わせると以下のような犯行行動の類型ができる。

被害者探索方法は，以下の4タイプに分類される。
1. **狩猟型**（Hunter）：自宅を拠点にして，被害者を探索するという明確な目的をもって出かけるタイプ。
2. **密猟型**（Poacher）：自宅以外の活動場所を拠点にして，被害者を探索するという明確な目的をもって出かけるタイプ，あるいは，被害者探索過程の期間は他の都市へ通ったり，旅行したりするタイプ。
3. **流し釣り型**（Troller）：犯行対象の物色行動とはまったく別の行動をとっているときに，機会的に被害者と接触するタイプ。
4. **罠仕掛け型**（Trapper）：潜在的な被害者が自分のところへやってくる職業や地位をもっている（例，看護師）か，あるいは何らかの口実を使って被害者を自宅や自分の支配下にある場所へ誘い込むタイプ（例，道案内を請う）。

襲撃方法は，以下の3つに分類される。
1. **電撃型**（Raptor）：接触と同時に被害者を襲撃する犯罪者。
2. **ストーカー型**（Stalker）：まず被害者のあとをつけてから接触し，その後に襲撃する犯罪者。
3. **待ち伏せ型**（Ambusher）：自分の支配下にある住居や仕事場などに被害者を誘い込んでから襲撃する犯罪者。

狩猟型とは，被害者を見つけるために自宅から出かけて，自分の意識空間の中で理想的な被害者がいると思われる地域を探索する者である。これは犯罪者が最もよく使う方法である。ワシントン州で3人の子どもを殺害したウェスリー・アラン・ドッドは，日記にこう書いている。「狩猟第2日目の準備ができた。午前

10時頃出発して，家に帰らずにすむように昼食をとろう」。しかし彼にも心配事があり，それは，もし自分が探索を行なっている公園の中で子どもを殺せば「そのあと2，3か月は狩り場として使えなくなる」ことだった*500 (p.59)。狩猟型の犯行は，一般に犯人が居住する都市内に限定される。逆に，密猟型は，犯人が居住する都市から外に旅行したり，自宅以外に活動拠点を作って被害者を探しに出たりする。これら2タイプを区別しようとすると，犯行場所が犯人にとってどれだけなじみがあるのかを主観的に解釈しなければならないという複雑な作業になることがある。狩猟型と密猟型という分類は，後述する「拠点犯行型（marauder）」と「通勤犯行型（commuter）」という分類と，同一ではないが類似するものである。*172

　流し釣り型は特に被害者を探索せず，むしろ他の日常活動の最中に接触した被害者に対して機会的に殺人を犯す（エックとワイスバード参照*462）。彼らの犯行は衝動的なことが多いが，連続殺人犯の多くは犯行をあらかじめ空想して計画を練っておくものなので，機会が来たときにはすでに心構えも準備もできている。これは「計画的時宜（premeditated opportunism）」と言い換えられ，「パターン計画（pattern planning）」の概念とも関連している*451。12人を殺した罪で投獄された連続殺人犯エリック・ヒッキー*501は，面接の中で彼が行なった犯行について詳しく語っている。それは機会的な犯行であったのだが，環境の評価，被害者への接触，被害者を騙して人里離れた地域へ連れて行った手口は，この殺人者の合理性と適応性を示すものである。

> 1度に2人を誘拐したのは初めてだった。と言っても，1日に2人殺したのは初めてじゃなかった。平地を横切っていくのが見えたんだ。俺はぶらぶらしてた。ある意味，すごく興奮してたけどそれをコントロールできてた。自分のしてることはよくわかってて，コントロールできてたんだ。だけど心の中はぜんぜんコントロールどころじゃなかった。自分があそこにいなければ彼らを連れては行かなかった。あそこ以外の場所だったら，見逃してやってたんだ。理由なんてなかった。寒い日で，周りには誰もいなかった。近くには人目につかないところがあった。言い換えると，そこは殺しをするための場所で，俺は町からとても離れたところにいたんだ。家は何軒かあったけど，目を移すと草原が広がってたんだ。そこには邪魔者はいなかったんだ。（pp.124〜125）

　罠仕掛け型の犯罪者は，看護師や病院の雑役婦のような職業あるいは立場にあり，彼らのもとには潜在的な被害者が自らやってくる。彼らは何らかの口実を使

って，被害者を自宅や自分の支配下にある場所へと誘い込むこともある。その手口は，求婚者を誘い込んだり，道案内を頼んだり，下宿人を置いたりするものである。「黒後家蜘蛛（Black widows）」も「死の天使（angels of death）」も「殺人看守（custodial killers）」も罠仕掛け型の一形態であり，女性の連続殺人犯のほとんどはこのカテゴリーに該当する。[*39, 40, 41, 43, 502]

電撃型は被害者に接触とほぼ同時に襲撃を仕掛ける。最も一般的に犯人が用いる方法である。ストーカー型は対象のあとをつけて観察し，被害者の活動空間に移動して襲撃の機会を待つ。つまり，ストーカー型の襲撃地点，殺害地点，死体遺棄地点は，被害者の活動空間の影響を強く受けることになる。「スキー・マスク強姦魔」として知られるジョン・ベリー・シモニスは，1978年から1981年にかけてフロリダ，ジョージア，ノースカロライナ，オハイオ，ミシガン，ウィスコンシン，ミシシッピー，ルイジアナ，テキサス，オクラホマ，カリフォルニアの各州で女性たちを襲い，ルイジアナ州警察に逮捕されるまでに犯行中の暴力はしだいにエスカレートしていった。時には被害者のあとをつけ，また，病院での仕事を利用して被害者たちの住所や婚姻状態や仕事の詳細が書き込まれた医療記録を入手していた。[*198]

待ち伏せ型は，自分の「巣」に連れてきたり招待したりした被害者を襲撃する。巣とは，自分が大きな支配権をもつ場所，おおかたは自宅か職場のことである。死体はたいてい，加害者の所有する場所に隠匿される[注47]。これらの事件では，被害者との接触地点が分析に有効な空間情報をもたらしてくれるのだが，待ち伏せ型殺人犯の多くは，たとえ警察に捜索願が出されても，複数の失踪事件が関連づけて考えられることがほとんどないような社会的弱者を選定する。

●――― 注47：理屈でいえばそうとも限らないのだが，実際には法則といっていいほどである。これはおそらく待ち伏せ型が時には罠仕掛け型にもなり，罠仕掛け型が大きく移動することはほとんどないからであろう。

この犯行行動の類型は，侵入盗犯を計画型，探索型，機会型に分類したベネットとライトの類型に似ている。[*503][*504] 驚くことに，これはシャラーが記録したセレンゲティのライオンたちの狩猟行動にも似ている。そこでは待ち伏せ，ストーキング，流し（出会い頭に襲撃），そして予期せざる（機会的な）捕食行動が観察されている。犯罪者は毎回異なる狩猟方法をとってもよさそうなものだが，ふつうは1つ，多くても2つの方法にこだわる。たとえば，流し釣り型は主流の探索テクニックとはいえないが，これをレパートリーの1つとして使う犯罪者は多い。

犯罪者の犯行類型

犯行対象のパターンは犯罪者の活動空間，犯行方法，被害者の構造的背景によ

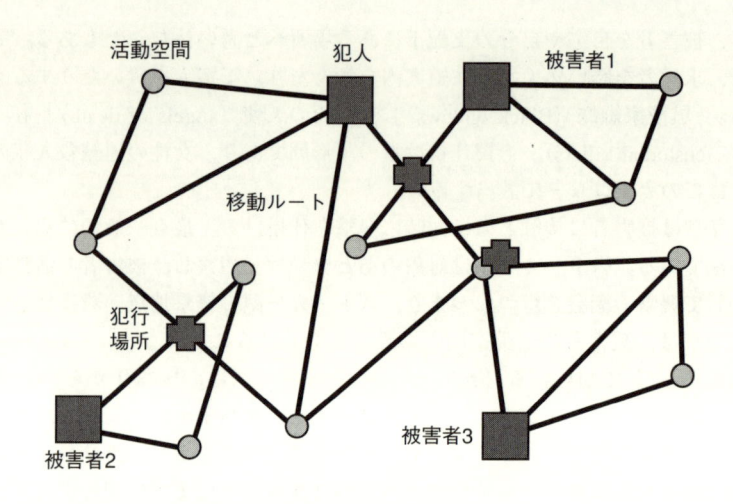

図8-1　電撃型の犯行対象パターン

って決定する。様々な状況に対応して変わる犯罪者のアンカーポイントをどの犯行場所が最も的確に予測できるのかは，犯行スタイルを考えると決定しやすい。さらに，この類型のもう1つの目的は，犯罪者の活動空間と犯行地理との関連の分析に適切な状況を選別することにある。そうすることにより，この分析が不可能なケースと不要なケースの双方を除外することができる。たとえば，自分の居住する町の外に出かけて犯行を行なう密猟型は，自分の狩猟地域内には居住していないはずである。ストーカー型の場合は，自分よりも被害者の活動空間によって犯行場所が規定されるため，様々な分析手法を要するいっそう複雑な犯行パターンが生じる。図8-1と図8-2は，それぞれ電撃型とストーカー型の犯行パターンの仮想図である。

　表8-1には，探索方法4タイプと襲撃方法3タイプの組み合わせで12個の項目をもつクロス表を示した。接触地点，死体遺棄地点のそれぞれについて，個々のセルで地理的プロファイリングの適用が妥当かどうかを示した。適用可能性を示す尺度として，「妥当」「可能」「疑わしい」を該当させる尺度を用いた。「不要」は，プロファイリングは可能であるが，プロファイリングを行なうことに意味のない状況を示す。たとえば，罠仕掛け型の連続殺人者の場合，死体遺棄場所は必ず本人の自宅とわかっているので（被害者を自宅に誘いこんで殺害し，床下に死体を埋めたりする），プロファイリングを行なう必要がない。求婚者たちを毒殺したベル・ガンネスや高齢の下宿人を殺したドロシー・プエンテはいずれもこの例に該当する。探索方法と襲撃方法には相関があるので，その組み合わせとして

8章 犯行対象と犯行 149

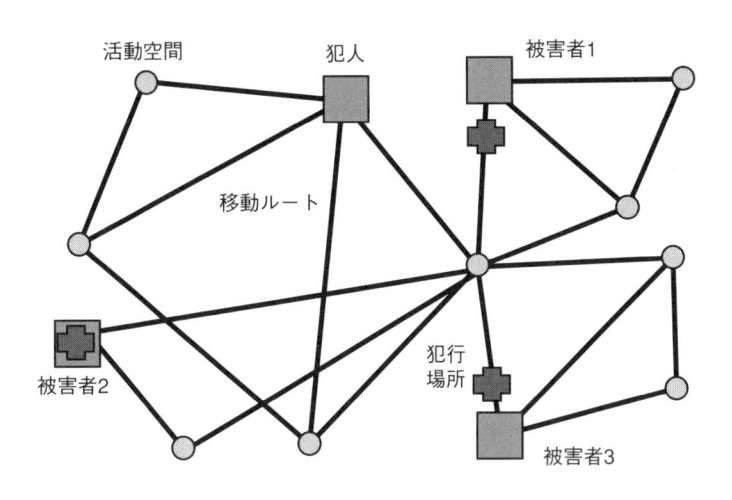

図8-2 ストーカー型の犯行対象パターン

表8-1 犯罪者の狩猟類型[*2][訳注]

接触地点	探索方法			
	狩猟型	密猟型	流し釣り型	罠仕掛け型
襲撃方法				
電撃型	妥当	可能	妥当	不要
ストーカー型	妥当	可能	妥当	不要
待ち伏せ型	妥当	可能	妥当	不要

死体遺棄地点	探索方法			
	狩猟型	密猟型	流し釣り型	罠仕掛け型
襲撃方法				
電撃型	妥当	可能	妥当	不要
ストーカー型	可能	疑わしい	可能	可能
待ち伏せ型	不要	不要	不要	不要

◆────訳注：表中には，犯罪者の狩猟類型別に地理的プロファイリングの適用可能性が示されている。

の犯行スタイルの中にも，より頻繁にみられるものとそうでないものがでてくる。たとえば，狩猟型／電撃型，罠仕掛け型／待ち伏せ型の2スタイルは，狩猟型／待ち伏せ型，罠仕掛け型／電撃型よりも多いスタイルである。表8-1におけるプロファイリングの適用可能性の評価はだいたいの指標にすぎず，個々の事件はそれぞれの空間の詳細な情報によって，おのおの大きく意味が異なる可能性がある。

9章 犯罪者のパターン

　俺が唯一気にしたのは準備ができているかどうかってことだった。……土日には時どき海岸沿いをドライブした。ヒッチハイカーを探すためじゃなくて，ただ場所を探していたんだ。俺が仕事で糸杉を切り倒したり運んだりしてたところの近くにピーディー川の逆流するところがあった。そして，湿地帯を何マイルも走る材木搬送用の道路を見つけたんだ。もっと行くとジョージタウンの南の沼地までつながってな。……主要高速道路からすぐ行けて，誰にも見られたり聞かれたりする心配のないぐらい離れた場所って決めてた。近くにいい埋葬場所があるようなところを必ず選んだよ。
　　　　―南カリフォルニアの沿岸での殺人について語る「チビの」ガスキンス[505] (p.123)

空間類型

　連続の殺人や凶悪犯罪の地理的研究や解説の多くは記述的であり，犯行現場の空間パターンを分類することが主眼であった。犯行対象を物色する犯罪者が物色に用いる方法や，結果的に示される犯行地理を理解するためには，それは重要な前提条件である。これを基礎とすることによって，凶悪犯罪者の地理的プロファイリングの作業を開始することができる。これらの類型は，一般的には，被害者選択，加害者による犯行対象の物色行動，犯行パターン，移動性，距離，死体の遺棄方法といった要因について分析を行なうものである。
　ホームズとドビュルガーは，連続殺人事件の場所のパターンを次のように分類[15]している（フォークも参照）[506]。①集中型（妄想型や，任務志向型，快楽主義的欲求充足型，快楽主義的安楽型の連続殺人犯に特有），②分散型（快楽主義的スリル追求型，力・支配志向型連続殺人犯に特有）。したがって，連続殺人犯は，①地理的安定型（犯行対象が集中するパターン），②地理的遷移型（犯行対象が分散するパターン），③混合型（安定型と遷移型の組み合わせ）に分類される。地理的安定型の連続殺人犯の動機は性的なものであり，特定の被害者が選択されて

いる。被害者の死体の移動は，快楽やスリルカ・支配志向の連続殺人犯のタイプと結びつく犯行現場の特徴である。[146][507]

ロビンスは，地理的安定型の連続殺人犯と地理的遷移型の連続殺人犯との犯行方法や動機の違いに関する研究を行なった。最近（1970年から1991年）の有名な連続殺人事件の既決囚20人を対象としたその研究で，彼女は，地理的安定型の連続殺人犯は，典型的には，自分と同じ人種が居住する地域で犯行を行ない，被害者に特定の特徴を求め，秩序だった行動をとり，前もって犯行を計画することを見いだした。彼らはスリルを求める傾向があり，若く，アルコールや薬物の影響下で犯行を行なうことが多い。こうした殺人犯は，死姦を行なったり，身元の特定を遅らせる目的で被害者の首を切断したりすることがわかっている。死体遺棄地点は，殺害現場とは異なっており，被害者の死体を運搬する必要性があるために，殺害現場，死体遺棄地点ともに殺人犯が前もって選んでいる[注48]。たいていの場合，被害者は着衣のある状態であり，被害者の死体は発見される。

> 注48：ディエツら[107]によると，研究対象とした性的サディズム傾向のある犯罪者のうち，93.3％（28人）は綿密な犯行計画を立てており，76.7％（23人）は事前に選んでおいた場所に被害者を連れて行っており，60％（18人）は少なくとも1人の被害者を24時間以上拘束していた（たとえば，ガスキンズとアール[505]）。長時間拘束するということは，被害者を手元に置いても安全で安心な場所をもつ犯人，ということを示している[37]。

地理的遷移型の連続殺人犯は，相対的にみて，生育歴に性的虐待があることが多く，あまり秩序だった行動をとらず，注意の範囲がより狭い傾向がある。[507]これは結果として，教育程度の低さや何回もの離婚経験，臨時雇いのくり返しにつながっている。これらの殺人犯は，広い範囲を移動し，1か所に長時間とどまらない傾向がある。特定の被害者を選択しているわけではなく，犯行が儀式的でもなく，凶器や犯行方法がしばしば変わる。地理的安定型に比較して，年輩である傾向があり，力・支配志向であり，噛みつきや食人を行なう頻度が高い（ウィルソン[508]参照）。たいていの場合，被害者は着衣のない状態で発見され，被害者の死体が発見されない場合も多い。

表9-1は，ホームズとドビュルガーの類型（バーレットによる機会犯行型の連続殺人犯類型を含む）が示すカテゴリーごとに，犯行対象パターンの特徴を要約したものである。[15,26,146,507]

女性の被害者を対象として有罪宣告を受けた連続性的殺人犯28人に関する研究において，ジェイムズ[75]は，対象の物色行動や犯行地点の地理学に関連する様々な犯人特徴に注目した。彼は，被害者選択，犯行対象の物色行動，犯人の移動手段，襲撃，死体遺棄，逮捕について次に示すデータを記述している。

表9-1　ホームズとドビュルガーによる連続殺人犯の類型

連続殺人犯の類型	被害者の選択	犯行方法	犯行場所
妄想型	面識あり・なし 特定しない 無作為	衝動的 無秩序型	集中
任務遂行型	面識なし 特定の被害者 意図的	計画的 秩序型	集中
快楽主義的欲望充足型	面識なし 特定の被害者 無作為	計画的 秩序型	集中 死体を移動する
快楽主義的スリル追求型	面識なし 特定の被害者 無作為	衝動的 無秩序型	分散 死体を移動する 地理的安定型
快楽主義的安楽型	面識あり・親族 特定の被害者 意図的	計画的 秩序型	集中
力・支配志向型	面識なし 特定の被害者 意図的	計画的 秩序型	分散 死体を移動する 地理的遷移型
機会的犯行型	面識なし 特定しない 無作為	衝動的 無秩序型	分散

1. **被害者選択**
- 89％が犯行時に初めて被害者のことを知った。29％が複数被害者のうちの少なくとも1人には会ったことがあるか，以前に見かけたことがあった（面識のない被害者と顔見知りの被害者の両方を襲った殺人犯もいた）。
- 50％が被害者を車に誘い，11％がバーで被害者と出会い，7％が新聞広告を通して被害者と接触した。
- 86％が無作為に被害者を選んでいた。
- 25％が売春婦を殺害し，21％が12歳未満の少女を対象としていた。

2. **犯行対象の物色行動**
- 32％が前もって殺人を計画しており，61％が犯行を行なった地域をよく知っていた。
- 18％が被害者のあとをつけ，18％が被害者を物色していた。
- 46％が共犯者とともに犯行を行ない，共犯者は男性1人が32％，女性1人が

14％であった。

3. **移動手段**
- 78％が犯行遂行のために直接的・間接的に車両を使用していた。
- 犯行時に直接的に車両を使用していた者の50％が，被害者を車に誘っていた。
- 54％が犯人自身の車両，9％が親族の車両，18％が盗難車両を使用していた。
- 7％が公共交通機関を使用しており，4％が航空機を使用していた。

4. **襲　撃**
- 連続殺人犯の75％が被害者を支配するために被害者を騙しており，68％が策略を使って襲撃場所まで被害者を連れて行っていた。
- 21％が被害者を支配するために接触直後に暴力を用いていた。
- 32％が犯人の所有地で襲撃しており，29％が親戚や友人の所有地で襲撃しており，29％が被害者の家で襲撃していた。

5. **死体遺棄**
- 64％が遠隔地に被害者の死体を隠そうとしていた。
- 29％が被害者の死体を土中に埋め，21％が水中に投げ込んでいた。
- 68％が殺害のあとに被害者の死体を移動させていた。

6. **逮　捕**
- 61％は過去に犯罪歴があった。
- 11％が犯行領域内で警察によって目撃されており，18％がパトロール警察官によって犯行領域に結びつけられていた。
- 29％が職務質問を受けたあとに解放されていた。
- 14％が張り込みを通して逮捕されており，8％がパトロール活動を通して逮捕されている。
- 31％が警察の捜査活動の直接的な結果として逮捕されており，61％が目撃者の情報から逮捕されている。
- 32％が犯人の自宅あるいは職場に犯罪の証拠を残しており，29％が犯人の身体あるいは車両内（何人かはその両方）に犯罪の証拠を残していた。

　ウィンゴは，一定の都市環境内で長期間殺人を行なう連続殺人犯を「メガ・スタット」，地理的に広い範囲を移動する連続殺人犯を「メガ・モバイル」と分類した。ディエツらは性的サディストの犯罪者を研究したなかで，対象者の40％（12人）が，長距離を移動したり，明確な方向性がなく走行したりするといった「過剰なドライブ」をしていたことに注目している。デービスとデイルは，多くのイギリスの強姦犯が，犯行の対象を狙って車や公共交通機関，徒歩で絶えず

ろついていることを観察している。この知見はアメリカおよびカナダの研究でも確認されており，うろついている人物や敷地内への侵入者，不審人物に関する情報を記録することが捜査上で重要であることを強調している。そうした記録を地理的領域で絞り込むことによって，継続して犯行を行なう可能性のある性的暴行の容疑者を見つけだすことができるのである。

しかし，犯罪者の移動性が高いからといって必ずしも行動範囲が広域化するとは限らない。ケッペルは，「連続殺人犯の移動性は高く，頻繁にうろついており，彼らが自分にとっての『安全地帯』にいると感じることのできる場所にある，被害者との接触地域に惹きつけられている」(p.65)と述べている。そうした犯罪者は，たいてい，車がいつでも使用できる状態にあり，被害者との接触や死体の遺棄に好適な場所に精通しておくために車を使用する。ケッペルは，1つの都市圏内でのみ殺人を行なった例として，アトランタで連続殺人を行なったウェイン・ウィリアムスとシカゴで連続殺人を行なったジョン・ウェイン・ゲイシー・ジュニアをあげている。連続殺人犯と結びつく移動性は，うろつく頻度の高さにつながるものであり，必ずしも地理的に広範囲になるということではない。

ヒッキーは，連続殺人事件に関する研究で，犯罪者に関する3つの地理的なカテゴリーを見いだした。①移動型殺人犯（34％）：他の地域に移動中あるいは転居した際に殺人を行なう，②地域型殺人犯（52％）：一定の都市部あるいは1つの州内に居続ける，③局所型殺人犯（14％）：犯人の自宅や職場，その他の特定の場所で殺人を行なう。地域型の連続殺人犯は，逮捕が難しいとされる移動型や局所型に比較して，犯人1人あたりの被害者数が少ない。移動型殺人犯の場合には，「リンクの見落とし」が重大な問題である。局所型の連続殺人犯の場合には，犯人が活動中であっても捜査当局が気づかない場合が多い。ヒッキーは，1975年以後に，地域型の連続殺人犯が増加し，州外への移動型連続殺人犯や局所型連続殺人犯が減少するという移動性パターンの変化を観察している。彼は，こうした変化は，都市化の進展や，法科学分析技術の進歩，殺人犯の犯罪手口の変化によるものではないかと述べている。

ニュートンは，20年間におけるアメリカ国内の連続殺人犯301人とアメリカ国外の連続殺人犯56人について研究し，連続殺人犯を犯行対象の物色方法で次のように分類した。①テリトリー型連続殺人犯：限定した地域内で犯行対象を探す者で，アメリカでは63％，アメリカ国外では70％を占める。②放浪型連続殺人犯：犯行対象を求めて広い範囲を動き回る者で，アメリカでは29％，アメリカ国外では15％を占める。③固定型連続殺人犯：自宅あるいは職場で犯行を行なう者で，アメリカでは8％，アメリカ国外では15％を占める。ニュートンは，連続殺人犯は通常，同じ物色方法を継続的に用いて犯行対象を探しており，その物

色方法は犯罪者の人生観なり，彼らが何者であるかを表しているようだと記述している。

こうした結果は，連続殺人犯は頻繁に歩き回っているという一般的に抱かれている仮説とは矛盾している。レヴィンとフォックスは，「家にいて，職をもち，パートタイムで殺人を行なう連続殺人犯には，移動型は少数派である」(p.183)とした。連続殺人犯は，地理的に一定の範囲におり，彼らが知っているエリアで殺人を行なう傾向がある。なわばりは貴重であり，バーレットは，連続殺人が稀であるということが最善の説明であろうが，犯罪者は他の殺人犯がなわばりとする地域で犯行対象を物色することを避けているとした。ニュートンは，大半は「自ら選んだ犯行の領分からはみ出すことは稀である」(p.48)と言及している。おそらく，処刑された連続殺人犯ドナルド・「ピーウィー（チビの）」・ガスキンスの言葉が最もよくそれを表現している。「俺は地元の州で殺したり埋めたりしているときのほうが安全だと感じていた。思うに，俺は心の底からカロライナ南部の男だと思うぜ」(p.161)。

連続殺人の被害者は，面識のない人を対象とするという犯罪の性質ゆえに，他の殺人事件の被害者よりも自宅以外の場所で襲撃される傾向が強い。そして潜在的な被害者は，そうした連続殺人犯がすでに利用しているエリアにいる，より脆弱な人たちである。ヒッキーは，子どもを対象とした連続殺人犯では，男性の犯人に比較して女性の犯人は局所型の傾向が強く（33％対13％），女性よりも男性の犯人で移動型の傾向が強かった（46％対21％）ことを示している。この結果は，病院や寄宿舎など関連する場所の施設特性を反映している。雇用されている女性の連続殺人犯の大半は，被害者に近づくために自分の職業的立場を利用している。

カンターとラーキンは，イギリス国内の連続強姦犯に関する研究の中で，犯罪者を「拠点犯行型（marauder）」と「通勤犯行型（commuter）」に分類するための手段として円仮説を適用した。犯行円は，最も離れた2つの犯行地点を結んだ線を直径とする円の円周によって囲まれた範囲である。拠点犯行型犯罪者は，犯人の居住地が，複数ある犯行地点の中心としての役割をもつものである。他方，通勤犯行型犯罪者は，犯人の自宅から他の地域へ犯行を行なうために出かける。円仮説は，拠点犯行型犯罪者は犯行円の中に居住しており，通勤犯行型犯罪者は犯行円の外に居住していることを示している。イギリスの連続強姦犯45人のうち13％のみが犯行円の外に拠点となる自宅があった。通勤犯行型仮説を支持する事実はほとんどなく，この研究は，強姦犯は一般の人々と同じように典型的に「生活圏を中心としている（domocentric）」と結論づけている。

しかし，コクシスとアーウィンは，この結論の普遍性は疑わしいと注意を促し

ている。彼らは，オーストラリア国内の連続犯の研究では，強姦犯の71％，放火犯の82％，そして侵入盗の48％が，犯行円内に居住していたとしている。FBIは，アメリカ国内の連続強姦犯76人のうち51％が犯行円の外に居住しており，76％が犯行場所のパターンによって作られた凸包ポリゴン（前述）の外側に居住していたことを見いだした。アルストンは[*171]，ブリティッシュコロンビア州における面識のない者を対象とした30の連続性的暴行事件に関する研究を行ない，FBIの結果と類似した結果を得た[*170]。連続事件の43.4％で，犯行円内に犯罪者の活動ノードが含まれていなかった。都市構造やその土地の人口密度，移動行動などに関する国レベルの差異が，これらの知見の一貫性のなさに影響しているのかもしれない[*171]。

　円仮説に関する問題の1つは，犯行場所の地点パターンのみから，対象の物色行動を決定することである（他の関連問題についての議論はアルストンを参照[*170]）。犯行件数の多いケースでは，強姦犯は様々な方向の複数の地域に通うかもしれないし，それによって犯人の居住地点を中に含む犯行円ができあがることもある。そして，犯行件数の少ないケースでは，拠点犯行型の犯人がすべての被害者を偶然同じ方向に見つけるかもしれないし，それによって円内に犯人の居住地を含まない犯行円ができあがることもある。それゆえに犯行円は，連続強姦犯が行なった犯行経歴のどの時点でそれを描いたかによって，その犯人を通勤犯行型犯罪者にも，拠点犯行型犯罪者にも導くことがありうる[注49]。これは，ヨークシャーの切裂き魔およびボストン絞殺魔の事件で生じたことである[*284, 419, 509]。他の例として，犯行の対象となる被害者の背景に共通性がないときには，犯罪者がもつ対象の物色方法にかかわらず，通勤犯行型のパターンになってしまうことがあげられる。

●―――― 注49：拠点犯行型によるn件の犯行が，ある通勤犯行型による犯行である確率は，概算で$(2^{n-1})/(2^{2n-1})$である。nの値が小さいと，このパターンが偶然発生する可能性は高くなる。たとえば，連続犯行が4件だとすると，この確率は0.23になる。

　連続強姦に推奨される分類法として，アルストンは[*170]，自宅や職場などの主要な活動場所から被害者との最初の接触場所までの移動距離が一貫して5km未満の犯罪者が拠点犯行型であり，その間の距離が5km以上の犯罪者が通勤犯行型であると定義するよう提案している。彼は，通勤犯行型犯罪者が犯行のための移動に使う大通りに近い場所に滞在する傾向があると述べている。デービスとデイルは[*240]，「通勤犯行型と拠点犯行型のモデルは，地形と犯行対象の得やすさによって決定されるパターンの連続体の両極端であるにすぎないかもしれない」(p.16)と注意を促している。

連続殺人の地理学

　連続殺人や連続強姦の空間パターンに関する記述的評価は有用であるが，環境犯罪学や計量的地理学の理論や技術を応用することによって，犯罪者の行動に関する理解を飛躍的に高めることができる。そのために，連続殺人犯の地理的プロファイリングと対象パターンに関する研究プロジェクトがサイモンフレーザー大学（Simon Fraser University：SFU）の犯罪学科で7年間にわたり実施された。その研究は，①連続殺人犯のマクロレベルの情報，②選択された連続殺人事件に関する加害者，被害者，犯行場所に関するミクロレベルの情報という2つの形式のデータを収集し，分析を行なうものであった。[78,178,384,378,385][23]

　犯罪地理学的な視点に立つと，犯行現場の位置は，犯行対象の物色方法や犯行対象の構造的背景，それに犯罪者の活動空間の変化によって左右されると考えられる。この研究で解決しようとしている付随的な疑問のいくつかは次のとおりである。①個々の犯罪場所あるいは複数の犯罪場所を合わせたものの中で，どのタイプの犯罪場所が犯罪者の居住地の予測に最適なのか，②犯行地点やその周辺エリアの特徴から犯罪者の何がわかるのか，③犯罪者が経験を積み重ね，空間的なレパートリーを広げる前に行なった初期の犯行は，犯罪者の居住地域を特定する際により優れた指標となりうるのか。SFU連続殺人データセットは，これらを始めとするいくつかの問題について分析を行なうために必要な情報を提供してくれた。エリアや近隣地区の特徴，被害者のタイプと行動，日時や期間，犯人の移動性について検討を行なった。データには，犯行移動距離，犯行エリアの大きさ，パターンの凝集度，犯行の曜日を計算するためのものも含まれていた。

方法論

■ 連続殺人犯のデータ

　最初のデータベース（以下「FBI連続殺人データセット」と呼ぶ）には，連続殺人犯のマクロレベルの情報が蓄積されている。このデータの主要な情報源は，FBIの凶悪犯罪分析センターがレクサス・ネクサス社のコンピュータによる新聞トピック検索を使用して，全米の連続殺人犯を検索した結果のファイルである。それゆえ，ここでの犯罪は，すべてというわけではないが基本的には北アメリカのものである。原本にあるリスト上の情報について確認を行ない，スプリー殺人や大量殺人の分類により近いものについては，リストから除外するようにした。ここでは，FBIの連続殺人の定義を用いた（レスラーら参照）。[17]包括的なものとはしなかったものの，データを更新し，海外の有名な連続殺人犯のデータを加えるべく努めた。最終リストは，非常に有名な連続殺人犯を含めた225ケースとな

った。FBIの連続殺人データセットは，次の変数から構成される。①犯人の名前，②ニックネームやメディアで報道された名前，③性別，④共犯者，⑤確認された被害者数，⑥推定される被害者数，⑦最初の殺人犯行日，⑧最後の殺人犯行日，⑨犯行を行なった市，州，郡，国の名称。

　連続殺人犯のデータセットを，2つの分析目的のために使用した。第1に，マクロレベルの情報について頻度や平均値，比率を計算するためであった。連続殺人の頻度と割合について州間比較を行なうことによって，地域差についても検討を行なった（人口とすべての殺人事件数の両方で調整した）。第2に，このリストをミクロレベルの連続殺人データセットの情報源とするためであった。選択基準の重要な要素の1つは，連続殺人犯の活動空間や犯行対象の物色方法が生み出す犯行対象のパターンが，地理的プロファイリングの分析に適する事例を選び出すことであった。これは，最終的には犯罪者の犯行類型の発展につながるものであり，地理的プロファイリングの適用可能性や限界を明確にするための必要な手続きである。大きなデータセットが，この手続きを可能にした。

■ 情報源としての新聞

　連続殺人研究で新聞情報を利用することは一般的ではあるが，価値がない情報であるとする見解は少ない。イーガーは，次のように述べている。「マスメディアは，現在，わが国（アメリカ）における連続殺人の数を計るための唯一の情報源のように思われる」(p.11)。彼は，ニューヨークタイムズ紙の索引を用いて，1978年から1983年までの連続殺人事件を検索した。シモネッティは，同じ索引を精読し，1970年1月から1983年11月までの連続殺人事件の記事が掲載されたマイクロフィルムのデータと突き合わせた。ジェンキンスは，1900年から現在までの連続殺人犯の主要な事例のリストを作成するために，ニューヨークタイムズ紙の索引を含む新聞のアーカイブを調査し，今世紀初期におけるこの問題に対するジャーナリストの関心が，現在にひけをとらない程度にあったことを見いだした。

　レヴィンとフォックスは，アメリカ6大新聞社の新聞索引により，1974年から1979年までの間に，4人以上の被害者を生んだ連続殺人事件と大量殺人事件を検索した。ヒッキーは，新聞，雑誌，伝記，インタビュー，著書目録，コンピュータによるアブストラクト検索など様々な情報源を用いて，1800年から1995年までの連続殺人事件を確認した。そこではメディアが情報源として使用されているため，記事に偏見がないかを確かめることが重要になる。カイガーは，「新聞記事は問題のあるデータ源である。なぜなら，それは明らかに編集者の方針に左右されるためであり，発行部数を増加させるためにその現象をセンセーショナルに

表現(賛美しているとは言わないが)することもあるためである」(p.37)と警告している。メディアは,凶悪事件や被害者数の多い事件に特に的を絞り,アフリカ系アメリカ人や外国人の犯罪者を無視しがちなこともある。イーガーによる連続殺人犯ヘンリー・リー・ルーカスに関する分析では,新聞記事の内容は,詳細部分の記述に正確さを欠くものが多く,彼を容疑者の1人として扱わざるをえないものがあることを見いだした。

　カイガーは,連続殺人犯の存在が疑われる前に(リンクの見落としに関する前の議論を参照),一連の殺人が同じ連続殺人の一部であることをまず確認すべきであると,さらなる警告をしている。新聞の不正確な報道と定義の問題が,メディアを情報源とする研究をさらに複雑なものにする。たとえば,マイクロフィルムに収められた新聞記事で事件の詳細を精読した際,シモネッティは,実際には,いわゆる連続殺人と呼ばれるものの中に,大量殺人が含まれていることを見いだした。ジェンキンスは,メディアの報道のしかたと範囲が歴史的に変化しており,大都市部で発生した事件をより大きく報道する傾向があるという問題について議論している。彼は,都市部の大新聞は1950年代には地方の問題にまで報道の範囲を広げ,1960年代以降には全国紙の割合が3倍になったと記している。しかし,その後の研究では,こうした問題は研究遂行のうえでの大きな障害にはならないし,データが著しく歪むことにはならないと結論づけている。

　これらの問題は,研究がバイアスを受ける可能性を示唆している。地理的に広い領域でくり返し殺人を行なう者の犯罪は,リンクの見落としにより,連続殺人事件としてはとらえられないこともある。ましてや一貫した犯罪手口をもたない複数の事件や,長期間にわたって分散して行なわれた事件は,同一犯による一連の事件として関連づけられることはほとんどないであろう。相互に関連のない行方不明者報告書の数としてしか公式には知られていない連続殺人事件もあるかもしれない。そうした事件は連続殺人事件の「暗数」となり,通常の方法では情報を収集することはできず,おそらく,より地理的に限定された方向に連続殺人のデータ収集を歪めてしまうであろう。しかしこうした可能性があったとしても,最初の段階で連続殺人事件と見きわめられなければ,その捜査を支援する必要はないことになる。また,切り裂きジャックやグリーンリバー殺人鬼のように,連続殺人であることが疑われたが確認できなかった事件は,実際にはまったく存在していなかったという可能性もある。この結論は,それらの特異な事件にはあてはまりそうにないが,新聞社や警察が関係のない複数の殺人事件を誤って関連づけてしまうことは,確かにありうることである。実際,テキサス州フォートワースで1984年から1985年までの間に発生した女性による一連の殺人事件でこうしたことが起こった。

■ 加害者，被害者，場所のデータ

　2つめのデータベース（以下，「SFU連続殺人データセット」と呼ぶ）には，抽出した連続殺人事件の加害者や被害者，犯罪場所に関するミクロレベルの情報が蓄積されている。それは，総人口に対する妥当な近似値を示してくれるFBIの連続殺人犯リストから作成したサンプルに基づいている。すべての連続殺人犯についての正確な数は存在しないうえに，これからもおよそ把握できそうもないなかで，今日までの最善の努力の結果は，FBIリストを加工した数値がおおむね正確であることを示唆している。[21, 72]

　サンプル抽出の手続きを決めるに際して，特別な基準を採用した。1960年以降に5人以上の被害者を殺害した連続殺人犯であり，かつ定住者であり，かつ単独犯あるいは1人の共犯者と犯行を行なった者であり，かつ一定の犯罪手口で犯行を行なった者を選択した（サンプリング手法の全詳細については，ロスモ参照）。[23]この選択過程は，分析の適切な範囲を定め，誤った適用を避けるのに役立った。未解決の連続殺人事件の捜査に資するために，そうした分類は殺人犯を逮捕する前に警察が把握していそうな情報によって決定すべきである。研究で用いた変数は，こうした点を念頭に置いて作成した。

　選択基準に合致したものから10件のサンプルを無作為に抽出し，連続殺人事件のミクロレベルの地理について検討を行なうために使用した。選択基準を満たさないことの影響を調べるために，選択基準のいずれかを満たさなかった3件を追加した。これらの13件を地理的プロファイリングで用いる地理的犯罪者探索（criminal geographic targeting : CGT）のアルゴリズム用の最初のテストグループとした。

　SFU連続殺人データセットは，次の変数から構成される。①殺人の日付，②殺人の曜日，③殺人の時間，④一連事件番号，⑤凶器，⑥車両利用，⑦犯行の秩序性，⑧連続殺人犯の分類，⑨犯行類型，⑩被害者特徴（特定のタイプか否か），⑪被害者選択（無作為／パターン化していない，あるいは，作為的／パターン化している），⑫被害者の行動，⑬犯人の居住地（住所および空間座標），⑭犯人の職場（住所および空間座標），そして判明している個々の殺人に関連した犯罪場所，⑮犯罪場所の種類，⑯犯罪場所の地域分類，⑰犯罪場所の空間座標。巻末の付録Bに，連続殺人の加害者，被害者，犯罪場所に関するデータのコーディング形式を示した。データコーディングの手続きとガイドラインについては，ロスモ[23]で知ることができる。

　リレーショナル・データベース・マネージメント・システムを使用して，複数の犯罪場所を共通する1人の殺人犯に階層的に関係づけ，複数の殺人事件を共通する1人の殺人犯に関係づけた。さらに，これらの関係から，居住地から犯行地

までの距離などのデータ項目を算出した。15人の連続殺人犯，178人の被害者，347か所の犯罪場所から成る13件の連続殺人事件が，SFU連続殺人データセットを構成している。

連続殺人犯の特徴

表9-2に，225人の連続殺人犯の特徴に関するFBIデータセットの内訳を示す。完全なリストは巻末の付録Aの表に掲載している。

被疑者不明の未解決事件が14件あり，その割合は7.3％であった（データセットにある全事件数は193件）。女性加害者の割合は，先行研究で得られた割合と類似しており[*21, 25]，一連の殺人の平均期間の推定値についても同様であった[*64, 65]。連続殺人犯の4分の1には共犯者が1人おり，事件数でみると共犯事件は11.9％になる。この数字は先行研究の示した数値の範囲の中で最も低い値になる。平均共犯者数は1.7人である[注50]。

●————注50：興味深いことに，単独生活を送るライオンの狩猟成功率は8から19％だが，集団狩猟を行なう場合は30％になる[*504, 511]。

図9-1は，連続殺人の犯人ごとに確認された被害者数と推定被害者数を示している。推定被害者数の平均は，100人以上の被害者がいるとされる事件の数字は

表9-2 連続殺人犯の特徴

特徴	
犯人の人物特定	
判明	93.8％（211人）
不明	6.2％（ 14人）
性別	
男性	90.7％（204人）
女性	9.3％（ 21人）
共犯の有無	
単独犯	75.6％（170人）
共犯あり	24.4％（ 55人）
殺人の平均犯行期間	4.4年
確認された被害者の平均人数	9.7
推定される被害者の平均人数	13.3
平均犯行都市数	2.8
平均犯行州数	1.7

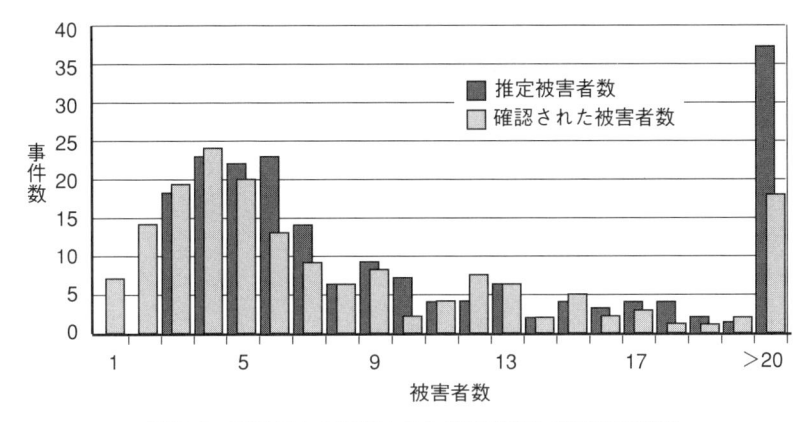

図9-1 事件ごとの確認された被害者数と推定被害者数

あてにならないので，これを除外したうえで，推定被害者数の平均値を算出した（そうでなければ，平均は18.7人となる）。このデータは，大都市地域（たとえば，ニューヨークのような）のものも，その中の個々の区域（たとえば，ニューヨーク市内のブルックリンやクイーンズ）のものも同列に扱っているように思われるので，都市ごとの平均値を見る場合には注意を要する。

■ 州間比較

複数殺人の発生が地域ごとにかたよっていることに注目する研究者は多いが，発生率が高い地域についての合意はほとんどできていない。太平洋沿岸の北西部は，連続殺人の発生が多い場所だとされることが多い[84,109]。カヴァナ[72]によると，連続殺人の被害者の39.6％は太平洋沿岸地域の出身で，その数字は2番目に多い地域と比較しても2倍以上になる。レヴィンとフォックス[31]の調査では，複数の被害者を殺害する犯人はたいてい都市部で犯行を行ない，その都市部がニューヨーク州，テキサス州，あるいは西海岸，その中でも特に南カリフォルニアである可能性が高いとしている。テキサスを除いた南部で犯行を行なう可能性は低い。しかしキーニーとハイド[42]の研究では，女性の連続殺人犯の64％は南部の出身，しかもそのほとんどがフロリダ州の出身であった（29％）。

ヒッキー[21]は，カリフォルニア州の連続殺人件数は，2位のニューヨーク州の1.5倍も報告されているが，連続殺人には地域性はないとした。カヴァナ[72]の分析では，被害者数でみるとカリフォルニア州は2位のニューヨーク州の4倍を上回った。ヒッキーは，特に大都市圏では，地域性よりもむしろ人口密度との相関が重要なのではないかと考えている。ジェンキンス[22]は，地理的にはアメリカ西部に連続殺

表9-3 州別に示した連続殺人事件の発生数とその比率

州	人口	殺人件数	殺人発生率（人口比）	連続殺人件数	連続殺人発生率（人口1千万人あたり）	殺人事件中の連続殺人率（殺人千件あたり）
アラバマ	4,127,000	408	9.89	6.3	15.3	15.5
アラスカ	513,000	29	5.65	7.7	149.4	264.4
アリゾナ	3,466,000	294	8.48	6	17.3	20.4
アーカンソー	2,422,000	211	8.71	1.7	6.9	7.9
カリフォルニア	28,168,000	2936	10.42	193	68.5	65.7
コロラド	3,290,000	187	5.68	6	18.2	32.1
コネチカット	3,241,000	174	5.37	8	24.7	46
デラウェア	660,000	34	5.15	3	45.5	88.2
コロンビア特別区	620,000	369	59.52	4	64.5	10.8
フロリダ	12,377,000	1416	11.44	47.5	38.4	33.5
ジョージア	6,401,000	748	11.69	32.3	50.5	43.2
ハワイ	1,093,000	44	4.03	2.7	24.4	60.6
アイダホ	999,000	36	3.6	5	50.1	138.9
イリノイ	11,544,000	991	8.58	38.8	33.6	39.2
インディアナ	5,575,000	358	6.42	13.3	23.9	37.2
アイオワ	2,834,000	47	1.66	1.7	5.9	35.5
カンザス	2,487,000	85	3.42	3	12.1	35.3
ケンタッキー	3,721,000	229	6.15	3.7	9.9	16
ルイジアナ	4,420,000	512	11.58	12.3	27.9	24.1
メイン	1,206,000	37	3.07	1.7	13.8	45
メリーランド	4,644,000	449	9.67	8	17.2	17.8
マサチューセッツ	5,871,000	208	3.54	5	8.5	24
ミシガン	9,300,000	1009	10.85	23.3	25.1	23.1
ミネソタ	4,306,000	124	2.88	2	4.6	16.1
ミシシッピー	2,627,000	225	8.56	4.3	16.5	19.3
ミズーリ	5,139,000	413	8.04	7.7	14.9	18.6
モンタナ	804,000	21	2.61	2.7	33.2	127
ネブラスカ	1,601,000	58	3.62	2.7	16.7	46
ネバダ	1,060,000	111	10.47	10.3	97.5	93.1
ニューハンプシャー	1,097,000	25	2.28	1.3	12.2	53.3
ニュージャージー	7,720,000	411	5.32	9.3	12.1	22.7
ニューメキシコ	1,510,000	173	11.46	3	19.9	17.3
ニューヨーク	17,898,000	2244	12.54	51.7	28.9	23
ノースカロライナ	6,526,000	510	7.81	7.7	11.7	15
ノースダコタ	663,000	12	1.81	1.3	20.1	111.1
オハイオ	10,872,000	585	5.38	32.7	30	55.8
オクラホマ	3,263,000	243	7.45	11.7	35.8	48
オレゴン	2,741,000	139	5.07	16.7	60.8	119.9
ペンシルバニア	12,027,000	660	5.49	12.7	10.5	19.2
ロードアイランド	995,000	41	4.12	2	20.1	48.8
サウスカロライナ	3,493,000	325	9.3	4.7	13.4	14.4
サウスダコタ	715,000	22	3.08	1.3	18.6	60.6
テネシー	4,919,000	461	9.37	5	10.2	10.8
テキサス	16,780,000	2022	12.05	36.8	22	18.2
ユタ	1,691,000	47	2.78	9.7	57.2	205.7
バーモント	556,000	11	1.98	2.3	42	212.1
バージニア	5,996,000	468	7.81	5.3	8.9	11.4
ワシントン	4,619,000	264	5.72	23.3	50.5	88.4
ウェストバージニア	1,884,000	93	4.94	2	10.6	21.5
ウィスコンシン	4,858,000	144	2.96	12	24.7	83.3
ワイオミング	471,000	12	2.55	2	42.5	166.7
合衆国全体	245,810,000	20,675	8.41	718.2	29.2	34.7
平均	4,820,000	405.4		14.1		

人が集中していることについて,「開放的な略奪的性文化」と,カリフォルニア州各都市で風俗施設にきわめて行きやすいことが原因の一端と考えられるとしている。レヴィンとフォックス[*31]は,南カリフォルニアに放浪者と潜在的被害者が多いことに鑑みて,ここを「殺人のための遊び場」と呼んでいる。

表9-3には,1988年における,コロンビア特別区を含む州ごとの人口,警察が認知した殺人事件と非過失傷害致死事件の合計数,人口比の殺人発生率を示し[*512],さらに連続殺人の件数と発生率を示した。連続殺人事件の件数については,次の3研究の平均をとった。①1800年から1995年にかけて,1人以上の被害者が殺害された連続殺人事件[*21],②19世紀半ばから1989年までの,州ごとの連続殺人被害者[*72],③1880年から1993年までの,連続殺人犯行現場[*23]。連続殺人の発生率として,対人口比率(1千万人あたりの発生数)と対殺人事件数比率(1,000件あたりの発生数)の両方を算出した。

平均の2倍以上の値を示す連続殺人の多い州は,その件数順にカリフォルニア,ニューヨーク,フロリダ,イリノイ,テキサス,オハイオ,ジョージアとなっている。アメリカ全体での発生率の2倍以上の値を示す,人口比で発生率の高い州は,その比率順に,アラスカ,ネバダ,カリフォルニア,コロンビア特別区,オレゴンである。殺人事件数千件あたりの比率がアメリカ全体での比率の2倍以上の値を示す,殺人事件全体に占める連続殺人の比率の高い州は,その発生率順にアラスカ,バーモント,ユタ,ワイオミング,アイダホ,モンタナ,オレゴン,ノースダコタ,ネバダ,ワシントン,デラウェア,ウィスコンシンである。図9-2の地図は,州ごとの人口比連続殺人発生率を示している。

これらの結果の信頼度は,各研究で数え方が異なり[注5],対象時期もずれている

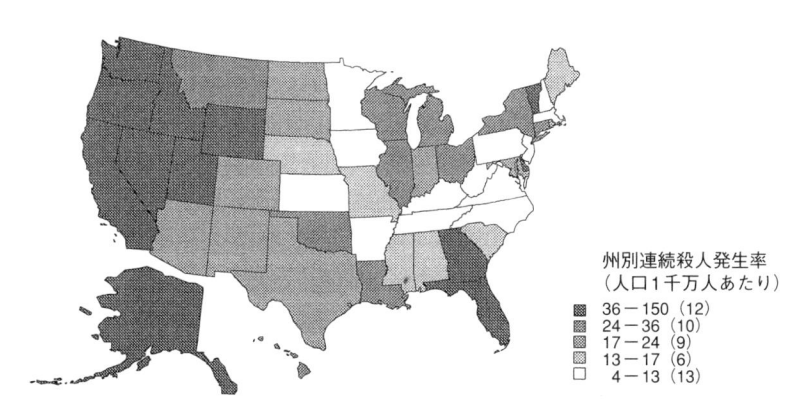

図9-2 州別に示した連続殺人事件の発生率

事実を勘案して加減すべきである。さらに，記録をとった連続殺人事件数が少ない州も多いことから，それらの州の順位についてはほとんど信頼性がない。人口や全殺人のレベル（傷害致死事件の人口と傾向の両方を代用）を考慮に入れてしまうと，先行研究が指摘した地域的な差異の多くは消えてしまう。しかしそれでもなお，西部のほうが連続殺人の発生率が高いという証拠は若干残っている。

●────── 注51：ヒッキーはこれ以外にも，中央値を用いて（たとえば，ワシントン8件），頻度をレンジとして計算したものも示している（たとえば，ワシントンでは6件から10件）。

事例の解説

　より詳細な分析を行なうために，以下の連続殺人事件を選択した。①リチャード・チェイス，②アルバート・デサルボ，③クリフォード・オルソン，④アンジェロ・ブオーノとケネス・ビアンキ，⑤ピーター・サトクリフ，⑥リチャード・ラミレス，⑦デビッド・バーコウィッツ，⑧ジェフリー・ダーマー，⑨ジョエル・リフキン，⑩ジョン・コリンズ。選択基準を満たさない場合の影響について検討を行なうために，さらに①アイリーン・ウォルノス，②イアン・ブレイディとマイラ・ヒンドリー，③ジェリー・ブルドスの3例を追加した。15人の連続殺人犯と，178人の被害者，347の犯罪場所を含むこれら13事例は，ミクロレベルのSFU連続殺人犯データセットを構成している。

　以下には，選択した連続殺人事件のそれぞれについての概要を示す。本研究の目的として，犯罪が，殺人や殺人未遂，あるいは人が殺害される可能性が非常に高い状況での凶悪犯罪（強姦，性的暴行，誘拐，あるいはそれらの未遂事件）のいずれかであった場合には，被害者および関連する犯罪場所を連続殺人犯に結びつけた。

　職場は活動空間の重要な要素であるが，このサンプルには職業についての信頼性のある情報が入っていなかったため，犯人の職場については分析を行なわなかった。犯人にとって重要なアンカーポイントであると思われる場所については記載した。2人の犯人による事件や，殺人犯が一連の殺人事件の途中で転居した場合には，すべての居住地情報を載せている。

■ リチャード・チェイス（Richard Chase）

　「吸血殺人鬼」と呼ばれたリチャード・トレントン・チェイスは，慢性的な妄想型の精神分裂病に罹患しており，彼の血液の供給がエイリアンによって止められてしまっていると信じていた。それゆえ，彼は他人の血を飲むことによってのみ生きられると考えた。1976年に精神科施設から退院したチェイスは，1977年

12月下旬にはカリフォルニア州サクラメントでの凶暴な殺人を開始した。そこでは，老若男女を問わず6人を殺害し，被害者の死体から内臓を取り出し，肉を食べ，血を飲んだ。

　無秩序型の典型的な殺人犯の例として言及されることの多いチェイスは，犯行エリア内に居住し，被害者の1人から盗んだ車を彼の家のすぐそばに放置していた。無秩序型の連続殺人として一貫しており，チェイスの犯行エリアはある地域の狭い範囲内に限定されていた。唯一の例外を除いて，死体遺棄地点と接触地点は同じであった。彼の最後の犯行現場には4人の被害者が犠牲となっていた。1978年1月に心理学的プロファイルに従って行なわれた地取捜査により，チェイスは逮捕され，その後6つの第一級殺人で有罪の判決が下った。1980年に彼は刑務所内で服毒自殺した。

■ アルバート・デサルボ（Albert DeSalvo）

　「ボストンの絞殺魔」と呼ばれたアルバート・デサルボは，1960年代にマサチューセッツ州ボストン周辺で13人の女性を殺害した。[73,75,115,284] 結婚して家族がいた彼は，児童期にひどい虐待を体験しており，最終的には精神分裂病と診断された。デサルボは，一連の殺人の前後に，300を超える性的暴行と数百件もの侵入盗を4つの州で行なったとされている。彼は1962年6月に被害者を絞殺し始めた。被害者の死体の首がネクタイで念入りに絞められた格好で発見されることも多かった。

　デサルボは，モルデンの自宅からボストンに通い，目的もなくバックベイ地域にある自由奔放な人が多い「ボヘミアン」地区周辺を流しながらドライブした。彼は，下宿の学生，一時滞在者，高齢者などがいそうなタイプの建物から犯行対象の場所を選択した。デサルボは，建築会社のメンテナンス係として様々な場所で働いていたため，市内中を走り回っており，そうした場所をよく知っていた。彼は，建物の配管工を装って騙し，被害者のアパートに入り込んでいた。デサルボは，家の近くでは被害者を探さない，まさに密猟型の犯罪者であった。彼の犯行の場合，死体遺棄地点と接触地点は同じであった。

　精神医学委員会は，彼の一連の犯行を2人の別の犯人によるものであるという間違ったプロファイルを作成した。その理由の1つは，デサルボが最初に高齢の女性を殺害し，後には若い女性を殺害したという被害者選択の変更である。1964年1月4日に殺害された最後の被害者は，足下に「新年おめでとう」と書かれたカードとともに放置されていた。その後，デサルボは性的暴行を加えに戻り，ついに逮捕され，強姦で投獄された。州の精神病院に収容されている間，けっして話そうとしてこなかったボストン絞殺事件について自白した。彼は1973年に，刑務所内で囚人どうしのいさかいで刺されて死亡した。

■ クリフォード・オルソン（Clifford Olson）

1980年11月から1981年7月にかけて，11人の子どもがブリティッシュコロンビア州の大バンクーバー地区から失踪した。クリフォード・ロバート・オルソンがカナダ国家警察（RCMP）捜査チームにより逮捕され，殺人を自供するまで，多くの被害者の遺体は発見されなかった。41歳のオルソンは，常習軽犯罪者であり，成人になってから刑務所外で生活したのはたった4年であった。彼が殺人に熱中し始めたのは，性犯罪と銃犯罪で保釈中の時で，ノバスコティアでの児童虐待で指名手配中の頃であった。なお，当の逮捕令状は州外では効力がなかった（ロスモ*168参照）。彼は，ブリティッシュコロンビア州ペニテンタリーにいる間，暴力的な強姦犯であり子ども殺しの犯人である，共犯者のゲイリー・フランシス・マルコイの手紙や地図から，その後の犯罪手口を覚えた。
*137, 151, 152, 153, 170, 278, 514, 515

ベテランの詐欺師であるオルソンは，郊外のショッピングモールやアーケード，バス停などで被害者を拾い，派手な名刺と仕事をまわすのを口実に車に連れ込んだ。そのまま帰す場合もあれば，殺害する場合もあった。被害者は男女を問わず9歳から18歳の子どもであった。オルソンの第1の選択基準は，無防備な被害者のようであった。犯行対象を物色するために相当車を流しており，1981年7月の2週間だけでレンタカーを5,569km走行させたこともあった。

オルソンは，一連の殺人の初期に転居し，2番目の住居は彼の主要なアンカーポイントとなった。そこで暮らしていたときに殺人の大半を行なっただけでなく，過去に何度もそのあたりに居住していた。オルソンは2つのメンタルマップをもっていたようであった。1つは被害者を探すために用い，もう1つは被害者の遺棄地点を決めるために用いた。被害者を探すために用いたメンタルマップは局所的であり，彼の居住地域とその周辺が中心になっていた。一方，遺棄のためのメンタルマップは地域的であり，アガシス・マウンテン刑務所が中心となっていた。死体の遺棄地点の範囲は，被害者との接触地点の範囲よりもずっと大きかった。オルソンは，被害者を探すときよりも死体を捨てるときに，より長い距離を移動した。前者はよく行なっている行為で安全であったが，後者はあまり頻繁に行なうことのない，リスクの高い行為であったためである。

この事件で最大の論争の的となった点の1つは，ブリティッシュコロンビア州の司法長官が，被害者を埋めた場所についての情報を得るために，オルソンに10万ドルを支払うことに同意したことであった。この「金で死体を買う」取引は，当時相当の社会的反響があったが，複数殺人の罪でオルソンを処断するには，そのための証拠が必要であったのである。オルソンは11件の第一級殺人により終身刑となったが，いまだにカナダで最も被害者数の多い連続殺人犯としての地位を占めている。彼は，カナダの刑法745条により，1996年に司法再審査の申請を

行なったが，却下された。

■ アンジェロ・ブオーノ（Angelo Buono）とケネス・ビアンキ（Kenneth Bianchi）

「ヒルサイドの絞殺魔」として知られるアンジェロ・ブオーノとケネス・ビアンキは，従兄弟どうしであり，売春のポン引きをしていた。その組織が潰れたとき，彼らは警察官を装い，ロサンゼルスの街路で女性たちを拾い，ブオーノが所有する自動車内装業の店舗付き住宅へと連れ込んだ。そこで被害者たちは性的暴行を受け，拷問を受けたうえで殺害された。彼女たちの死体は後に，サンガブリエル地区の山腹に遺棄された。
[*31, 73, 373, 516, 517, 518, 519, 520]

これらの遺棄場所は，2人の殺人犯のうちの主犯格であったアンジェロ・ブオーノによって選択された。ブオーノはグレンデイルの郊外で育っており，ニューヨーク州のロチェスターで育ったビアンキとは違い，ロサンゼルス地区をよく知っていた。複数の犯罪場所は，連続した地理的パターンを示しており，つまるところブオーノの家につながっていた。そしてその事実は，公判中に検察官によって補強証拠として示された。「絞殺魔は高速道路をうまく利用し，たとえば，ニューヨークあるいはボストンで考えられるよりもかなり広い範囲をカバーしており，彼らの誘拐と遺棄の地理的なパターンの中に都市の動脈のように高速道路のネットワークが浮かび上がっていた」(p.179)。[*517]

ブオーノとビアンキは，2人が別れてビアンキがワシントン州に転居するまでの1977年から1978年までの間に，合計10人の女性を殺害した。ワシントン州で，ビアンキは1979年1月にさらに2人の女性を殺害し，後になってこの事件とヒルサイドの絞殺魔の事件とを結びつけて捜査していたベリンガム警察に逮捕された。ビアンキは当初，多重人格障害を装い，彼のもう1つの自我である「スティーブ」が殺人を行なったと主張した。この策略が失敗すると，彼は従兄弟に対する不利な証言を行ない，カリフォルニア州史上で最も長い裁判を終えた後，2人の殺人犯は終身刑を言い渡された。

■ ピーター・サトクリフ（Peter Sutcliffe）

1975年から1980年の5年間に，「ヨークシャーの切り裂き魔」は北イングランドで20人の女性を襲い，そのうち13人を殺害した。名前の由来となった1世紀前の切り裂きジャックのように，ピーター・サトクリフは，赤線地区の街路やバーで働いている売春婦から被害者を見つけていた。彼はそうした女性を激しい憤怒のもと，釘抜きハンマーや先の尖ったスクリュードライバーで襲った。
[*73, 210, 219, 220, 371, 509, 519, 521, 522, 523]

切り裂き魔の捜査は，イギリス史上で最大の捜索であり，莫大な警察資源と数

百万ドルを費やした。皮肉にも，サトクリフは少なくとも9回の事情聴取を受けていたが，それらの関連性は24トンもの捜査記録の中に埋没していた。西ヨークシャーの赤線地区にあまりにも多くの警察官の姿が見られるようになったため，サトクリフは他の都市に行き，街娼ではない女性を狙うことでその状況に対応した。こうした彼の被害者選択により，これらの事件における被害対象の構造的背景は一様にはならなかった。彼の犯行の場合，死体遺棄地点と被害者との接触地点はほぼ同じであった。

彼はついに，シェフィールドで売春婦と一緒に車を停めている間に，殺害の凶器を発見した2人のパトロール警察官によって逮捕された。サトクリフは犯行を自供し，彼に聞こえる墓石から出てくる神の命令する声に従って事件を行なったと供述した。これによって，精神科医の間で彼が妄想型の精神分裂病あるいは性的サディストであるかについての多くの議論が行なわれた。1人の医師は，彼は非常に危険な人物であり，最もよい精神科施設でさえ彼を単なる危険な人物にすることしか望めないであろうと推測した。サトクリフが兄弟に対して行なった殺害行為に関する彼自身の説明は，単に街をきれいにするためということであった。オールドベイリーにおけるレジーナ対サトクリフ訴訟（Regina v. Satcliff）の係争は，13人という大多数の陪審員が有罪とし，30年間は仮釈放の望みのない終身刑を言い渡された。

■ リチャード・ラミレス（Richard Ramirez）

大ロサンゼルス地区は，25歳のリチャード・レイバ・ラミレスという「ナイトストーカー」[*73, 115, 214, 457, 524]によって1年以上恐怖の中にあった。1984年から1985年の間に，彼は少なくとも15人を殺害し，8人を殺害しようとし，さらに10人に性的暴行を加えた。彼が好んだ手口は，被害者の頭部を銃で撃つだけでなく，喉を切り裂き，激しく殴打するものであった。

街の盛り場の常連であった無職の彼は，夜にサンガブリエルやサンフェルナンドバレーの郊外地域に住む中産階級の被害者が寝ているところに侵入して襲った。理由は不明ながら，ラミレスは，とりわけ高速道路の出口に近いところにある，白や黄色やベージュなど明るいパステル調の色で塗られた平屋建ての家を狙っているようであった[注52]。彼の犯行の場合，死体遺棄地点と被害者との接触地点は同じであった。犯行現場のいくつかには被害者が2人おり，それらの1つはサンフランシスコで起こっていた。

●────注52：「ナイトストーカー」が高速道路出口近くで被害者を狙ったのは，自分に都合のよい機会に乗じたにすぎなかった（適当な家を最初に見つけた）からだとも，戦術的に考えた（逃走路に近いから）結果だともいえる。あるいはまた，ロサンゼルスの中心

部のほとんどは高速道路からさほど離れているわけでもない，といえるかもしれない。

「ナイトストーカー」は，目撃者の観察と頻繁なパトロールという古風なやり方と，シアノアクリレート樹脂の曝露，レーザー照射による可視化，コンピュータ化されたデジタル画像検索システムを用いた最先端の指紋検出技術との組み合わせによって特定された。ラミレスは，東ロサンゼルスのスペイン語地区での長期にわたる追跡の後に，新聞の顔写真に気づいた市民の通報によって逮捕された。

彼は，悪魔の家来であるという主張をし，有罪判決のあと，法廷に向かって叫んだ。「お前たちは俺をわかっちゃいない。お前たちにはわかりっこない。お前たちにはそんな頭がない」(p.287)[*457]。ラミレスの犯罪をまさに純然たる悪であると表現する専門家もいた。彼自身も，自分には「モラルがない，良心のとがめはない，善悪の観念はない」と述べていた。ラミレスはガス室送りを宣告された。しかし，今や彼がいるサンクエンティンの死刑囚監房を定期的に訪れる熱狂的な「ナイトストーカー」の追っかけたちのファンクラブがある。

■ デビッド・バーコウィッツ（David Berkowitz）

デビッド・バーコウィッツは1976年の夏から1977年の夏にかけて10人の被害者を44口径のリボルバーで撃ち，うち6人を殺害した[*73, 114, 115, 525, 526, 527]。彼が警察とニューヨークのタブロイド紙に送りつけた揶揄の手紙のうち1通に書かれた言葉から，「サムの息子」として知られるようになったが，バーコウィッツは後に，近所の住人であったサム・カーの飼い犬の姿を借りた悪魔が自分に下した殺人命令に従ったのだと供述している。

バーコウィッツはニューヨーク市内のクイーンズ，ブルックリン，ブロンクスの各行政地区へとほぼ毎晩犯行対象の物色に出かけ，過去の犯行現場に戻ることがよくあった。明らかに長く黒いウェーブヘアの女性に惹かれて，駐車した車の中にいるカップルを探し出した。銃撃現場の1つに残した警察宛てのメッセージにはこう書いてある。「俺は狩りが好きだ。カモ……うまい肉を探して，街をうろついているんだぜ。クイーンズのねえちゃんたちは最高だぜ。俺はきっとあいつらの飲み水ってとこだぜ。俺は狩りのために生きているんだ。……俺の人生なんだ。親父に血を捧ぐ……」(原文のまま)[*114]。

彼の犯行の場合，死体遺棄地点と被害者との接触地点は同一であった。数か所の犯行現場には2人の被害者が犠牲になっていた。最初の2件の犯行を敢行した後，バーコウィッツはブロンクスから自分の犯行領域の外に位置するヨンカーズへ転居した。この時点で彼は，射撃のためにニューヨーク市の行政区へと通う密猟者になった。しかし，バーコウィッツはブロンクスで育ったため，彼の被害者

探索は成長期にできあがったメンタルマップに基づいていたのではないかと思われる。

　この殺人犯が最後の射撃をしてからほどなくして，違法駐車していたフォード社製ギャラクシーセダンに張られていた違反切符を取り去るのを見た目撃者の情報に基づき，警察はヨンカーズの自宅でバーコウィッツを逮捕した。精神障害ではないとされた後に，彼は容疑を認めた。殺人罪によりアッティカ刑務所で服役中の1979年，サムの息子の話がでっちあげだったことを認めたが，精神医学者の中にはいまだにこの撤回をうさん臭く思っている者がいる。バーコウィッツが妄想型の精神分裂病であったかどうかについては議論が残るが，彼の自己診断を否定できる者はいない。起訴前の精神鑑定において，バーコウィッツは無数の壁に囲まれた1人の囚人のスケッチを描いた。その絵の下に彼は，「俺は具合がよくない。ちっとも」(p.83) という，古臭い控えめな言葉を書いた。[*115]

■ ジェフリー・ダーマー（Jeffrey Dahmer）

　悪名高きジェフリー・ダーマーは，警察に逮捕された後に，1978年から1991年にかけて17人の男性を殺害したと自白している。[*528,529,530,531] 最初の被害者を除くすべての被害者は，彼がアンブロージア・チョコレート会社に攪拌係の夜勤工員として勤務していた1987年から1991年の4年間に殺されている。他の多くの連続殺人犯とは異なり，ダーマーは自家用車をもたず，たいていバスやタクシーで移動した。

　ウィスコンシン州ミルウォーキーの南二番街沿いのゲイバーで拾った同性愛者を餌食にするのがダーマーの典型的なやり口だった。被害者たちは，彼の自宅に連れてこられ，薬物を飲まされ，絞殺された。ダーマーはその後，死姦や死体損壊，カニバリズムに勤しんだ。死体は解体され首を落とされ，死体のパーツは台所にある冷蔵庫や容量57ガロンの樽に貯蔵された。被害者の頭に穴を開け酸を注ぎ込むことでゾンビを作ろうという初期の試みが失敗したため，ダーマーは精巧な死の神殿を作り上げる計画を立て，頭蓋骨を茹でて肉を削ぐことを始めた。

　最初の殺人はオハイオ州にある子ども時代の自宅において発生した。次の3件はミルウォーキー近郊のウェストアリスで祖母と暮らしていたときに発生した。それからミルウォーキーのアパートで1人暮らしを始め，さらに2番目のアパートに転居した。5件目を除き，以降すべての事件は第2のアパートで行なわれた。被害者の大半はゲイバーで拾ったため，犯行対象となった被害者の構造的背景は一様ではなかった。被害者のうち2人とはシカゴで出会った。ダーマーは待ち伏せ型の殺人犯で，死体をアパートに保管していた。

　被害者になりかかった者の1人が逃げ出したことで，警察はダーマーのアパー

トの中にあった見るも恐ろしい姿の死体を発見し，彼を逮捕した．その後，彼は自供し始めた．裁判では（法的な意味で）精神障害ではないとされ，16件の殺人で有罪となり，ダーマーは終身刑の強制判決を受けた．ダーマーの仮釈放を永遠に実現させないために，裁判官は次々と彼の仮釈放適格性の条件を積みあげたが，結局それはどうでもよくなった．1994年11月，ダーマーは重警備施設であるコロンビア刑務所で同房の囚人に撲殺された．

■ ジョエル・リフキン（Joel Rifkin）

ジョエル・リフキンはニューヨークの街娼たちを殺した．マンハッタン南部で声をかけ，絞殺し，死体を辺鄙(へんぴ)な場所に遺棄した．[147,150,532] 1989年から1993年にかけて，少なくとも17件の殺人を行なった．リフキンは非常に厳しい被害者選択基準をもっており，1970年代に高校生だった自分の同級生の女の子たちを思い起こさせるような女性を好んだ．殺された被害者たちは，55ガロンのオイル缶に入れられて，ロングアイランドや，ニューヨーク市を流れる河川，ニュージャージー，ニューヨーク州北部といった広範囲の様々な場所に遺棄された．被害者の職業に由来する被害リスクの高さや，彼の遺棄方法のせいもあって，ほとんどのケースで，警察はリフキンの被害者の失踪と死とを結びつけて考えなかった．

リフキンはロングアイランドからニューヨーク市まで出向いて被害者となる売春婦を拾っていた．遺棄地点ほどではないが，接触地点における犯行対象の構造的な背景も一様ではなかった．被害者との接触地点は赤線地帯のある場所によって，遺棄地点は海岸線の地形と都市化の程度によって制約を受けていた．

リフキンは，乗用車にナンバープレートが付いていないことに気づいた州警察が彼を停めようとして始まったカーチェイスの果てに逮捕された．州警察はピックアップトラックの後部座席で防水シートに覆われた最後の被害者のバラバラ死体を発見した．その後の警察での取り調べで，彼は全部で17件の殺人を自白した．精神障害を装おうとして失敗した後，有罪となり25年から無期までの懲役判決を受けた．獄中で，彼は「絶体絶命の法則．自分が狂っているとわかっていたら，実は狂ってなどいない」[150](p.300)と書いた．

■ ジョン・コリンズ（John Collins）

ジョン・ノーマン・コリンズはイプシランティにある東ミシガン大学（Eastern Michigan University：EMU）近くにある共学校の女子学生を餌食にした．1967年から1969年にかけての「ミシガン殺人」の犯人である．[73,75,526,533] 自身も同大学の上級生だったコリンズは，ある夏をキャンパスに近いシータ・カイ友愛会館の管理棟で働き，そこで生活した．このライフスタイルのおかげで彼は自分の狩り場と，潜

在的被害者とに精通することができた。

　コリンズは小説「罪と罰」に魅せられており，ある時は英語による随筆でこう書いた。「重要なのは社会による判断ではなく，個人の意思決定と知性である」[*533] (p.249)。これは，ドストエフスキーの描いた学生殺人犯ラスコーリニコフの言い換えであった。ラスコーリニコフはこの世には不正な行為や犯罪行為を行なうことが許される絶対的権利をもつ者がいると信じていると描かれていた。

　コリンズはヒッチハイクの女子学生を拾って強姦したあと，彼女たちを絞殺あるいは銃殺，刺殺，殴殺した。そのバラバラ死体はイプシランティの外縁，アナーバーにほど近い場所で遺棄されているのが発見された。彼は計8件の殺人にかかわっているといわれている。東ミシガン大学はコリンズの第1のアンカーポイントだった。コリンズが被害者を遺棄するために辺鄙な場所を選んでいたために，死体遺棄地点の構造的背景は一様ではなかった（東ミシガン大学の北部地域は広大な未開発地域であった）。またカリフォルニアでの休暇中にも1件の殺人を行なっていた。

　ミシガン州の警察官であった叔父の家で最後の被害者を絞殺した後，犯行現場の法医学的証拠によってコリンズの容疑が確認された。1970年8月19日に陪審員が有罪の評決を下し，コリンズは南ミシガン州刑務所での終身禁固と重労働を宣告された。当然，彼は法の適用を免れる者ではなかった。

■ アイリーン・ウォルノス（Aileen Wuornos）

　アイリーン・ウォルノスは，12か月足らずの間に中央フロリダ一帯で7人の男性を殺害した。[*38, 41, 526, 534, 535] 彼女が女性初の連続殺人犯であるというわけではないが，略奪者の形態で殺人を犯した数少ない女性の1人であった。[*41, 215, 536] 住所不定の街娼だった彼女は，顧客を求めてフロリダの高速道路の入口やトラック停留所でヒッチハイクをしていた。1989年11月から1990年11月にかけて，こうした男たちの何人かが被害者になった。被害者たちは射殺されて金品を奪われ，死体と車は大西洋からメキシコ湾にまたがる広範な地域の様々な場所に遺棄された。

　正確な接近場所や殺害場所はわかっていない。ウォルノスは放浪生活をしており，様々な町のいろいろなモーテルで生活していたが，フロリダ州ワイルドウッドにアンカーポイントがあったようだ。彼女がヒッチハイクをして多くの客をとっていたのが，ここのI-75トラック停留所からであった。

　逮捕後のウォルノスは，7人の被害者のそれぞれが彼女を強姦しようとしたので正当防衛を行なったのだと主張した。彼女はたまたま男を何人か殺しただけで，自分は連続殺人犯ではないとして，無実を主張した。虚言癖を疑われたウォルノスは，境界性人格障害と反社会性人格の両方の診断を受けた。やや芝居じみた公

判の後に，アイリーン・ウォルノスは陪審員により有罪の評決を受け，電気椅子による死刑を宣告された。

■ イアン・ブレイディ（Ian Brady）とマイラ・ヒンドリー（Myra Hindley）

「ムーアの殺人者」イアン・ブレイディとマイラ・ヒンドリーは，1963年から1965年にかけてイギリスのマンチェスター地方で被害者を狩っていた。[*537, 538] ブレイディはヒンドリーを彼のネオナチ的世界観に転向させ，性的サディズムとポルノグラフィと軽微な犯罪に満ちた生活に引き込んだ。恋人たちはついには殺人を犯すようになり，殺した5人はすべて10代以下の子どもであった。ブレイディとヒンドリーは被害者の死体を町の東端から車で1時間ほどのサドルワース・ムーアに埋めたので，それが彼らの悪名高きニックネームの由来となった。一連の犯行の間に辺鄙な場所へ引っ越し，最後の2件では被害者を探しにマンチェスターまで通っていた。

警察がブレイディとヒンドリーの自宅奥の寝室で最後の被害者の死体を発見したのは，前日の夜の殺人を目撃していたヒンドリーの義理の兄弟から通報を受けてのことであった。ムーア周辺を掘りかえすと，さらに3人の被害者の死体が見つかったが，他の被害者の死体はついに発見されなかった。ブレイディは3件の殺人，ヒンドリーは2件の殺人について有罪となった。殺人犯たちは2度にわたって死を免れた。1度目は被害者の伯父の1人が公判中に彼らを射殺しようと計画したが警察に露見したからであり，2度目は彼らの逮捕1か月後，「1965年殺人法」の成立によって死刑が廃止されたからであった。

■ ジェリー・ブルドス（Jerry Brudos）

「快楽殺人犯」ジェリー・ブルドスは，オレゴン西部で1968年から1969年にかけて少なくとも4人の女性を殺害した。[*73, 115, 526, 539] 被害者を絞殺しては，自宅脇の車庫で死体を切断して，自動車部品を重石にして付近の河川に沈めていた。彼の家族は，鍵のかかった車庫に立ち入ることを禁じられていた。最初の殺人を犯した後，彼はポートランドからセーラムに転居した。彼は遺棄地点のうちの1か所を2回使用した。

ブルドスは靴に対するフェティシズムがあり，靴に惹かれて襲った被害者も何人かいた。40足のハイヒールコレクションを持ち，しばしば靴や下着を盗むために空き巣に入った。ブルドスは被害者の死体をドレスアップしてその写真を撮るのが好きだった。最初の被害者の足を切断して，靴を履かせた状態で冷凍庫に貯蔵していた。

彼とデートした大学生が疑念を抱いて通報したため逮捕され，ブルドスはつい

には警察の取り調べで自白した。家宅捜査により，他の犯罪の奇妙な記念品に混ざって，彼に捕まった被害者たちの悲惨な写真が出てきた。ブルドスは有罪を認めて無期懲役刑の判決を3回受けた。オレゴン州刑務所に収監されていたが，1999年に仮出所の資格を得た。

連続殺人犯の特徴

犯人

　SFU連続殺人データセットにある犯人15人の特徴の内訳を，表9-4に示した。表中の数値は，割合と頻度，あるいは平均のいずれか，適当なほうで示した。これは，「データコーディング形式1：連続殺人犯」によって収集した情報の要約である（データコーディング形式は巻末の付録Bを参照）。共犯者である殺人犯の情報についても，連続殺人犯が単独で行なったのか，共犯者と一緒に行なったのかを示す項目により示されている。

　文献で議論されている様々な連続殺人犯の分類の中で，本研究では，FBIの秩序型／無秩序型の2分類と，ホームズとドビュルガーの類型についてのみ検討を行なう。前者は，秩序の程度が犯人の活動空間に影響を与えるためであり，後者は一般的に用いられる類型であるためである。

　被害者総数と，場所総数，殺人の活動期間の平均値については，犯人ごとではなく，事件ごとの値である。このサンプルでは，被害者ごとに平均して1.9か所の犯罪場所があった。単独犯が行なった事件は85％であった。表9-4は，連続殺人犯のさらに大きなデータセット（表9-2参照）との比較でも，変数には統計的有意差がないことを示している。ほとんどの犯罪者が，力・支配志向の連続殺人犯タイプに適合していた。間隔尺度を仮定して数値化すると，秩序の程度の平均は2.1（いくらか秩序だっている）であった。一戸建てとアパートが，最も一般的な犯罪者の住居形態であった。

被害者

　SFU連続殺人データセットにおける178人の被害者特徴の内訳を，表9-5に示した。割合と頻度，あるいは平均のいずれか，適当なほうで示している（複数回答については，割合は合計すると100を超える）。これは，「データコーディング形式2：連続殺人事件の被害者」によって収集した情報の要約である（巻末の付録Bに示したデータコーディング形式参照）。表には，罪種（最も重大な犯罪に分類される殺人，殺人未遂，強姦，強姦以外の性的暴行など）や，第2の被害者の状況（「あり／同一事件内」，「あり／同一発生日」，「なし」）についても示して

表9-4 連続殺人の犯人データ

特徴	割合	人数
加害者の性別		
男性	87％	13
女性	13％	2
共犯者		
単独犯	73％	11
共犯あり	27％	4
平均被害者数	12人	
平均犯罪場所数	23か所	
平均犯行期間	2.7年	
犯行の類型		
秩序型	47％	7
やや秩序型	20％	3
混合型	20％	3
やや非秩序型	7％	1
非秩序型	7％	1
犯人の類型		
妄想型	20％	3
任務遂行型	0％	0
欲望充足型	13％	2
スリル追求型	13％	2
安楽型	7％	1
力・支配志向型	47％	7
住居の類型		
一戸建て	53％	8
複数世帯用一戸建て	0％	0
アパート	33％	5
ホテル・モーテル	7％	1
下宿・簡易宿泊所	0％	0
トレーラーハウス	0％	0
公共施設	0％	0
住所不定	7％	1
ホームレス	0％	0

表9-5 連続殺人の被害者データ

特徴	割合	人数	特徴	割合	人数
罪種			**狩猟類型-探索方法**		
殺人	75.3%	134	狩猟型	31.6%	49
殺人未遂	16.9%	30	密猟型	54.8%	85
強姦	5.1%	9	流し釣り型	11.6%	18
その他の性的暴力	2.8%	5	罠仕掛け型	1.9%	3
第2の被害者			**狩猟類型-襲撃方法**		
あり － 同一事件内	12.9%	23	電撃型	78.7%	122
あり － 同一発生日	4.5%	8	ストーカー型	0.0%	0
なし	82.6%	147	待ち伏せ型	21.3%	33
被害者の性別			**支配方法**		
男性	27.5%	49	銃	6.7%	12
女性	72.5%	129	ナイフ	3.4%	6
			鈍器	2.8%	5
加害者-被害者関係			絞扼	0.6%	1
面識なし	93.8%	167	腕力	18.5%	33
顔見知り	6.2%	11	酒・薬物	16.9%	30
親しい知人	0.0%	0	脅迫	6.2%	11
			急襲（接触と殺害が同時）	51.1%	91
犯人による選択			不明	6.7%	12
意図的/パターンあり	74.7%	133			
無作為/パターンなし	25.3%	45	**殺害方法**		
			銃	25.8%	46
被害者特徴			ナイフ	16.9%	30
特徴あり	47.8%	85	鈍器	21.3%	38
特徴なし	52.2%	93	絞扼	37.6%	67
			腕力	2.2%	4
被害者の行動			毒物	0.6%	1
在宅中	30.9%	55	その他	0.6%	1
勤務中	1.1%	2	不明	3.9%	7
通勤・通学・帰宅中	6.2%	11	殺害行為なし	9.0%	16
散歩・ジョギング中	21.9%	39			
ヒッチハイク中	5.1%	9	**死体隠蔽の試み**		
その他移動中	12.4%	22	誇示	7.3%	13
友人を訪問中	2.2%	4	遺棄	10.7%	19
アウトドアの娯楽	0.0%	0	その他隠蔽なし	34.3%	61
バーやナイトクラブ	10.7%	19	簡易な隠蔽	10.1%	18
その他の社会活動	5.1%	9	入念な隠蔽	25.3%	45
売春	22.5%	40	その他	12.4%	22
その他	8.4%	15			
			連続事件とのリンク		
			リンク判明	72.3%	112
			リンク不明	27.8%	43

いる.「第2の被害者の状況」については,複数被害者の事件を,同一事件で殺害されたのか,あるいは別の事件であるが同一日に殺害されたのかを区別するためのものである.犯罪場所集合のデータは,後に示したうえで議論を行なう.

犯行対象の物色方法と探索方法,犯行対象の物色方法と襲撃方法,犯人のアプローチ,被害者の一連事件との関連づけについては,同一事件で第2の被害者を除いた155事件が母数となっている.死体隠蔽で「その他」に分類された事件の典型は,被害者が逃走したものである.警察は,サンプル中のほぼ4分の3の被害者を,ある時点で連続殺人に結びつけていた.連続事件に結びつけられていない事件は,たいていの場合,特定の被害者を既知の連続事件にリンクされなかったというよりは,連続殺人犯の存在に気づかなかったという不手際があったものである.未解決事件を除いた場合には,事件がリンクされた割合は96％にまで上昇する.

クリアリーとレティヒは[*479],連続殺人犯にとって面識のない被害者は,無作為に選択されたのではなく,殺人犯が知っている特定の事項に一致するものであると指摘している.同様に,ウォーレンらは[*171],「連続強姦犯が,自分の犯罪を地理的に振り分けようとするとき,無作為なパターンが現れることはない」(p.247)ことを観察している.本研究では,被害者選択の4分の3が無作為でない,すなわち,一定のパターンがあるものに分類された.そして約半分の被害者は,犯人にとって関心のある特定の特徴を有していた.「無作為性」というのは連続殺人犯に関する限り,サンプル抽出過程(たとえば被害者選択手法など)が数学的にランダムだというよりは,「面識がない」(サンプル中94％を占める)という性質について言及していることが明らかであろう.

ほとんどの被害者は,密猟型あるいは狩猟型の物色方法のいずれかで犯人によって探し出されている.密猟型の特徴は,当初地理的プロファイリングには適さない事例だと考えられた.ところが,犯罪者が通勤犯行型であった場合には,様々な方向に向かうことが多いと考えられる.十分な数の事件数があれば,犯人の居住地が犯行領域内で探し出せる見込みが相当ある.本研究の知見は,拠点犯行型(狩猟型)と通勤犯行型(密猟型)が連続線上の両端に位置するというデービスとデイルの示唆を支持している[*240].

電撃型による接近が,最も一般的な襲撃方法であった.待ち伏せ型は,基本的に狩猟型あるいは密猟型の探索行動に結びついていた.連続殺人犯や快楽殺人犯は,犯行前の注意深い計画の一部として,しつこいストーカー行為を行なう(狩猟類型に定義されている)[*62,540]ことが多いという論評に反して,襲撃前に被害者がつきまとわれた事例はなかった[注53].キーニーとハイドは[*42],女性の連続殺人犯に関して,研究対象者の3分の1を超える女性が,積極的に被害者を調達したり,誘惑

したりしているが、ストーカー行為があるという証拠はほとんど見いだせなかった。

●────注53：連続強姦の場合、ストーカー行為はよくみられる。被害者と犯罪者に共通する場所や、犯罪者が使う「釣り穴」と重なり合う場所を特定するために、被害者の日常生活の行動を知ることは、警察の捜査においてこれから発展の余地のある分野である。

被害者の行動では複数回答が認められており、225の行動が記録された。驚くべきことに、このサンプル中の約3分の1の被害者が自宅内で襲われていた[注54]。そのほかの一般的な行動としては、散歩やジョギング、売春などがあげられていた。4分の3近くの被害者は女性である。支配方法と殺害方法でも複数回答が認められており、それぞれ201と210の回答が記録された。半数を超える被害者は、即座の致命的な急襲によって支配されていた。殺人犯が好む殺害方法は絞殺であった。被害者の4分の1のみ、その遺体が殺人犯によってうまく隠されていた。

●────注54：シュレジンガーとレヴィッチ*204によると、彼らが検討した性的殺人の被害者106人のうち、53.7％が自宅で殺害されている。FBIによる強姦事件の研究では、接触場所の64％が被害者の自宅か勤務先で、70％が屋内であった。被害者の移送が行なわれたのは全体の15％にすぎなかった*171。基本的に、屋内で強姦を行なう犯罪者は、しだいに被害者を選定するようになっていく。

場　所

本データセットにおける347の犯罪場所の特徴についての内訳を、表9-6に示した。割合と頻度、あるいは平均のいずれか適当なほうで示している[注55]。これは、「データコーディング形式3：連続殺人の場所」によって収集した情報の要約である（巻末の付録Bに示すデータコーディング形式参照）。犯行の曜日およびマンハッタン距離で測定した犯人の居住地から犯行地点までの距離に関する情報も示している。

●────注55：複数回答方式なので、全体の合計が100％を上回ることがある。

犯罪場所類型の数は347の全犯罪場所を母数としている。表9-6に示す他の変数については、同一事件の第2の被害者に関する場所を削除し、320の犯罪場所を母数としている。曜日は、被害者との接触地点の日付に基づいてのみコーディングしている。他の特徴については、被害者との接触地点、死体遺棄地点、そしてすべての場所を示している。このために、①接触地点、②接触・襲撃地点、③接触・襲撃・殺害地点、④接触・襲撃・殺害・死体遺棄地点の犯罪場所類型は、被害者との接触地点（全155か所）として分類している。また、①襲撃・殺害・死体遺棄地点、②殺害・死体遺棄地点、③死体遺棄地点、④死体遺棄地点・車両からの証拠品投棄地点の犯罪場所類型は、死体遺棄地点（全104か所）として分

類している。

図9-3は，被害者との接触地点の日付に基づき，連続殺人事件を曜日ごとに示したものである。レーダーチャートにおける土曜日と日曜日の膨らみが示すように，40％近くの事件が週末に発生している。この知見は，ルーチン・アクティビティ理論に一致して，犯罪者を犯行に駆り立てる機会と被害者の得やすさがともに週末にかけて増大することで説明可能である[注56]。

●──── 注56：ウォーレンら*171によると，連続強姦の発生は曜日による差はないが，週末に犯行を行なう者のほうが，犯行領域がより広域にわたる。この結果は，職をもった犯罪者にとって，土曜日と日曜日に被害者探索の機会がより多いことと一貫している。

犯行移動距離分類別に示した事件の有効比率の範囲は，図9-4に示すとおりである[注57]。犯人が被害者の死体を家に残した事件を除き，死体遺棄地点は殺人犯の居住地から被害者との接触地点までの距離よりも遠い傾向がある。これは，おそらく2つの要因に起因する。第1に，死体遺棄の頻度は低いのに対し，被害者探索活動はより頻繁に行なうためであると思われる（このような例として，クリフォード・オルソンの事例概要を参照）。第2に，最適な死体遺棄地点が，都市部からある程度の距離にある無人地帯であることが多いためである。

●──── 注57：外れ値は除外した。

死体遺棄地点と被害者との接触地点との間の移動距離の平均の比は11.6，標準偏差は25.9である[注58]。その比が1より小さいときは通常，死体隠蔽の試みがなされた場合である。この比と，犯人居住地から被害者との接触地点までの距離との間には何らかの関連がある。仮に，後者が1.0kmよりも短い場合には，平均距離の比は26.0になり，そうでなければ平均距離の比は1.6に落ちる。これは，比較的家に近いところで接触した被害者の死体を遠ざけたいという犯罪者の願望を示唆しているようである。

●──── 注58：被害者との接触地点あるいは死体遺棄地点のいずれかが犯罪者の自宅である場合は，分析から除外した。

全犯罪場所の61％が警察に認知されたが，この数値は死体遺棄地点では67％になり，被害者との接触地点では70％になる。これら2つの場所類型は，地理的プロファイリングにとって最も重要なものであり，地理的犯罪者探索（CGT）のためには通常一方を知れば十分である。犯罪場所の12％が，殺人犯の居住地内であった。そうした場所は，警察にはわかりそうもない場所である。

犯行地点の概要では複数回答が認められており，被害者との接触地点では238タイプ，死体遺棄地点では144タイプ，全地点では476タイプが記録された。路上と住居が最も一般的な犯罪場所である。「その他」に分類されたものの典型は，

表9-6　連続殺人の場所データ

特　徴							
犯行場所類型							
接触地点	27.7%	96					
接触/襲撃地点	2.3%	8					
接触/襲撃/殺害地点	1.4%	5					
接触/襲撃/殺害/遺棄地点	19.9%	69					
襲撃地点	1.7%	6					
襲撃/殺害地点	11.0%	38					
襲撃/殺害/遺棄地点	15.0%	52					
殺害地点	2.6%	9					
殺害/遺棄地点	1.4%	5					
死体遺棄地点	13.5%	47					
死体遺棄/車両遺棄地点	0.9%	3					
車両遺棄地点	2.3%	8					
物証発見地点	0.3%	1					
曜日	接触地点						
月曜日	12.9%	20					
火曜日	10.3%	16					
水曜日	8.4%	13					
木曜日	16.8%	26					
金曜日	7.7%	12					
土曜日	16.1%	25					
日曜日	23.2%	36					
不明	4.5%	7					
犯行地点までの距離	接触地点		死体遺棄地点		犯行地点全体		
犯行地点数	155		104		320		
平均距離	21.8km		33.7km		25.8km		
0キロ	1.3%	2	16.3%	17	11.9%	38	
0.1-1.0キロ	7.1%	11	1.0%	1	4.4%	14	
1.1-5.0キロ	14.8%	23	2.9%	3	8.8%	28	
5.1-10.0キロ	11.6%	18	13.5%	14	10.3%	33	
10.1-15.0キロ	15.5%	24	5.8%	6	9.4%	30	
15.1-20.0キロ	4.5%	7	4.8%	5	4.4%	14	
20.1-50.0キロ	34.2%	53	29.8%	31	29.1%	93	
50キロ以上	5.2%	8	20.2%	21	10.6%	34	
不明	5.8%	9	5.8%	6	11.3%	36	
犯行場所は捜査で判明したか	接触地点		死体遺棄地点		犯行地点全体		
判明	70.3%	109	67.3%	70	60.9%	195	
不明	29.7%	46	32.7%	34	39.1%	125	
犯行地域の土地利用	接触地点		死体遺棄地点		犯行地点全体		
住宅地域	45.8%	71	45.2%	47	45%	144	
商業地域	43.2%	67	3.8%	4	24.4%	78	
工業地域	0%	0	5.8%	6	3.4%	11	
公共施設地域	3.2%	5	1.0%	1	1.9%	6	
公園地域	1.3%	2	5.8%	6	2.5%	8	

田園・農業地域	0.6%	1	12.5%	13	5.3%	17
原生自然・非居住地域	1.3%	2	21.2%	22	9.1%	29
不明	4.5%	7	4.8%	5	8.4%	27

犯行地点の特徴	接触地点		死体遺棄地点		犯行地点全体	
住宅	29%	45	17.3%	18	27.2%	87
ホテル・モーテル	0.6%	1	0%	0	1.3%	4
公共建物	1.3%	2	0%	0	0.6%	2
学校・教育施設	0.6%	1	0%	0	0.3%	1
事業所/商店	11%	17	1.0%	1	7.8%	25
娯楽施設	5.8%	9	0%	0	2.8%	9
赤線地帯	23.2%	36	0%	0	11.3%	36
自動車	6.5%	10	5.8%	6	11.6%	37
公共交通機関	10.3%	16	1.0%	1	5.3%	17
私有地	1.3%	2	5.8%	6	2.5%	8
駐車場	3.9%	6	2.9%	3	3.4%	11
路上・歩道上	51%	79	16.3%	17	34.7%	111
路地・小道・細道・散策路	0.6%	1	11.5%	12	5.3%	17
高速道路・側溝	5.8%	9	3.8%	4	5.6%	18
公園	1.9%	3	6.7%	7	3.1%	10
農場・畑地・その他野外	0%	0	11.5%	12	4.1%	13
河川・湖・沼地	0%	0	20.2%	21	7.2%	23
森林・林	0.6%	1	21.2%	22	8.4%	27
丘陵・山	0%	0	4.8%	5	1.6%	5
砂漠・荒れ地	0%	0	3.8%	4	1.3%	4
その他	0%	0	4.8%	5	2.5%	8
不明	0%	0	0%	0	0.9%	3

犯行地点分類	接触地点		死体遺棄地点		犯行地点全体	
屋内の私的空間	27.7%	43	15.4%	16	27.2%	87
屋内の準公共空間	7.1%	11	0%	0	3.4%	11
屋内の公共空間	2.6%	4	0%	0	1.3%	4
屋外の私的空間	1.3%	2	3.8%	4	2.2%	7
屋外の準公共空間	0%	0	6.7%	7	2.5%	8
屋外の公共空間	61.3%	95	73.1%	76	62.5%	200
不明	0%	0	1.0%	1	0.9%	3

殺人犯の移動方法	接触地点		死体遺棄地点		犯行地点全体	
自動車	81.9%	127	78.8%	82	83.4%	267
公共交通機関	8.4%	13	6.7%	7	7.2%	23
徒歩	7.7%	12	13.5%	14	8.1%	26
その他	1.3%	2	0%	0	0.6%	2
不明	0.6%	1	1.0%	1	0.6%	2

被害者・加害者の居住地	接触地点		死体遺棄地点		犯行地点全体	
加害者の自宅	1.3%	2	16.3%	17	11.9%	38
被害者の自宅	25.2%	39	1.9%	2	12.8%	41
双方の自宅	0%	0	0%	0	0%	0
どちらにもあてはまらない	73.5%	114	81.7%	85	74.1%	237
不明	0%	0	0%	0	1.3%	4

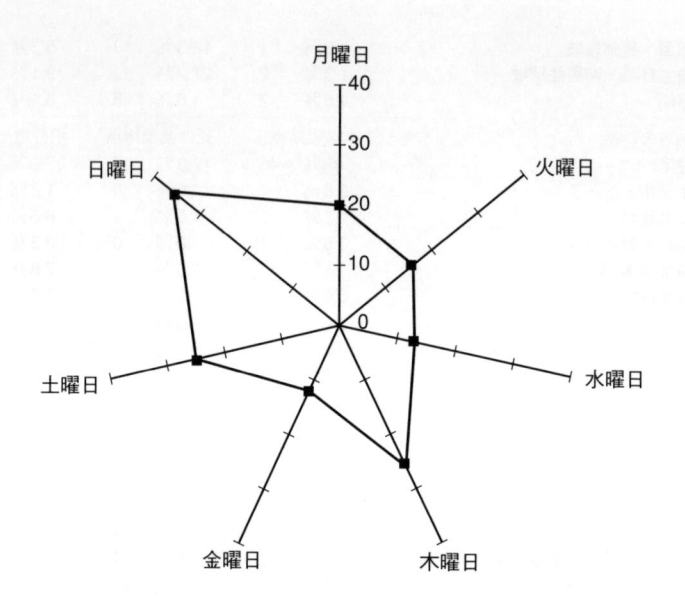

図9-3　連続殺人事件の曜日別分布

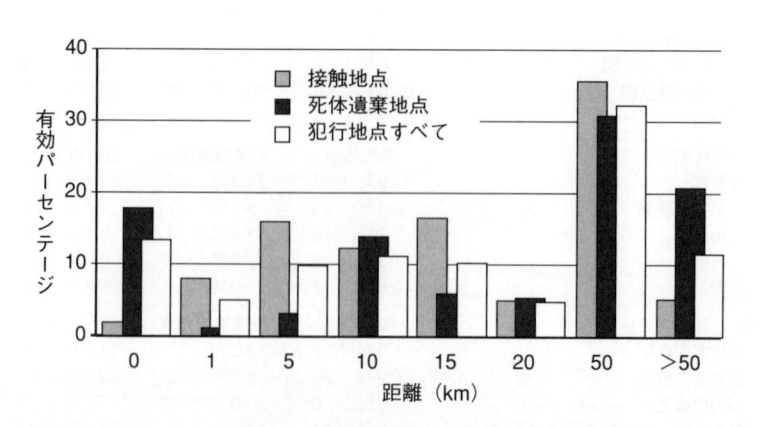

図9-4　犯行地点への移動距離

空家か荒廃した土地であった。地域的には，住宅地や商業地が顕著であった。事件の大半は屋外の公共の空間で発生しており，次いで屋内の私的な空間が多かった。連続殺人犯は，車両で移動することを好んでいた。

犯行分解

　犯罪は単一の場所で行なわれるものとして扱われがちであるが，犯罪のタイプによっては1つの犯行に複数の地点が関係することもある。複数の関連場所は，犯人にとってそれぞれ異なる意味をもっているために，結果的に，それぞれが異なる選択特性をもっている。連続殺人犯にとっての場所類型には，被害者との接触地点，襲撃地点，殺害地点，死体遺棄地点が含まれる。連続強姦犯にとっての場所類型には，被害者との接触地点，襲撃地点，強姦地点，被害者の解放地点が含まれる。連続放火犯にとっては，ふつう，放火地点という1つの場所だけが含まれる。これら固有の行動が，すべて1つの場所で行なわれることもあるが，事件の大半は2か所以上の場所で行なわれている。

　殺人事件に関する4種類の犯行地点から，8つの可能な組み合わせを作成し，犯罪場所集合と命名した。ある犯行を犯罪場所集合に分解することを犯行分解と呼ぶ。ある犯行に対する特定の犯罪場所集合は，被害者選択と被害者との接触地点の特徴との関数であるが，それはさらに犯人の移動性や，探索方法，秩序の程度をも包含している。一般論として，犯人の秩序のレベルや移動性が高くなればなるほど，犯罪場所集合の潜在的な複雑さも高くなる（たとえば，場所がさらに分解される）。

　表9-7は，8つの犯罪場所集合について，それぞれの割合を示したものである。被害者との接触地点（接），襲撃地点（襲），殺害地点（殺），死体遺棄地点（棄）の各地点間の移動は，矢印（→）で示される。たとえば，「接襲殺→棄」は，被害者との接触地点，襲撃地点，殺害地点は同じ場所であるが，死体遺棄地点はそれとは異なる場所であったことを示している。

　犯人の多くは，同じ犯罪場所集合をくり返して使用していたため，このサンプルの犯罪手口に関して地理的な一貫性は高いレベルにあった。連続殺人の被害者178人のうち約85％が殺人犯にとって最も一般的な犯罪場所集合のところに分類され，96％が最も一般的あるいは2番目に一般的とされる犯罪場所集合のところに分類されている。これは，犯罪場所集合が，連続事件をリンクする際に評価特性として用いることができる場合があることを示唆している[注59]。

表9-7　犯罪場所集合

犯罪場所集合	%	地点数	%
接→襲→殺→棄	1.7％	4	1.7％
接→襲→殺棄	1.7％	3	26.4％
接→襲殺→棄	21.3％		
接襲→殺→棄	3.4％		
接襲→殺棄	1.1％	2	33.1％
接→襲殺棄	29.2％		
接襲殺→棄	2.8％		
接襲殺棄	38.8％	1	38.8％
合計	100.0％		100.0％

●――――注59：ViCLASの設計は，地理的プロファイリングの原理を組み込んでおり，他の捜査基準と結びつく犯罪場所集合の類似性に基づいたクエリー（訳注：データベースからデータを取り出すためのフォーマット）をもっている。

　犯人の行動の一貫性，変化，改善を理解することは，リンク分析をするうえでの重要な原則である。ウォーレンらは，連続強姦事件の現場についての検討から，数量化した119の行動の約半分が時間を経過しても不変であることを見いだした。それ以外の行動は，計画性の高さ，自分が何者かを特定されることを避ける，目隠しを使用するなど巧妙化を示すか，あるいは一貫性のない変化を示した。彼らは，病理的な側面がより安定していることを示唆している。「一貫性と変化の考えは，連続犯罪の重要な領域を表している。つまり，理屈のうえでは，それは分類可能なパラダイムの相対的な重要性を明らかにするのに役立つし，同一犯による犯行をリンクすることによって捜査活動に情報提供ができる」(p.225)。犯人の地理的行動における一貫性と変化の測度は，捜査活動に寄与する（デットリンガーとプルー参照）。

クラスター

　短期的な空間選択性向は動物の狩猟行動で観察されており，ある種の犯罪者は何度もくり返し同じ物色地点を訪れる。場所の選好性もまた連続殺人犯の中に見いだされ，その多くが被害者を物色するために好みの場所に戻ったり，ゴミ捨て場や森の「墓地」に死体を捨てたりする。利便性を超えて，こうした自分だけの「象徴となる場所」は，犯人の空想にとって意味をもつのかもしれない。
　ヨークシャーの切り裂き魔とサムの息子は，いずれも新たな被害者を求めて，

以前の犯行エリアを再び訪れることで知られていた。[*37]

> 「サムの息子」と呼ばれるデビッド・バーコウィッツに話をしにニューヨークに行ったときに，FBI特別捜査官のロバート・K・レスラーはこう言った。「殺害する被害者を見つけられなかった夜には，彼は過去の事件をありありと思い出し，それを空想するために，以前の犯行現場に戻ったと言っていた。この話は頭の中のどこかに入れておけば，他の犯人も同じことをするかどうか確認するのに使えるよい情報だよ」[*322]。(pp.49〜50)

ルボー[*179]は，常習的な連続犯が「くり返し同じ地理的，生態学的空間を使用する傾向……。連続殺人犯の地理的そして生態学的パターンは，おそらく警察の捜査官が見分けられる，逮捕に利用できる確実な情報であろう」(p.397)と述べている。彼は，最近隣分析により，サンディエゴの常習的な連続強姦犯の犯行現場間の平均距離のレンジが0.12〜0.85マイルであり，平均が0.35マイルであることを確認した。ビュッヒラー[*544]とラインウェバー[*545]は，ドイツの銀行強盗が類似した逃走パターンをたどり，警察が複数事件を同一犯による事件として関連づけるのに役立つ情報となるのではないかと述べている。デービスとデイル[*240]は，イギリスの強姦犯に関する研究の中で，地理的に「同じ道を戻る」ケースをいくつか見いだした。彼らは，以前の犯罪現場や，犯人にとって特別の意味をもつ人や場所に関する捜査情報の国レベルでの活用が重要な捜査資源となると提唱している。連続殺人犯のモント・リッセルは，バージニア州アレキサンドリアにある過去の強姦現場に戻ったときに逮捕された。[*37]

SFU連続殺人犯研究における犯行地点のパターン分析においても集積傾向が示された（R尺度の59％は，1よりも小さかった）。ランダムでないことに主として影響を与えるものに犯行対象の構造的背景がある。驚くことではないが，画一性の欠如がクラスタリングを導く。他にも，機会という要因があるであろう。ある犯人がある特定の地域でひとたび成功したとしたら，同じところで再びやらないことがあろうか。最初の犯行中に，他の潜在的な犯行対象が犯行に気づき，覚えているかもしれない。多くの点で，こうした影響は財産犯に関する再被害者化研究の文献に示されているものと類似している。[*546,547] ファンタジーもまた，犯人を特定の場所に戻させる役割をもっている。以前の犯行現場の近くにある犯行現場は感染場所と見なされ，地理的プロファイリングを行なう際には，それらは相互に関連性があると考え，非独立事象としてとらえられる。

犯行移動距離の増加

　個々の犯罪者の犯行移動距離は，時間の経過とともに増大すると考えられてきたが，この仮説の実証的検討はほとんど行なわれていない。時間が犯行移動距離に影響したのであれば，どのような影響なのかを調べるために，連続殺人犯が移動した距離についてケース別分析および全体分析を行なった。しかし，すべての犯行移動が犯人の居住地から始まっているとは限らないため，このアプローチには限界がある。また，殺人犯は，侵入盗，強盗，性的暴行などの先行する犯罪に加えて，いまだ発覚していない殺人を行なってきたかもしれない。一連の殺人事件の途中で転居する犯人もおり，犯行移動距離の比較を複雑なものにしている。

　連続殺人犯ごとに，判明しているすべての犯罪について，犯人の居住地から被害者との接触場所までのマンハッタン距離を測定した。同一日に2人以上の被害者が襲われている場合には，最初の事件のみを測定対象とした。犯行を時系列順に並べ，外れ値を除き，顕著なずれは無視した。犯人居住地から被害者との接触場所までの距離を，事件番号に従ってプロットした（ロスモ参照）。[*23]

　表9-8は，これらの結果の要約である。連続殺人事件の半数は顕著な増大を示している（$R^2 > 0.300$の傾きとして定義される）が，残りの半数は特に顕著な変化は示さなかった。平均距離は，犯人によってかなりばらつきがあった（レンジは，1kmから40km）。それゆえ，傾きについては，連続殺人犯ごとの平均犯行移動距離で比較を行なった。この数値は，平均犯行移動距離の比として表される犯行移動距離の漸増を示している。すべての平均上昇率は16％（標準偏差＝17）であった。

　図9-5は，全体としての犯行移動距離の変化を示している。犯行エリアの広さは差異が大きく，蓄積データが歪められるため，犯行移動距離の自然対数の単純平均を，事件番号ごとにプロットした。この分析では，最低5回以上の犯行移動のあった事件のみを対象としている。線形回帰分析によって，犯行移動距離が時間の経過に伴って有意に増大することが見いだされた（$R^2 = 0.519$）。ところが，図9-5に示すように，三次多項式を用いたほうが，さらにうまく適合することが

表9-8　犯行移動距離の増加

連続殺人犯	傾斜	犯行移動距離（km）			増加率
		最小値	平均	最大値	
平均	2.66	4.47	24.44	57.95	0.16
標準偏差	3.97	7.39	13.2	50.31	0.17

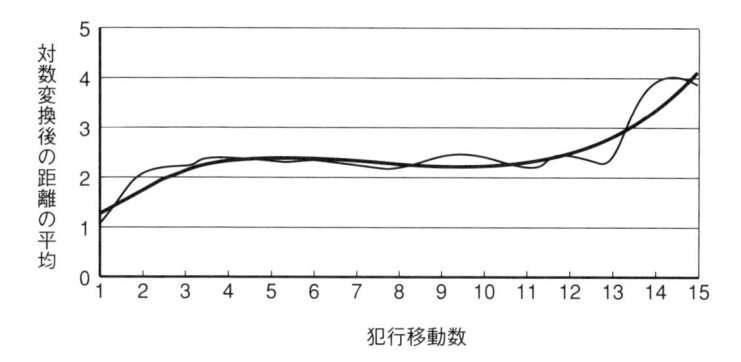

図9-5 犯行移動数と平均犯行移動距離（対数変換後）

わかる（$R^2 = 0.880$）。

　これは重要な問題を提起している。上記の分析では，犯行移動距離は時間の経過により線形に増加することを仮定しているが，その仮定は必ずしも支持されるとは限らない。犯行移動距離が比例的に増大するならば（たとえば，犯行移動距離が，直前の犯行よりも平均10％長くなるというように），その関係はべき乗曲線によって最も的確に表現できる。図9-5が示すように，距離は段階的に，あるいはある閾値を超えたあとにも増加しているようである。こうした増大の過程は，犯罪者が犯行移動距離を延ばす前に，まずあちこちと方向を探索することに起因しているのかもしれない。正確な関係性については，より件数の多い連続犯罪者のより大きなデータセットに基づいた，さらなる研究が必要である。

　一連の犯行の中で最初の犯行が最も犯人居住地に近い，というFBIの一般原則について検討を行なった。SFU研究における連続殺人事件では，少なくとも1回の犯行移動距離が1マイル以下であったのは50％であった（チェイス，オルソン，ダーマー，ブラディ，ブルドス，コリンズ）。最初の犯行が最も居住地に近かったのは41％であり，居住地から最初の犯行地点までの距離は，平均して，平均距離の40％（標準偏差 = 42）であった。犯人の居住地が第一犯行地点の近辺であるというFBIの考えは普遍的な法則ではないが，犯行移動距離が時間の経過とともに増大することに一致しており，合理的であると思われる。これは，半分近くのケースに適用できることが明らかとなった。

　犯行移動距離が時間の経過とともに増大するという議論は，犯罪者が経験から学び，結果的に空間的な知識を増加させるという仮定に基づいている。ウォーレン[171]らは，より長い距離を移動する連続強姦犯は，より長い犯罪経歴を有することを観察している。また彼らは，距離という指標が，連続犯行間の時間とおおきに

関係していることを見いだした。

　しかしながら，犯行エリアの拡大は，必ずしも，もっぱら探索領域の周辺から被害者を選択していることを意味するわけではない。これは，犯行対象を物色できるより大きな犯行対象エリアが犯人の手に入ることを示している。このことは，犯行エリアの拡大に比較してゆっくりとした割合の変化であるが，犯行移動距離が時間の経過に伴って増大することを暗に示す一方，犯行移動の多様性も増大することを示唆している。その可能性を検討するために，連続殺人の事例ごとに，最初の事件からすべての犯行移動について，犯行移動距離の標準偏差を算出した。すべてのケースの平均標準偏差を事件番号ごとにプロットすると，時間の経過に伴い顕著な増加（$R^2 = 0.790$）が認められた（図9-6）。これは，連続殺人犯が経験を重ねるにつれて，犯行移動距離が増大し，その多様性が増すことがあることを示唆している。

　しかし，本研究では少なくとも半分の事例が，時間の経過に伴う犯行移動距離の有意な増大を示さなかった。確かに，近接性と最小努力の原則，犯行地点の集中傾向が，犯行移動距離の拡大を緩和する。学習が犯行移動距離の増大の基礎になっていると仮定すると，なぜ犯人は空間的知識を拡大する必要があるのだろうか。最も明らかな理由は，より豊富な被害者探索の機会と，警察に逮捕されるリスクの低減である。子ども殺人の犯人であるウェストリー・アラン・ドッドが狩り場を失ったように，地域社会の警戒が強化されるというリスクによって，以前の犯行地点は色あせて，魅力的でなくなる[注60]。警察の介入や地域社会の反応を契機とした転移が，連続殺人犯の犯行エリアの変更や拡大のための好機となってい

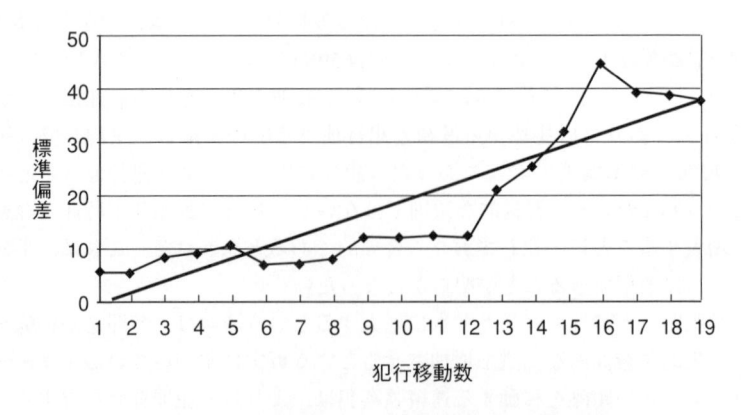

図9-6　犯行移動数と犯行移動距離の平均標準偏差

た（たとえば，ビアンキ，サトクリフ，ダーマー，ラミレス，バーコウィッツ）。

> 注60：遊牧民族のナスカピインディアンは，食料不足になると肩甲骨占いを行なった。トナカイの肩の骨を熱して，それに入ったひびを地図として読み解くもので，ラブラドール台地で獲物を見つける助けとするものであった。文化人類学者によると，この占いは，無作為で答えがでることから，結果的に，草原とツンドラを狩猟による枯渇から守るのに有効なものになっていると理論づけている*548。

　犯行エリアの拡大は，犯人が学習する能力と必要性をもち，そうすることが利益となる場合に最も発生しやすい。この文脈において，学習能力のある者には，よく発達したメンタルマップをもった秩序型の移動型犯罪者がいる。学習する必要性のある犯罪者には，その犯行対象の物色方法や死体遺棄方法，犯行のタイミングによって事件がリンクされ，地域社会に不安を生み，警察の明確な対応を引き起こす者がいる。学習することで利益を得る犯罪者には，家の近辺で犯行対象を物色する者や，複数の場所で手に入る好みの被害者タイプのある者がいる（たとえば，犯行対象に共通の構造的背景がある）。

　ジョエル・リフキンの事例では，居住地から被害者との接触地点までが一貫して37kmであり，犯行移動距離を変える必要性はほとんどなかったという犯罪者のよい例である。リフキンに精神障害はなく，彼は自動車を運転し，ニューヨークとロングアイランドの広範な地域を熟知していた。彼の被害者たちは街娼であり，縛った遺体は数千平方マイルに及ぶ広大な範囲の遠隔地で，スチール製のドラム缶などに捨てられた。結果的に，複数の殺人事件はリンクされず，警察は連続殺人犯がその管轄区域で殺人を敢行していることに気づかなかった。リフキンは，被害者のほとんどを拾っていたマンハッタン南部地区にある赤線地区からはるか遠く離れた場所に住んでいた。

10章 地理的プロファイリング

地図作成と犯罪分析

　多くの警察機関において，クライム・マッピング（犯罪地図作成）は通常の分析業務になりつつある。犯罪関連データの空間的な処理と表示が可能となったのは，地理情報システム（GIS）ソフトウエアの能力と有用性によるものである。「GISとは，空間データの取得，保存，検索，分析，表示を自動化するシステムである」(p.11)（アンダーソン[549]，ガーソンとビッグス[550]，グッドチャイルドら[378]，ミラー[551,552]，トムリン[553]，ウォーターズ[554]，ウェンデルケン[555]も参照）。地理的な属性とその他のデータを保存し，統合するという能力ゆえに，GISは強力な犯罪分析ツールとなる。

　100人以上の警察官がいる警察機関の約30％が，コンピュータ地図作成ソフトウエアを使っており，国際犯罪分析官協会（IACA）は，警察機関におけるGIS専門家に対するニーズは過去15年間で10倍以上になっていると見積もっている[556](p.47)。アメリカの2,004の警察組織を対象とした調査で，回答者の85％はマッピングが役立つツールであり，それに対する関心と導入事例が増加していると述べている[557]。こうした傾向の増大は主に，検挙者，事件，通報に関するデジタルデータの利用の増大によって引き起こされたものである。この調査によると，犯罪のクラスタリングとホットスポット（犯罪多発地区）分析がマッピングの応用として最もよく行なわれており，マッピングされた犯罪は，警察部外のデータ，たとえば国勢調査，都市計画，公園，土地評価，公共事業，コミュニティなどのデータとの比較が可能になる。

　こうした傾向を計画的に支援し先導するために，1996年，国立司法研究所に犯罪地図研究センター（CMRC）が設立された。初代所長のナンシー・ラビーン博士によると，「（地図は）直感的に理解できる。こうした地理的表象に対する反応は人間が本質的にもっているものである。我々が得るものは，街角で実際に起こっていることに関するきわめて洗練された理解である」[558](p.47)。犯罪地図によって，地域警察官，刑事，警察幹部が地域の犯罪パターンと趨勢をすばやく理解す

ることができる。GISの犯罪地図では，様々に異なるデータソースを統合できるだけでなく，GIS技術によって空間と時間という異なる次元を統合して分析することができる。

犯罪の時空間分析ソフトウエアであるスタック（Spatial and Temporal Analysis of Crime：STAC）は，アメリカのイリノイ刑事司法情報局（ICJIA）によって開発されたシステムで，ホットスポットの有無やその位置，大きさを分析するために作られた最初期のものである。STACによって，殺人，薬物犯罪，酒に関連した犯罪，地下鉄の影響，ギャングの縄張り，地域社会の問題が分析されてきた。ニューヨーク市警察本部（NYPD）はコンプスタット（Computer Statistics：CompStat）というソフトウエアの開発によって，犯罪地図の使用と組織のアカウンタビリティ確保に関して，草分けとしての成功を収めた。またジオマインド（Geographically-linked Multi-Agency Information Network and Deconflicition：Geo-MIND）はニューヨーク州のウエストチェスターとロックランド郡当局によって開発された部局間をまたがる犯罪情報ネットワークであり，警察の戦略・戦術レベル双方の意思決定を支援することを目的としている。ジオマインドは，車両追跡，GISマッピング，事件発生の状況把握に関する情報を扱い，それぞれの情報をリンクさせるために用いられている。

連続殺人事件に対する地理情報システムの適用可能性は，数年前に認識された。というのもGISが地理的な属性を保存したり，空間的データを他のデータを分析するために統合したりすることができ，リンクの見落としを減少させ，連続犯罪を見つけだすのに有効なツールだからである。「警察記録から地理的にコーディングされた情報は，犯罪情勢を分析したり，受け持ち区域内の職員の存在を確認したり，パトロール隊を集中配備する地区を検出したりするために利用できるだろう」（p.17，IACPレポート）。ロジャーズらは，連続殺人事件の解決可能性に関連する要因を，GISによる認知事件の回顧的研究によって，見いだすことができるかもしれないと示唆している。こうした知見は，捜査員が未解決の殺人事件を解決しようとする努力を援助するために用いられるかもしれない。そして関連する多くの研究がここ10年あまりにわたって行なわれてきた。

クライム・マッピングの作成と分析もまた，連続犯罪の捜査に役立つ。疫学者が伝染病の発生可能性を推定するために使っている方法は，ある略奪型の犯罪者が，特定の地域で犯行を継続しているかどうかを見きわめる際にも用いることができる。根本的な発想は同じで，事件や発症報告のパターンの有意性が，問題が実際に存在するのか，それとも単に偶然の変動によるものかを確認する時空間クラスタリング統計によって検定される。この方法は1999年に，バンクーバーの中心街東側で発生した売春婦対象の事件で，連続殺人である確率を算出するため

に用いられた。事件は2年半の間に，20人以上の売春婦が行方不明となったものである。

前述のような手法からなる戦術的犯罪分析は，捜査員やパトロールを行なう地域警察官による犯行継続中の犯人逮捕のために用いられている（ルーランドも参照）[229][563]。一方，戦略分析は，人口統計学的特徴の変化の犯罪率への影響といった，長期的なトレンドや運営的な問題を扱う。連続の強盗や侵入盗の事件で次の犯行がいつ，どこで行なわれるかの予測は，戦術分析においてよくある問題である。時刻，曜日，天気，犯行間隔，その他の要因が分析され，次の犯行が起こる可能性が高い期間が算出される。犯人の「平均『現金焦げつき』速度」（盗まれた金の総額を，連続して発生した犯罪の間隔の日数で割ったもの）が，いつ強盗犯や侵入盗犯が再犯しそうかを判断するのに役立つ。またカオス理論を応用して，連続殺人犯の次回犯行時期を予測するのに成功した事例が報告されている[564]。

連続発生した犯罪現場間の空間平均と標準距離は，次の犯行が発生する可能性が最も高い地域を明らかにするのに使われることが多い。こうしたパターンを判別する方法の精度は，それまで発生した事件数に依存しており，ゴットリブらは[229]，犯罪予測が難しいであろうと警告している。土地利用や，人口統計，道路網，高速道路の出口への近さ，その他の景観の特徴といった要因による影響を加味したより洗練された分析によって，こうした方法は多少改良される。たとえば，オリグシュレーガーは[565]，薬物事件のホットスポットの発生を予測するのに，ニューラルネットワークの応用可能性を示した。分析指標には，緊急通報の情報，商業地と住宅地の割合，季節要因を用いた。放火リスク予測指標（The Arson Risk Prediction Index：ARPI）は，ブルックリン地区の放火多発傾向を予測するコンピュータシステムとして開発された[566]。初期の重要な警告サインには，アパートの戸数，空室率，重大な建築基準法違反，過去の不審火，税金の延滞割合が含まれる。このシステムで危険性が高いと見なされた50の建物で，放火と放火の疑いを含むすべての事件のうちの30〜40％を占めた。

アメリカ森林保護局は麻薬取締局（DEA）と共同で，856,000エーカー（約3,464km²）に及ぶジョージア州シャタフーチ国立森林公園内での不法な大麻の栽培地点を突き止めるための，エキスパートシステムを開発した[567]。地形，植物への日照，土壌状態，水収支，遠隔性，警備態勢，秘密性といった関連する変数が分析に用いられた。エキスパートルールは，地誌（緯度，経度，斜度，植生），土壌（栄養分，きめ，pHバランス），近接性（集落，公共施設，交通機関からの距離）にグループ化されている。システムの予測成功率は80％とされている。

犯罪地図は記述的，分析的，双方向でありうる[568]。クライム・マッピングの将来は明るいが[569]，技術，運用，理論の発展が伴わなければならない。データと情報

を扱う段階を超えて，知識と行動の段階へと向かう必要がある。学問的な知見は
また別の問題で，情報を知識にする際に，犯罪学的研究が有用となるであろう。
地図で表された犯罪パターンを解釈する際に，理論がおおいに手助けになるとエ
ックは当を得た意見を述べている。

地理学と犯罪捜査

> 捜査員の観点では，死体が家の中にある犯行現場が一番で……路上に死体が
> あるのはあまりよくない……物的証拠を発見するチャンスが少ないだけでな
> く，犯人，被害者，犯行現場の空間的な関係が不明瞭である……死体が路地
> にあったとしても，刑事にとっては疑問が残る。この死んだ男性はここで何
> をしていたのか，どこから来たのか，誰と一緒だったのか。(pp.76〜78)

あらゆる犯罪捜査における焦点の1つは，犯行現場と，そこでの証拠内容である。しかし，よく見落とされるのは，犯行に先立つ行為の地理的観点，すなわち犯行現場へたどり着くまでの空間行動である。どのような凶悪犯罪であっても，加害者と被害者が同じ時間，同じ場所でめぐり合わなければならない。これはどのようにして起こり，何がそれに先行し，犯罪の空間的要素は加害者の行為と犯行パターンについて，我々に何を語るのだろうか。

警察官は直感的に犯罪に対する場所の影響について知っているが，地理学が警察業務にどのように役立つか，現場区域からさらなる手がかりをどのように見いだすかといったことに気づかないことが多い（デットリンガーとプルー，ハーバートを参照）。概して利用されることは少ないが，犯罪捜査と犯人逮捕において地理学の法則が利用される例がある。

アルビンド・フェルマ警視正は，インドのビハール州において一部の犯罪を対象に，インド警察がどのように地理的分析を行なっているかを述べている。暴力的な強盗の一種である群盗は，紀元前500年にさかのぼるものであり，5人以上の犯人からなる一団が行なっている。群盗は田舎で起こるのが常で，犯行地の人々に犯人が知られていない必要があるため，群盗の一味は居住地以外の村を，新月の夜だけ襲う。インドの農村では人工の照明設備がほとんどあるいはまったくないことが多く，そのため新月の時期はほぼ完全な暗闇となり，犯行が隠蔽される。群盗の被害が通報されると，警察はまず事件の発生から夜明けまでの時間を確定する。徒歩で山野を横断する際の平均的なスピードがわかっていることから，警察では移動可能な距離を計算し，その距離を半径，そして犯行地点を中心として，群盗の犯人たちが住んでいる可能性の高い村を含む円を設定する。犯行

に車両が使われることは稀で，犯人は日の出までに帰宅しなければ，夜明けから畑で仕事を始める農夫に目撃されるというリスクを負うことになる。

また設定された円内にある犯行地と同じカーストの村は，容疑者の居住地からは除外される。というのも，同じカーストという「兄弟」どうしは危害を加える可能性が低いからである。犯人についての詳細な特徴が十分に得られると，着衣，犯罪手口，その他の内容が犯人の一味のカーストを絞り込むのに役立ち，警察は犯人のいる可能性が最も高い村にいっそう集中した捜査を行なうことができる。巡査は群盗の一味をすみやかに逮捕したり，設定された領域に住んでいる前歴者を捜査したりする。

犯罪者の犯行現場からの退避行動と逃走経路について，警察犬の調教師がまとめている。[*574, 575] ストレス状況下での行動の予測性については，実際の容疑者の追跡と，警察犬による追跡のための試験的な再現の両方で確認されている。逃走する犯人は右利きの場合，左に曲がる傾向がある。また障害物に出くわした際は右に動き，証拠物件も右側に捨て，大きな建物に隠れるときは，車道側の壁に近い場所に隠れる傾向がある。[*574] 行方不明者のパッシブ・トラック[訳注]では，違ったパターンが確認されている。行方不明者は右に曲がる傾向があり，男性が坂を下るのを好むのに対して，女性や子どもは坂を上るのを好むように見受けられる。[*574]

◆─── 訳注：passive track，緊急配備とは違い，表向きは捜索が行なわれていないかのようにさりげなく実施される捜索。

ドイツにおける銀行強盗の逃走パターンの研究が，ドイツ連邦警察（BKA）の警察科学研究所によって行なわれ，警察の対処戦術に密接に関係する知見が得られた[*545]（ラインヴェーバーとビュッヒラーも参照）。[*576] 調査の結果，ほとんどの犯人（84.8％）が逃走の方法や，経路，車両利用の計画を立てている。さらに職業的な犯罪者は銀行の場所，最寄りの警察署からの距離，逃走可能性，近隣の隠れ場についても査定している。銀行強盗は，（よくあることだが）予想外の問題が起こっても，可能な限りこうした計画通りに犯行する。

約71％の犯人が逃走に成功しており，そのほとんどが2段階の逃走手順，つまり車両や移動手段を段階によって変えている。最初の段階は，犯行地点の銀行からたいてい5分以内，都市の場合2km以内であり，田舎の場合は5km以内である。この段階では，銀行強盗はおおむね徒歩（41.3％）または車（44.4％）で逃走する。第2段階で使われる逃走手段は，最も多いのが車で，徒歩や公共交通機関はそれほど多くはない。犯人と共犯者は，盗難車を使って一緒に逃げ，徒歩で逃走するのを避ける傾向がある。銀行強盗は都市で犯行した場合は近隣にとどまるが，田舎の場合は可能な限り遠くへ逃走しようとする。全体では，20％の犯人が銀行の近隣にとどまる。逃走先で最も多いのは住宅であり，それは通常犯人の自宅で

ある。

　銀行強盗への典型的なドイツ警察の対応は，円形封鎖（Ringalarmfahndung）である。これは警察部隊の緊急配備で，対象地域に境界線を引くことによって，犯人逮捕を図ろうとするものである。作戦は動的方略（パトロール）および静的方略（検問）を含む。封鎖の完了まで平均26.7分かかり，明らかに所要時間が長いため成功率は低い（15～20％）ことが，調査から明らかになっている。

　BKAの研究から，銀行強盗への作戦上の対応について，何点か改善点が提案されている。都市の犯行現場では，円形封鎖は5km未満で設定すべきであると指摘している。警察の捜索用の地図は単純でわかりやすく，使いやすいものでなくてはならない。レスポンスタイムは所轄レベルでの作戦管理によって改善され，人員のうち特に幹部は，封鎖の設定について定期的な訓練を受けるべきである。そして，捜索用情報の更新と，管轄を超えた情報伝達を増加させることの重要性を認識する必要がある。

　警察の犯罪捜査もまた，地図作成と地図の地理的分布の表現力によって助けられてきた。1996年に，マサチューセッツ州のローウェルで発生した殺人事件では，被害者の所持品，事件に関連するビール缶，その他の物的証拠が想定される犯人の逃走経路に沿って発見され，それが刺殺現場と犯人のアパートを間違いなく結びつけていることを示すために，警察は地図を使った。また，セント・ピータースバーグ警察本部が1997年に身の毛もよだつ無残なバラバラ殺人で容疑者を逮捕したあとに，捜査員がフロリダでのこの殺人事件の公判のために独特の地理分析を実施した。捜査員は，犯人たちの携帯電話の使用状況を追跡し，タンパ湾地域の携帯電話のアンテナ設置場所を関連づけた。そしてアンテナの設置場所と，被害者の遺体の一部や他の物的証拠が発見された場所とに関連が見られた。結果をまとめた地図は，陪審員にとって説得力のある証拠となり，容疑者は2人とも有罪となった。

　イリノイ州のマックリーン郡保安官事務所は，1995年に中部組織犯罪情報センター（MOCIC）に対して，約60件にものぼる農場への侵入盗の捜査について支援を求めた。地理的な分析から，面白い地理的パターンが2点明らかとなった。まず，大部分の犯行が高速道路の近くで発生しており，犯人が流しの犯罪集団であるという見解が導かれた。次に，事件が地元の小さな墓地の周りに集中しており，犯人がそこで対象となる家を探していたことが考えられた。この見解は支持され，警察はそれ以上の事件を防止することができた。

　元警察官のチェット・デットリンガーは，アトランタ子ども連続殺人事件の地理的パターンを詳細に検討した（ニューヨークタイムズ参照）。被害者1人ひとりについて，自宅，最終確認場所，死体遺棄場所を地図に書き込むと，こうした

場所がアトランタの12の主要な通り沿いの数か所に集中し，靴型の配置となっていた。捜査本部はこの地図の価値に異議を唱え，地理的パターンは存在しないと考えた。しかし，ある集中地点の真ん中に，ペネロペ街—後に殺人容疑で逮捕されたウェイン・ウィリアムズの自宅—があった。

1977年，ヒルサイドの絞殺魔事件の捜査において，ロサンゼルス市警察本部（LAPD）は連続殺人事件の現場になる可能性が高い場所を特定しようとした。そして，被害者が犯人のうちの1人の自宅で殺害されていることが正確に推定された。警察は被害者の女性が拉致された場所，死体が遺棄された場所，その両者間の距離を把握していた。ロサンゼルス市警のコンピュータ分析官は，事件をベン図を用いて分析し，それぞれの円の中心は被害者との接触場所を表し，円周は犯人の移動量を，半径は犯人の移動性を表すと考えられた（1993年2月22日，C・ホルト氏との私信による）。

被害者が拉致された場所から，死体が発見された場所まで引かれた矢印が，共通の円半径に帰着し，この共通の半径によって囲まれる円形の領域は，わずか3平方マイル強であった。ロサンゼルス市警は，この「重要領域」に200人の警察官を投入して連続殺人犯を捜した。残念ながら犯人逮捕にはいたらなかったが，警察官の大量配備が殺人者を抑制し，連続殺人犯であるケネス・ビアンキがロサンゼルスからワシントン州のベリンガムへと転居するよう駆り立てた。後に，ロサンゼルス市警は「重要領域」の中心が共犯者のアンジェロ・ブオーノが経営する自動車内装店の近くであることを発見した。

ヨークシャーの切り裂き魔の捜査にも地理的手法が用いられた。事件が未解決のまま5年半が経過したところで，内務省警察監察官のローレンス・バイフォードが，事件の総括的検討を行なった。警察幹部と内務省の法科学者からなる諮問委員会が構成され，1980年12月に捜査経過についての検討がなされた。犯人の居住地について，捜査員の意見が2つに割れた。一方は捜査本部長をはじめとする人々で，犯人がサンダーランド地域の人物であると考えたのに対し，他の捜査員は，犯人が事件の大部分が発生している西ヨークシャーの地元住民であると考えた。集中的な捜査の再調査から，バイフォード諮問委員会は，後者の結論に達した。

委員会では推定を確かにするために，犯行と関連する空間的，時間的データに2つの「交通計量的検定」を用いた。最初のテストは，ヨークシャーの切り裂き魔による犯行と考えられる17件の犯行地点の重心（空間平均）の計算を含むものである。2番目のテストは，犯行時刻と犯行日数（月あたりの概算）のプロットを含む。諮問委員会は，犯人が非常に遠い自宅に帰るのであれば，夜遅く犯行をしようとしないであろうと想定した。犯行地点の重心はブラッドフォードの

近辺にあり，後半の犯行は西ヨークシャーの都市であるブラッドフォードとリーズに分布していた。こうした結果は，委員会の仮説である犯人が地元の人間であるという点と一致する。諮問委員会の暫定報告では，「上級の刑事による特別チームが，ブラッドフォード地域での捜査に専念する」ことが勧告された[*371] (p.390)。

● ──── 注61：分析は13件の殺人と，4件の暴行に基づくものであるが，事件による実際の死傷者数は殺人によるものが13人，殺人未遂によるものが7人であった。バイフォード諮問委員会は1人の被害者を取りこぼし，関係のない殺人事件を1件含めていた。

1981年1月，ピーター・ウィリアム・サトクリフがシェフィールドの赤線地区で，巡回中の2人の警察官に逮捕された。後に自分がヨークシャーの切り裂き魔であることを自供したトラック運転手のサトクリフは，ブラッドフォード郊外のヒートンに住んでいた。事件の解決は，諮問委員会の勧告とは直接関係がなかったが，勧告によって示されたブラッドフォード地域への着目は妥当なものであった。もしこの勧告がより早期に出されていたら，事件の解決がより早くなって，犠牲者を減らすことができたかもしれない。[*371]

ロシアの警察は，地理学的分析をソ連最悪の連続殺人犯を罠に陥れるために使った。[*581] 数十人の女性や子どもがめった切りにされ，バラバラにされて，ロストフ・ナ・ドヌ地域のレソポロサ（林道）で発見される事件が，12年以上にわたって続いていた。[*582] 捜査員は，犯人が仕事で外回りをしており，近場の森へ誘い出す潜在的な被害者を探すため通勤列車を使っていると考えた。しかし空中偵察用地図を使った分析では，犯人の居所を特定できなかった。また犯行時間，曜日，季節，天候，場所のコンピュータバイオリズム分析は，決め手を欠いていた。[*583] そこで鉄道に沿って広域で犯行を重ねる殺人犯を逮捕する可能性を高めるために，犯人を主要目標地域に誘い込む「林道作戦」が360人の警官を動員して行なわれた。この作戦では，まず制服の警官が目立つ方法で，犯人が被害者を襲うと考えられた森林地域の3駅を除いたすべての駅でパトロールをした。一方レソポロサの周辺の3駅では，私服警官が張り込んでいた。この方法で元教員のアンドレイ・チカティロが浮上し，1990年11月に逮捕された。そしてチカティロは，53人を殺害した殺人罪で有罪判決を受け，銃殺刑となった。

ニュートンとニュートンは，「法地理学的分析」[*418]を1983年から1985年にかけてテキサス州フォートワースで発生した未解決の女性殺人事件に適用した。連続殺人や連続強姦の場所と時間のパターンの形態が，よくある凶悪犯罪のものとは違っていることが明らかとなった。フォートワースの未解決殺人事件では，量的分析（地域との関連，犯行現場間のつながり，セントログラフィック分析）と，質的分析（景観分析）の両方の手法で分析が行なわれた。

同様の分析を，ニュートンとスウープはヒルサイドの絞殺魔の回顧的分析に用[*373]

いた。被害者と加害者の接触地点，死体または車の遺棄地点，被害者の自宅，の各地点について地理的中心（空間平均）が計算された。死体遺棄地点の地理的中心は，犯人のアンジェロ・ブオーノの自宅近くであった。犯行ごとに新しい犯行地点を地図に付け加えてみると，ブオーノの自宅からの探索範囲がだんだん小さくなっていた。犯行分布に特異な空白地帯があることは，ロサンゼルスの地図に犯行地点をプロットしたときに明白となった。ブオーノの自宅の周辺は，事件が発生していないのだ。ニュートンとスウープは，こうした「暗黒空間効果」が起こるのは犯罪者が自宅付近で犯罪を行なうのを避けるためで，これは捜査上重要な意味があると指摘した。

バーレットは*26，犯罪場所と犯人の居住地域の関係について，警察官による経験的な意見を何点かまとめた。殺害現場と死体遺棄現場が異なる場合，犯人は被害者が襲われた地域に住んでいることが多い。逆に，被害者が殺害現場に放置されている場合，犯人はおそらく地元の人間ではない注62。犯行現場が主要道路に近いことは殺人犯がおそらくその土地の人間でないことを示し，逆に犯行現場が主要道路から1マイルかそれ以上離れていれば，犯人は地元の人間であることを示す。死体の隠蔽は犯人にはある程度落ち着いた居所があり，死体遺棄場所をまた使おうとしていることを意味していると考えられる。一方，死体を隠蔽していないことは，殺人犯が流しの犯罪者であり，警察が被害者を発見してもかまわないと考えていることを示す。

● ―――― 注62：こうした所見は，無秩序型殺人犯は犯行現場付近に居住している傾向があり，被害者の死体を殺害現場に放置することが多いという以前の知見と異なるものである。これは，バーレットが秩序型の犯人だけについて述べているためであろう。

サリー警察のルパート・ヘリテッジ巡査と，リバプール大学の心理学者デビット・カンター教授は，イギリスの犯罪捜査向けに，犯罪者プロファイリングの結果を提供してきた。「警察に提出した報告書で，最も効を奏した部分の1つは，どこに加害者が住んでいそうかという点であった」*367（p.283）と2人は述べている。大ロンドン地域で1982年から1986年にかけて何人かの女性が強姦され，殺害された鉄道殺人犯を逮捕するために計画された，「雄鹿作戦」が，彼らが関与した最初の重大事件捜査であった。*526

血液型判定により，5,000人以上いた容疑者が1,999人まで絞られた。名簿の1,505番が，イギリス鉄道の工夫であるジョン・フランシス・ダフィーであった。犯行現場の時系列的パターンから，犯人が学習し，計画性をもって犯行するようになっていることが示唆された。プロファイリングの結果は，初期の犯行が鉄道殺人犯の自宅に近いところで発生したと結論づけ，犯人が，最初の3件の事件を囲む地域—ロンドン北西部のキルバーンとクリックウッド周辺—に住んでいる可

能性があるとした。この指摘によって，後に終身刑7回を宣告されたダフィーに警察はたどりついた。*120 カンターが後に認めたように，その後の研究ではこの「三角仮説」は成立せず*367，めぐり合わせのようなものもこの事件の分析に影響したかもしれない。

　その他の例として，ヘリテッジとカンターはバーミンガムの高層団地強姦犯の居住地域をつきとめた。*367 1986年から1988年にかけて，高齢の女性を対象とした何件もの性的暴行を引き起こしたエイドリアン・バブは，市街地の端にあるエッジバストンとドルイズヒース地区の高層団地で犯行に及んだ。犯行から，犯人の強い土地勘と同時に，顔が知られていないと確信していることが浮き彫りとなった。これは，犯人が近くに住んでいるが，すぐそばの近隣地域ではないことを示している。さらに，強姦犯が被害者の居住している「空中の街並み」とも言うべき高層団地を気楽に徘徊していることは，犯人自身がそういった環境で生活していることを表している。犯行対象地域は，バーミンガムの交通量の多い主要道路で分断された独特の場所であった。こうした犯罪学的・人口統計学的情報が，犯人のメンタルマップを推理するための基盤となった。分析結果は，犯行地近くのハイゲート地区にあるバブの居住地を正確に予測した。

　一方，犯罪者もまた地図を使うことを忘れてはならない。「サムの息子」と言われたデビッド・バーコウィッツ，「ハンガリーの鉄道破壊者」と言われたシルベスタ・マツシカの両方が，将来の犯罪を地図にプロットしていた。連続殺人犯の「ゾディアック」は，次回の爆破がどこで行なわれるかを示した地図を，暗号文と一緒にサンフランシスコクロニクル紙に郵送した。ゾディアックはサンフランシスコ・ベイエリアで少なくとも8人を銃撃したり刺したりして，6人を殺害したが，本人は37人を殺害したと公言している。*584 確認されている事件は1966年から1969年に発生しているが，新聞社，警察，その他に対する声明は，12年に及んだ。1970年6月26日付のクロニクル紙に対する手紙には，暗号文と，スクールバスを狙った爆弾がある場所の手がかりとなる地図が入っていた。「暗号のある地図から，どこに爆弾が仕掛けられているかわかるだろう。秋までに掘り出してみろ」(p.302)。*455 追加のヒントが1970年7月26日に届いた。「追伸　ディアブロ山の暗号は弧度（Radians）に関係している。そして弧度から＃インチ」*455(p.305)。

　ゾディアックが送りつけたフリップス66のガソリンスタンド道路地図には，湾をはさんでサンフランシスコの対岸にあるコントラ・コスタ郡のディアブロ山（「悪魔の山」の意）に印がつけてあった。ディアブロ山は，南北戦争後に緯度や経度をプロットするための補助に使われた。方位磁石のシンボルのようなものが地図の真ん中に手書きしてあり，その中心は海軍通信所であった。*584 爆弾は発見されず，地図のなぞは解決されなかった。そしてついにゾディアックも逮捕される

ことはなかった。

犯罪者居住地推定

　1986年という昔に，ルボーは強姦事件で犯罪者を探索する領域を絞り込むために，地理的手法と犯罪パターンの研究が，捜査に適用可能であることについて認識していた。しかし，1990年に地理的プロファイリングが開発されるまで，犯罪に使用できるセントログラフィを越える検証済みの系統的手法がなかった。テイラーは[*178]，地理的なパターンはそれが作り出される過程全体であるとみなされなければならないと述べている。そのため，犯罪パターン理論は犯罪者の居住地を突き止めるための計算モデルを構成する経験則として利用された（ベンファーらを参照[*325]）。ブランティンガム夫妻の研究は，どこで最も犯罪が起こる可能性が高いかを記述するために，犯罪者の活動空間を解釈する。地理的プロファイリングは要するに，犯罪者の居住地や職場がある可能性の最も高い地域を予測するための根拠として犯罪場所を使うことによって，このモデルを逆転させる試みである。そのため2つのモデルの目的と入力データは異なるものの，根本的な概念や考え方は似ている。

地理的犯罪者探索（CGT）

　最も単純な場合，犯罪者の居住地は犯行地点の分布の中心に位置し，空間平均によって求められる。しかし大部分の犯罪活動空間は，より複雑なパターンを示すのが標準的である。ジョージ・レンガート[*585]が犯行現場の地理に関する4つの仮説的な空間的分布を提唱している。①一様分布：距離減衰の影響なし，②ブルズアイ分布：犯罪者のアンカーポイントの周囲に集中し，かつ距離減衰がある，③双峰分布：2つのアンカーポイントに犯罪が集中している，④涙珠状分布：犯罪者の主要アンカーポイントの周りに集中するとともに，副次的アンカーポイントに向かって方向的にかたよりがある。犯行地点の分布は，その他の実世界の様々な要因によって歪む。たとえば，移動は道路の配置に従い，交通は移動性に影響を与え，用途地域と土地利用は変化に富み，犯罪の集中は犯行対象の構造的背景の性質による。そのため空間平均が犯罪者の住居を割り出すには限界がある。
　多くの研究者が，犯罪行動の空間的分布の分析に距離だけでなく，方向も重要であることを述べている。レンガートとワジルチックは[*364]，侵入盗犯の職場と娯楽施設に対して指向性のある歪みを発見した。カンターとホッジは[*374]，アメリカとイギリスの連続殺人犯による殺人事件が，犯人の自宅の周囲に集まることが多いのと同時に，他の活動地域に向かって歪んでいることに注目した。シェフィールド

での研究で，ボールドウィンとボトムズは，市の中心部においては他の地域よりも犯罪発生が多く，犯罪者がそうした場所を好む傾向を示していることを観察した。犯罪者の移動の方向性に関する空間的自己相関のノンパラメトリックな検定が示唆するのは，方向に関する情報がある程度警察の捜査を支援しうるということである。[*395][*586]

犯行現場から犯罪者の居住地を割り出す方法を考案するために，犯行行程，セントログラフィ，その他の地理的法則が組み合わせられ，環境犯罪学的枠組みが確立された。そして，集合論がこの問題に取り組むために役立つ第一歩となる（テイラー）[*178]。アルコール・タバコ・火器局とFBIの連続放火犯に関する研究で，70％が自宅から2マイル以内で火をつけることがわかった。図10-1は，3件の仮想の連続放火である注63。犯行現場を取り囲む中間円は，犯行行程距離dに等しい半径をもつ円として定義される。円の領域は，pパーセントの放火が発生する範囲である（上記調査によれば，$d=2$マイルで$p \geq 0.70$）。そのため，1つの円の中に犯罪者の居住地がある確率もpとなる。犯罪は空間的に接近して発生しているため，2つの円が重なり合って弓形となった部分では，犯罪者の居住地がある可能性が高くなる。犯罪者の居住地がある確率が最も高いのは，3つの円すべてが交差する地域である。

● ──── 注63：この方法は，地理的な情報を用いて，捜査範囲の重複部分を作図するのに似ている[*210]。

犯罪者の居住地がある可能性は（確率が高い順で），①3つの円が交差してい

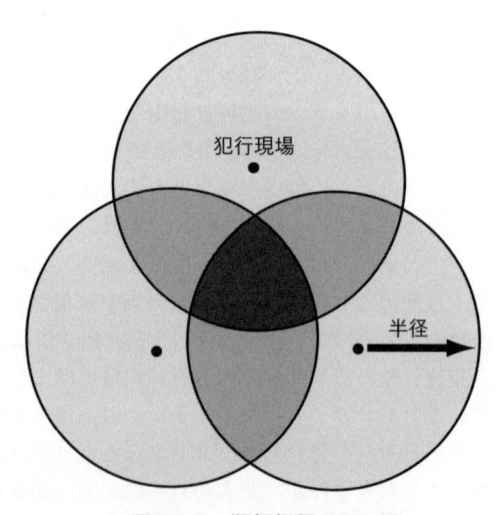

図10-1　犯行行程のベン図

る中心の部分，②2つの円が重なった弓形の部分，③1つの円だけがあって，他の円と重なっていない部分，④どの円にも含まれない背景の部分。それぞれ4つの部分の確率は，ベン図で表すと図10-1のようになり，式10.1から式10.4のとおりである。

$$p(C_i) = p_d(1-p_d)^2 \quad (式10.1)$$

$$p(C_i \cap C_j) = p_d^2(1-p_d) \quad (式10.2)$$

$$p(C_i \cap C_j \cap C_k) = p_d^3 \quad (式10.3)$$

$$p((C_i \cap C_j \cap C_k)') = (1-p_d)^3 \quad (式10.4)$$

ここで，
 $p(A)$：領域Aの内部に犯罪者の居住地がある確率
 C_x：犯行現場xから半径dの円で囲まれる領域
 p_d：犯罪者の移動距離がdと同じか少ない確率

　様々な領域内の地点における相対的な確率は，その領域での確率を領域の大きさ（あるいは地点の数）で割ると求められる。この過程は単純な二値的な関数，すなわち，ある地点が円の中にあるのかどうかによる。2つまたは3つの円が重なった地点では，確率が2倍，3倍となる。
　この手法は地理的プロファイリングの主要ツールである，地理的犯罪者探索の関数と概念的に似ている。しかし，二値的な距離分類は犯行行程の分布を過度に単純化してしまう。ブランティンガム夫妻のモデルは，犯罪者の探索過程が犯罪者の居住地を中心としたバッファ・ゾーンを組み入れた距離減衰曲線によって，より正確にモデリングされることを示している。さらに洗練された犯罪者の居住地を推定する方法は，図10-1の円をパレート関数$f(d)$で置き換えることであり，ファジー論理のアプローチによって犯行行程における行動をより的確に記述できる。犯行現場iから距離dの場所にある地点(x, y)における値は，$f(d_i)$となる。地点(x, y)における最終的な値は，異なる犯行現場数nから得られるn個の値を加えたものである。
*347, 348
　サイモンフレーザー大学と，バンクーバー市警察本部の研究はこのアプローチに従い，地理的犯罪者探索（CGT）モデルの開発と，コンピュータによる地理的プロファイリングシステムの開発を行なった。犯行現場の座標は，特許権をもつ犯罪者の犯行対象探索アルゴリズムによって分析され，狩猟エリア内に犯罪者の住居がある可能性を示す確率曲面を形成する。3次元でこの確率を表したものを

犯人居住確率図と呼ぶ。2次元で結果を表したものに市街地図を統合したものをジオプロファイルと定義する。これらについては後段で検討するとともに，例を以下に示す。

狩猟エリアは，街路に沿って設定された四角形の領域で，すべての犯罪場所を含むものと定義される。ここで言う犯罪場所とは，接触地点，殺害現場，死体遺棄地点，あるいはそれらの組み合わせを指す。そのため，狩猟エリアは犯罪者が選択した地理的な範囲という広い意味で使われ，何らかの探索や襲撃の後に犯罪行為が行なわれる様々な場所である。犯人が被害者を探したり，死体を捨てようとしたものの失敗した場所や，犯罪行為をやらないと決めた場所については，警察で把握できない場所であるため，言うまでもなく狩猟エリアに含めることができない。

犯罪者の狩猟エリアを確定する主要な目的は，狩猟エリアの広さを計算するためであるが，これとは別の意味があるかもしれない。FBIは，凸包ポリゴン（CHP）を連続強姦の犯行地点パターンを分析するために用いている[*171]。地元の連続強姦犯（移動が20マイル以下）の場合，平均CHP面積は7.14平方マイルであった。平均CHP面積は，拠点犯行型よりも通勤犯行型のほうが大きく（11.38平方マイル対7.62平方マイル），強姦に加えて窃盗も行なう者のほうが大きい（窃盗あり：15.24平方マイル，窃盗なし：2.49平方マイル）。CHPの外部に居住する者のほうが，内部に居住する者よりも平均CHP面積が大きくなる（23.53平方マイル対3.22平方マイル）。この点は再現性があるとすれば，連続強姦事件で加害者の居住地域を絞り込むのに有用である。

狩猟エリアを確定するどのような幾何学的方法であっても，それぞれ長所と短所があり，最適な方法は結局のところ目的によって決まる。分析の前には狩猟エリアがどこであるかは不明で，認知され，他の事件とリンクされた事件の場所しかわからない。しかし，多くの犯罪者が高い襲撃－犯行割合（hunting to offending ratio）を示しており，両者の関連は強い。技術的には，ジオプロファイルは無限に広がるものである。狩猟エリアは，単に結果を表示するための標準化された方法であるため，重要な情報のみを示し，さほど重要ではない情報は表示しない。そのため通常とは違った事件分布を分析するためには特別な方法を用いる。その方法には，外れ値の除外，一部の犯罪を別の分析で使う，点パターンの幾何変換（例：回転，補正，トリミング，対称移動等）が含まれる。どのように分析を進めるかは，基本的に犯罪場所とその景観によって決まり，理論や方法論が判断のよりどころとなる。地理的犯罪者探索（CGT）は，犯罪者の襲撃方法とメンタルマップを，ルーチン・アクティビティ理論，合理的選択理論，パターン理論から与えられた枠組みの中で考慮する。

CGT分析はマンハッタン距離系を用いているため，通りが格子状ではなく同心円状になっている都市での犯罪には，あまり適切ではないかもしれない。しかしヨーロッパの事件での試行と実績は，そうした予想と異なるものであった。マンハッタン距離系は，同心円状の街路設計では移動距離を若干過大に見積もる。一方最短距離の場合では，移動距離をやや少なく見積もる。実際はどちらもかけ離れたものではなく，平均してマンハッタン距離は最短距離の約1.273倍の距離となる。車両距離，または経路ルーティングが移動距離として取りうる最短の距離[*587]—実際に移動した経路かどうかは別として—を推定するのに最も適切である。また物理的距離よりも心理的な距離のほうが重要である。交通渋滞，所要時間，費用，熟知度が測定方法にかかわらず，「距離」に影響する。

CGTモデルは，以下の4段階からなる。

1. 犯人の狩猟エリアの輪郭となる境界を犯罪場所から計算する。格子状の通りが，南北と東西に走っている場合，境界は東西南北それぞれの端にある地点に，東西方向（x軸），南北方向（y軸）それぞれの平均地点間距離の半分を加えたものである（エッジ効果を解決するための他の方法については，ブーツとゲティス[*377]を参照）。

$$y_{high} = y_{max} + (y_{max} - y_{min})/2(C-1) \quad \text{(式10.5)}$$

$$y_{low} = y_{min} - (y_{max} - y_{min})/2(C-1) \quad \text{(式10.6)}$$

$$x_{high} = x_{max} + (x_{max} - x_{min})/2(C-1) \quad \text{(式10.7)}$$

$$x_{low} = x_{max} - (x_{max} - x_{min})/2(C-1) \quad \text{(式10.8)}$$

ここで，
- y_{high}：狩猟エリアの最北端の境界の座標値
- y_{low}：狩猟エリアの最南端の境界の座標値
- y_{max}：最北にある犯罪場所の座標値
- y_{min}：最南にある犯罪場所の座標値
- x_{high}：狩猟エリアの最東端の境界の座標値
- x_{low}：狩猟エリアの最西端の境界の座標値
- x_{max}：最東にある犯罪場所の座標値
- x_{min}：最西にある犯罪場所の座標値
- C：犯罪場所の地点数

2. 狩猟エリア内のすべての点について，それぞれの犯罪場所からのマンハッタン距離を測定する。領域内の地点は無限に設定可能であるが，CGTモデルではxとyの尺度の精度に基づいて，有限のピクセル数（40,000）を用いる。

3. 距離は距離減衰関数の中で，独立変数として扱われる。バッファ・ゾーンの半径よりも距離が短い場合は，逆関数に代入される。各犯罪場所について値が計算される（たとえば，犯罪場所が12か所あれば，領域内の各地点は12の値をもつ）。

4. 計算された値が合計され[注64]，領域内の各地点の最終的な得点となる。この得点が高ければ，その地点が犯罪者のアンカーポイントを含む確率が高いことになる。得点を算出する関数は，式10.9のとおりである。

注64：あるいは積を求めるのと同様に，ログ変換した値を合計する方法もある。

$$p_{ij} = k \sum_{n=1}^{C} [\phi/(|x_i - x_n| + |y_j - y_n|)^f + (1-\phi)(B^{g-f})/(2B - |x_i - x_n| - |y_j - y_n|)^g]$$

（式10.9）

ここで，

$$|x_i - x_n| + |y_j - y_n| > B \supset \phi = 1 \qquad (式10.10)$$

$$|x_i - x_n| + |y_j - y_n| \leq B \supset \phi = 0 \qquad (式10.11)$$

- p_{ij} ：地点ijにおける合成確率
- ϕ ：ウエイト
- k ：経験的に決定される定数
- B ：バッファ・ゾーンの半径
- C ：犯罪場所の地点数
- f ：経験的に決定される指数
- g ：経験的に決定される指数
- x_i, y_j ：地点ijの座標
- x_n, y_n ：n番目の犯罪場所の座標

3次元の曲面が狩猟エリアのすべての点についての確率が計算されることによってでき，この曲面は等高線図やメッシュマップとして表され，z軸の値は確率密度を示す。[*378] こうした地図は文字どおりの仮想現実であり，コンピュータ支援に

*10*章 地理的プロファイリング 209

図10-2 バンクーバーの保険代理店連続強盗の犯行地点

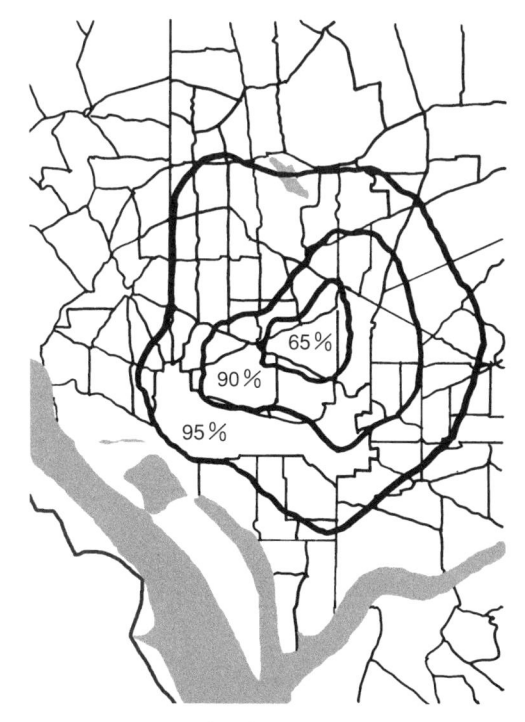

図10-3 ジオプロファイルの信頼区間

よる数学的な視覚化手法である。この図を犯人居住確率図と呼ぶ。

確率曲面を上から2次元的に見ると，地形図が標高を表現しているのと同じように見える。[*588] これに対象地域の市街地図を重ね合わせると，特定の通りや街区をCGTの確率値によって優先順位づけでき，この合成した地図をジオプロファイルと呼ぶ。図10-2と口絵1および口絵2は，順に犯行現場，犯人居住確率図，ジオプロファイルを，カナダのブリティッシュコロンビア州バンクーバーで発生した保険代理店対象の連続持凶器強盗事件について示したものである。さらにジオプロファイルでは信頼区間を表すことも可能で，図10-3にコロンビア特別区の仮想例を示した。

ジオプロファイルは，どこに犯人が住んでいるかというよりも，最適な捜索順序を示している。捜索が，最も確率の高い（すなわち最も可能性が高い）場所から順次進められることで，手当たりしだいにやるよりも早く犯人の住居を見つけられる可能性がある。そのため捜索の効率は，CGTモデルの能力の指標となり，犯人が見つかるまでに捜索を行なった狩猟エリアの割合によって測ることができる。この比率をヒットスコア率と呼び，実際に捜索した地域を捜索範囲と呼ぶことにする。これらの用語は後段でさらに検討する。パラメータを列挙することは予測能力を高めるが，モデルの精密化は頑健性とバランスが取れている必要がある。複雑なモデルは，特定の条件ではよい結果を出すが，幅広い応用可能性が失われる。

モデルの成績

表10-1は，犯行分布とCGTモデルの結果を，サイモンフレーザー大学連続殺人事件データについてまとめたもので，犯行地点数，狩猟エリアと捜索範囲の面積，ヒットスコア率（含意については以下で検討）を含む。事件データは，接触／死体遺棄（すなわち被害者を移動させなかったもの），被害者接触地点，死体遺棄地点，に分けられた。犯行地点のタイプが同じである最低5件の事件で，犯人の住居が1か所であるケースを個別に分析した（詳細についてはロスモを参照）。[*23] 表10-2では，犯行地点の種類別にCGTのヒットスコア率を比較できる。多くの場合，接触地点の結果は死体遺棄地点のヒットスコアよりも低く，また犯行地点の全種類のデータを投入した場合，最もよい結果が得られた事件もある（地理的プロファイリングでの最適な犯行地点選択については後述する）。

妥当性，信頼性，実用性
■ 妥当性
地理的プロファイリングは，土や砂をまいて広がった形を解釈する土占いとは

10章 地理的プロファイリング

表10-1 犯行地点パターンとCGTモデルによる予測

連続殺人犯		犯行地点の数	狩猟エリア	犯行地範囲	ヒットスコア率	捜索範囲
接触・死体遺棄地点						
チェイス		5	8km²	1.6km²	**1.7%**	0.1km²
デサルボ		14	1,256km²	89.7km²	**17.8%**	223km²
ラミレス		21	6,393km²	304km²	**9.8%**	625km²
バーコウィッツ		10	816km²	81.7km²	**4.7%**	38.2km²
被害者接触地点						
オルソン		15	299km²	20km²	**3.0%**	9.1km²
ブオーノ		9	487km²	54.1km²	**9.4%**	45.6km²
ビアンキ					**3.2%**	15.6km²
コリンズ		7	62.6km²	8.9km²	**1.1%**	0.7km²
ダーマー		10	6.8km²	0.7km²	**8.7%**	0.6km²
ブルドス		6	5,726km²	954km²	**2.2%**	128km²
死体遺棄地点						
オルソン[注65]		11	14,262km²	1,297km²	**12.5%**	1,779km²
ブオーノとビアンキ		9	305km²	33.94km²	**9.2%**	28km²
サトクリフ	結果1	20	9,547km²	477km²	**4.9%**	465km²
	結果2		km²	km²	**2.4%**	232km²
リフキン		16	25,278km²	1580km²	**7.2%**	1,829km²
コリンズ[注66]		7	368km²	52.54km²	**23.8%**	87.6km²
ウォルノス	死体	6	16,980km²	2,830km²	**3.8%**	643km²
	車両	7	14,970km²	2,139km²	**5.4%**	813km²

● 注65：アガシス・マウンテン刑務所のヒットスコア率と捜索範囲は2.5%（352km²）であった。犯行地点の方位から，刑務所が犯人にとって重要なアンカーポイントであることが示唆された。

● 注66：東ミシガン大学のヒットスコア率と捜索範囲は15%（55.3km²）であった。犯行地点の方位から，大学が犯人にとって重要なアンカーポイントであることが示唆された。

表10-2 犯行地点ごとのCGT予測の比較[注67]

連続殺人犯	ヒットスコア率 （接触地点）	ヒットスコア率 （死体遺棄地点）	ヒットスコア率 （全犯行地点）
チェイス		1.7%	1.1%
オルソン	3.0%	12.5%	1.3%
ブオーノとビアンキ	9.4%	9.2%	6.3%
コリンズ	1.1%	23.8%	1.2%
ウォルノス	5.4%	3.8%	10.8%
ブルドス	2.2%		2.9%
平均	4.2%	10.2%	3.9%

● 注67：犯行地点が重複した例は次のとおり。チェイス：死体遺棄地点と車両遺棄地点，コリンズ：接触地点，殺害地点，死体遺棄地点，ウォルノス：死体遺棄地点，車両遺棄地点。

違うものであるから，何らかの基準を満たす必要がある。科学的方法論には，妥当性，信頼性，実用性という3つの重要な基準がある（オールドフィールドを参照）。方法論の限界を明示することもまた重要である。CGTモデルが有効となる前提条件は，何らかの距離減衰関数でモデル化できる関係が，犯行地点と犯罪者の居住地に存在することである。このプロセスは，犯人の狩猟エリアを表す地図の様々な地点に，一連の得点を与える数学的方法である。CGTモデルが妥当であるためには，犯人の住所が含まれている地点に与えられた得点（ヒットスコアと呼ぶ）が，相対的に高くなるはずである。つまり，犯人の居住地と得点が同じかそれより高い地点は，わずかでなければならない。こうした関係は得点別の地点数の分布曲線として表される（図10-4は，オルソンの事件のCGT分析で得られたものである）。すべての地点の得点が同じであれば，一様分布となって水平の直線となる（狩猟エリアの地点数がNの場合，すべての地点の得点は，$1/N$となる）。

CGTモデルの成否は，ヒットスコア率—ヒットスコアと同じかそれ以上の得点であった地点の数と，狩猟エリア全体の地点数の比率—によって測定される。これは，最適な捜索手続きが取られた場合（すなわち得点の最も高い地点から順番に捜索をした場合），犯人の住居が発見されるまでに捜索される必要がある領域の割合と同じである。捜索範囲—警察が犯人を見つけるために捜索しなければならない範囲—の広さは，ヒットスコア率を乗じた狩猟エリアの大きさと等しい。つまり，ヒットスコア率が50％であれば，一様分布を意味し，どのような警察組織でもこうした分布では，平均して狩猟エリアの半分にあたる部分で犯人の居所を突き止めることが期待できる。容疑者をアルファベット順や，年齢順に調べ

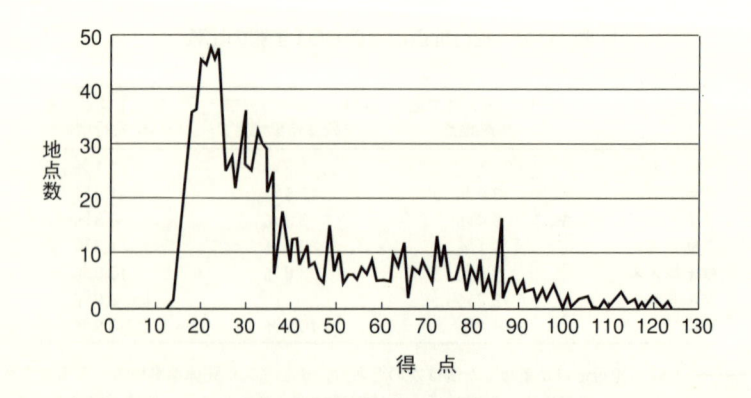

図10-4　CGT得点の分布

たり，北西から南東にかけて個別に訪問したりしていくのは，こうしたやり方の例示である。

CGTモデルの妥当性は，ローレンツ曲線の一様分布（すなわち偶然に起こると予測される）での値と，ヒットスコア率による値をプロットし，非類似性または集中度の指標をあてはめたもので測定できる。ジニ係数はそのうちの1つで，次のような式となる。[178, 351]

$$G = \sum_{n=1}^{N} |x_n - y_n|/2 \qquad (式10.12)$$

ここで，

- G ：ジニ係数
- N ：観測値の総計
- x_n ：n番目の一様分布のパーセンテージ頻度
- y_n ：n番目のヒットスコア率の頻度

ジニ係数は0から100の間の値を取り，0は2組のパーセンテージ頻度の組み合わせが完全に対応していることを示し，100はまったくの無関係であることを示す。CGTモデルに説明力があり，妥当性が高いほどジニ係数は100に近くなる。CGTのヒットスコア率の分布をサイモンフレーザー大学の連続殺人事件データから作成し，偶然分布と比較した（検定用のデータと学習用のデータは異なる）。非類似性の指標を計算するために用いられた個別のCGTヒットスコア率は，表10-1に太字で示されたものである。犯人の選択割合は，複数のシナリオが利用可能なとき，どちらの得点が使われるのかを決定する基礎となる。言い換えれば，接触地点はそれが不明な場合や，被害者の構造的背景が雑駁な場合（たとえば赤線地帯）を除いて，死体遺棄地点よりも望ましい。また，高層住宅は単独犯の場合より，共犯者がいる事件で使われている。5％間水準でみると，調査サンプルのジニ係数は85であり，高い妥当性を示した。

別の成果測定尺度は，平均ヒットスコア率を2倍したものである。この値が低ければ，モデルの予測率は高い。この尺度は最適な成果を示す0から偶然による値1までをとる。上記のデータの平均ヒットスコア率は，6.0％であり，この尺度では約0.12となる。この結果は，他の条件が同じであれば，ジオプロファイルに基づいて行なわれる捜索では，平均して手当たりしだいに捜索するのにかかる時間の12％に相当する時間で犯人の住居を発見できることになる。そのため，CGTモデルの相対的な能力は，約830％（100/12）である。

サイモンフレーザー大学の連続殺人データの研究結果では，平均のCGTヒットスコア率は6.0％で，中央値は4.2％，標準偏差は4.8，平均犯行地点数は11.6

であった（表10-1を参照）。結果は最低1.1％から最高17.8％までの範囲となった。バンクーバー市警察本部地理的プロファイリング課による解決事件の再調査でも同様の結果となり，平均のCGTヒットスコア率が5.5％，中央値4.8％，標準偏差は4.6，平均犯行地点数は19.1であった。結果は最低0.2％から最高17.2％の範囲にわたる。サイモンフレーザー大学の連続殺人データと，バンクーバー市警が扱った事件のサンプルによるCGTのヒットスコア率の分布を，図10-5に示した。

またCGTモデルの理論的な最大の効力がモンテカルロ検定によって推定された。推定にあたり，コンピュータのプログラムによって，固定のバッファ・ゾーンがある距離減衰関数に基づいてランダムな犯行地点が生成された[注68]。図10-6にテストで得られた「学習曲線」とも言える，犯行地点数ごとのヒットスコア率の中央値と標準偏差を示した。ヒットスコア率は正規分布でないため（図10-5参照），平均よりも中央値のほうが代表的な能力の指標として適切である。こうした曲線に基づいた関数が地理的プロファイリングに用いられ，性能の評価に役立つ。しかしこうした推定はモデルの能力レベルの最高値と見なされるもので，期待値ではない。

●────注68：この関数は，レンガート＊585と同様のブルズアイ分布のパターンを生成する。CGTモデルは，これ以外の犯行地点の分布（涙珠，双峰，一様といった空間分布）では，若干能力の低下を示す。

一連のテストによって，ヒットスコア率の中央値が10％となるには，最低5つの犯罪場所，平均ヒットスコア率が10％となるには，最低6つの犯罪場所が必要であることが明らかになった。サイモンフレーザー大学連続殺人事件データでの平均ヒットスコア率は6.0％となり，平均11.6件の犯行地点から予測されたモン

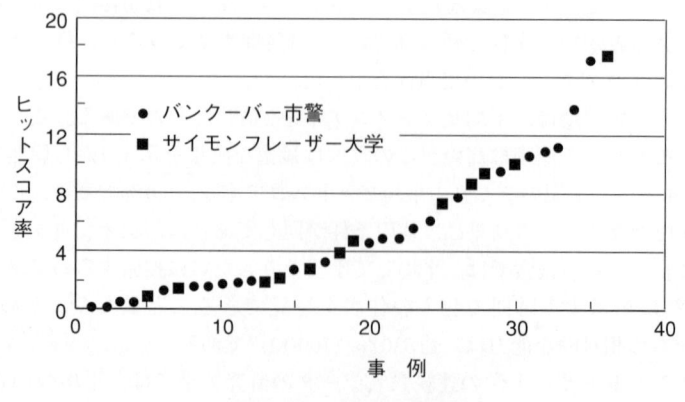

図10-5　CGTの実用性

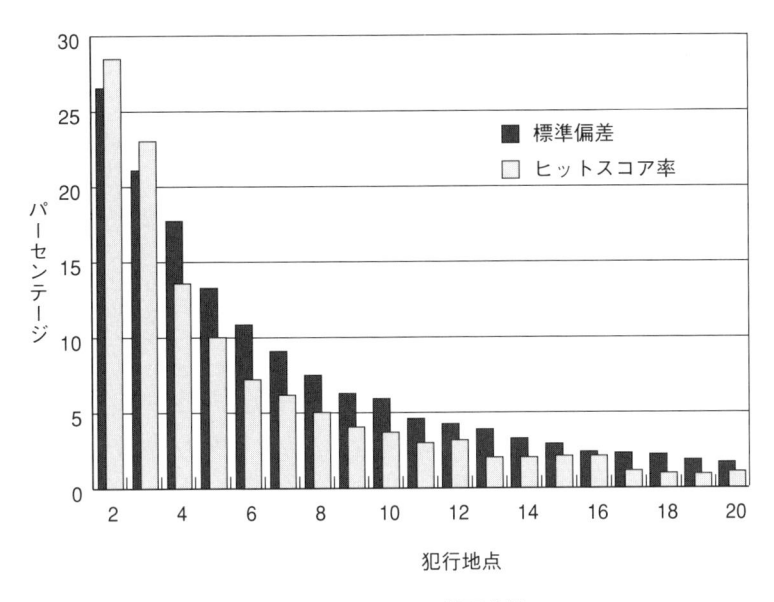

図10-6 CGTの学習曲線

横軸: 犯行地点 / 縦軸: パーセンテージ / 凡例: ■標準偏差, □ヒットスコア率

テカルロ検定での結果（平均3.8％，中央値3.0％）よりも高くなっている。この成績の悪化は，現実世界の複雑性による影響であり，犯行対象の構造的背景が一様でないことによるものと考えられる（注68参照）。

■ 信頼性

CGTモデルはコンピュータ化された数学的手法として信頼できるものであるが，どの犯行地点が対象の事件で犯人の居住地を推定するのに役立つかを決める点で，主観的な面がある。理論，方法論，経験がこの解釈の際に役立つ。[*325] 以下のガイドラインは，地理的プロファイリングに用いる犯行地点を入力する際に考慮すべき点である。

- 一般的に，同じ種類の5つの地点が分析に必要である。通常犯人は犯行期間中に転居したり，離職したりしていないと想定されるが，もし転居や離職している場合はより多くの地点が必要となる。より少ない地点しかない事件では，地理的アセスメントが適切かもしれない（「必須情報」p.224参照）。
- 正確にわかっている犯罪場所だけを用いること。たとえば，被害者の最終確認地点から接触場所を推定するのは不正確である。事件によっては，正確な

地点がまったくわからないことがあるかもしれない。
- 犯罪場所タイプの分析が既知の大部分の地点によって行なわれると，期待されるCGTのヒットスコア率が低くなる。きわめて近い場所での複数の犯行は，1地点とみなす。空間的，時間的集中度は必ず算出すること。時間的，空間的にあまりに接近した犯行地点は，独立した事象ではないことがある（前述の犯罪の集中に関する部分を参照）。近接していて悪影響を与える地点は，CGT分析から除外すること。
- 異なる種類の地点を組み合わせて，分析対象となる地点数を増やすことは，事件数が少ないときは好都合なことがある。しかし，こうしたやり方には2つ問題がある。まず，地点間で有意な相関があるかもしれない。特に，犯人が接触地点から直接遺棄地点に移動した場合に起こりうる。たとえば，ヨークシャーの切り裂き魔は，売春婦を車に乗せて少し離れた場所に車を止め，殺害して死体を遺棄した。一致はしないものの，接触地点と死体遺棄地点はこの事件では，同一に近い。逆に，ヒルサイドの絞殺魔は，殺害が行なわれた犯人のブオーノの自宅から被害者の死体を捨てに行っている。2番目の問題は，種類の異なる犯罪場所を組み合わせることによって，狩猟エリアが1種類の犯罪場所の場合よりも広くなる際に発生するもので，ヒットスコア率は小さくなるものの，捜索範囲の面積が広くなってしまう可能性がある。この問題は2種類の犯行地点の範囲が一致しない場合に最も発生しやすい。クリフォード・オルソンは，被害者探索と死体遺棄に別々のメンタルマップを使っていたようである。アイリーン・ウォルノスは様々な場所で，被害者の死体を遺棄したり，被害者の死体を被害者の車に残したりした。前者は彼女がどこから来たのか，後者は彼女がどこへ行くのかを連想させた。
- 犯人にとって最も選択の自由が与えられる種類の犯罪場所が望ましい。犯行対象の構造的背景に制約される犯罪場所の種類は，我々に対して犯人についてほとんど語ることがない。被害者の特殊要因によって空間的なバイアスがある場合は，接触地点はプロファイリングのための最良の選択肢ではないかもしれない。同様に，それぞれ孤立した死体遺棄地点は，都市殺人犯の概略的な内容しか明らかにしないであろう。

CGTモデルの制限は，犯行行動類型によって規定されている。CGTモデルでは，犯人のアンカーポイントが狩猟エリア内にあると仮定しているため，犯行地域外からやってくる密猟型の犯人の住居を突き止めることはできない。しかし，経験上何らかの副次的なアンカーポイント―職場，前の居住地，友人や親戚の家―が密猟型犯罪者を犯行領域に引き込むことがあることが明らかになっている。

そこでジオプロファイルがこの副次的なアンカーポイントと，犯人がこの場所とどの程度強い結びつきがあるのかを指し示し，それによって捜査員は地理的プロファイルの価値を理解するだろう。

■ 実用性

どれほどある手法に妥当性，信頼性があったとしても，実際の警察の捜査で使うことができなければ，ほとんど価値がない。CGTの予測精度が高くても（すなわちヒットスコア率が小さい），捜査員が犯人の家のドアまでたどり着けるわけではない。伝えられるところでは，ある霊能者が，犯罪者[注69]や行方不明者，埋まっている死体を見つけるのに成功したとのことである（コクシスらも参照[*279][*589]）。地理的プロファイリングではこのようなことはできない。地理的プロファイリングとは情報管理システムであり，そのためにはあらゆる捜査と矛盾なく合致するものでなければならない。

> 注69：モスクワの警察当局が，「死者の居所」を感じることができる2人組の霊能者を，死体の捜索を補助するために使ったと伝えられている。しかし，チカティロの殺人事件捜査の際に連絡が取られたロシアの透視能力者は，犯人が2人いて山の上に住んでいるという間違ったことを警察に話した[*583]。イギリスの霊能者が，ヨークシャーの切り裂き魔の名前と住所を，ピーター・サトクリフ逮捕の1年半前に正確に予言したと主張した[*279]（ニコルソン[*220]も参照）。しかし，彼女の主張は実証し得ない。

CGTヒットスコア率の捜索範囲の広さは，狩猟エリアの面積に左右される。狩猟エリアが狭い場合は，ジオプロファイルが犯人の居住している可能性の最も高い通りや街区の範囲を描き出すが，狩猟エリアが広い場合は，市町村レベルで示すであろう。分析の分解能は，入力情報の制約を受ける。地理的プロファイリングの結果に基づく捜査方針は，予想されるヒットスコア率と，捜査範囲の大きさの両方を考慮する必要がある。局所的なレベルで可能な戦術には，広範囲で行なうには実行可能でないものがある。

表10-3は，ブリティッシュコロンビア州バンクーバー市の平均の人口と世帯数を，5つの都市地域類型でまとめたものである（1991年度カナダ国勢調査[*590]）。中心地区，旧市街，高密度住宅地，中密度住宅地，低密度住宅地の数値が示されている（これらの概算は，多くの地域で非居住区域を含むため多少高い数値となっている。非居住区域とは，工業地域，公園，水域，農地，原野等である）。数値は類型ごとに異なるが，捜索範囲がわずか$1km^2$であった場合でも数百人が住んでいることがわかる。このことは捜査における地理的プロファイリングの価値が限定的なもので，犯人の自宅がある可能性が最も高い地域を線引きするにすぎないことを示唆している。言い換えるならば，地理的プロファイリングは，犯人の居所を地図上に×印で表す代わりに，最適な捜索戦略を示す。それゆえプロファ

表10-3　都市部の人口密度

都市部の住宅地域	総人口	世帯数
中心地区	580/km²	220/km²
旧市街	4,190/km²	1,770/km²
高密度住宅地	19,800/km²	13,530/km²
中密度住宅地	6,290/km²	3,430/km²
低密度住宅地	2,380/km²	790/km²

イリングの結果を，捜査活動全体へ適切に組み入れることが重要である。

　紙袋強姦犯は，1977年から1985年にかけて少なくとも79件の犯行を大バンクーバー地区で行なった。犯行地域は1,873km²（723平方マイル）に及んだ。ジョン・ホーレス・オートンが容疑者として浮上した後，潜入捜査を行なっていた女性警察官が彼のアパートに入ったところ，犯行現場をピンで刺した地図が壁にかけてあるのを発見した。オートンは何らかのパターンに沿って犯行しないように注意を払っていた。その努力にもかかわらず，オートンは彼のメンタルマップの「指紋」とも言うべき一貫性を残していた。回顧的な分析で，ジオプロファイルは，狩猟エリアのわずか0.08％にあたる領域に彼の自宅を位置づけた。しかし，それでもこの範囲は1.4km²（0.6平方マイル），約1,130世帯，3,400人が住む領域であった。こうした状況で容疑者に優先順位をつけるのは可能であるが，たとえば戸別の巡回訪問は実行不可能である。つまり，捜査手法と分析は調和していなければならない。

　CGTモデルの実用性は，このモデルが可能にした様々な地理的観点からの捜査手法によって示されている。例としては，住所からの容疑者の優先順位づけ，特定場所を対象とした集中的なパトロール作戦・位置情報・車のナンバー登録・電話番号・郵便番号に基づいた電子化されたデータベースの検索がある。こうした手法やその他の例は，以下の章で検討される。

地理的プロファイリング

　犯行地点の位置関係や現場から得られた手がかりは，連続事件の捜査では警察にとって重要な支援となりうる。「犯人がどこにいそうかを捜し出すのは，どのような捜査においても肝心なものである……そして犯人特定が進展する基盤となる」(p.282)。犯人の予想される空間行動が，犯行現場の位置，その地理的関連，

近隣地区の特徴や人口統計学的特性といった情報から明らかになるかもしれない。

　犯人の居住地域に関する何らかのアイデアがあるときに，犯人逮捕に向けた努力にこれを役立てられる。その情報によって，犯人が居住している可能性の最も高い場所に警察が捜査活動を集中させ，その領域内の容疑者を順位づけ，パトロールを集中的に強化することができる。こうした捜査手法も地理的プロファイリングの一部といえる。[*23, 591, 592]

　地理的プロファイリングは，連続凶悪事件の捜査を支援するための戦略的な情報管理システムである。これは警察における行動科学的対応手法であり，リンク分析や心理学的プロファイリングと関連がある。地理的プロファイリングは，犯人像推定の定義である「警察の捜査手法の1つで，未知の犯人の詳細を犯行現場，被害者，その他の利用可能な証拠の部分的な内容から，推定しようとする試み」[*280] (p.1)（デイルも参照）[*593]に合致している。あらゆる種類の犯罪や犯罪者が地理的プロファイリングの対象となるわけではないが，適切な場合にはこの方法で実用的な結果が得られる。

　地理的プロファイリングは法執行機関や検察機関に対して警察が提供する業務であり，公的な依頼を受けて行なわれる。[*256]最初のプロファイリングは1990年に行なわれ，現在まで様々な国，県，州，地方警察機関から要請を受けており，その中にはカナダ国家警察，FBI，ロンドン警視庁が含まれる。罪種としては連続殺人，連続強姦や暴行，連続放火，連続強盗，露出狂，性的殺人，誘拐を含む。

　警察組織における地理的プロファイリングの実現は，サイモンフレーザー大学での連続殺人者の被害者分布の研究結果によるものである。これは，大学において行なわれた犯罪学研究の一例であり，刑事司法システムに対して実際的な手段と手続き的含意をもつものである。もともとの研究では連続殺人者を対象としたが，連続強姦犯，連続放火犯，その他の凶悪な連続犯罪者も同様の対象選択パターンを示し，これらについても地理的プロファイリングが可能である。この類似性も，関連する理論が我々に示していることを考えると驚くに値しない。殺人と暴力的な性犯罪が地理的プロファイリングの実践で主要な罪種であり，放火と強盗がそれに続く。

プロファイリングの検討事項

　地理的プロファイリングは，通常幅広く複雑な捜査の一部でしかない。捜査の全体像における役割と，他の行動科学的手法との関連を理解することが有益である。以下の項目は，地理的プロファイリングが一般的な犯罪捜査にどのように組み込まれるかを概略的に示したものである。

1. 連続犯罪の発生
2. 従来の犯罪捜査手法による捜査
3. リンク分析の実施
4. 心理学的プロファイリングの実施
5. 地理的プロファイリングの実施
6. 新しい捜査手法による捜査

　連続犯罪者の存在を確認できるかどうかが、この過程のスタートである。リンク分析の範囲と正確さが、より正確な地理的プロファイリングのために重要である。しかし、空間的なかたよりがないこと、多少の犯行地点が不明であること、リンクできなかった事件があることは、重大な問題ではない。CGTモデルはきわめて頑健であり、誤って含められたり除外されたりした犯罪に大きく影響されない。通常では、少なくとも90％の情報が正確であればよい。

　従来の捜査手法が成功した場合、プロファイリングへのニーズはほとんどない。プロファイリングに基づいた新しい捜査戦略の開発は後段の論点とし、地理的プロファイリングと心理学的プロファイリングの関係についてもそこで検討する。

　地理的プロファイリングは本来実証的なものであるが、数量的（客観的）な面と質的（主観的）な面がある。客観的な部分は、様々な地球統計学的手法とCGTプログラムのような数量的測度を、対象地点の点分布の分析と解釈に利用している点である。こうした指標の妥当性は地点数に依存していることから、連続犯行数が少なければ適切でない。一方、地理的プロファイリングの主観的な部分は、犯人のメンタルマップの解釈と再構築に基づいている。[*117] 心理学的プロファイリングは地理的プロファイリングに先立って行なわれる必要はないが、特に数か所しか分析に使用できる地点がない事件の場合、心理学的プロファイリングによって得られる犯人のパーソナリティ、行動、生活スタイルに関する洞察は有用である。逆に地理的プロファイリングの結果は、心理学的プロファイリングの結果を精緻化し、応用を促し、実用性を高めるのに役立つ。2種類のプロファイリングが相互に最適化し合い、連携して捜査員が当該事件の犯人の姿を形成するのを支援する。

　たとえば、1996年にカナダ国家警察はブリティッシュコロンビア州バーナビーで発生した車庫を対象とした14件の連続放火事件の捜査で、心理学的プロファイリングと地理的プロファイリングを要請した。ある容疑者が両方のプロファイリングの結果とよく似ていることから、捜査員が注目するようになった。捜査員は容疑者を慎重に捜査し、監視した後に事情聴取し、そして容疑者は犯行を自供した。犯人はプロファイリングの犯人像と非常に似ており、狩猟エリアの0.6％

(0.02平方マイル)にあたるジオプロファイルが最も高い場所の，ちょうど通りを隔てた反対側に住んでいた。

多種多様な犯罪の要因や環境要因が，地理的プロファイリングの作成と解釈の際に考慮される。最も関連が強いのは以下の項目である。

1. **犯罪場所**：犯行の場所と時間が地理的プロファイリングにとって最も重要なデータである。同時に，犯行地点の数と種類，それらの関連，犯罪場所の方向性も重要である。
2. **犯人のタイプ**：犯人のタイプと人数が犯行地理に影響する。複数の犯人が別々に生活している場合，ジオプロファイルは主犯の住居に着目する。大人数で無定形のギャングは犯人グループの構成が変化するため，地理的プロファイリングには向かないかもしれない。心理学的プロファイリングは，パーソナリティ，生育歴，犯行の秩序性といった情報を提供することによって，犯人の行動を解釈する際に役に立つ。
3. **犯行スタイル**：犯行方法が接触地点と死体遺棄地点の分布に影響する。犯行スタイルは，地理的プロファイリングを行なう際に検討されなければならない。
4. **犯行対象の構造的背景**：犯行対象の構造的背景に制約があったり，雑駁であったりする場合は，犯人の選択の自由度が制限され，プロファイリングの結果に対するある種の犯行地点の重要性に影響を与える。
5. **幹線道路と高速道路**：犯罪者も含めて人々は鳥のように直線的に移動しない。道路の配置に従うだけでなく，幹線道路，フリーウェイ，高速道路に沿って移動する傾向がある。
6. **バス停と地下鉄の駅**：自動車のない犯人は公共交通機関を使用するか，自転車道やジョギングルートに沿って移動する。こうした場所やルートを考慮しなければならない。
7. **物理的，心理的境界**：我々は，川，海，湖，峡谷，高速道路といった物理的な境界に制約される。心理的な境界もまた移動に影響する。たとえば，社会経済的地位が低い犯罪者は，上位の階層の地域を避け，黒人の犯罪者は白人の居住地区に行こうとしないかもしれない。
8. **用途地域と土地利用**：用途地域（例：住宅地，商業地，工業地域）と土地利用（例：商店，酒場，事務所，駅やバスターミナル，大規模な建物，官庁，軍事施設）は，誰かがなぜその場所にいるのかを知る鍵となる。イギリスの警察機関が，犯罪発生地点の周辺地域の実地調査と位置登録を行ない，どういう理由で犯罪者が特定の犯行地点にいたったかを調査した。同様に，ジオ

プロファイルの最高点から犯罪者のアンカーポイントに関する洞察が得られ，用途地域分類からその場所が住居か職場かを見きわめるのに役立つ。たとえば，正午過ぎに発生する連続銀行強盗のジオプロファイルが商業地域を指し示したとすると，時間と場所の要因から，犯人が仕事の昼休みに犯罪を行なっていることが示唆される。

9. **近隣地区の人口統計学的特性**：一部の性犯罪者は，特定の人種あるいは民族の被害者を好む。これらの集団は特定の地域により多く居住しており，犯罪の空間的分布に影響する。
10. **被害者の日常行動**：被害者の日常的な移動パターンから，どのように犯人が対象を探しているのかについて，洞察が得られる。
11. **外れ点**：連続事件のパターンにあてはまらないとみられる事件でも，重要な手がかりが得られるかもしれないため，慎重に検討されるべきである。
12. **転　移**：マスコミ報道や，制服警官の存在によって空間的転移が起こり，それ以後の犯罪現場の位置に影響するかもしれない。

　犯罪場所は地理的プロファイリングの基礎となるものであり，ある殺人事件では接触，襲撃，殺害，死体遺棄地点がそれぞれ分析に含められうる。しかし犯行場所以外の場所も犯罪に関連づけられることがある。例として，クレジットカードやキャッシュカードの利用場所，郵便の投函場所，電話の利用場所，レンタカーの借り出しや返却場所，目撃者の見聞場所，所持品や証拠品の発見場所が含まれる。こうした関連場所が明らかな事件では，その場所の種類や数によって犯行が1件だけでも，地理的プロファイリングが行なえるかもしれない。

　1995年10月，ブリティッシュコロンビア州アボッツフォード市の10代の少女2人が，夜の路上で野球のバットをもった男に襲われた。被害者の1人は殺害され，約20マイル離れたベダー運河に捨てられ，もう1人は瀕死の状態でその場に放置されていたが，何とか意識を回復し，近くの病院に駆け込んだ。数日後，アボッツフォードの殺人犯は，救急電話番号への口汚い数回のいたずら電話を始めとした，奇妙な行動をとった。彼は，殺害された被害者の墓石を盗み出し，碑銘を傷つけたあと，地元のラジオ局の駐車場に捨てた。さらに住宅の窓から封をしてねじった手紙を投げ込み，その手紙には，彼が別の性的暴行を行なったことが書いてあった。一連の行動で，13地点が地理的プロファイリングに用いられた。彼は結局，地道な捜査活動により，アボッツフォード市警察に逮捕された。彼の自宅は，ジオプロファイルで上位7.7％（0.6平方マイル）の場所にあった。

　ジオプロファイルは2つのピークエリアを示すことがあり，これは犯人が2か所以上のアンカーポイントをもつことを意味する。ブリティッシュコロンビア州

のサーニッチとビクトリアで連続放火を行なったマンレイ・エングは，2つの犯行集中地点のある犯罪分布を残した。1つは彼の自宅を含み，もう1つは彼の通っていた保護観察所を含んでいた。土地利用，用途区域，地域の特徴に関する情報は，そうした結果の解釈に役立つ。複数のアンカーポイントが示す例は次のとおりである。

- 住居と職場
- 住居と知人や家族の住居
- 現在と過去の住居
- 2人かそれ以上の犯人が別個に住んでいる

1994年から1998年にかけて，「マルディグラ（懺悔の火曜日）の爆破魔」は，主に大ロンドン地域で合計36件の爆発物事件を引き起こした。爆発物は，銀行の現金預払機，スーパーマーケット，公衆電話，事務所，住宅の近くに郵送されたり，配達されたりした。対象や配送方法は違っても，潜在的な犯行地点の空間分布は変化しなかった。ロンドン警視庁が地理的プロファイリングを依頼し，その結果から2つの高確率地域が明らかとなった。第1の地域は，西ロンドンのチェスウィックで，第2の地域は南西ロンドンであった。刑事が2人の老兄弟を逮捕したところ，2人がチェスウィックに住んでおり，彼らの家族が南西ロンドンに住んでいることがわかった。ジオプロファイルは，有罪となった犯人の家が狩猟エリアの上位3.4％（9.1平方マイル）にあることを明らかにした。

捜査員は公式のプロファイリングの結果とは別に，事件の地理的観点を活用しうる。そこでわかるのは，犯人が何をしたかだけではなく，何をしなかったかという点である。検討すべき点は次のとおりである。

1. **場　所**：どのような場所が犯行と結びつき，そうした場所はどこにあるのか。それらの場所間の距離と移動所要時間はどの程度か。
2. **時　間**：犯罪の発生時間（すなわち，時刻，曜日，年月日）はいつか。犯行日の天候はどうだったか。事件の発生間隔はどのくらいか。
3. **地点選択**：犯人はどのように犯行地点にいたったか。犯行地点の周辺はどのようになっているか。犯人はどのようにしてこの場所を知ったのか。場所が犯行の目的や機能に照らしてどのように働いたか。
4. **犯行対象の構造的背景**：犯行対象の地理的な配置や入手可能性はどうなっているか。犯行地点の選択をするのに，犯人はどの程度の自由度があるか。空間的または時間的な転移が起こっているか。

5. 物　色：犯人が使った物色方法は何か。なぜ他の場所ではなくその場所が選択されたのか。犯人が使用したと考えられる交通手段は何か。

地理的プロファイリングの実施手順
■ 必須情報

　地理的プロファイリングを依頼したり準備したりする際には，一定の実施手順に従う。プロファイリングの実施にあたっては，事件の的確性評価，必要な情報の収集，プロファイラーと捜査員の連携が必要である。以下に示すのは，地理的プロファイリングを依頼する捜査員に対してバンクーバー市警察本部が送付する標準的な文書である。これには，基本情報の要件と手続きの詳細が示されている。

　　　地理的プロファイリングは，連続凶悪犯罪捜査のための捜査支援手法である。この手法では，連続事件とみなされる複数の発生地点を，犯人が居住している可能性が最も高い地域を決定するために分析する。また地理的プロファイリングは，情報管理システムとみなされるべきであり，捜査の重点の決定，情報や容疑者の優先順位づけ，従来の方法を補完する新しい捜査手法の提案の支援を目的としている。

　　　当該の事件が地理的プロファイリングを行なうのに適切かどうかを決めるために，予備的評価が必要である。これはバンクーバー市警察本部地理的プロファイリング課（GPS）に直接問い合わせて行なうのが最適である。プロファイリングを行なうことが適切だと判断された場合，公式の依頼文書が本部長に送付される必要がある。依頼文書には，事件の凶悪性，GPSとの予備的な協議がすでに行なわれたこと，プロファイル作成に対するすべての費用は依頼者が負担することが明記されなければならない。バンクーバー市警察本部は，警察機関や検察機関からの依頼によって，無償でこの業務を行なうが，発生した費用は依頼機関が全額負担することとする。

　　　事件の情報一式を準備し，GPSに発送しなければならない。プロファイリングの結果の正確性は，使用した情報の質によって決まる。送付されるべき情報は次のものを含む。

- 一連の事件に関連すると考えられるすべての場所の一覧（例：被害者との接触地点，犯行現場，死体遺棄地点あるいは被害者解放地点，犯人の移動

方向等)。この一覧表は,時間順で作成され,完全な住所情報,犯行の日時と曜日,が含まれていなければならない。
- すべての犯行場所に正確に印がつけられている市街地図
- 事件概要
- 心理学的プロファイリング(可能な場合)
- 捜査員の名刺
- その他の関連情報

追加情報が必要な場合があり(例:犯行現場の写真,人口統計学的データ,バス路線等),その際GPSは捜査員に対して,どのような追加情報が必要かを指示する。GPSのあらゆる業務では完全に秘密が保持される。

依頼機関は,現場での地理的プロファイリングの結果報告を希望するかどうかを決定しなければならない。現場での報告はより綿密で,正確で,完全なものであり,重大事件の場合には推奨される。すべての旅行,宿泊費用(例:航空機運賃,タクシー運賃,空港税,宿泊費,食費等)は,依頼機関の負担となり,支出後30日以内にGPSに対して弁済されなければならない。

多くの場合,GPSは犯人の住居がある可能性が最も高い地域を示したカラー地図つきの報告書を作成する。報告書は通常の郵便(特に指定がない限り)で依頼機関の捜査員に郵送される。報告書では,地理的プロファイリングの理論,手続き,結果が説明され,何らかの捜査方針が提案される。捜査員は疑問点がある場合や追加説明が必要な場合,GPSに問い合わせることが望ましい。追加事件が発生したり,新しい情報が判明したときには,プロファイリングの結果を更新すべき場合がある。犯人が逮捕された場合,GPSは報告を希望し,それによって地理的プロファイリングの結果の正確性や実用性を評価することができる。プロファイリングは数多くの手法の1つであり,依頼機関はプロファイリングの結果を,捜査に対して利用可能な他の手法と合目的的に組み合わせる責任を負う。地理的プロファイリングに関する疑問は,GPSに直接問い合わせることができる。

ただし,あらゆる事件が地理的プロファイリングの対象となるわけではない。予備的検討が適合性を見きわめるために必要であるが,一般的に,以下の条件を満たす場合に地理的プロファイルが作成される。

1. 連続した犯罪が発生し，それらがある程度の確実性でリンクされていること（言い換えれば，同一犯による犯行の可能性があること）。
2. 少なくとも5か所の犯行地点があること（ただし一定の状況では，より少ない場所からでも推定が可能な場合がある）。
3. 事件の重大性が，プロファイルの作成に要する時間と努力に見合うこと。

　地理的アセスメントは，完全な地理的プロファイルが作成できない事件のとき，たとえば犯行地点がわずか数か所しかない事件の場合，適切な方法であろう。時間－距離－速度計算，犯行行程推定，メンタルマップの解釈，ティーセンポリゴン，その他の分析手法が，これまで地理的プロファイリングや地理的アセスメントに首尾よく用いられてきた。

　ティーセンポリゴン（ボロノイ，ディリクレポリゴンとも呼ばれる）は，点を中心として周辺に伸びる勢力範囲により定義され，あるポリゴン内のあらゆる点は，（その点が含まれない隣接の）「競合する」ポリゴンの中心点よりも，そのポリゴンの中心点のほうが近くなるように境界が設定される。この手法はある種の犯人の犯行スタイルに関係する事件に適用することができる。たとえば，公園の位置を中心にティーセンポリゴンを発生させると，小児性愛者の居住可能性の高い地区を発見できるかもしれない。この方法は，2人の10代の少女が誘拐され，殺害されたグリーンリボン捜査本部事件の捜査で，オンタリオ州セント・キャサリンに所在する高校の通学域を決めるために使われた。殺人犯のポール・バーナードとカーラ・ホモルカはDNA鑑定により特定されたが，彼らは2番目の被害者が通っていた学校のそばに住んでいた。地理的プロファイリングの結果は，10km^2（狩猟エリアの0.5％）の犯人の居住地域を正確に予測した。

■地理的プロファイリングの依頼

　地理的プロファイリングは，完了までに約2週間を要するが，その時間は分析中の事件の負担量によって変化する。プロファイリングの依頼は，地域社会への危険性によって—強姦よりは殺人，昔の事件よりは進行中の事件，犯行が一時的にでも止まっている事件よりは連続発生中の事件というように—優先順位がつけられる。プロファイリングの作成手順は所定のアウトラインに沿って行なわれ，主要な段階は次のとおりである。

1. 捜査報告書，目撃者の調書，検視報告書，心理学的プロファイリングの結果（可能な場合）を含む事件資料全体の熟読
2. 事件現場と事件発生地域の写真の詳細な検討

3. 捜査指揮者や犯罪分析官への面接調査
4. 可能な場合は，各犯行地点での実地調査
5. 近隣地区や人口統計学的情報の精査
6. 街路，土地利用，交通機関系統図の検討
7. 分析の実施
8. 報告書作成

バンクーバー市警察本部は，1990年に世界で初めて地理的プロファイリング手法を確立し，世界の警察機関に対してそれを提供する責務を担っている。これまで100以上の事件捜査，1,500以上の犯行について，ロンドン警視庁，FBI，ニューヨーク市警察本部，カナダ国家警察に支援を行なっている。依頼はカナダ，アメリカの他，イギリス，ドイツ，ベルギー，ギリシャ，南アフリカ，メキシコ，オーストラリア，ニュージーランド，中東からも来ている。分析業務は現在，カナダ国家警察，オンタリオ州警察，イギリス国立犯罪捜査支援部でも行なわれている。これらの機関のプロファイラーは，後述するバンクーバーでの集中実地研修課程を修了している。その他にも複数の警察機関が同様の部署を設置することに関心を示している。現在，国際犯罪捜査分析官協会（ICIAF）が母体となって，地理的プロファイラーの国際専門家組織を発足させることが検討されている。

正規の地理的プロファイラー[注70]の連絡先は以下のとおりである[訳注]。

●―― 注70：カナダ国家警察は，1999年末，オタワの本部の行動科学・特別業務部門に地理的プロファイリングの担当者をおく予定である。

◆―― 訳注：肩書きは原著出版当時のもの，住所，電話番号は省略した。

D. キム・ロスモ警部
バンクーバー市警察本部地理的プロファイリング課

スコット・M. ファイラー警部補
カナダ国家警察太平洋地域凶悪犯罪リンク分析センター
地理的プロファイリング係

ブラッド・J. ムーア巡査部長
オンタリオ州警察本部行動科学課地理的プロファイリング係

ネイル・トレイナー巡査部長
イギリス国立犯罪捜査支援部凶悪犯罪分析課

実地研修課程

　地理的プロファイリングの実地研修課程は，組織内で地理的プロファイリングが作成できるようになるのを希望している機関の職員に対して，包括的な研修の機会となるように企図されている。FBIの警察機関向け研修を参考に，実地研修課程は1997年9月にバンクーバー市警察本部地理的プロファイリング課で始まった。最初の課程修了者は1998年秋に誕生した。

　以下の基準は，実地研修候補者の選考にあたって，各警察機関への参考となる一般的な指針として定められたものである。

- パトロール勤務と，直近の最低3年間の対人暴力犯罪（殺人，性的暴行を含む）に関する捜査経験と，この分野での優れた捜査技能を含む幅広い実務経験があること
- 他機関や他の警察組織と協調して業務を遂行する能力を示していること
- 平均以上の口頭および文書での意思伝達能力を示していること
- 優れた対人関係スキルをもっていること
- 地理的プロファイリングの業務を，2年間の実地研修の後，最低5年間常勤で行なう意志があること
- 緊急の出張をいとわないこと（実地研修生，地理的プロファイラーの両方として）
- 必要とされる長期間の学術的研究に専念できること（実地研修生，地理的プロファイラーの両方として）
- 数学の素養が十分にあり，確率と統計の原理を習得する能力があること
- コンピュータが操作でき，正確に地図を読み取ることができること
- 高い自己動機づけと，監督なしでの業務遂行能力を文書で示すこと
- 心理学および地理学の概念と手法を学習する能力があること
- 複雑なシナリオから抽象的な概念を把握する能力を示すこと
- 手間のかかる捜査を徹底的に行なう適性を文書で示すこと
- 業務に対する粘り強さと進取の気風のバランスを示すこと
- 聴衆の人数にかかわらず弁論や講演が堪能であること
- 警察組織，特に所属または外部の捜査部門に対する高い信頼があること

　適格者は完全に認定された地理的プロファイラーとなるために，指導者の監督のもとで1年間の研究に従事する。研修内容は4つの部分に分かれる。

1. 確率論，統計，コンピュータシステム

2. 暴力的性犯罪と事件のリンク
3. 暴力的性犯罪者と心理学的プロファイリング
4. 数量的空間分析法と地理的プロファイリング

最初の3科目は，研修指導者の監督のもと，通信教育で行なわれる。最終科目は4か月かかり，指導者の所属機関で行なわれるもので，既存の記録の再検討や捜査中の事件の事例検討を含む。研修科目の順序は図10-7に示した。課程を修了するために研修生は，研修の最後に資格試験に合格しなければならない。

修了生は自身の所属機関に地理的プロファイラー補として戻り，この段階でプロファイリング業務を行なう準備が終了し，実際の事件にかかわったり，適切な地理的プロファイルや地理的アセスメントを作成する。同時に1年間の実習期間中は，指導者からの支援と指導を受けるため連絡を取る。地理的プロファイラー補は，新しいプロファイラー候補を指導したり，裁判で専門家として証言したりすることは許可されない。また，犯罪地理学に関する分野の一連の知識に加えられる調査研究を行なう必要がある。この調査研究の修了をもって，正規の地理的プロファイラーとなる。研修生の所属機関は費用の全額を負担し，指導者の所属機関は不適格者を拒否できる。研修の構成内容の概要に関する合意事項の覚書が，派遣元と派遣先の機関で取り交わされる。資格取得の過程と研修生の継続的な教育が，専門的な技能と知識を発達させるためには重要である（アメリカ司法省資料（U.S. Department of Justice.）を参照）。[*594]

導　入		
確率論 統　計	コンピュータシステム	
	凶悪犯罪と連続犯罪	
	心理学的プロファイリング	
地理的プロファイリング		
結　論		

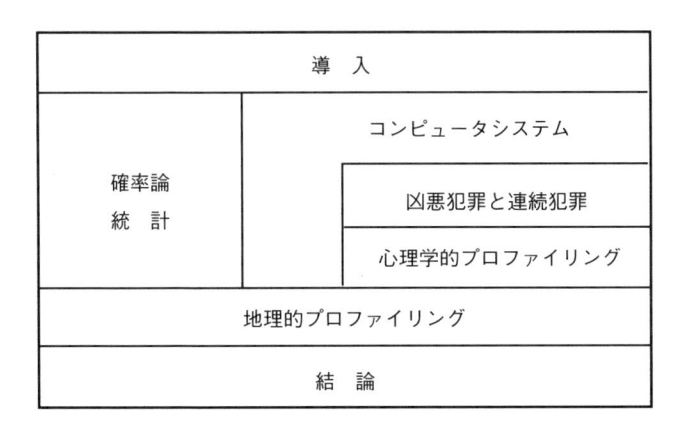

図10-7　実地研修の構成

コンピュータシステム「リゲル」

リゲル[注71]は，特許権があるCGTアルゴリズムに基づいた地理的プロファイリングシステムであり，分析プログラム，GIS機能，データベース管理，強力な視覚化ツールを統合したものである。犯罪場所はその種類によって分類され（例：殺人の場合は，被害者接触地点，殺害地点，死体遺棄地点)，住所表記，緯度経度，デジタイズによる座標値のうち最適な方法で入力される。これは犯罪はどこでも—住居，駐車場，裏通り，高速道路，公園，川，山間部など—起こりうるものであるという警察活動の現実を反映したものである。緯度経度座標は，携帯型の全地球測位システム（GPS）端末で，使用者の位置を静止衛星から受信することで得られる。

●──── 注71：リゲル（Rigel）は"RI-jul"と発音する。

シナリオは，犯罪場所に何らかの理論的，方法論的原理に基づいてウエイトづけをしたものであり，これが次に作成され，検討される[注72]。これによって犯人の住居がある可能性が最も高い場所が得られる。容疑者の住所はそのヒットスコア率をz-スコアのヒストグラム上で見た値によって評価され，前歴者，登録済みの性犯罪者，捜査本部への内報，その他の情報に優先順位をつけることができる。リゲルのGIS地図への出力例は，図10-2と口絵1，口絵2，口絵3，口絵4に示した。

●──── 注72：こうした過程を順序立てるのを支援したり，プロファイラーをガイドしたりするエキスパートシステムの開発が，将来的に予定されている。

リゲルはブリティッシュコロンビア州バンクーバーのエクリ社（ECRI Inc.）によって開発され，現在ハイエンドのサン・マイクロシステムズ社製ウルトラスパーク・ワークステーションで動作する（Java版は，1999年末に出荷予定）[訳注]。高性能ワークステーションでは，一般的なCGTアルゴリズムによる分析で必要な毎秒100万回程度の計算能力がある。ジオプロファイルや犯人居住確率図は，その解釈を容易にするために，回転させたり様々な方法で視覚的処理をしたりすることが可能である。デジタルオルソ画像をジオプロファイルの最高点部分に重ねることができ，使用者が関心のある部分についての土地利用を見ることができる。また大規模なデータベースが検索可能で，その内容を住所によって順位づけできる。利用可能なデータベースには，性犯罪者登録情報，重大事件捜査管理プログラム，凶悪犯罪リンク分析システム（ViCLAS）のような犯罪リンクシステムを含む。リゲルは，警察機関の限られた資源を，有効活用することができるように設計されており，地理的プロファイリングで用いられる主要ツールである。

◆─── 訳注：エクリ社によると2000年初頭からJava版が出荷されており，最新版はバージョン3.2となっている。

　このシステムの名前の由来となったリゲル（オリオン座β星）は，冬の星座であるオリオン座を構成する超巨星で，高温で青白く，太陽の50,000倍の明るさがあり，地球から1,400光年離れている。リゲルはアラビア語で「足」を意味し，オリオンのかかとを示している。ギリシャ神話では，オリオンは万能の巨人の狩人で，月と狩猟の神であるアルテミスに愛されていた。しかし，アルテミスは双子の兄であるアポロにだまされ，オリオンを矢で射てしまう。アルテミスが悲嘆にくれたため，オリオンは猟犬と天に昇り，牡牛座に対向して置かれた。月が物悲しく冷たく見えるのは，オリオンの死に対するアルテミスの悲しみのせいであるという伝説がある。リゲル[注73]という名前に込めた象徴性は，CGTに基づいた地理的プロファイリング用ソフトウエアは，狩人—すなわち刑事—が犯人を逮捕するための努力を支援するために設計されたシステムであり，狩人の星座であるオリオンをリゲルが手助けするのとちょうど同じであるという考えに由来している。

◆─── 注73：このシステムのプロトタイプの名前がオリオンであった。

11章
捜査における応用

戦略と戦術

　地理的プロファイリングを用いると，警察の戦略・戦術をより効果的，効率的に実施することができる。もちろん実際の応用は事件について責任をもつ捜査官が担当すべきであるが，本章では以下，効果的なアプローチを提案する。このアプローチの開発は，刑事とプロファイラーと学識経験者との対話の中でなされた。戦略を説明するため，実際の事件への適用事例も紹介するが，事件は地理的プロファイリングではなく捜査官によって解決されたということを改めて明確にしておきたい。プロファイリングが捜査で果たす役割は支援的であり，各事件において占める役割も様々である。プロファイリングは，あくまで捜査官が道具箱にもっている多数の技法の中の1つにすぎない。

　最も一般的なアンカーポイントは犯罪者の居住地であるが，他の場所が犯罪行動の拠点になることもある。クリフォード・オルソンは，自分がかつて投獄されていたアガシス・マウンテン刑務所の近くに死体を遺棄した。ジョン・コリンズは，かつて学生として，また夏季アルバイトとして在籍した東ミシガン大学の周辺で被害者を物色した。アイリーン・ウォルノスは，ワイルドウッドの市街地のトラック駐車場と高速道路の入口で被害者を狩った。これらの事件においては，受刑者記録，学籍簿，雇用記録，職務質問の記録が有用な捜査情報源となった。活動空間を構築するうえでは居住地は重要であるが，職業記録や受刑記録の価値も見落としてはならない。

容疑者の優先順位づけ

　地理的プロファイリングと心理的プロファイリングとを連携して用いると，捜査活動での対象の洗い出しをより焦点づけて行なうことができる。連続凶悪犯罪の捜査で問題になるのは，容疑者が少なすぎることよりはむしろ多すぎることである。プロファイリングを用いると数百人，数千人の容疑者や手がかりを再評価し優先順位をつけることができる。

図11-1　ラファイエットのサウス・サイド強姦事件の犯行地点

　ルイジアナ州ラファイエットでのサウス・サイド強姦犯は，1984年から1995年にかけて14件の侵入強姦を犯した。マクラン・ガリエン刑事は捜査を終結させることを拒否し，地理的プロファイリングを要請した。その結果，かつては考慮されなかったある地区が浮上した。この結果は，容疑者と手がかりの優先順位づけのために用いられた。そして，FBIの心理学的プロファイリングの結果に一致し，かつ事件当時にジオプロファイルのピークとなる地区に住んでいたラファイエット・パリッシュ保安官事務所の巡査部長にまつわる手がかりが浮上した。容疑者の監視によって得られたDNAが，犯行現場からのサンプルと一致した。容疑者は犯行を認め，終身刑を宣告された。ジオプロファイルを見ると，狩猟エリアの上位2.2％（0.5平方マイル）の中に強姦犯の居住地が含まれていた。図11-1はこの事件の犯行地点を，口絵3は犯人居住確率図（上位20％）を，口絵4はジオプロファイル（上位15％）を示している。口絵4に示される3つの青い点は犯人の住居を示しており，3点の中でもジオプロファイルの中心にある点が，犯行の主要時点での住居である。

警察情報システム

　警察が運用しているコンピュータ指令システムや記録システムの情報から，追

加的な捜査情報が得られることがある。このようなシステムには，配置支援コンピュータシステム（Computer Aided Dispatch System：CAD），記録管理システム（Records Management System：RMS），カナダ国家警察情報検索システム（RCMP Police Information Retrieval System：PIRS）などがある。犯罪者プロファイリングの詳細結果や各事件の特徴により，検索対象をさらに絞り込むことができる。[158, 261]

たとえば，連続性的暴行事件の捜査において，心理的プロファイリングが行なわれ，その犯行は怒り報復型の強姦犯によるものではないかという結果が得られたとしよう。このような犯罪者は「女性と対等になろうとして悪事を想像，もしくは実際に行なったものであり……，犯行は怒りを意味する感情的な爆発である」(p.163) とされる。その犯行は，実生活の中で犯人にとって重要な女性との葛藤が引き金になることが多く，その葛藤の原因を象徴するような被害者を選択するであろう。地理的プロファイリングで犯行者が居住している可能性が最も高いとされた地区で，その犯行日に通報された家庭内での紛争をCADで検索することにより，有力な容疑者を割り出せるかもしれない。地理情報システムを元に構築した警察記録システムを用いると，このプロセスはさらに強力なものとなる。[27]

管轄区域に居住する前歴者の顔写真，住所，犯罪手口といった記録を電子化した警察機関では，推定犯人居住地といったプロファイリング結果から，警察記録を検索することができるだろう。多くの警察本部では仮釈放者や性犯罪者といった特定の犯罪者ファイルが整備されている。一般に性犯罪の背景には迷惑行為（たとえば徘徊，不法侵入，のぞき）がある。性犯罪の発生場所ではかつて別の犯罪が起きていたかもしれない。[47, 597, 598]

捜査本部の運営

特定の連続事件を捜査するため編成された捜査本部では，イギリスのHOLMESやFBIの初動捜査プログラム（Rapid Start Program）のようなコンピュータ化された重大事件管理システムにより情報を収集・照合することが多い。情報過多に苦しめられている事件では，データの優先順位づけと相関分析が役立つだろう。地理的プロファイリングは住所表記，郵便番号，市外局番（NNX）の優先順位づけをすることにより捜査本部を支援することができる。[276, 275][481]

このプロセスは，CD-ROM電話帳の世帯名，企業名，電話番号，住所，郵便番号，肩書，標準職業分類コードの情報ともリンクすることができる。地理的プロファイリングを警察活動で最大限活用できるかどうかは，登録項目，検索時間，レコード数，データ更新の簡便性といった，捜査本部のデータベースソフトウエアの性能にかかってくる。

性犯罪者登録システム

　連続性犯罪の地理的プロファイリングにおいて，暴力的性犯罪者の登録システムは有用な情報源である。*599 既知の性犯罪者の住所リストが入手できれば，地理的プロファイリングによりリストに掲載された容疑者の優先順位づけをすることができる。アメリカの1994年「凶悪犯罪防止と法執行」法 訳注は，各州に「法律，規制を制定し，性的暴力犯罪者すなわち性犯罪で有罪とされた前科者を，釈放から10年間，州の適当な法執行機関に登録する」ことを求め，これを怠る場合には国の補助金を減らすことを規定している。*600

◆―――訳注：包括的犯罪防止法という訳もある。通称ヤコブ・ウェッタリング法。

　性犯罪者の登録システムは，凶悪犯罪者—残念ながら一般に信じられているよりもはるかに多い—を監視し統制する強力な道具となっている。ワシントン州は最初にこの登録システムを設立した。シアトル警察本部特別暴力犯捜査チームによると，その登録者は1995年5月現在で859名で，1平方マイルあたり平均10人にも及んでいる。なお，この統計には釈放後に登録できなかった20％の性犯罪者は含まれていない。

行政・商用データベース

　データバンクの情報の多くは地理的な参照が可能であり，優先捜査地域内に立地する保護観察所，外来のメンタルヘルス・クリニック，ソーシャルサービス事務所などの情報が役に立つことが多い（我々の手持ちのデータでは，これらのおよそ85％が住所データを含むと推定される）。ルボーは，性犯罪の仮釈放記録から容疑者が割り出された連続強姦事件について論じている。*175 また，私企業も捜査に使える情報を提供している。ある連続性的暴行事件に犯罪者プロファイリングを適用した結果，容疑者はポルノグラフィーを愛好していることが示唆された。そこで，電話帳CD-ROMで職業コード分類検索をかけ，優先捜査地域内のビデオ店のリストを作成し，ジオプロファイルをもとに住所の優先順位づけを行なった。この情報により捜査官は，優先順位の高い店に焦点を絞って，容疑者の似顔絵を見せ，アダルトビデオを頻繁に借りる人物を調査することができた。その結果，そのほとんどの人が自宅近くのビデオ店を使っていることがわかった。同様に，容疑者の使用した車両の特徴が判明した場合には，自動車整備工場の優先順位づけが有効である。

車両登録情報

　地理的プロファイリングの結果を，容疑者の特徴や使用した車両の情報と統合

して，州や地方の運転免許証や車両登録記録のコンピュータシステムを検索することができる。この作業は，ジオプロファイルによって容疑者の居住地がありそうな地域の郵便番号の優先順位が得られた後，最初に行なわれることが多い。容疑者の特徴と場所という2つのパラメータは互いに独立であり，両者を組み合わせて検索すると被疑者を含む集合を相当絞り込むことができる。この戦略により，捜査の対象を処理可能な範囲に絞り込むことができる。

　子どもを狙った凶悪性犯罪者のケースを例にとってみよう。まず，ジオプロファイルにより子どもを襲った地区の郵便番号の優先順位づけを行なった。次に，都市計画図を参照してリストから，工業，商業，その他の非住居地域を除いた。そして，社会経済統計，人口統計データを用いて再評価を行ない，犯罪者プロファイリングにより得られた犯罪者の社会経済地位と一致しない地区の順位を下げた。

　次に，容疑者が居住している確率順に並んだ郵便番号リストに基づいて，その地区に住む自動車の所有者や，運転免許保有者のデータをコンピュータで検索した。これに並行して，刑事は容疑者の特徴や犯行に使用された車両に関するデータを収集して検索条件をより絞り込んだ。

　たとえば，「黒っぽい髪で，背が高い白人の中年男性が運転する新しい赤のステーションワゴン」というのはいくぶんはっきりしない情報であるように思われる。しかし，実際にはその情報は①車種：ステーションワゴン，②車の色：赤，③車の年式：最近5年間といったいくつかの変数を含んでいる。車の運転者は必ずしも所有者とは限らないが，追加の条件として，運転者の特徴（たとえば性別，人種，年齢，身長，髪の色）が出てくる。これらの変数を，ランクづけした郵便番号リストと結合すると，数百数千レコードを，わずか数十ほどの車両，運転者に絞り込むことが可能である。この作業により，詳細な裏づけ捜査を行なえるほど十分に絞り込みができたといえよう。（地理的な絞り込みを行なわずに車両のコンピュータ検索をした殺人事件捜査事例に関しては，レスラーとシャットマンを参照）。[*37]

集中パトロールと張り込み

　ジオプロファイルは，集中パトロールと張り込みの人員配置の基準として用いることができる。犯罪がある特定の時間帯に発生する場合，この戦略は特に効果的である。犯罪者の多くは非常に長時間をかけて被害者を探しまわるが，同じ場所で待ち伏せし，犯行に適当な被害者と状況の到来を待ち続ける者もいる。犯人は，犯行そのものよりも被害者を見つけるのにはるかに長い時間がかかる。このきわめて単純な理由により，警察は犯人が犯行に及んでいる場面よりも，被害者

を見つけようと徘徊している場面に遭遇する確率が高いのである。犯罪者によっては犯行に費やす時間の10倍以上を被害者の探索に費やすと見積もられている。

　ケンタッキー警察は，連続殺人犯の犯行パターンから，犯行行動を正確に予想して，公園内の道路を封鎖し，深夜の運転者に職務質問を行なった。この作戦では，他の捜査情報と対照させるために2,000人以上の情報が集められた。[*26] アトランタにおける子ども連続殺人事件でデットリンガーは，犯行現場の地理的分析を通じて，犯人はある幹線道路を通って「通勤」してきているという結論にいたった。[*221] しかし，この空間パターンの要衝点で張り込みを行なうべきだという彼の提案は，地元警察には受け入れられなかった。シャタフーチ川の橋で張り込んでいた捜査本部員がウェイン・ウィリアムズの車を停めなければ，この近くであと5人は犠牲になったであろう。

緊急配備計画

　地理的プロファイリングを活用すると，新たな事件が発生した際の緊急配備計画を立案することができる。たいていの場合犯罪者は犯行後に帰宅するので，パトロール部隊を犯行現場だけではなく，予測される犯人の居住地に振り向けることが考えられる。特に注意を払うべきは，犯行現場から推定犯人居住地，幹線道路，高速道路，出口ランプを結ぶ最も合理的なルートである。道路封鎖も1つの選択肢である。この戦略は，事件発生から通報の間に遅れがない場合にのみ適切である。犯人が被害者を探す領域の広さにもよるが，想定される犯人の逃走経路上で目撃者が得られるかもしれない。犯行地点とジオプロファイルの疑惑領域とを結ぶルート上にあるガソリンスタンド，喫茶店，居酒屋などの店舗も，割り出したうえで調べるべきである。同様に監視カメラ（CCTV）や店舗の防犯ビデオもチェックすべきである。

　連続殺人事件では，死体遺棄場所が新しく発見された場合の緊急配備計画を立案することができる。犯罪者によっては，かつて使用した遺棄場所を再利用することがある。また，次の犯行までの間に，性的なファンタジーを満足させるために犯行現場に赴くこともある。新しい死体遺棄場所が発見されたことをメディアから秘匿できたなら，張り込みによりその場所を再訪した犯罪者をとらえることができるかもしれない。

郵便の利用

　ジオプロファイルの疑惑領域内の世帯や事業所に対して，犯人に関する情報提供を求める依頼状を郵送することができる。この作業は地理的プロファイリングにより優先順位づけした郵便番号リストに基づいて行なわれる。郵便会社を利用

すると一括割引が適用されるので，数千軒に郵便を配達しても数百ドルですむであろう。この方法を採用する理由は2つある。第1に，住民全員に対してテレビ放送や新聞記事などで広く情報提供を求めるより，犯人が潜んでいると考えられる地区の住民に限って個人的に情報提供を求めたほうが，よりよい反応が得られるであろう。第2に，家庭や仕事などを通じて犯人をよりよく知る立場にいる住民から，より良質の情報がもたらされるであろう。焦点がぼけた方法では，質の低い情報しか得られず，しかも情報過多に振り回されることになる。郵便を利用した戦術は，犯人の特徴に関する情報が十分多くてかつ信頼でき，容疑者の似顔絵があるときのみに有効である。また，心理的プロファイリングにより得られた性格についての情報も含むほうがよい。

聞き込み

被害者が誘拐されたり，襲われたり，遺体が遺棄された地区での徹底的な聞き込み作戦は，その有効性が証明された捜査手法である。犯人が居住している可能性が高い地区に対してもこの手法が用いられる。地区をランクづけすることにより，対象地域を絞って戸別訪問，聞き込み，ローラー作戦，看板設置，地区住民の協力による捜索やメディアキャンペーンを実施することができる。かつてこの方法を用いて対象地区とルートを絞ったうえで，戸別にビラ配りを行なった警察本部がある。また，ルボーは，犯行場所の分析によって地区を絞り込んで聞き込みを行ない犯人を検挙した，サンディエゴでの連続性的犯罪の事例を紹介している[*175]。吸血鬼殺人犯として知られる連続殺人犯リチャード・トレントン・チェイスは，心理学的プロファイリングで得られた「被害者から盗んだ車両を乗り捨てた場所の近くに住んでいる」という結果に従って聞き込みを行なった末に逮捕されている[*513]。

聞き込みやローラー作戦では，時に広大な地域をカバーする必要がある。ジョン・ジョーベルトは，最初の犯行の被害者である若い新聞配達員の死体を，オマハ郊外の砂利道わきの，背が高い草むらの中に遺棄した[*37]。この地点は，警察が被害者の自転車を発見した地点よりも4マイルも離れており，その結果，建物をしらみつぶしにする大規模な捜索を行なうことになった。半径4マイルの円を描くとその面積は50平方マイル（約130km^2）にも及ぶ。この規模の地域を捜索するなら，地理的な優先順位をつけたほうがよいというのは明らかであろう。

ニュースメディア

地理的プロファイリングは，捜査におけるメディア戦略に新しい方法をもたらす。捜査の進展や，個々の事件の詳細にもよるが，プロファイリング結果の要約

もしくは全容を公開することも考えられる。この方法には空間的・時間的な転移の危険性があるため，実行の際には綿密な検討が必要である。その際，事件数や犯罪率，容疑者の特徴の信頼性，他の捜査手法の可能性といった要因が検討対象となる。「クライム・ストッパーズ」などニュース・ショー番組や特別報道番組は視覚に訴え，かつ視聴者が多いため，最も有効なメディアといえよう。新聞・雑誌も有効であるが，主要紙やキー局を網羅しただけでは不十分で，地方紙や地域のミニコミ紙で補完する必要がある。また，地理的プロファイリングの結果を公開したことで監視活動が妨げられる場合は，メディア戦略を用いるべきではない。最適な順番とは最初に監視，次にメディアのキャンペーンである。

1995年，ブリティッシュ・コロンビア州バンクーバー市では，保険会社を主なターゲットにした32件の連続武装強盗事件が市民と警察を悩ませた。地理的プロファイリングにより3つの捜査戦略が立てられた。まず，バンクーバー市警察本部の事件記録システムを利用して，ジオプロファイルの上位5％の範囲内に住んでいる強盗の前科者から犯人の特徴に合う人間を検索した。しかし，条件に合う前科者の中に犯行を実行可能な人物はいなかった。後に，犯人の中に強盗の犯歴を有する者はいないことが明らかになった。

次に，上位2％（0.7平方マイル）のみを表す単純なジオプロファイルを作成し，パトロールの警察官に配布した。先行研究では，強盗犯は犯行後に自宅に戻るケースが多いことが示されている。そこで，強盗発生の通報があった際，犯行現場に加えて，推定犯人居住地区も捜索するように指示された。その際，特に合理的に想定される逃走経路に注意するよう指示された。しかし，この戦術も失敗に終わった。犯人は盗難車を利用したため，車両の詳細情報は信頼できるものではなかった（ある警察部隊はジオプロファイルを利用して，次回の犯行の準備として隠された盗難車を捜索しようと試みた）。最後の戦術は，地理的プロファイリングの結果をテレビ番組「クライム・ストッパーズ」で公開するというものであった。この方法は有効で，犯行はただちに止まった。刑事は，手がかりを再評価し，犯人を突き止めた。主犯の住所はジオプロファイルの上位1.5％にあった。図10-2はこの事件の発生地点，口絵1は犯人居住確率図，口絵2は完全なジオプロファイルを示している。犯人の居住地点は口絵2の青い点が示している。

血液検査

イギリスでは，性的殺人や強姦の捜査で，事件発生地区に住む男性全員を対象にして大規模なDNA検査を行なうことがある。この方法を取った最初の事件はナーバラ殺人事件の捜査であった。[*601] 17歳から34歳までのアリバイのないすべての男性が，各人をこの殺人事件の容疑者リストから「取り除く」ために，血液と

唾液を任意提供するよう要請された[*218]（pp.220～221）。その捜査では，ナーバラ，リトルソープ，エンデビーの各村に住む4,000人近い男性が検査された。

このような「血液検査」には相当な警察の資源と検査費用がかかるため，イギリスの警察はDNAスクリーニングテストの対象を選ぶ際には，犯行現場への近接度，犯歴，年齢，その他の適切な基準に基づき優先順位をつけるようにしている[*602]。連続事件捜査でこのスクリーニングテストを行なう場合，地理的プロファイリングにより対象の住所や郵便番号を精選して，より効率的でシステマティックな検査を実現することができる。カナダの警察もこの戦略を導入し始めている。オンタリオ州ミササガでは，わずか1か月の間に強姦を含む11件の性的暴行事件が発生した。ピール地区警察による捜査では312人の容疑者が浮上した。地理的・心理的プロファイリングの結果と，聞き込みによる犯人の特徴の情報を組み合わせ，刑事は容疑者を優先順位でグループ分けし，最も疑わしいグループから順番にDNAサンプルを採集した。犯人は最初のグループの中にいた。犯人は，対象となったジオプロファイルの上位2.2％（0.03平方マイル）の中に住んでいた。

ポリグラフ・緊張最高点質問法

容疑者はいるが遺体が発見できない殺人案件では，ポリグラフ検査技師が緊張最高点質問法（POT）を適用することで，被害者の遺留品の捜索範囲を絞り込むのに成功することがある（カンリフとピアッツァ[*66]，ライマン[*603]，ラスキン[*214]も参照[*604]）。対照質問法では質問に対して口頭で答えるのに対し，緊張最高点質問法では，写真や実物，地図に対する被験者の反応をモニターする方法を用いることができる。遺体の隠し場所の種類（たとえば，洞穴，湖，湿地，野原，森林など）の質問に対する虚偽の返答が，捜索の焦点を絞るのに役立つ場合もある。POT検査では地図や写真を使うことができるため，POT検査結果と地理的プロファイリングの結果とを組み合わせることで有用性が増すといえよう。

逃走場所

犯人が判明していてもその逃走先がわからない場合，地理的プロファイリングが潜伏場所の特定を助けるかもしれない。目撃情報，買い物，クレジットカード・銀行カードの取引記録，電話の通話記録，携帯電話のアンテナ，犯罪発生地点等の位置に関する情報を入力して，プロファイルを描くことができる。この方法は，脅迫や誘拐の捜査にも利用可能である。

未発見の死体

　殺人が疑われる行方不明事件でも，地理的プロファイリングにより死体遺棄の候補地点を判定することができる。1993年11月，ニュー・ブルンスウィックのセント・アントニー郊外で，駐車した自家用車の車内から10歳代の少年が射殺された遺体で発見され，女友だちが誘拐されるという事件が起きた。ライフルの弾丸から犯人は判明したが，その犯人は逮捕前に行方不明になった。様々な捜査情報や手がかりを追ったが失敗に終わり，カナダ国家警察は，行方不明の女性の被害者は殺害され，犯人も自殺を図ったのではないかと疑い始めた。ボートーシュ地域の警察・軍隊による2回の捜索が行なわれたが，被害者・犯人いずれの遺体も発見できなかった。その後，地理的プロファイリングが実施され，経路分析，犯行移動推定，時間・距離・速度分析といった手段で2つの優先捜査地域が割り出された。3回目の捜索により，犯人の遺体は鉄道橋の下の川から，被害者の女性の遺体は野原からそれぞれ発見された。犯人の遺体はジオプロファイルの最優先地域で，被害者の遺体は2番目の優先地域の中にあった。

裁判での証拠

　地理的プロファイリングは第一義的には捜査のための道具であるが，それはまた法廷における役割も担っている。捜査段階では未解決事件の地理的パターンを分析して捜査活動を補助できるが，起訴後においても，一連の犯行地点と被告の活動拠点とがどれだけ空間的に一致しているか評価できる。[*605] この情報と他の個人識別に関する法科学的知見（たとえば，DNAプロファイル）とを関連づけると，証拠価値と有罪可能性を補強することができる。法科学的な鑑定証拠と，個人のもつ特徴の希少性とのバランスを最適化させる問題は，一般化島問題[訳注]といわれる（ボールディングとドネリーを参照）。[*606] 地理的プロファイリングは，捜索令状の妥当性を説明する支援にも使うことができる。

◆────── 訳注：島問題（island problem）とは，人口N人の島で発生した事件の法科学的資料に一致する住民が真犯人である確率をベイズ理論に基づき論じたものである。

　1969年1月31日，冷え込んだ朝，看護助手ゲイル・ミラーはいつもどおり出勤するために自宅を出てバス停に向かって歩いて行った。[*607] しかし，彼女が職場に着くことはなかった。彼女は路地の中に連れこまれ，強姦されたあとに刺殺された。後日，レジーナ出身の16歳の少年デビッド・ミルガードが逮捕・起訴され有罪宣告を受けた。彼は終身刑を宣告されたが，23年間獄中から無罪を訴え続けた。

　1990年に第2の容疑者が浮上した。事件当時，ミラーが利用していたバス停から1ブロック離れたリバースドールに，連続強姦犯であるラリー・フィッシャーが住んでいたのだ。ミルガードの家族のロビー活動によって，司法大臣はカナダ

最高裁判所に再審の是非を検討するように命じた。審査の一環として犯罪発生地点や，ミルガードとフィッシャーの居住地点の地理的分析が行なわれた。*608

「人間の行動原理に従うと，フィッシャーは自分にとってより都合のよい地点で強姦事件を起こしたはずである。1969年の冬におけるその都合のよい地点とは，彼自身が生活しゲイル・ミラーが殺害されたサスカチューンの労働者階層の住む街だろう」*609(p.211)。フィッシャーが過去に犯した強姦事件とミラー殺人事件との間には，犯罪手口や犯行地点のミクロな環境要因などで類似点が多かった。犯行場所は互いに近接していて，ともに車庫やフェンス，植栽によって見通しが遮られた路地であった。被害者を見つけ出す方法でも，襲撃する方法でも，衣服やナイフの扱いでも，性的暴行の暴虐性という点でも共通性が見られた。*608 1969年にサスカチューンで発生した面識のない被害者に対する性的暴行事件の数はそう多くないため，その共通性はひときわ顕著になっている。

さらに，事件当日朝のミルガードの状況は，犯行を遂行できたか疑問を生じさせるものだった。地理的プロファイリングの結果もフィッシャーがより疑わしい容疑者であるというものだった。しかし，プロファイリングだけで有罪か無罪かを断ずるのは不十分である。より説得力がある時間・距離・速度分析により検察側証人の目撃証言に疑問が投げかけられた。1997年，イギリスの新式DNA検査によって，ミルガードは無罪をかちとり，フィッシャーが真犯人として逮捕・訴追された（コナーズらを参照）。*610

切り裂きジャック

切り裂きジャックが何者であったかはわかっていない。また，何が動機だったかも不明である。*611 しかし，彼はその不気味な手口により時代の注目を浴びた。イギリスでの産業革命の混乱は，旧来の社会秩序を崩壊させ，新しい野心や対立，フラストレーションを生み出した。都市化，過密，変革が，アノミーと疎外された個を生み出した。過酷で非人間的な時代，子どもに対する無関心，荒廃したライフスタイルが，暴力や性的逸脱を助長する環境をもたらした。19世紀の心理的，社会的な構造が，近代最初の連続殺人者を生み出したとしても不思議ではない。*16

ビクトリア時代のロンドンでは，社会改革によって多くの集団居住地が取り壊されたが，ホワイトチャペルとスピッタルフィールドのスラムは残り，予想どおり，都市再開発で追い出された犯罪者が流れ込んできた（ブランティンガムとブランティンガムを参照）。*78 1800年代末には，オールゲイト・パンプの東部にあるスラムには100万人が住んでいた。ある年，ホワイトチャペルだけでも4,000戸が住むにたえない状態にあると指摘されたが，その後何年もの間放置されたまま

だった。*5 地下室には下水があふれ返り、人々は窓を―まだ壊れていなければの話だが―締め切って悪臭に耐えた。大多数の家庭では9人もの家族が一部屋に住んでいた。このような過密状態のもとでは、10歳ぐらいの子どもの間でもあたりまえに近親姦がはびこった。

イースト・エンドで生まれた子どもの多くは5歳までに死にいたった。子どもを食べさせるために、母親が真夜中過ぎまで子どもを道路に放置して売春に身を投じることもけっしてめずらしくはなかった。子どもは貧困のために学校に通うこともできず、慢性的な飢餓状態で泣くことしかできなかった。しかし、こんな不幸な状態でも家があればまだましだったといえよう。大多数の人々は路上やごみための中、階段や橋の下で寝泊りしていたのだ。それなりの金をかき集めることができた人は簡易宿泊所で部屋を借りることができた。ホワイトチャペルではそのような簡易宿泊所で毎晩8,500人が夜を越した。これらの簡易宿泊所では、壁紙はぼろぼろでノミがわき、階段の手すりはとうの昔に外されて薪として燃やされていた。わら布団を借りることができない人は、2ペンスと引き換えにロープにもたれかかる場所を確保して眠りについた。*612

女性たちの仕事は、掃除婦か、搾取工場での衣類の仕立てか、ビール用のホップの摘み取りか、袋やマッチ箱の製作であり、いずれも労働条件は安全基準をはるかに下回るものであった。17時間の肉体労働でも賃金はわずか10ペンスであり、原材料費よりも安かった。他の選択肢としては売春があった。どこでも営業でき、たった1個のかび臭いパンからせいぜい3ペンス程度の収入をそれぞれの客から得ることができた。ホワイトチャペルでは1,200人が、ロンドン全体では8万人がこの商売に身を投じ、これは女性16人に1人の割合だと見積もられている。*5 ロンドンのスラムの環境は、切り裂き魔による2番目の殺人事件の後に、アイルランド人の劇作家ジョージ・バーナード・ショーをして「殺人者こそがイースト・エンドに人々の注意をひきつけようとした社会改革者である」(p.60)と言わしめたほどであった。*613

切り裂きジャックの人物像については、落書き以外にはあまり知られていない。発端となった殺人事件は、公休日である1888年8月31日金曜日、バックス・ロウで発生した。被害者はポリー・ニコルス、グレーの髪で前歯が5本欠けている42歳のアルコール中毒者であった。彼女は離婚後に5人の子どもを引き取っていた。切り裂き魔は耳から耳へと喉を掻き切り、背中を脊椎骨に達するまで切り裂いた。さらに骨盤から胃にかけての腹部を切開するように切り裂いた。検視官は、被害者の膣に刺し傷があるのを発見した。*614

次の殺人事件は、9月8日土曜日、ハンバリー通り29番地の裏庭で発生した。アニー・チャップマンは45歳、がっしりとした体躯をしており、けんかっ早く、

前歯の2本が欠けていた。彼女は，夫と2人の子どもと別居し，アルコール漬けの状態であった。子どもの1人は身体に障害をもっていた。彼女が発見されたとき，その頸部は，まるで胴体から頭を切断しようと試みたかのように深く切り裂かれていた。腹部は切り開かれ，腸が肩の上に投げ出されていた。腟と膀胱の一部は切除されていた。

9月30日の日曜日には相次いで2人が殺された。まず，切り裂き魔はバーナー通りの国際労働者教育クラブの中庭で，エリザベス・ストライドを襲った。被害者はアルコール中毒で，前歯と上口蓋がなかった。エリザベスは9人の子どもをもうけていたが，夫と2人の子どもを汽船の事故で失ったと言っていた。犯人は，喉を切り裂き，気管を切断した。中庭に馬車が入ってきて犯行が中断した結果，外傷は最小限にとどまった。

そのわずか1時間後，ロンドン・シティーのミトレ広場で第2の死体が発見された。キャサリン・エドウズは43歳，他の被害者と同じくアルコール中毒者で離婚歴があった。彼女はこの世での財産をすべてポケットに入れて持ち歩いていた。彼女の喉は深くえぐられ，胸から腹部にかけて下向きに切り裂かれ，内臓は「折り重なって首に巻きついていた」。耳はほとんど切り落とされかけ辛うじてつながっている状態で，腎臓の片方は持ち去られ，後に当局に送りつけられた。

最後の，そして最も凄惨な殺人は，11月9日金曜日にミラーズ・コート13番地で発生した。メアリー・ケリーは20歳で妊娠3か月，すでに未亡人であり，アルコールに溺れていた。彼女が発見されたときの光景は異様というほかなかった。頭と左腕はほとんど切断され，乳房と鼻は切断され，大腿，額は削られ，内臓は切り取られ，遺体の一部は枕もとのテーブルに積み重ねてあった。切り裂きジャックは，自らの異常な欲望を満足させるまでミラーズ・コートにとどまっていたのだ。当時起きていた他の売春婦の殺人事件も切り裂きジャックの仕業ではないかという論争は続いていたが，捜査官の大半は，切り裂きジャックは，メアリー・ケリーを殺害した後に何らかの理由で犯行をやめたと確信している。[615]

1988年にFBIは，切り裂きジャックの犯罪者人格プロファイルの作成を試みた。[492,616,617]犯行現場，捜査記録，検視報告書，写真，被害者，地域の社会経済状況を分析した結果，以下に示すような，鍵となる犯行現場の要素が抽出された。

- 電撃的な襲撃と快楽殺人である。
- 犯行現場では強度の精神病理が表出している。
- 性的暴行を働いた形跡はない。
- 道具を使わずに，扼殺した可能性がある。
- 被害者の死後，ためらわず遺体を切断し器官を切除しているが，拷問した形

跡はない。
- 入念に儀式的な行為を行なっている。
- 接近しやすさをもとに被害者を選択している。
- すべての犯行が，金曜，土曜，日曜の未明に発生している。
- 通報されていない犯行があるかもしれない。

FBIの報告書は，プロファイリングはあくまで一般論，確率論であり，確実なものではないとしたうえで，切り裂きジャックは下記のような犯人像だとしている。

- 28歳から36歳の白人男性だった。
- 平均的な知性を有し，幸いにもさほど狡猾ではなかった。
- 独身で，結婚歴はなく，総じて対人関係が苦手だった。特に女性に対してその傾向が顕著だった。
- 夜行性で，誰の世話もしていなかった。
- 周りに溶けこんでいた。
- 衛生状態は悪く，身なりもよくなかった。
- 自己イメージは低く，情緒的な反応は乏しく，人格的に問題があった。
- 非社交的で引きこもり，無口な孤立主義者であった。
- 社会階層は低かった。
- ホワイトチャペルで暮らすか働いていた者であり，自宅近くで犯行を行なった。
- 単純労働の仕事についており，大勢と触れ合うことは稀かまったくなかった。
- 月曜日から金曜日は，肉屋，葬儀屋の手伝い，検査医のアシスタント，あるいは病院の付き添い人として稼動している可能性がある（プロファイルには，ロンドン病院と近接していることが述べられている）。
- 欠損家庭の出身であり，幼少時にきちんと育てられておらず，大人の役割モデルが欠落していた。
- 飲酒癖がはなはだしく，複数の男性と関係した支配的女性に育てられ，身体的に，そしておそらく性的にも虐待を受けていた。
- 子どものときに，放火や動物虐待を行なっていた。
- 女性を憎み恐れ，女性から威圧されていた。
- 怒りを内面化していた。
- 女性一般に対する激しい怒りをもっており，精神疾患を抱え，性的に倒錯し

ていた。
- 力，支配，優越を望んでいた。
- ふるまいは気まぐれであった。
- 被害者を圧倒するために，性的動機により襲撃した。
- 殺人を犯す前に，地元のパブで飲酒した。
- 夜ごとに被害者を探索し，早朝にホワイトチャペルを歩いているのが目撃されていたかもしれない。
- 医学，外科の専門知識はもっていない。
- おそらく，どこかで警察に尋問されている。
- 「切り裂きジャック」の手紙は書いておらず，公然と警察に挑戦してはいなかった。
- 殺人をやめたあと，自殺してはいなかった。

切り裂きジャックの犯行地点が地理的に集中していることは，長い間研究者の興味の対象となっていた。*618 犯行地点はすべて1マイルの範囲内にあり，犯行領域は0.5平方マイル強であった。1998年，切り裂きジャック事件の地理的プロファイリングが，死体遺棄地点のデータに基づき行なわれた。ジオプロファイルのピークは，フラワー・アンド・ディーン通りとスロール通りの周辺にあった。

フラワー・アンド・ディーン通りとスロール通りは現存していないが，1888年当時は，ホワイトチャペル・ロードの北側，西のコマーシャル通りと東のブリック・レーンの間に位置していた。ホワイトチャペル殺人事件当時，そこには多数の簡易宿泊所があった。ドーセット通りは，コマーシャル通り沿いに2ブロック北上した場所にある。一帯は，イースト・エンドの社会改革者が「邪悪な4分の1マイル」*616 と呼んだ売春地区であった。その悪名高きドヤ街が切り裂きジャックの謎をより深める役割を果たしたように思われる。地理的プロファイリングの結果もまたそれを支持している。被害者は，コマーシャル通りから離れたスロール，フラワー・アンド・ディーン，ドーセット，チャーチの各通りに居住しており，お互いの距離は数百ヤードであった。*618, 619

- ポリー・ニコルスはかつてスロール通り18番地に住んでいたが，殺される直前に立ち退かされ，フラワー・アンド・ディーン通り56番地のホワイトハウス―男女共用の簡易宿泊所―に転居した。
- アニー・チャップマンの主たる居住地は，ドーセット通り35番地のクロッシングハム共用宿泊所であった。
- エリザベス・ストライドは時おり，フラワー・アンド・ディーン通り32番地

の共用宿泊所を利用しており、殺害された晩もそこにいたとされている。
- キャサリン・エドウズは、フラワー・アンド・ディーン通り55番地のクーネース宿泊所をよく利用しており、殺害される前の二晩もそこで夜を過ごした。
- メアリー・ケリーの生活の場は、ドーセット通りから入ったミラーズ・コート13番地のマッカーシー貸間であり、そこで殺害された（実際には、ドーセット通り26番地の裏側であり、クロッシングハム共用宿泊所から道路を挟んで向かい側だった）。彼女はかつて、フラワー・アンド・ディーン通りとスロール通りの間のジョージ通りに住んでいた。ケリーは殺害された晩、フラワー・アンド・ディーン通りとスロール通りとの間のコマーシャル通りの路上で男と落ち合うところを目撃されている。

彼女たちの居住地は互いに近接しており、狩猟エリア全体のわずか1.5％以下の領域に集中していた。しかし、この事実がどれだけ重要か評価するのは難しい。この場所はスピッタルフィールド・パリッシュの売春婦が一堂に集まり住むスラム街で、簡易宿泊所が集中しており、住民の女性の入れ替わりは激しかった。

フラワー・アンド・ディーン通りから2ブロック北側のチャーチ通りとコマーシャル通りの交差点にはテン・ベルズ・パブ（現在では「切り裂きジャックの酒場」として知られている）がある。スピッタルフィールド市場の向かいになるが、切り裂き魔の被害者は全員ここで飲んでいるのが目撃されていた。おそらく、犯人は犯行時にホワイトチャペル通りとコマーシャル通りを主に利用していただろう。

エドウズの血痕がついたエプロンの一部は犯人によって切断され、持ち去られていたが、その断片は後に、ゴールストン通り108番地から119番地に位置するウェントワース模範住宅の入り口の階段通路部分で発見された。この新築のフラット式共同住宅は、エドウズが殺害されたミトレ広場から徒歩で10分、距離にして3分の1マイルほど離れたウェントワース通りの南側にあった。エプロンの切れ端は血に染まっており、エプロンでナイフを拭いたものだと思われる。黒レンガの壁にはチョークで「ユダヤ人に何か文句あっか」という落書きがされていた。[*5]

この場所はミトレ広場とフラワー・アンド・ディーン通りの間に位置する。もし、切り裂きジャックがあの悪名高い「邪悪な4分の1マイル」に本当に住んでいたなら、この場所は、犯行現場から自宅に向かうルート上になる。当時のある警察官は、犯人の逃走先はフラワー・アンド・ディーン通り付近ではないかと推理し、別の警察官も、犯人捜索の中心をこの地域に置くべきだと考えた。[*618]

ホワイトチャペル殺人事件の地理的プロファイリングは興味深く，支持する証拠もあるが，残念ながら結果が正しいかどうか確かめることはできない。犯人の住所，正体はともに謎のままであった。そんななかで，1992年に「切り裂きジャックの日記」が発見されたと報じられた。*620 今後，このような新発見により，世界で最も謎めいた事件が一気に解決に向かうこともありうる。しかし，おそらくは全容が明らかになることはないであろう。幸い—読者の価値観にもよるが—，法科学的な検査によりその日記は偽物であると見破られ，切り裂きジャック事件の謎は，謎のまま保たれている。*621

12章 結論

> 俺たちはただ人間狩りをしてただけだ。どうしてかと言えば，人間を狩るのが一番難しいと思ってたからだ。だけど人間というのは一番狩るのが簡単だった……残念ながら，それが本当のところだ。
> ——カナダの殺人既決囚ボイド[*45] (p.258)

　犯罪者が人間を「狩る」のが容易なのは，我々の社会に本質的な原因がある。日常生活のなかで，ほとんどの人が無差別的な暴力の被害に遭うとは考えていない。しかし，連続殺人，連続強姦，連続放火がめったにないことだとしても，その影響は大きく，直接あるいは二次的な被害者を越えて，地域社会全体に広がる。さらに，誰も完全に理由がわかっていないが，北アメリカでの連続殺人事件の件数は増加しているようである。

　この分野での知識を広げようとすることは，犯罪学と警察機関にとってやりがいのあることである。犯人であっても，自分がなぜそうした行為をするのか，どのような行為をしているかがわかっていないかもしれない。ボストンの絞殺魔と呼ばれたアルバート・デサルボは，自分の襲撃過程を面接者に説明することができなかった。「俺はただドライブをしていただけで——どこかに——どこへ行こうとしていたのかはわからなかったが。あちらこちらを行ったり来たり，ぐるぐると回っていた。**それだけなんだ。ただあちこちに行っただけで，どうしてかはわからない**」[*284] (p.289〜290)。犯罪者の動機を理解するのは難しいものの，そうした点を理解することが彼らの犯罪パターンを解釈するのに必要とは言えない。フェルソンとクラーク[*203]が見いだしたとおり，「きわめて特異な犯罪であっても，ごく日常的な生活パターンを踏襲したにすぎないことがありうる」(pp.16〜17)。

　環境犯罪学は，犯罪者の空間行動に関連する問題を扱うための一般的な枠組みを提供し，犯罪パターン理論は，犯人の居住地がある可能性の高い地域を突き止めるための具体的な方法を示す。地理的プロファイリングは，犯罪学理論を捜査という現実社会へ実際的に応用した一例である。「[犯罪者プロファイリングに関する]仮説のいくつかは……刑事の知識として確立された領域の中に組み入れら

れたように見える……科学的な厳密さによって知見が確実なものとして徐々に構築されることこそ，研究者の目標である」(pp.20～21)。[120]

本書では，連続凶悪事件事象のごく一部分，犯罪者の地理的犯行パターンの説明に役立つことをめざした。地理的プロファイリングの発展は，多くの研究者の努力とその研究結果によるものであり，今度は逆に各分野に知見を還元していくことが期待される。また，いくつかの問題を解決したものの，多くの新しい問題が浮かび上がってきた。

- 時間的なパターンから今後さらにどのような知見が得られるか
- 犯罪者のタイプによって，どういう点が類似し，どういう点が異なるか
- 心理学的プロファイリングと地理的プロファイリングは，どうすればよりよく統合できるか
- 犯罪者類型をどのようにして改善するか
- 将来の犯行地点を正確に予測できるか
- 過去のアンカーポイントが犯罪者のメンタルマップに，どのように影響し，どのようにそれを形成するか
- 犯罪捜査過程が，情報理論の法則を採用することで改善されるか

こうした問題や，その他の点を適切に検討するためには，さらなる研究が必要である。

地理的プロファイリングは，犯罪捜査のための意思決定支援ツールであり，事件を解決するものではない。むしろ，最適な探索方略と膨大な情報処理方法の両方を提供することによって，捜査の的を絞るものである。犯罪場所とその分布が手がかりとなって，それが的確に解釈されるならば，犯人発見に役立てることができる。またあらゆる警察の戦術と同様に，捜査技術のパッケージの1つとして使われると，その潜在能力が引き出される。住所情報というのは非常に一般的な情報であるため，他の捜査手法と組み合わせられるように，多くの方略が開発されてきた。これを組み合わせて使うことが，限られた警察の資源をより有効に，効率的に使うことにつながる。

平均して，地理的プロファイリングは犯人の居住地を，狩猟エリアの5％以内に絞り込む。この結果は，偶然に期待されるものよりも統計的にみて有意に優れている。また，基礎をなす理論も，一貫性と信頼性のある意思決定を目的として，犯行地点情報をこうした分析手法で適切に使用するためのガイドラインを提供する。さらに，様々な捜査戦略が，分析過程の有用性を最大化するために開発されてきている。我々の情報の中で住所情報を含むものが増えると，今後さらに別の

分析システムが開発される可能性が高くなる。

　犯罪者を逮捕する我々の力量がどのような形であれ増大することは,地域社会,警察機関双方の観点から望ましいことである（ニューアークとサリバンを参照）[*622]。しかし,捜査方法論としての意義は,妥当性や信頼性の検証よりも優先される。刑事は①手法を理解し,信頼しなければならない,②分析の依頼と捜査への適用は,タイムリーでなければならない,③手法の分析能力と限界を理解し,結果を適切に利用しなければならない。また,犯人逮捕は犯罪捜査の過程の半分でしかない。もう一方の,同じように重要な半分は,立件し,有罪に持ち込むための十分な証拠固めである[*459]（p.33）。

　テイラーは,「（地理的プロファイリングの）技法は,連続殺人事件,連続強姦事件,連続放火事件において,警察を支援するのに最も有望である」[*459]（p.5）と述べている。とはいえ,これだけ可能性に満ちているのは,他の行動科学的手法,法科学的分析,目撃者証言,捜査情報と統合されればこそなのである。こうした戦略的アプローチの典型的事例として,ヨークシャーの切り裂き魔以来の大規模な犯人追跡としてイギリスで行なわれた「ヤマネコ作戦」があげられる。捜査陣が注目していたのは,3つの異なる都市——リーズ,レスター,ノッティンガム——で1982年から1995年にかけて発生した,5件の同一犯とみられる強姦事件であった。警察は容疑者のDNA,人相などの特徴,小さすぎてAFISでは検索できない指紋を証拠として収集していた。さらに,連続事件のうちの1件と,盗まれたクレジットカードの利用場所がリンクできたため,地理的プロファイル作成のための基礎となる20の場所が設定された。性別,年齢,犯歴,居住地域といったパラメータが,指紋のファイルを手作業で検索するために用いられた。地理的に優先順位づけされた2番目の警察署で一致する指紋が見つかり,DNAがその結果を確証した。そのとき,強姦犯のクライブ・バーウエルは,ジオプロファイルの上位3.0％（21平方マイル）にあたる地域に住んでいた。1999年10月,彼は4件の罪状を認め,8回の終身刑の判決を受けた。

　ウォーターズは,地理的プロファイリングが「クライム・マッピングの戦略的,技術的革命の最先端を示すものである。莫大な量の情報を扱い,それを地図に表していくことによって,地理的犯罪学者のグループが大きくなり,我々が犯罪に対抗していく方法を変えていくのを支援してくれる」[*557]（p.47）と述べている。犯罪捜査と犯罪者プロファイリングに地理学を用いることは,実務家の関心をとらえるもので,この反響は古い警察の言い習わしである「現場百回（何もかもうまくいかなくなったら,現場に戻れ）」[*26]に通じるものがある（p.90）。

付録A　FBI連続殺人者リスト[注74]

氏　名	報道名	共犯者数	被害者数	開始年	終結年	州	国
アレン・アンダーソン(Allen Anderson)			7	1976	1976	カリフォルニア	アメリカ
リチャード・アンジェロ(Richard Angelo)			4	1987	1987	ニューヨーク	アメリカ
ジョー・ボール(Joe Ball)			14	1936	1938	テキサス	アメリカ
ジョージ・バンクス(George Banks)			13	1982	1982	ペンシルバニア	アメリカ
クリントン・バンクストン(Clinton Bankston)			5	1987	1987	ジョージア	アメリカ
ダニエル・バルボサ(Daniel Barboza)			59	1963	1986		エクアドル
ベルマ・バーフィールド(Velma Barfield)			6	1969	1978	ノースカロライナ	アメリカ
ジェームス・バーンズ(James Barnes)			7	1988	1988	ミシガン	アメリカ
マーサ・ベック(Martha Beck)	孤独な殺人者たち	1	20	1947	1949	ニューヨーク	アメリカ
ラリー・ベル(Larry Bell)			6	1975	1985	サウスカロライナ	アメリカ
ロバート・ベルデラ(Robert Berdella)			6	1984	1988	ミズーリ	アメリカ
デビッド・バーコヴィッツ(David Berkowitz)	サムの息子		6	1976	1977	ニューヨーク	アメリカ
アルトン・ベスト(Alton Best)			6	1986	1987	メリーランド	アメリカ
ケネス・ビアンキ(Kenneth Bianchi)	ヒルサイドの絞殺魔たち	1	12	1977	1979	カリフォルニア	アメリカ
リチャード・ビーゲンワルド(Richard Biegenwald)			6	1958	1982	ニューヨーク	アメリカ
アーサー・ビショップ(Arthur Bishop)			5	1979	1983	ユタ	アメリカ
ローレンス・ビッテイカー(Lawrence Bittaker)	殺人マック	1	5	1979	1979	カリフォルニア	アメリカ
ウィリアム・ボーニン(William Bonin)	フリーウェイの連続殺人犯	1	21	1972	1980	カリフォルニア	アメリカ
イアン・ブレイディ(Ian Brady)	荒野の殺人者	1	10	1963	1965		イギリス
ジョセフ・ブリゲン(Joseph Briggen)			12		1902	カリフォルニア	アメリカ
デイビッド・ブルックス(David Brooks)		2	31	1970	1973	テキサス	アメリカ
ジョン・ブルックス(John Brooks)			9	1986	1986	ルイジアナ	アメリカ
デブラ・ブラウン(Debra Brown)	快楽殺人犯	1	8	1984	1984	オハイオ	アメリカ
ジェリー・ブルドス(Jerry Brudos)			5	1968	1969	オレゴン	アメリカ
トーマス・バンデイ(Thomas Bunday)			5	1979	1981	アラスカ	アメリカ
キャロル・バンディ(Carol Bundy)	サンセットストリップの殺人者	1	6	1980	1980	カリフォルニア	アメリカ
セオドア・ロバート・バンディ(Theodore Robert Bundy)			36	1973	1978	ワシントン	アメリカ
アンジェロ・ブオーノ(Angelo Buono)	ヒルサイドの絞殺魔たち	1	10	1977	1980	カリフォルニア	アメリカ
バーノン・バッツ(Vernon Butts)	フリーウェイの連続殺人犯	1	9	1979	1980	カリフォルニア	アメリカ
ハーベイ・カリニャン(Harvey Carignan)	道楽内殺人犯		5	1949	1975	ミネソタ	アメリカ

氏名	報道名	共犯者数	被害者数	開始年	終結年	州	国
デイビッド・カーペンター(David Carpenter)	小道脇の殺人者		7	1979	1981	カリフォルニア	アメリカ
ロバート・カー(Robert Carr)			5		1983	コネチカット	アメリカ
マイケル・カーソン(Michael Carson)		1	3	1981	1983	カリフォルニア	アメリカ
スーザン・カーソン(Susan Carson)		1	3	1981	1983	カリフォルニア	アメリカ
ディーン・カーター(Dean Carter)			6	1983	1984	カリフォルニア	アメリカ
リチャード・トレントン・チェイス(Richard Trenton Chase)	吸血殺人鬼		6	1977	1978	カリフォルニア	アメリカ
アンドレイ・チカティロ(Andrei Chikatilo)	ロストフの切り裂き魔		53	1978	1990		ソ連
ウィリアム・クリステンセン(William Christensen)			16	1982	1982	ペンシルバニア	アメリカ
ジョセフ・クリストファー(Joseph Christopher)	22口径の殺人犯		6	1980	1981	ニューヨーク	アメリカ
ダグラス・クラーク(Douglas Clark)	サンセットストリップの殺人者	1	6	1980	1980	カリフォルニア	アメリカ
ナサニエル・コード(Nathaniel Code)			10	1985	1987	ルイジアナ	アメリカ
キャロル・コール(Carroll Cole)			35	1946	1979	ネバダ	アメリカ
アルトン・コールマン(Alton Coleman)		1	8	1984	1984	オハイオ	アメリカ
ジョン・コリンズ(John Collins)			8	1967	1969	ミシガン	アメリカ
ジェシー・クックス(Jesse Cooks)	ミシガン連続殺人犯	4	15	1973	1974	カリフォルニア	アメリカ
フェイ・コープランド(Faye Copeland)	ゼブラ殺人犯	1	13	1985	1989	ミズーリ	アメリカ
レイ・コープランド(Ray Copeland)		1	13	1985	1989	ミズーリ	アメリカ
ディーン・コール(Dean Corll)	キャンディマン	2	31	1970	1973	テキサス	アメリカ
ホアン・コロナ(Juan Corona)			25	1971	1971	カリフォルニア	アメリカ
リチャード・コッティンガム(Richard Cottingham)	中央街のバラバラ殺人犯		6	1977	1980	ニューヨーク	アメリカ
ルイス・クレーン(Louis Craine)			4	1985	1987	カリフォルニア	アメリカ
トーマス・クリーチ(Thomas Creech)			42	1965	1981	オハイオ	アメリカ
ジェフリー・ライオネル・ダーマー(Jeffrey Lionel Dahmer)	ミルウォーキーの人食い魔		17	1978	1991	ウィスコンシン	アメリカ
ジェフリー・ダニエルソン(Robert Danielson)			5			ウィスコンシン	アメリカ
ブルース・デイビス(Bruce Davis)			5	1976	1976	フロリダ	アメリカ
アルバート・デサルボ(Albert DeSalvo)	ボストンの殺殺魔		30	1969	1971	ニューヨーク	アメリカ
ロバート・ディアス(Robert Diaz)			13	1962	1964	マサチューセッツ	アメリカ
ウェストリー・ドッド(Westley Dodd)	鉄道殺人犯		60	1981	1981	カリフォルニア	アメリカ
ジョン・ダフィ(John Duffy)			6	1989	1989	ワシントン	アメリカ
デニス・イートン(Dennis Eaton)			3	1985	1986		イギリス
タミー・エヴァンス(Tammy Eveans)			4	1987	1989	バージニア	アメリカ
ラリー・アイラー(Larry Eyler)			3	1987	1989	イリノイ	アメリカ
			23	1982	1984	イリノイ	アメリカ

付録 255

氏　名	報道名	共犯者数	被害者数	開始年	終結年	州	国
レイモンド・フェルナンデス(Raymond Fernandez)	孤独な殺人者たち	1	20	1947	1949	ニューヨーク	アメリカ
ジョセフ・フィッシャー(Joseph Fischer)			100	1955	1979	ニューヨーク	アメリカ
アルバート・フィッシュ(Albert Fish)			15	1910	1934	ニューヨーク	アメリカ
ジョセフ・フランクリン(Joseph Franklin)			4	1977	1980	ユタ	アメリカ
ジョン・ウェイン・ゲイシー(John Wayne Gacy)			33	1972	1978	イリノイ	アメリカ
シャーリーン・ギャレゴ(Charlene Gallego)		1	8	1978	1980	カリフォルニア	アメリカ
ジェラルド・ギャレゴ(Gerald Gallego)		1	10	1978	1980	カリフォルニア	アメリカ
カールトン・ゲイリー(Carlton Gary)	ストッキング殺人魔		9	1970	1978	ジョージア	アメリカ
ドナルド・ヘンリー・ガスキンス(Donald Henry Gaskins)	「ちびの」ガスキンス		100	1953	1982	サウスカロライナ	アメリカ
ロビン・ゲット(Robin Gecht)	シカゴの切り裂き魔	3	18	1981	1982	イリノイ	アメリカ
エドワード[エド]・ゲイン(Edward 'Ed' Gein)			7	1954	1957	ウィスコンシン	アメリカ
ハーベイ・グラットマン(Harvey Glatman)	孤独な殺人者		3	1957	1958	カリフォルニア	アメリカ
ビリー・グレイズ(Billy Glaze)			3	1986	1987	ミネソタ	アメリカ
ビリー・ゴール(Billy Gohl)			39	1909	1912	ワシントン	アメリカ
アーサー・グード(Arthur Goode)			4	1976	1976	フロリダ	アメリカ
デイビッド・ゴア(David Gore)		1	6	1981	1983	フロリダ	アメリカ
グウェンドリン・グラハム(Gwendolyn Graham)		1	6	1987	1987	ミシガン	アメリカ
ハリソン・グラハム(Harrison Graham)			7	1986	1987	ペンシルバニア	アメリカ
ケネス・グランビール(Kenneth Granviel)			7	1974	1975	テキサス	アメリカ
ラリー・グリーン(Larry Green)	ゼブラ殺人犯	4	15	1973	1974	カリフォルニア	アメリカ
リッキー・グリーン(Ricky Green)			4	1985	1986	テキサス	アメリカ
ボーン・グリーンウッド(Vaughn Greenwood)	ドヤ街の切り裂き魔		11	1964	1975	カリフォルニア	アメリカ
ダグラス・グレッツラー(Douglas Gretzler)		1	17	1973	1973	アリゾナ	アメリカ
リチャード・グリソーム(Richard Grissom)			5	1977	1989	カンザス	アメリカ
ヴィンセント・グローブス(Vincent Groves)			15			コロラド	アメリカ
マリア・グルーバー(Maria Gruber)	悪の力	3	39	1982	1989		オーストリア
ベル・ガネス(Belle Gunness)			19	1900	1908	イリノイ	アメリカ
ウィリアム・ハンス(William Hance)			4	1977	1978	ジョージア	アメリカ
ロバート・ハンセン(Robert Hansen)			24	1975	1983	アラスカ	アメリカ
アンソニー・ハリス(Anthony Harris)	ゼブラ殺人犯	4	15	1973	1974	カリフォルニア	アメリカ
ドナルド・ハーベイ(Donald Harvey)			55	1970	1987	オハイオ	アメリカ
チャールズ・ハッチャー(Charles Hatcher)			16	1969	1982	ミズーリ	アメリカ
ウィリアム・ヘイレンス(William Heirens)			4	1945	1946	イリノイ	アメリカ

付録　257

氏　名	報道名	共犯者数	被害者数	開始年	終結年	州	国
ロバート・ヘンダーソン(Robert Henderson)		2	16	1970	1973	ノースカロライナ	アメリカ
エルマー・ヘンリー(Elmer Henley)	荒野の殺人者	1	31	1963	1965	テキサス	アメリカ
マイラ・ヒンドリー(Myra Hindley)			10	1963	1965		イギリス
ヨハン・ホック(Johann Hoch)			25	1890	1905	イリノイ	アメリカ
グレン・ホラデイ(Glenn Holladay)			4		1986	アラバマ	アメリカ
ジェイムス・ホーランド(James Holland)			6	1967	1987	ユタ	アメリカ
エドワード・ハンフリー(Edward Humphrey)			5		1990	フロリダ	アメリカ
リチャード・ハンター(Richard Hunter)			4	1986	1986	ジョージア	アメリカ
ウィルバー・ジェニングス(Wilbur Jennings)			4	1983	1984	カリフォルニア	アメリカ
マーサ・ジョンソン(Martha Johnson)			4	1977	1982	ジョージア	アメリカ
ジニーン・ジョーンズ(Genene Jones)			11	1981	1982	テキサス	アメリカ
ジョン・ジョーバート(John Joubert)			3	1982	1983	ネブラスカ	アメリカ
スティーブン・ジュディ(Steven Judy)			7	1973	1979	インディアナ	アメリカ
バディ・ジャスティス(Buddy Justus)			3	1978	1978	フロリダ	アメリカ
パトリック・キーニー(Patrick Kearney)	ごみ袋殺人犯		28	1968	1977	カリフォルニア	アメリカ
ウォルター・ケルバッハ(Walter Kelbach)		1	6	1966	1966	ユタ	アメリカ
エドモンド・エミール・ケンパー三世(Edmond Emir Kemper III)	女子学生殺人犯		10	1964	1973	カリフォルニア	アメリカ
ロジャー・キービ(Roger Kibbe)	I-5絞殺魔		7	1986	1987	カリフォルニア	アメリカ
ジェイムス・キルカー(James Kirker)			300	1852			
ジェイムス・コーダティッチ(James Koedatich)			3			フロリダ	アメリカ
アンドリュー・ココラレーズ(Andrew Kokoraleis)	シカゴの切り裂き魔	3	18	1981	1982	イリノイ	アメリカ
トーマス・ココラレーズ(Thomas Kokoraleis)	シカゴの切り裂き魔	3	18	1981	1982	イリノイ	アメリカ
ランディ・クラフト(Randy Kraft)	スコアカード殺人犯		67	1972	1983	カリフォルニア	アメリカ
ペーター・キュルテン(Peter Kurten)	デュッセルドルフの怪物		12	1892	1930		ドイツ
レオナルド・レイク(Leonard Lake)		1	25	1983	1985	カリフォルニア	アメリカ
マイロン・ランス(Myron Lance)		1	6	1966	1966	ユタ	アメリカ
レイモンド・ラッサー(Raymond Lassor)			3	1984	1984	ロードアイランド	アメリカ
イレーヌ・レイドルフ(Irene Leidolf)		3	39	1982	1989		オーストリア
ロバート・ロング(Robert (Bobby) Joe Long)			10	1984	1984	フロリダ	アメリカ
ロイヤル・ロング(Royal Long)			3	1981	1983	サウスダコタ	アメリカ
ロベルト・ロペス(Roberto Lopez)			3		1983	カリフォルニア	アメリカ
ヘンリー・リー・ルーカス(Henry Lee Lucas)		1	100	1960	1982	ミシガン	アメリカ
リチャード・マチェック(Richard Macek)			8	1974	1974	イリノイ	アメリカ

氏名	報道名	共犯者数	被害者数	開始年	終結年	州	国
ビリー・マンスフィールド(Billy Mansfield)			5	1975	1980	カリフォルニア	アメリカ
ジェリー・マーカス(Jerry Marcus)			7	1971	1987	ミシシッピ	アメリカ
リチャード・マーケット(Richard Marquette)			6	1961	1975	オレゴン	アメリカ
ジャン・ティエリー・メスリーヌ(Jean-Thierry Mathurin)	モンマルトルの怪物	1	38	1984	1987		フランス
ボビー・ジョー・マックスウェル(Bobby Joe Maxwell)	ドヤ街の刺殺魔		10	1978	1979	カリフォルニア	アメリカ
ステファニー・メイヤー(Stefanie Mayer)		3	39	1982	1989		オーストリア
ダニー・マックラリー(Danny McCrary)		2	22	1971	1972	コロラド	アメリカ
シャーマン・マックラリー(Sherman McCrary)		2	22	1971	1972	コロラド	アメリカ
アンソニー・マックナイト(Anthony McKnight)			7	1985	1986	カリフォルニア	アメリカ
ジェナディー・ミカセビッチ(Gennaday Michasevich)			36	1973	1988		ソ連
グレゴリー・ミレイ(Gregory Miley)			5		1981	カリフォルニア	アメリカ
ドン・ミラー(Don Miller)			4	1980	1989	カリフォルニア	アメリカ
宮崎勤(Tsutomu Miyazaki)			3	1988			日本
マニュエル・ムーア(Manuel Moore)	ゼブラ殺人犯	4	15	1973	1974	カリフォルニア	アメリカ
ステファン・モーリン(Stephan Morin)			30	1981	1981	テキサス	アメリカ
ハーマン・ウェブスター・マジェット(Hermann Webster Mudgett)	H.H.ホームズ		200	1891	1896	イリノイ	アメリカ
ハーバート・マリン(Herbert Mullin)			13	1972	1973	カリフォルニア	アメリカ
ジョン・ミュレル(John Murrell)			500		1835	テネシー	アメリカ
スティーブン・ナッシュ(Steven Nash)			6		1958	カリフォルニア	アメリカ
アール・ネルソン(Earle Nelson)	ゴリラ殺人犯		25	1926	1927	カリフォルニア	アメリカ
チャールズ・ネグ(Charles Ng)		1	25	1981	1985	カリフォルニア	アメリカ
デニス・ニルセン(Dennis Nilsen)			15	1978	1983		イギリス
ロイ・ノリス(Roy Norris)	殺人マック	1	50	1979	1979	カリフォルニア	アメリカ
ダレン・オニール(Darren O'Neall)			6	1985	1987	ワシントン	アメリカ
クリフォード・オルソン(Clifford Olson)			11	1980	1981	ブリティッシュコロンビア	カナダ
デュアン・オーウェン(Duane Owen)			5	1984	1984	コロラド	アメリカ
カール・パンズラム(Carl Panzram)			22	1923	1929	カンザス	アメリカ
ティエリー・ポーリン(Thierry Paulin)	モンマルトルの怪物	1	38	1984	1987		フランス
スティーブン・ペネル(Steven Pennell)			5	1987	1988	デラウェア	アメリカ
マイケル・プレイヤー(Michael Player)			11	1986	1986	カリフォルニア	アメリカ
ケネス・ポンテ(Kenneth Ponte)			9	1988	1989	マサチューセッツ	アメリカ
クレイグ・プライス(Craig Price)			4	1987	1989	ロードアイランド	アメリカ
ドロシー・プエンテ(Dorothea Puente)	ドヤ街の切り裂き魔		8	1985	1988	カリフォルニア	アメリカ

付録　259

氏　名	報道名	共犯者数	被害者数	開始年	終結年	州	国
ユセフ・ラーマン(Yusef Rahman)			4	1989	1989	ニューヨーク	アメリカ
ラリー・ラルストン(Larry Ralston)			4			オハイオ	アメリカ
リチャード・ラミレス(Richard Ramirez)	ナイトストーカー		18	1984	1985	カリフォルニア	アメリカ
ポール・ローデス(Paul Rhoades)			3	1987	1987	アイダホ	アメリカ
ジョエル・リフキン(Joel Rifkin)			17	1989	1993	ニューヨーク	アメリカ
ジョー・ライオス(Joe Rios)			4	1987	1987	テキサス	アメリカ
モンテ・リッセル(Monte Rissell)			5	1975	1976	バージニア	アメリカ
デイトン・ロジャース(Dayton Rogers)	モララの森の殺人犯		7	1972	1987	オレゴン	アメリカ
マイケル・ロス(Michael Ross)			6	1982	1984	コネチカット	アメリカ
リッキー・ロス(Rickey Ross)			3	1988	1988	カリフォルニア	アメリカ
ジョン・サップ(John Sapp)	いちご殺人犯		10	1975	1985	カリフォルニア	アメリカ
アーサー・ショークロス(Arthur Shawcross)			13	1972	1990	ニューヨーク	アメリカ
ダニエル・シーベルト(Daniel Siebert)			13	1979	1986	アラバマ	アメリカ
マイケル・シルカ(Michael Silka)			9			アラスカ	アメリカ
マウリツィオ・シルバ(Mauricio Silva)			4	1978	1984	カリフォルニア	アメリカ
J．C．サイモン(J. C. Simon)	ゼブラ殺人犯	4	15	1973	1974	カリフォルニア	アメリカ
レミュエル・スミス(Lemuel Smith)			6	1958	1981	ニューヨーク	アメリカ
ナサニエル・スミス(Nathaniel Smith)			4		1982	カンザス	アメリカ
ウィリアム・スミス(William Smith)			8	1981	1984	オレゴン	アメリカ
デイビッド・スナイダー(David Snyder)			4	1982	1984	メリーランド	アメリカ
モリス・ソロモン(Morris Solomon)			7	1986	1987	カリフォルニア	アメリカ
ティモシー・スペンサー(Timothy Spencer)	サウスサイドの殺殺魔		5	1984	1987	バージニア	アメリカ
フランク・スパイサク(Frank Spisak)			3	1982	1982	オハイオ	アメリカ
エドワード・スプライザー(Edward Spreizer)	シカゴの切り裂き魔	3	18	1981	1982	イリノイ	アメリカ
ロジャー・スタッフォード(Roger Stafford)		1	9	1978	1978	オクラホマ	アメリカ
バーン・スタフォード(Vern Stafford)		1	9	1978	1978	オクラホマ	アメリカ
ジェラルド・スターノ(Gerald Stano)			41	1969	1980	フロリダ	アメリカ
ウィリー・スティールマン(Willie Steelman)		1	17	1973	1973	アリゾナ	アメリカ
ピーター・サトクリフ(Peter Sutcliffe)	ヨークシャーの切り裂き魔		13	1975	1980		イギリス
レイモンド・テイラー(Raymond Taylor)		2	22	1971	1972	コロラド	アメリカ
マイケル・テネソン(Michael Tenneson)			5	1987	1987	コロラド	アメリカ
デイビッド・スライネン(David Threinen)			6	1975	1975	サスカチュワン	カナダ
メリーベス・ティニング(Marybeth Tinning)			9	1972	1985	ニューヨーク	アメリカ

氏　名	報道名	共犯者数	被害者数	開始年	終結年	州	国
オティス・トゥール(Ottis Toole)		1	25	1961	1983	フロリダ	アメリカ
ジェイン・トッパン(Jane Toppan)			31	1880	1901	マサチューセッツ	アメリカ
マイケル・トラヴァグリア(Michael Travaglia)			4		1980	ペンシルベニア	アメリカ
ロナルド・トリンボリ(Ronald Trimboli)			3	1985	1985	テキサス	アメリカ
パウェル・ツチリン(Pawel Tuchlin)			9	1979	1983		ポーランド
被疑者不詳	オーロラ連続殺人		4	1984	1984	コロラド	アメリカ
被疑者不詳	ボルチモア連続殺人		5	1987		メリランド	アメリカ
被疑者不詳	緊縛拷問殺人犯		7	1974	1979	カンザス	アメリカ
被疑者不詳	フォートワース連続殺人犯		9	1984	1985	テキサス	アメリカ
被疑者不詳	グリーンリバーの連続殺人犯		49	1982	1984	ワシントン	アメリカ
被疑者不詳	切り裂きジャック		5	1888	1888		イギリス
被疑者不詳	赤毛連続殺人		6	1984	1985	テキサス	アメリカ
被疑者不詳	ソルトレーク連続殺人		3	1986		ユタ	アメリカ
被疑者不詳	サンマテオ連続殺人者		5	1980	1985	カリフォルニア	アメリカ
被疑者不詳	ドヤ街の殺人者		9	1974	1975	カリフォルニア	アメリカ
被疑者不詳	ドヤ街の切り裂き魔		10		1987	カリフォルニア	アメリカ
被疑者不詳	サウスサイド殺人犯		17	1983	1987	カリフォルニア	アメリカ
被疑者不詳	バラバイド殺人犯		18	1934	1938	オハイオ	アメリカ
被疑者不詳	ゾディアック殺人犯		37	1968	1969	カリフォルニア	アメリカ
ヴァルトラウド・ワーグナー(Waltraud Wagner)		3	39	1982	1989		オーストリア
ゲリー・ウォーカー(Gary Walker)			5	1984	1984	オクラホマ	アメリカ
デイビッド・ワシントン(David Washington)			3		1976	フロリダ	アメリカ
フレデリック・ウォーターフィールド(Frederick Waterfield)		1	6	1981	1983	テキサス	アメリカ
コーラル・ワッツ(Coral Watts)			19	1979	1982	テキサス	アメリカ
トーマス・ウィッセンハント(Thomas Whisenhant)	日曜日の朝の切り裂き魔		4	1963	1976		アメリカ
クリストファー・ワイルダー(Christopher Wilder)			12	1984	1984	フロリダ	アメリカ
ウェイン・バートラム・ウィリアムズ(Wayne Bertram Williams)	アトランタの子ども殺人犯		29	1979	1981	ジョージア	アメリカ
キャサリン・ウッド(Catherine Wood)		1	6	1987	1987	ミシガン	アメリカ
ランドール・ウッドフィールド(Randall Woodfield)	I-5殺人犯		18	1979	1981	ワシントン	アメリカ
アイリーン・ウォルノス(Aileen Wuornos)			7	1989	1990	フロリダ	アメリカ

注74：被疑者不詳は未解決事件、報道名はマスコミが使用した犯人の呼称、共犯者数は単独犯の場合空欄、被害者数は犯人による殺害が疑われている人数、開始年は認知されている最初の殺人が行なわれた年、終結年は認知されている最後の殺人が行なわれた年、アメリカとカナダの事件は犯行に及んだことが確認されている州を記載、そのほかの地域事件では国名のみ（複数の地域で殺人を行なっている犯人もいる）。

付録B　データコーディング用紙

データコーディング用紙-1　連続殺人加害者用

1. 番号　　＿＿＿＿＿＿
2. 姓　　　＿＿＿＿＿＿
3. 名　　　＿＿＿＿＿＿
4. 異名　　＿＿＿＿＿＿
5. 性別
   1. 男　　　2. 女
6. 総被害者人数　＿＿＿＿＿＿
7. 総地点数　　　＿＿＿＿＿＿
8. 犯行開始日　　＿＿＿＿＿＿
9. 犯行終結日　　＿＿＿＿＿＿
10. 犯行の秩序性
    1. 秩序だっている　　2. やや秩序だっている
    3. 混合している　　　4. やや無秩序　　　5. 無秩序
11. 犯行タイプ
    1. 妄想型　　2. 任務遂行型　　3. 欲求充足型
    4. 安楽型　　5. スリル追求型　6. 力・支配志向型
12. 居住形態　＿＿＿＿＿＿＿＿＿＿＿＿＿＿＿＿＿＿＿＿＿＿＿＿＿＿
13. 居住地町丁地番　＿＿＿＿＿＿＿＿＿＿＿＿＿＿＿＿＿＿＿＿＿＿
14. 居住地市町村　＿＿＿＿＿＿＿＿＿＿＿＿＿＿＿＿＿＿＿＿＿＿＿
15. 居住地州　＿＿＿＿＿＿＿＿＿＿＿＿＿
16. 居住地座標(x)　＿＿＿＿＿＿＿＿
17. 居住地座標(y)　＿＿＿＿＿＿＿＿
18. 職場タイプ　＿＿＿＿＿＿＿＿＿＿＿＿＿＿＿＿＿＿＿＿＿＿＿＿
19. 職場町丁地番　＿＿＿＿＿＿＿＿＿＿＿＿＿＿＿＿＿＿＿＿＿＿＿
20. 職場市町村　＿＿＿＿＿＿＿＿＿＿＿＿＿＿＿＿＿＿＿＿＿＿＿＿
21. 職場州　＿＿＿＿＿＿＿＿＿＿＿＿＿
22. 職場座標(x)　＿＿＿＿＿＿＿＿
23. 職場座標(y)　＿＿＿＿＿＿＿＿
24. 縮尺（km／単位）　＿＿＿＿＿＿＿＿
25. データファイル名　＿＿＿＿＿＿＿＿
26. 備考　＿＿＿＿＿＿＿＿＿＿＿＿＿＿＿＿＿＿＿＿＿＿＿＿＿＿＿＿
27. 関連データ　＿＿＿＿＿＿＿＿＿＿＿＿＿＿＿＿＿＿＿＿＿＿＿＿＿

データコーディング用紙-2　連続殺人被害者用

1. 番号　　　　　＿＿＿＿＿＿
2. 姓　　　　　　＿＿＿＿＿＿
3. 性別
   1. 男　　　2. 女
4. 加害者との関係
   1. 面識なし　　2. 顔見知り　　3. 友人・知人
5. 加害者による選択
   1. 作為的／パターン化している　2. 無作為／パターン化していない
6. 被害者特性
   1. 特徴あり　　2. 特徴なし
7. 被害者の行動
   01. 在宅中　　　　　02. 勤務中　　　　　03. 通勤中
   04. 散歩・ジョギング中　05. ヒッチハイキング中
   06. その他移動中　07. 友人を訪問中　08. アウトドアの娯楽
   09. バーやナイトクラブ　10. その他の社会活動　11. 売春
8. 狩猟類型
   1. 狩猟型　　　　2. 密猟型　　　　3. ストーカー型
   4. 流し釣り型　　5. 罠仕掛け型
9. 接近法
   1. 詐欺的　　　　2. 奇襲的　　　　3. 急襲的
10. 支配方法
    1. 銃器　2. ナイフ　3. 鈍器　4. 絞扼　5. 腕力
    6. 酒・薬物　7. 脅迫　8. 急襲（すぐに殺害）
11. 殺害方法
    1. 銃器　2. ナイフ　3. 鈍器　4. 絞扼
    5. 腕力　6. 毒物
12. 犯罪場所集合
    1. 接→襲→殺→棄　　2. 接→襲→殺棄　　3. 接→襲殺→棄
    4. 接襲→殺→棄　　　5. 接襲→殺棄　　　6. 接→襲殺棄
    7. 接襲殺→棄　　　　8. 接襲殺棄
13. 死体の隠蔽
    1. 誇示　　　2. 遺棄　　　3. その他非隠蔽
    4. 簡易な隠蔽　5. 入念な隠蔽
14. リンク
    1. リンク判明　　2. リンク不明
15. 備考　＿＿＿＿＿＿＿＿＿＿＿＿＿＿＿＿＿＿＿＿＿＿＿＿

データコーディング用紙-3　連続殺人犯罪場所用

1. 番号　　　　　＿＿＿＿＿＿＿
2. 犯罪現場類型
   1. 被害者の最終目撃地点　　2. 接触地点　　3. 襲撃地点
   4. 殺害現場　　　　　　　　5. 死体遺棄地点　6. 車両発見地点
   7. 証拠発見地点　　　　　　8. 目撃地点
3. 犯罪場所町丁地番　＿＿＿＿＿＿＿＿＿＿＿＿＿＿＿＿＿＿＿＿＿＿＿＿
4. 犯罪場所市町村　　＿＿＿＿＿＿＿＿＿＿＿＿＿＿＿＿＿＿＿＿＿＿＿＿
5. 犯罪場所州　　　　＿＿＿＿＿＿＿＿＿＿＿＿＿＿＿＿＿＿＿＿＿＿＿＿
6. 犯罪場所座標(x)　＿＿＿＿＿＿＿
7. 犯罪場所座標(y)　＿＿＿＿＿＿＿
8. 警察の捜査による犯罪場所の浮上
   1. あてはまる　　　　2. あてはまらない
9. 地域の土地利用
   1. 住宅地域　　　　　2. 商業地域
   3. 工業地域　　　　　4. 公共施設地域
   5. 公園地域　　　　　6. 田園・農業地域
   7. 原生自然・非居住地域
10. 地点の概況
    01. 住宅　　　02. ホテル・モーテル　　03. 公共建物
    04. 学校・教育施設　05. 事業所・商店　　06. 娯楽施設
    07. 赤線地帯　　08. 自動車　　　　　　09. 公共交通機関
    10. 私有地　　　11. 駐車場　　　　　　12. 路上・歩道上
    13. 路地・小道・細道・散策路　　　14. 高速道路・側溝
    15. 公園　　16. 農場・畑地・野外　　17. 河川・湖沼・湿地帯
    18. 森・林　19. 丘陵・山　　　　　　20. 砂漠・荒れ地
11. 地点の分類
    1. 屋内の私的空間　　2. 屋内の準公共空間　　3. 屋内の公共空間
    4. 屋外の私的空間　　5. 屋外の準公共空間　　6. 屋外の公共空間
12. 月日　　　　　＿＿＿＿＿＿＿
13. 到着時間　＿＿＿＿＿＿　出発時間　＿＿＿＿＿＿　滞在時間　＿＿＿＿＿＿
14. 加害者の移動手段
    1. 自動車　　　　2. 公共交通機関　　　3. 徒歩
15. 被害者または加害者の居住地
    1. 加害者自宅　　2. 被害者自宅　　　　3. 双方の自宅
    4. どちらにもあてはまらない
16. 備考　＿＿＿＿＿＿＿＿＿＿＿＿＿＿＿＿＿＿＿＿＿＿＿＿＿＿＿＿＿＿

用語集

■ あ行

アンカーポイント 人間が常住したり，活動を行なう拠点。人間の生活にとって最重要な場所となる。

意識空間 人間が最低限の意識と知識を有する場所。意識空間は活動空間を包含する関係にある。

獲物が豊富な環境 犯行の対象になる人や物の密度が高い地域。釣り穴を参照。

円仮説 この仮説では，「拠点犯行型犯罪者」は犯行地点を囲む円内に居住しており，「通勤犯行型犯罪者」はその円外に居住するとしている。拠点犯行型犯罪者，通勤犯行型犯罪者を参照。

オリオン リゲルを参照。

■ か行

解放地点 被害者解放地点を参照。

活動拠点 ある人間が日常的に訪れる地点（職場，友人の住居，近所の酒場など）。

活動空間 人間の活動の大半が行なわれる場所。活動拠点とそれぞれを結ぶ経路からなり，意識空間に含まれる。

活動的転移 機能的転移を参照。

活動ノード 現在，過去の住居，職場，友人や家族などの縁故地。

狩り場 加害者が被害者を探し出す場所。釣り穴，罠の列を参照。

環境犯罪学 単なる犯罪者よりも犯罪そのものに焦点を当てた犯罪学の一領域。環境犯罪学の中心的な関心は，犯罪行動の時間的，空間的なセッティングである。

間接的人格評価 最も効率的な取り調べ方法など，捜査支援のために容疑者の行動を評定すること。

機能的転移 犯罪機会の変化に伴い犯行形態を変えることにより生じる転移。活動的転移とも言われる。転移を参照。

休止 連続犯罪の犯行休止期間。1週間から時には1年にも及ぶ。その原因としては，犯罪者が他の活動に追われていたことや時間的転移が考えられる。

曲線距離 走行距離を参照。

拠点犯行型犯罪者 住居を拠点に犯行を行なう犯罪者。拠点犯行型犯罪者は犯行地点を囲む円の内部に住んでいることが多い。円仮説を参照。

距離減衰 距離の増大により空間的相互作用が減少すること。犯行地選択には，犯罪者の住居を中心にして距離による減衰が見られる。

キルビ距離 走行距離を参照。

近接現場 以前の犯行地点に近接した犯行地点。一般的には，地理的プロファイリングでは両者に関係があるとされる。

空間的転移 犯罪者が，逮捕される確率の増加や犯行機会の減少のために，犯行場所を転移させること。地理的転移，領域的転移ともいう。転移を参照。

空間平均 点パターンの中心性の測度。地理的重心，セントロイド，平均中心ともいう。

クラスター遺棄 複数の殺人事件の被害者の遺体が1か所または特定地域に遺棄されること。

クラスタリング 点パターンにおける点の近接度やグルーピングの度合い。散らばりを参照。

計画的時宜 犯行の準備を行なった後に，犯行機会をうかがうこと。

警察官協会 国際犯罪捜査分析官協会（International Criminal Investigative Analysis Fellowship）を参照。

経路ルーティング 2点間を結ぶルートの中で最短のもの。最短距離の経路は単純に決定できるが，最短所要時間の経路を決めるにはより複雑な方法が必要である。走行距離を参照。

ケース比較分析 リンク分析を参照。

強姦地点 加害者が被害者を強姦した場所。

構造的背景 犯行対象の構造的背景参照。

行動科学 人間行動についての科学的な研究および分析。犯罪行動の捜査的な研究においてよく用いられる。

行動空間 活動空間を参照。

合理的選択理論 犯罪を，犯罪者がリスク，手間，報酬を合理的に判断したうえで遂行した所産としてとらえる犯罪学理論。

国際犯罪捜査分析官協会 犯罪分析官の組織。FBIによって創設されたが，現在はFBI以外のメンバーも加入している。警察官協会ともいう。

コロプレス地図 地域の違いを色分けや影で表現した主題図。

■ さ行

最近隣距離 点パターンを定量的に評価する方法の1つで，各点と最も近い点（または k 番目に近い点）との間の距離の平均。点パターン統計を参照。

最近隣分析 最近隣距離を用いた統計分析。

最小移動点 中央点を参照。

最小作用の原理 動的システムにおいて（エネルギー，距離，時間，変化，コストなどの）量が最小化しようとする法則。

最短距離 2点間の最短距離。crow-flight distance とは，カラスのような鳥が2点間の最短距離を飛行することから命名された。マンハッタン距離や走行距離と比較せよ。

殺害地点 加害者が被害者を殺害した場所。

ジオプロファイル 狩猟エリアの地図に重ね合わせた2次元の犯人居住確率図。

時間的転移 犯行のしやすさや逮捕されるリスクの認知が変わったために，連続犯罪者が犯行のタイミングをずらすこと。犯行は，リスクが低く，対象を見つけやすい時間帯・曜日に転移していく。犯行の休止期間が長くなることが多い。転移と休止を参照。

死体遺棄場所 加害者が殺人事件の被害者の遺体を捨てた場所。

シナリオ 所与のジオプロファイルに含まれる，分析の対象になる犯行現場の集合と，その重みづけ。

襲撃地点 加害者が最初に被害者を襲う場所。

重大事件捜査管理システム 重大事件の捜査情報を収集，整理，比較，分析するためのコンピュータシステム。

狩猟エリア 犯行場所を包含する矩形の領域。狩猟エリアに対してジオプロファイルが生成される。

狩猟型犯罪者 住居を本拠地にして被害者を見つけ出す犯罪者。

心理学的検視 不審死の死因分析を参照。

心理学的プロファイリング 犯罪の態様を分析することにより，犯罪者の主要な性格特性，行動特性を特定すること。犯罪者の人格評価，犯罪行動プロファイリングともいわれる。

ストーカー 被害者とある場所で出会い，つけまわした後に犯行に及ぶ犯罪者。

スプリー殺人 感情の冷却期間を置かず，3か所以上で連続的に殺人を犯すこと。各殺人は1つの出来事の結果である。スプリー殺人は大量殺人と連続殺人との中間的な存在である。

スプリー放火 感情の冷却期間を置かず，3か所以上で連続的に放火を犯すこと。各放火は1つの出来事の結果である。スプリー放火は大量放火と連続放火との中間的な存在である。

生態学的誤謬 地理的により高次な集計単位で行なった分析結果を，より低次なレベル（特に個人レベル）にあてはめることにより発生する誤謬。

接触地点 加害者が最初に被害者と出会った場所。

戦術的転移 犯罪者が同じ犯罪を犯す際に，犯行のやり方や手口を変えること。戦術的転移は犯罪者の学習によることが多い。転移を参照のこと。

全地球測位システム 静止衛星から緯度経度の情報を得る携帯型端末（通常は位置情報を取得する端末のみならず，システム全体を指し，GPSと呼ばれる）。

セントロイド 空間平均を参照。

セントログラフィー 点パターンの中心傾向性に焦点を当てた空間分析の一種。

走行距離 道路ネットワーク経由で計測した距離。キルビ距離または経路ルーティングともいう。

捜索範囲 ヒットスコア率を，分析対象地域にあてはめたもの。

■ た行

大量殺人 同じ地域で連続的に，または短時間の間に発生した殺人事件。

大量放火 同じ地域で連続的に，または短時間の間に発生した放火事件。

単一犯 連続犯罪のパターンに一致せず，それ自体単独で遂行されたと思われる犯罪。

秩序型犯罪者 心理的プロファイリングで用いられる犯罪者のライフスタイルや犯行状況から導かれた性格類型。知的であり冷静であるが精神病質的である。

秩序型反社会的犯罪者 秩序型犯罪者を参照。

中央点 点パターンにおいて，他のすべての点との距離の和が最小化する点。

散らばり 点パターンの散らばり具合。クラスタリングを参照。

地理情報システム 空間データ・非空間データを地理的な属性をもとに統合し，分析するためのソフトウエア。

地理的転移 空間的転移を参照。

地理的犯罪者探索 犯行狩猟（criminal hunting）アルゴリズムを用いた，ジオプロファイルや犯人居住確率図の生成を通じて，容疑

者の居住地を推定するコンピュータ化された地理的プロファイリングモデル。地理的プロファイリングの主要な方法論として用いられる。CGTともいわれる。

地理的プロファイリング 連続凶悪犯罪の捜査で，容疑者の居住地がある確率が最も高い場所を判定するための情報分析手法。

通勤犯行型犯罪者 犯罪を行なうために，自分の本拠地から他の地域に通勤する犯罪者。通勤犯行型犯罪者は犯行地点を囲む円の外側に住んでいることが多い。円仮説を参照。

釣り穴 犯罪者が犯行対象を見つける確率が高い場所。襲撃する場所とは区別される。犯罪誘発場所，狩り場を参照。

ティーセンポリゴン 各点を中心にした勢力範囲分割された領域。そのポリゴンの内部では，他のポリゴンの中心点よりも自ポリゴンの中心点への距離が小さくなっている。ボロノイ，ディリクレポリゴンともいわれる。

ディリクレポリゴン ティーセンポリゴンを参照。

転移 防犯活動や地域での警戒，捜査活動の結果，犯罪者の行動パターンが変化すること。転移には，空間的（領域的）転移，時間的転移，犯行対象の転移，戦術的転移，機能的（活動的）転移の5種類がある。

電撃型犯罪者 遭遇した直後に被害者を襲う犯罪者。

点パターン 2か所以上の空間的な点からなる2次元的なパターン。

点パターン統計 点パターンにおける様々な距離計測に基づく統計量。最近隣分析を参照。

等値線図 等しい値をもつ地点を結んだ線である等値線を用いた地図。

等方面 物理的に同じ属性をもつ面。この場合，ある地点からの動きやすさは方向にかかわらず一定である。

■ な行

流し釣り型犯罪者 犯罪とは関係ない他の活動をしているなかで，被害者を見つけて犯行を行なう犯罪者。

日常動線 活動ノード間を結んでふだん利用する道路やルート。

■ は行

パターン理論 犯罪発生地点と犯罪行動を説明するための，合理的選択とルーチン・アクティビティ理論を統合したアプローチ。犯罪者の犯行地選択は，犯罪者と物理的，社会的環境との相互作用で決定されるというもの。犯罪パターン理論ともいう。

バッファ・ゾーン 犯罪者の住居から一定距離内の領域。この中の犯行対象は，住居からあまりにも近いため主観的なリスクが高く，かえって狙われにくい。

犯行移動距離 犯行行程距離を参照。

犯行円 連続犯行の地点の中で最も遠い2点間を結ぶ直線を直径とする円。

犯行間隔 連続犯罪における犯行の時間間隔。日数で表されることが多い。平均の犯罪間隔や標準偏差が計算される。

犯行現場プロファイリング 犯罪者プロファイリングを参照。

犯行行程距離 犯行地点と犯罪者の住居との間の距離。

犯行行動 加害者が被害者を探し出し攻撃するプロセス。

犯行対象場所 一連の犯罪に関連する様々な地理的な場所。被害者との接触地点，襲撃地点，殺害地点，死体遺棄地点を含む。

犯行対象の構造的背景 物理的な環境における，犯行の対象になりうる物や人の時間的，空間的な構造。犯行対象の背景要因は非均一でむらがあり，標的の見つけやすさは場所により様々に異なっている。構造的背景ともいわれる。非等方性平面を参照。

犯行対象の転移 犯罪者が犯行のなかで，犯行対象の建物や人や物を変更していくこと。転移を参照。

犯行のための移動 ある犯罪に関連して犯罪者が移動すること。

犯行分解 犯罪を，犯罪場所集合に分解すること。

犯行生成場所 たくさんの人が訪れるため犯罪発生も多い繁華街のような場所。

犯人居住確率図 CGTアルゴリズムにより生成される，容疑者の住居がある確率を示す3次元の確率面。

犯罪者プロファイリング 犯行特徴から犯罪者の特徴に関する推論を行なうこと。心理学的プロファイリング，地理的プロファイリング，統計的プロファイリングの総称。心理学的プロファイリングを参照。

犯罪捜査分析 FBIやICIAFによって開発・使用されている，プロファイリング技術とその関連手法。

犯罪地理学 犯罪，犯行対象，犯罪者に関する

地理学的研究。

犯罪場所 ある犯罪に関連した場所。1つの事件でも複数の異なる場所が関係することがある。たとえば1つの殺人事件でも，被害者と遭遇し，襲撃し，殺害し，死体を遺棄した場所がそれぞれ存在する。

犯罪場所集合 1つの犯罪に関連した犯罪場所の集合。

犯罪パターン分析 リンク分析を参照。

犯罪パターン理論 パターン理論を参照。

犯罪誘発場所 犯罪機会が多く，犯罪者を引き寄せる場所。

被害者学 プロファイリングでは，犯罪者に狙われやすい被害者の特性（見かけ，職業，しぐさ）や行動のことをいう。

被害者の足取り 被害者が襲われた地点がわからないが，通り道が既知の場合のその通り道（たとえば，勤め先からの帰り道）。

被害者の解放地点 強姦や性的暴行を論じる際に用いられる，加害者から被害者が解放された場所。

非社会的犯罪者 無秩序型犯罪者を参照。

ヒットスコア CGTモデルで，その場所に容疑者の住居やアンカーポイントが存在する確率値。zスコアを参照。

ヒットスコア率 地理的プロファイリングの検索効率の指標。容疑者の住居が発見されるまでに検索した領域が，全対象領域に対して占める割合。この値が小さければ小さいほど地理的プロファイリングが成功したといえる。

ヒット率 ヒットスコア率を参照。

非等方性平面 場所により物理的な特性が異なる平面。方向によって移動しやすさが異なってくる。

標準距離 空間的な散らばりの度合いの測度。標準偏差と同じ概念である。

複数殺人 大量殺人，スプリー殺人，連続殺人の総称。

不審死の死因分析 死因が曖昧な事件について回顧的な心理分析を行ない，事故，自殺，他殺の中でどれが最もありうるか分析すること。心理学的検視ともいわれる。

付随物品 性犯罪とは直接結びつかないが，性的な嗜好や興味，活動に関する証拠や情報をもつ品物。その品物は性的・教育的・内省的・情報的（犯行計画など）なものであったりする。

ブランティンガム夫妻の犯行地点選択モデル 環境犯罪学の一環としてサイモンフレーザー大学で開発された犯罪地理モデル。このモデルでは，犯罪者の意識空間と知覚された犯行対象が重なる場所で犯罪が発生するとしている。

プロファイリング 犯罪者プロファイリングを参照。

分解 犯行分解を参照。

平均中心 空間平均を参照。

放火地点 放火を行なう地点。

法行動科学 犯罪捜査と裁判に用いられる行動科学。行動科学を参照。

ホットスポット 面積に対して相対的に犯罪発生が多い地域。

ボロノイポリゴン ティーセンポリゴンを参照。

■ ま行

マクロレベル空間分析 国全体や国をまたぐ地理的現象を扱う研究。

待ち伏せ型 被害者を住まいや仕事場といった自らが支配する場所に招き入れてから攻撃する犯罪者。

マンハッタン距離 直交する街路沿いに測った距離。たとえば北に数ブロック，東に数ブロックといった数え方をする。走行距離を参照。

マンハッタン距離系 マンハッタン距離に基づく測定。

ミクロ環境 犯行現場の周囲1ブロック程度の近接した環境。

ミクロレベル空間分析 個人，近隣，市レベルでの地理的現象の分析。

密猟型犯罪者 被害者の探索のために他の町にまで出かける犯罪者。通勤犯行型犯罪者を参照。

無秩序型犯罪者 犯罪者プロファイリングで用いられる犯罪者の性格特性の1つ。犯罪者のライフスタイルや犯行地点の状況に基づく。無秩序型犯罪者はその場限りで行動することが多く，計画的に犯罪を遂行することは少ない。妄想型精神分裂病等の精神疾患を患っていることが多い。

メソレベル空間分析 地域内や都市間レベルでの地理的現象の分析。

メディアン距離 点パターンにおいて，半数の点を包含する円の半径。

メンタルマップ 居住地域や都市などの，よく知っている地理的な領域の認知的なイメージや表象。

■ ら行

リゲル CGTアルゴリズムに基づく地理的プロファイリングソフトウェア。プロトタイプ版が

オリオンである。

領域的転移 空間的転移を参照。

リンクの見落とし 実際には関連がある犯罪のリンクに失敗すること。リンクの失敗の原因の多くは，警察機関の間でデータが共有されないことである。

リンク分析 複数の犯罪を，同一犯の犯行かどうか比較すること。リンクは，物証，目撃証言，手口や署名行動のような犯人の行動の類似性に基づき判定される。犯罪パターン分析ともいう。

リンク分析システム 犯罪をリンクするために，行動の類似性がみられる犯罪を検索するコンピュータデータベース。

ルーチン・アクティビティ 人々が日常生活で反復的（毎日，毎週，季節ごと）に行なっている行動。

ルーチン・アクティビティ理論 犯行動機を有する犯罪者，狙われる犯行対象，監視者の欠落がそれぞれ時間的・空間的に収れんすることで，犯罪の機会構造が形成されるとする理論。

連続強姦 時間的に連続しない3件以上の強姦で，その間は犯人が感情的に冷めているもの。

連続殺人 時間的に連続しない3件以上の殺人で，その間は犯人が感情的に冷めているもの。

連続放火 時間的に連続しない3件以上の放火で，その間は犯人が感情的に冷めているもの。

■わ行

沸き口 釣り穴を参照。

罠仕掛け型犯罪者 看護師のように，潜在的な被害者が寄ってくる職業や立場にいる人間。偽の求人広告のような口実によって被害者が集められることもある。

罠の列 街路や商店街のように，「釣り穴」が直線状にならんだ状態。狩り場を参照。

■A〜Z

ASPD 反社会性人格障害（Antisocial Personality Disorder）の略。
CCA ケース比較分析（Comparative Case Analysis）の略。
CGT 地理的犯罪者探索（Criminal Geographic Targeting）の略。
CIA 犯罪捜査分析（Criminal Investigative Analysis）の略。
CPA 犯罪パターン分析（Crime Pattern Analysis）の略。
EAMD 接触，襲撃，殺害，死体遺棄場所（Encounter, Attack, Murder and Body Dump site）の略。
ECRI社 環境犯罪学研究社（Environmental Criminology Research Inc.）の略。
EDA 不審死の死因分析（Equivocal Death Analysis）の略。
GIS 地理情報システム（Geographic information system）の略。
GPS 全地球測位システム（Global positioning system）の略。
HITS 殺人捜査追跡システム（Homicide Investigation Tracking System）の略。ワシントン州が設置した殺人と性犯罪捜査用のコンピュータによるリンク分析システム。
HOLMES 内務省重大事件検索システム（Home Office Large Major Enquiry System）の略。イギリスの警察組織で用いている重大事件捜査管理システム。
ICIAF 国際犯罪捜査分析官協会（International Criminal Investigative Analysis Fellowship）の略。
IPA 間接的人格評価（Indirect Personality Assessment）の略。
VICAP 凶悪犯罪者逮捕プログラム（Violent Criminal Apprehension Program）の略。アメリカで用いられている殺人事件のためのコンピュータによるリンク分析システム。
ViCLAS 凶悪犯罪リンク分析システム（Violent Crime Linkage Analysis System）の略。カナダで用いている，殺人事件と性犯罪事件のためのコンピュータによるリンク分析システム。
zスコア CGTモデルで，ある地点に犯罪者が住んでいる確率値。

文 献

1. Rossmo, D. K. (1995). Multivariate spatial profiles as a tool in crime investigation. In C. R. Block, M. Dabdoub, & S. Fregly (Eds.), *Crime analysis through computer mapping* (pp. 65-97). Washington, DC: Police Executive Research Forum.
2. Rossmo, D. K. (1997). Geographic profiling. In J. L. Jackson & D. A. Bekerian (Eds.), *Offender profiling: Theory, research and practice* (pp. 159-175). Chichester: John Wiley & Sons.
3. Jackson, J. L., & Bekerian, D. A. (Eds.). (1997). *Offender profiling: Theory, research and practice.* Chichester: John Wiley & Sons.
4. Mind of a serial killer. (1992, October 18). *Nova* (show #1912, transcript). Denver: Journal Graphics.
5. Rumbelow, D. (1988). *Jack the Ripper: The complete casebook.* Chicago: Contemporary Books.
6. Jenkins, P. (1992). *Intimate enemies: Moral panics in contemporary Great Britain.* New York: Aldine de Gruyter.
7. Silverman, R. A., & Kennedy, L. W. (1993). *Deadly deeds: Murder in Canada.* Scarborough, ON: Nelson Canada.
8. Dietz, M. L. (1995, June). Killer coverage. *Fremens*, p. 1.
9. Caputi, J. (1990). The new founding fathers: The lore and lure of the serial killer in contemporary culture. *Journal of American Culture*, 13 (3), 1-11.
10. Richter, D. (1989). Murder in jest: Serial killing in the post-modern detective story. *The Journal of Narrative Technique*, 19, 106-115.
11. Ellis, B. E. (1991). *American psycho.* New York: Vintage Books.
12. Kerr, P. (1992). *A philosophical investigation.* New York: Penguin Books.
13. *Patterns of murders committed by one person, in large numbers with no apparent rhyme, reason, or motivation.* (1983). Hearings before the Subcommittee on Juvenile Justice of the Committee on the Judiciary, Senate, 98th Congress, 1st Session (Serial No.J-98-52). Washington, DC: U.S. Government Printing Office.
14. Dickson, G. (1958). *Murder by numbers.* London: Robert Hale.
15. Holmes, R. M., & De Burger, J. E. (1988). *Serial murder.* Newbury Park, CA: Sage.
16. Leyton, E. (1986). *Hunting humans.* Toronto: McClelland-Bantam.
17. Ressler, R. K., Burgess, A. W., & Douglas, J. E. (1988). *Sexual homicide: Patterns and motives.* Lexington, MA: Lexington Books.
18. Brooks, P. R., Devine, M. J., Green, T. J., Hart, B. L., & Moore, M. D. (1987, June). Serial murder: A criminal justice response. *The Police Chief*, pp. 40-44.
19. Keeney, B. T., & Heide, K. M. (1994, November). *Serial murder: A more accurate and inclusive definition.* Paper presented at the meeting of the American Society of Criminology, Miami, FL.
20. Kocsis, R. N., & Irwin, H. J. (1998). The psychological profile of serial offenders and a redefinition of the misnomer of serial crime. *Psychiatry, Psychology and Law*, 5, 197-213.
21. Hickey, E. W. (1997). *Serial murderers and their victims* (2nd ed.). Belmont, CA: Wadsworth.
22. Jenkins, P. (1990). Sharing murder: Understanding group serial homicide. *Journal of Crime and Justice*, 13, 125-147.
23. Rossmo, D. K. (1995). *Geographic profiling: Target patterns of serial murderers.* Unpublished doctoral dissertation, Simon Fraser University, Burnaby, BC.
24. Simonetti, C. (1984). *Serial murders: 1970-1983.* Unpublished master's thesis, State University of New York at Albany, Albany, NY.
25. Newton, M. (1992). *Serial slaughter: What's behind America's murder epidemic?* Port Townsend, WA: Loompanics Unlimited.
26. Barrett, G. M. (1990). *Serial murder: A study in psychological analysis, prediction, and profiling.* Unpublished master's thesis, University of Louisville, Louisville, KY.
27. Hazelwood, R. R. (1995). Analyzing the rape and profiling the offender. In R. R. Hazelwood & A. W. Burgess (Eds.), *Practical aspects of rape investigation: A multidisciplinary approach* (2nd ed.) (pp. 155-181). Boca Raton, FL: CRC Press.
28. Fox, J. A., & Levin, J. (1992, April). *Serial murder: A survey.* Paper presented at the First International Conference on

Serial and Mass Murder: Theory, Research and Policy, Windsor, ON.

29 Rappaport, R. G. (1988). The serial and mass murderer: Patterns, differentiation, pathology. *American Journal of Forensic Psychiatry*, 9, 39-48.

30 Ball, R. A., & Curry, G. D. (1995). The logic of definition in criminology: Purposes and methods for defining "gangs." *Criminology*, 33, 225-245.

31 Levin, J., & Fox, J. A. (1985). *Mass murder*. New York: Plenum Press.

32 Dillon, M. (1989). T*he Shankill Butchers: A case study of mass murder*. London: Hutchinson.

33 Randall, W. S. (1988). Tom Quick's revenge. *The Quarterly Journal of Military History*, 4, 70-75.

34 Douglas, J. E., Burgess, A. W., Burgess, A. G., & Ressler, R. K. (1992). *Crime classification manual*. New York: Lexington Books.

35 Cleveland, W. A. (Ed.). (1985). 1985 Britannica world data. In D. Daume & J. E. Davis (Eds.), *1985 Britannica book of the year* (pp. 609-960). Chicago: Encyclopædia Britannica.

36 Ressler, R. K. (1993, March). *Profiling serial killers*. Lecture presented at Mount Royal College, Calgary, AB.

37 Ressler, R. K., & Shachtman, T. (1992). *Whoever fights monsters*. New York: St. Martin's Press.

38 Epstein, S. (1992, November). *The first female: The case of Aileen Wuornos*. Paper presented at the meeting of the American Society of Criminology, New Orleans, LA.

39 Segrave, K. (1992). *Women serial and mass murderers: A worldwide reference, 1580 through 1990*. Jefferson, NC: McFarland.

40 Hickey, E. W. (1986). The female serial murderer 1800-1986. *Journal of Police and Criminal Psychology*, 2 (2), 72-81.

41 Scott, H. (1992). *The female serial killer: A well kept secret of the 'gentler sex*. Unpublished master's thesis, University of Guelph, Guelph, ON.

42 Keeney, B. T., & Heide, K. M. (1994). Gender differences in serial murderers: A preliminary analysis. *Journal of Interpersonal Violence*, 9.

43 Pearson, P. (1997). *When she was bad: Violent women and the myth of innocence*. Toronto: Random House.

44 Hinch, R., & Scott, H. (1995, November). *Explaining female serial murderers: Theoretical issues*. Paper presented at the meeting of the American Society of Criminology, Boston, MA.

45 Boyd, N. (1988). *The last dance: Murder in Canada*. Scarborough, ON: Prentice-Hall.

46 Fattah, E. A. (1991). *Understanding criminal victimization: An introduction to theoretical victimology*. Scarborough, ON: Prentice-Hall Canada.

47 Skogan, W. G., & Atunes, G. E. (1979). Information, apprehension, and deterrence: Exploring the limits of police productivity. *Journal of Criminal Justice*, 7, 217-241.

48 Reed, P., & Gaucher, R. (1976, November). *Repetitive violence among persons suspected or convicted of homicide in Canada, 1961-74*. Paper presented at the meeting of the American Society of Criminology, Tucson, AZ.

49 Epperlein, T., & Nienstedt, B.C. (1989). Reexamining the use of seriousness weights in an index of crime. *Journal of Criminal Justice*, 17, 343-360.

50 Coburn, G. M. B. (1988). *Patterns of homicide in Vancouver: 1980-1986*. Unpublished master's thesis, Simon Fraser University, Burnaby; BC.

51 Fattah, E. A. (1987). Victims of violence. In J. M. MacLatchie (Ed.), *Violence in contemporary Canadian society* (pp. 306-311). Ottawa: John Howard Society of Canada.

52 Kposowa, A. J. (1999). The effects of occupation and industry on the risk of homicide victimization in the United States. *Homicide Studies*, 3, 47-77.

53 Langan, P. A., & Innes, C. A. (1985). *The risk of violent crime* (BJS Publication No.NCJ-97119). Washington, DC: U.S. Government Printing Office.

54 Lea, J., & Young, J. (1984). *What is to be done about law and order?* Harmondsworth, Middlesex: Penguin.

55 Rose, H. M., & McClain, P. D. (1990). *Place, race, and risk: Black homicide in urban America*. Albany, NY: State University of New York Press.

56 Hickey, E. W. (1990). The etiology of victimization in serial murder: An historical and demographic analysis. In S. A. Egger (Ed.), *Serial murder: An elusive phenomenon* (pp. 53-71). New York: Praeger.

57 Jenkins, P. (1994). *Using murder: The social construction of serial homicide*. New York: Aldine de Gruyter.

58 Kiger, K. (1990). The darker figure of crime: The serial murder enigma. In S. A. Egger (Ed.), *Serial murder: An elusive*

phenomenon (pp. 35-52). New York: Praeger.
59 Smith, C., & Guillen, T. (1991). *The search for the Green River Killer*. New York: Penguin Books.
60 Bishop, M. G. (1946, April). Speak to me of murder. *Headquarters Detective*, pp. 20-23, 70-73.
61 Latvian kindergarten killer planned murder spree. (1999, February 24). *Reuters World Report*.
62 Norris, J. (1988). *Serial killers*. New York: Doubleday.
63 Jenkins, P. (1989). Serial murder in the United States 1900-1940: A historical perspective. *Journal of Criminal Justice*, 17, 377-392.
64 Hickey, E. W. (1991). *Serial murderers and their victims*. Pacific Grove, CA: Brooks/Cole.
65 Jenkins, P. (1988). Serial murder in England 1940-1985. *Journal of Criminal Justice*, 16, 1-15.
66 Hagmaier, B. (1990, September). *Ted Bundy, a case study*. Lecture presented at the FBI National Academy retraining session, Bellingham, WA.
67 Cardarelli. A. P., & Cavanagh, D. (1992, November). *Uncleared homicides in the United States: An exploratory study of trends and patterns*. Paper presented at the meeting of the American Society of Criminology, New Orleans, LA.
68 Riedel, M. (1998). Counting stranger homicides: A case study of statistical prestidigitation. *Homicide Studies*, 2, 206-219.
69 Jenkins, P. (1988). Myth and murder: The serial killer panic of 1983-5. *Sam Houston State University Criminal Justice Research Bulletin*, 3 (11).
70 Allen-Hagen, B. (1989). *Stranger abduction homicides of children* (OJJDP Publication No.NCJ-115213). Washington, DC: U.S. Government Printing Office.
71 Finkelhor, D., Hotaling, G., & Sedlak, A. (1990). *Missing, abducted, runaway, and thrownaway children in America-First report: Numbers and characteristics, national incidence studies, executive summary*. Washington, DC: U.S. Government Printing Office.
72 Cavanagh, D. P. (1993, October). *An experimental procedure for estimating the incidence of serial murder in the United States*. Paper presented at the meeting of the American Society of Criminology, Phoenix, AZ.
73 Newton, M. (1990). *Hunting humans: The encyclopedia of serial killers, Volume 1*. New York: Avon Books.
74 Newton, M. (1990). *Hunting humans: The encyclopedia of serial killers, Volume 2*. New York: Avon Books.
75 James, E. (1991). *Catching serial killers*. Lansing, MI: International Forensic Services.
76 Jenkins, P. (1992). A murder "wave"? Trends in American serial homicide 1940-1990. *Criminal Justice Review*, 17, 1-19.
77 Brantingham, P. J. (1987). Violent crime in Canada, the U.S., and Europe. In J. M. MacLatchie (Ed.), *Violence in contemporary Canadian society* (pp. 43-49). Ottawa: John Howard Society of Canada.
78 Brantingham, P. J., & Brantingham, P. L. (1984). *Patterns in crime*. New York: Macmillan.
79 Wilson, C. (1984). *A criminal history of mankind*. London: Grafton Books.
80 Goodman, J., & Waddell, B. (1987). *The Black Museum*. London: Harrap.
81 Gurr, T. R. (Ed.). (1989). *Violence in America: Vol. 1. The history of crime*. Newbury Park, CA: Sage.
82 Johnson, H. A. (1988). *History of criminal justice*. Cincinnati: Anderson.
83 Jenkins, P. (1993). Chance or choice: The selection of serial murder victims. In A. V. Wilson (Ed.), *Homicide: The victim/offender connection* (chap. 22). Cincinnati: Anderson.
84 Mathers, R. (1989, July). *Psychological profiling*. Lecture presented at the Justice Institute of British Columbia, Police Academy seminar, Central Saanich, BC.
85 Lunde, D. T. (1976). *Murder and madness*. San Francisco: Stanford.
86 Bartol, C. R., & Bartol, A. M. (1986). *Criminal behavior: A psychosocial approach* (2nd ed.). Englewood Cliffs, NJ: Prentice-Hall.
87 Ogle, R. S., Maier-Katkin, D., & Bernard, T. J. (1995). A theory of homicidal behavior among women. *Criminology*, 33, 173-193.
88 Szasz, T. S. (1971). *The myth of mental illness*. New York: Harper and Row.
89 Brittain, R. P. (1970). The sadistic murderer. *Medical Science and the Law*, 10, 198-207.
90 Lange, J. E. T., & DeWitt, Jr., K. (1990, February). *What the FBI doesn't know about serial killers and why*. Paper presented at the Metropolitan Washington Mensa Regional Gathering, Arlington, VA.

91 Vold, G. B., & Bernard, T. J. (1986). *Theoretical criminology*. New York: Oxford University Press.
92 Fishbein, D. H., Lozovsky D., & Jaffe, J. H. (1989). Impulsivity, aggression and neuroendocrine responses to serotonergic stimulation in substance abusers. *Biological Psychiatry*, 25, 1049-1066.
93 Boyanowsky E. O. (1990, June). *Grains of truth in the wasteland of fear*. Paper presented at the World Conference of the International Society for Research on Aggression, Banff, AB.
94 Fishbein, D. (1998). "Building bridges." *ACJS Today*, 17 (2), 1, 3-5.
95 Cater, J. G. (1997). The social construction of the serial killer. *RCMP Gazette*, 59 (2), 2-21.
96 Vetter, H. (1990). Dissociation, psychopathy, and the serial murderer. In S. A. Egger (Ed.), *Serial murder: An elusive phenomenon* (pp. 73-92). New York: Praeger.
97 Carlisle, A. L. (1993). The divided self: Toward an understanding of the dark side of the serial killer. *American Journal of Criminal Justice*, 17 (2), 23-36.
98 American Psychiatric Association. (1994). *Diagnostic and statistical manual of mental disorders* (4th ed.). Washington, DC: Author.
99 Hare, R. D., Hart, S. D., & Harpur, T. J. (1991). Psychopathy and the DSM-IV criteria for antisocial personality disorder. *Journal of Abnormal Psychology*, 100, 391-398.
100 Cleckley, H. (1982). *The mask of sanity*. New York: Mosby
101 Hare, R. D. (1993). *Without conscience: The disturbing world of the psychopaths among us*. New York: Simon & Schuster.
102 Hare, R. D., Harpur. T. J., Hakstian, A. R., Forth, A. E., Hart, S. D., & Newman, J. P. (1990). The Revised Psychopathy Checklist: Reliability and factor structure. *Psychological Assessment: A Journal of Consulting and Clinical Psychology*, 2, 338-341.
103 Hare, R. D., McPherson, L. M., & Forth, A. E. (1988). Male psychopaths and their criminal careers. *Journal of Consulting and Clinical Psychology*, 56, 710-714.
104 Hart, S. D., Hare, R. D., & Harpur, T. J. (1992). The Psychopathy Checklist-Revised (PCL-R): An overview for researchers and clinicians. In J. C. Rosen & P. McReynolds (Eds.), *Advances in psychological assessment: Vol. 8* (pp. 103-130). New York: Plenum Press.
105 Andrews, D. A., & Bonta, J. (1994). *The psychology of criminal conduct*. Cincinnati: Anderson.
106 Siegel, L. J. (1992). *Criminology: Theories, patterns, and typologies*. St. Paul, MN: West.
107 Dietz, P. E., Hazelwood, R. R., & Warren, J. I. (1990). The sexually sadistic criminal and his offences. *The Bulletin of American Academic Psychiatry Law*, 18, 163-178.
108 Peters, W. T. (1990, September). *Psychological profiling*. Lecture presented at Prince Albert Police Training Committee, Prince Albert, SK.
109 Egger, S. A. (1990). *Serial murder: An elusive phenomenon*. New York: Praeger.
110 Rosenbaum, R. (1990, September). Dead reckoning. *Vanity Fair*, pp. 190-197, 274-285.
111 Macdonald, J. M. (1961). T*he murderer and his victim*. Springfield, IL: Charles C. Thomas.
112 Macdonald, J. M. (1963). The threat to kill. *American Journal of Psychiatry*, 120, 125-130.
113 Beirne, P. (1999). For a nonspeciesist criminology: Animal abuse as an object of study. Criminology, 37, 117-147.
114 Terry, M. (1987). *The ultimate evil*. New York: Bantam Books.
115 Time-Life Books. (1992). *Serial killers*. Alexandria, VA: Author.
116 Cleary, S., & Luxenburg, J. (1993, October). *Serial murderers: Common background characteristics and their contribution to causation*. Paper presented at the meeting of the American Society of Criminology, Phoenix, AZ.
117 Homant, R. J., & Kennedy, D. B. (1998). Psychological aspects of crime scene profiling: Validity research. *Criminal Justice and Behavior*, 25, 319-343.
118 Robertson, B., & Vignaux, G. A. (1995). *Interpreting evidence: Evaluating forensic evidence in the courtroom*. Chichester: John Wiley & Sons.
119 Nobile, P. (1989). The making of a monster. *Playboy*, pp. 41-45.
120 Copson, G. (1993, May). *Offender profiling*. Presentation to the Association of Chief Police Officers Crime Sub-Committee on Offender Profiling, London, England.
121 Hirschi, T. (1969). *Causes of delinquency*. Berkeley, CA: University of California Press.
122 Mitchell, E. W. (1997). *The aetiology of serial murder: Towards an integrated model*. Unpublished master's thesis,

University of Cambridge, Cambridge, UK.
123 Cameron, D., & Frazer, E. (1987). *The lust to kill.* New York: New York University Press.
124 Cluff, J., Hunter, A., & Hinch, R. (1997). Feminist perspectives on serial murder. *Homicide Studies,* 1, 291-308.
125 Pinto, S., & Wilson, P. R. (1990). *Serial murder* (Trends and Issues in Crime and Criminal Justice No.25). Canberra: Australian Institute of Criminology.
126 Heilbroner, D. (1993, August). Serial murder and sexual repression. *Playboy,* pp. 78-79,147-150.
127 Revitch, E. (1965). Sex murder and the potential sex murderer. *Diseases of the Nervous System,* 26, 640-648.
128 Hale, R. L. (1993). The application of learning theory to serial murder or "You too can learn to be a serial killer." *American Journal of Criminal Justice,* 17 (2), 37-45.
129 Spore, C. V. (1994, March). *The antisocial personality disorder as found in serial murderers.* Paper presented at the meeting of the Academy of Criminal Justice Sciences, Chicago, IL.
130 Brown, Jr., J. S. (1991). The psychopathology of serial sexual homicide: A review of the possibilities. *American Journal of Forensic Psychiatry,* 12 (1), 13-21.
131 Reese, J. T. (1979). Obsessive compulsive behavior: The nuisance offender. *FBI Law Enforcement Bulletin,* 48 (8), 6-12.
132 Drukteinis, A. M. (1992). Serial murder—The heart of darkness. *Psychiatric Annals,* 22, 532-538.
133 Wilson, C., & Seaman, D. (1990). *The serial killers: A study in the psychology of violence.* London: W. H. Allen.
134 Green, E. (1993). *The intent to kill: Making sense of murder.* Baltimore: Clevedon Books.
135 Brown, Jr., J. S. (1991). The historical similarity of 20th century serial sexual homicide to pre-20th century occurrences of vampirism. *American Journal of Forensic psychiatry,* 12 (2), 11-24.
136 Brantingham, P. J., & Brantingham, P. L. (1998). Environmental criminology: From theory to urban planning practice. *Studies on Crime and Crime Prevention,* 7, 1-30.
137 Olson, C. R. (1992). *The phenomena of serial murder -Ten questions.* Unpublished manuscript.
138 Block, R. L., Felson, M., & Block, C. R. (1985). Crime victimization rates for incumbents of 246 occupations. *Sociology and Social Research,* 69, 442-451.
139 Felson, M. (1987). Routine activities and crime prevention in the developing metropolis. *Criminology,* 25, 911-931.
140 Keppel, R. D. (1989). *Serial murder: Future implications for police investigations.* Cincinnati: Anderson.
141 Godwin, G.M., & Canter, D. V. (1997). Encounter and death: The spatial behavior of U.S. serial killers. *Policing: An International Journal of Police Strategies and Management,* 20, 24-38.
142 Duchesne, D. (1997). *Street prostitution in Canada* (Juristat Service Bulletin Vol. 17, no. 2). Ottawa: Statistics Canada.
143 Lowman, J., & Fraser, L. (1995). *Violence against persons who prostitute: The experience in British Columbia.* Ottawa: Department of Justice.
144 Godwin, G.M. (1998). Victim target networks as solvability factors in serial murder. *Social Behavior and Personality,* 26, 75-83.
145 Douglas, J. E., Ressler, R. K., Burgess, A. W., & Hartman, C. R. (1986). Criminal profiling from crime scene analysis. *Behavioral Sciences & the Law,* 4, 401-421.
146 Holmes, R. M., & Holmes, S. T. (1996). *Profiling violent crimes: An investigative tool* (2nd ed.). Thousand Oaks, CA: Sage.
147 Pulitzer, L. B., & Swirsky, J. (1994, February). The confessions of Joel Rifkin. *Penthouse,* pp. 30-35, 42, 68-72,88.
148 Du Clos, B. (1993). *Fair game.* New York: St. Martin's Press.
149 Gilmour, W., & Hale, L. E. (1991). *Butcher, baker.* New York: Penguin Books.
150 Pulitzer, L. B., & Swirsky, J. (1994). *Crossing the line.* New York: Berkley Books.
151 Ferry, J., & Inwood, D. (1982). *The Olson murders.* Langley, BC: Cameo Books.
152 Mulgrew, I. (1990). *Final payoff: The true price of convicting Clifford Robert Olson.* Toronto: Seal Books.
153 Worthington, P. (1993, July). The journalist and the killer. *Saturday Night,* pp. 30-35,50-55.
154 Cleary, S., Klein, L., & Luxenburg, J. (1994, March). *Toward an analysis of serial murder victims.* Paper presented at the meeting of the Academy of Criminal Justice Sciences, Chicago, IL.
155 Egger, S. A. (1998). *The killers among us: An examination of serial murder and its investigation.* Upper Saddle River, NJ: Prentice-Hall.

156 Fox, J. A., & Levin, J. (1996). Special concerns of surviving victims of multiple murder: In memory of the victims of the Montreal Massacre. In T. O'Reilly-Fleming (Ed.), *Serial and mass murder: Theory, research and policy* (pp. 181-184). Toronto: Canadian Scholars' Press.

157 Sullivan, S. (1995, Summer). Just doing it. *Canadian Police Association Express*, pp. 10-12.

158 Fowler, K. (1990). The serial killer. *RCMP Gazette*, 52 (3), 1-11.

159 Victims of Violence Society. (1990). *Goodbye Charlie* (Victims of Violence Report, July). Ottawa: Author.

160 Lau, E. (1989). *Runaway*. Toronto: Harper & Collins.

161 Lanning, K. V. (1995). Child molestation - Law enforcement typology. In R. R. Hazelwood & A. W. Burgess (Eds.), *Practical aspects of rape investigation: A multidisciplinary approach* (2nd ed.) (pp.323-335). Boca Raton, FL: CRC Press.

162 Burton, C. (1998). *The CATCHEM Database: Child murder in the United Kingdom*. Paper presented at the International Homicide Investigators Association Symposium, Zutphen, The Netherlands.

163 Hanfland, K. A., Keppel, R. D., & Weis, J. G. (1997). *Case management for missing children homicide investigation*. Seattle: Washington State Office of the Attorney General.

164 Keppel, R. D., & Weis, J. G. (1994). Time and distance as solvability factors in murder cases. *Journal of Forensic Sciences*, 39, 386-401.

165 Canela-Cacho, J. A., Blumstein, A., & Cohen, J. (1997). Relationship between the offending frequency (λ) of imprisoned and free offenders. *Criminology*, 35, 133-175.

166 Marvell, T. B., & Moody, C. E. (1998). The impact of out-of-state prison population on state homicide rates: Displacement and free-rider effects. *Criminology*, 36, 513-535.

167 Abel, G.G., Mittelman, M.S., & Becker, J.V. (1985). Sexual offenders: Results of assessment and recommendations for treatment. In M. H. Ben-Aron, S. J. Hucker, & C. D. Webster (Eds.), *Clinical criminology: The assessment and treatment of criminal behaviour* (pp. 191-205). Toronto: M&M Graphics.

168 Rossmo, D. K. (1987). *Fugitive migration patterns*. Unpublished master's thesis, Simon Fraser University, Burnaby, BC.

169 Prentky, A. P., Burgess, A. W., Rokous, B. A., Lee, A., Hartman, C., Ressler, R. K., & Douglas, J. E. (1989). The presumptive role of fantasy in serial sexual homicide. *American Journal of Psychiatry*, 146, 887-891.

170 Alston, J. D. (1994). *The serial rapist's spatial pattern of target selection*. Unpublished master's thesis, Simon Fraser University, Burnaby, BC.

171 Warren, J. I., Reboussin, R., & Hazelwood, R. R. (1995). *The geographic and temporal sequencing of serial rape* (Federal Bureau of Investigation). Washington, DC: U.S. Government Printing Office.

172 Canter, D. V., & Larkin, P. (1993). The environmental range of serial rapists. *Journal of Environmental Psychology*, 13, 63-69.

173 LeBeau, J. L. (1987). The journey to rape: Geographic distance and the rapist's method of approaching the victim. *Journal of Police Science and Administration*, 15, 129-136.

174 LeBeau, J. L. (1987). The methods and measures of centrography and the spatial dynamics of rape. *Journal of Quantitative Criminology*, 3, 125-141.

175 LeBeau, J. L. (1992). Four case studies illustrating the spatial-temporal analysis of serial rapists. *Police Studies*, 15, 124-145.

176 Icove, D. J., & Crisman, H. J. (1975). Application of pattern recognition in arson investigation. *Fire Technology*, 11 (1), 35-41.

177 Sapp, A. D. Huff, T. G., Gary, G. P., Icove, D. J., & Horbert, P. (1994). *A report of essential findings from a study of serial arsonists*. Quantico, VA: National Center for the Analysis of Violent Crime.

178 Taylor, P. J. (1977). *Quantitative methods in geography*. Prospect Heights, IL: Waveland Press.

179 LeBeau, J. L. (1985). Some problems with measuring and describing rape presented by the serial offender. *Justice Quarterly*, 2, 385-398.

180 LeBeau, J. L. (1987). Patterns of stranger and serial rape offending: Factors distinguishing apprehended and at large offenders. *Journal of Criminal Law & Criminology*, 78, 309-326.

181 LeBeau, J. L. (1991). *The spatial behaviors of serial rapists*. Unpublished manuscript, Southern Illinois University, Carbondale, IL.

182 Miethe, T. D., & McCorkle, R. C. (1998). *Crime profiles: The anatomy of dangerous persons, places, and situations*.

183 Felson, M. (1998). *Crime and everyday life* (2nd ed.). Thousand Oaks, CA: Pine Forge Press.
184 Felson, R. B. (1993). Predatory and dispute-related violence: A social interactionist approach. In R. V. Clarke & M. Felson (Eds.), *Routine activity and rational choice* (pp. 103-125). New Brunswick, NJ: Transaction.
185 Soley, B. J. (1998). *Looking for love: Dysfunctional attachment in repeat sexual offenders.* Unpublished doctoral dissertation, Brandeis University, Waltham, MA.
186 Hazelwood, R. R., & Warren, J. I. (1995). The relevance of fantasy in serial sexual crime investigation. In R. R. Hazelwood & A. W. Burgess (Eds.), *Practical aspects of rape investigation: A multidisciplinary approach* (2nd ed.) (pp. 127-137). Boca Raton, FL: CRC Press.
187 Wood, P. B., Gove, W. R., Wilson, J. A., & Cochran, J. K. (1997). Nonsocial reinforcement and habitual criminal conduct: An extension of learning theory. *Criminology*, 35, 335-366.
188 Hazelwood, R. R., & Lanning, K. V. (1995). Collateral material and sexual crimes. In R. R. Hazelwood & A. W. Burgess (Eds.), *Practical aspects of rape investigation: A multidisciplinary approach* (2nd ed.) (pp. 183-192). Boca Raton, FL: CRC Press.
189 Groth, A. N., Burgess, A. W., & Holmstrom, L. L. (1977). Rape: Power, anger and sexuality. *American Journal of Psychiatry*, 134, 1239-1243.
190 Warren, J. I., Reboussin, R., Hazelwood, R. R., & Wright, J. (1991). Prediction of rape type and violence from verbal, physical, and sexual scales. *Journal of Interpersonal Violence*, 6, 1-23.
191 Soley, B. J., Knight, R. A., Cerce, D. D., & Holmes, K. (forthcoming). *Cultivating prediction of rapist types from crime-scene variables.* Behavioral Sciences & the Law.
192 Knight, R. A., Warren, J. I., Reboussin, R., & Soley, B. J. (1998). Predicting rapist types from crime-scene variables. *Criminal Justice and Behavior*, 25, 46-80.
193 House, J. C. (1997). Towards a practical application of offender profiling: The RNC's Criminal Suspect Prioritization System. In J. L. Jackson & D. A. Bekerian (Eds.), *Offender profiling: Theory, research and practice* (pp. 177-190). Chichester: John Wiley & Sons.
194 Davies, A., Wittebrood, K., & Jackson, J. L. (1997). Predicting the criminal antecedents of a stranger rapist from his offence behaviour. *Science & Justice*, 37, 161-170.
195 Davies, A., Wittebrood, K., & Jackson, J. L. (1998). *Predicting the criminal record of a stranger rapist.* (Special Interest Series: Paper 12). London: Police and Reducing Crime Unit, Home Office.
196 Hazelwood, R. R., & Warren, J. I. (1995). The serial rapist. In R. R. Hazelwood & A. W. Burgess (Eds.), *Practical aspects of rape investigation: A multidisciplinary approach* (2nd ed.) (pp. 337-359). Boca Raton, FL: CRC Press.
197 Warr, M. (1988). Rape, burglary, and opportunity. *Journal of Quantitative Criminology*, 4, 275-288.
198 Michaud, S. G., & Hazelwood, R. R. (1998). *The evil that men do: FBI profiler Roy Hazelwood's journey into the minds of sexual predators.* New York: St. Martin's Press.
199 Grubin, D., & Gunn, J. (1990, December). *The imprisoned rapist and rape.* Unpublished manuscript, Institute of Psychiatry, Department of Forensic Psychiatry, London.
200 Hazelwood, R. R., Reboussin, R., & Warren, J. I. (1989). Serial rape: Correlates of increased aggression and the relationship of offender pleasure to victim resistance. *Journal of Interpersonal Violence*, 4, 65-78.
201 Warren, J. I., Reboussin, R., & Hazelwood, R. R. (1991, November). *Geographical dispersion of serial rapes.* Paper presented at the meeting of the American Society of Criminology, San Francisco, CA.
202 Hazelwood, R.R., & Warren, J.I. (forthcoming). Impulsive vs. ritualistic sexual offenders. *Aggression and Violent Behavior*.
203 Felson, M., & Clarke, R. V. (1998). *Opportunity makes the thief: Practical theory for crime prevention* (Police Research Series: Paper 98). London: Policing and Reducing Crime Unit, Home Office.
204 Schlesinger, L.B., & Revitch, E. (1999). Sexual burglaries and sexual homicide: Clinical, forensic, and investigative considerations. *Journal of the American Academy of Psychiatry and the Law*, 27, 227-238.
205 Sapp, A. D., Huff, T. G., Gary, G. P., & Icove, D. J. (1994). *A motive-based offender analysis of serial arsonists.* Quantico, VA: National Center for the Analysis of Violent Crime.
206 Kocsis, R. N., Irwin, H. J., & Hayes, A. F. (1998). Organised and disorganised criminal behaviour syndromes in arsonists: A validation study of a psychological profiling concept. *Psychiatry, Psychology and Law*, 5, 117-131.
207 Wright, C., & Gary, G. (1995, February-March). Paul Kenneth Keller: A profile comparison with typical serial

arsonists. *International Association of Arson Investigators Newsletter*, pp. 10-19.
208 Klockars, C. B., & Mastrofski, S. D. (Eds.). (1991). *Thinking about police: Contemporary readings* (2nd ed.). New York: McGraw-Hill.
209 Simon, D. (1991). *Homicide: A year on the killing streets*. New York: Ballantine Books.
210 Kind, S. S. (1987). *The scientific investigation of crime*. Harrogate: Forensic Science Services.
211 Chaiken, J., Greenwood, P., & Petersilia, J. (1991). The Rand study of detectives. In C. B. Klockars (Ed.), *Thinking about police: Contemporary readings* (2nd ed.) (pp. 170-187). New York: McGraw-Hill.
212 Green, T. J., & Whitmore, J. E. (1993, June). VICAP's role in multiagency serial murder investigations. *The Police Chief*, pp. 38-45.
213 Krippendorff, K. (1986). *Information theory: Structural models for qualitative data*. Sage university paper series on quantitative applications in the social sciences, 62. Beverly Hills: Sage.
214 Lyman, M. D. (1993). *Criminal investigation: The art and the science*. Englewood Cliffs, NJ: Regents/Prentice Hall.
215 Fox, J. A., & Levin, J. (1994). *Overkill: Mass murder and serial killing exposed*. New York: Plenum Press.
216 Montgomery, J. E. (1993). Organizational survival: Continuity or crisis? In M. Layton (Ed.), *Policing in the global community: The challenge of leadership* (pp. 133-142). Burnaby, BC: Simon Fraser University.
217 Wyre, R., & Tate, T. (1995). *The murder of childhood*. London: Penguin Books.
218 Wambaugh, J. (1989). *The blooding*. New York: Bantam Books.
219 Doney, R. H. (1990). The aftermath of the Yorkshire Ripper: The response of the United Kingdom police service. In S. A. Egger (Ed.), *Serial murder: An elusive phenomenon* (pp. 95- 112). New York: Praeger.
220 Nicholson, M. (1979). *The Yorkshire Ripper*. London: W. H. Allen.
221 Dettlinger, C., & Prugh, J. (1983). *The List*. Atlanta: Philmay Enterprises.
222 Egger, S. A. (1984). A working definition of serial murder and the reduction of linkage blindness. *Journal of Police Science and Administration*, 12, 348-357.
223 O'Reilly-Fleming, T. (1992). Serial murder investigation: Prospects for police net-working. *Journal of Contemporary Criminal Justice*, 8, 227-234.
224 Mott, N. L. (1999). Serial murder: Patterns in unsolved cases. *Homicide Studies*, 3, 241-255.
225 Kennedy, D. (1991). *William Heirens: His day in court*. Chicago: Bonus Books.
226 Jackson, J. L., van den Eshof, P., & de Kleuver, E. E. (1994). *Offender profiling in The Netherlands* (Report NSCR WD94-03). Leiden, The Netherlands: The Netherlands Institute for the Study of Criminality and Law Enforcement.
227 Kind, S. S. (1990, July). Who goes in the frame? *Police Review*, pp. 1446-1447.
228 Harris, T. (1988). *The silence of the lambs*. New York: St. Martin's Press.
229 Gottlieb, S. L., Arenberg, S., & Singh, R. (1998). *Crime analysis: From first report to final arrest*. Montclair, CA: Alpha Publishing.
230 Bigbee, D., Tanton, R. L., & Ferrara, P. B. (1989, October). Implementation of DNA analysis in American crime laboratories. *The Police Chief,* pp. 86-89.
231 Burke, T. W., & Rowe, W. F. (1989, October). DNA analysis: The challenge for police. *The Police Chief*, pp. 92-95.
232 Eisner, R. (1989). Guidelines for DNA fingerprinting. *Diagnostics & Clinical Testing*, 27, 14-15.
233 Gaudette, B. D. (1990). DNA typing: A new service to Canadian police. *RCMP Gazette*, 52 (4), 1-7.
234 Kelly, K. F., Rankin, J. J., & Wink, R. C. (1987). Method and applications of DNA fingerprinting: A guide for the nonscientist. *The Criminal Law Review*, 105-110.
235 Lowrie, P., & Wells, S. (1991, November 16). Genetic fingerprinting. *New Scientist: Inside Science*.
236 Adams, D. E. (1989, November). *DNA analysis in the FBI Laboratory*. Paper presented at the meeting of the American Society of Criminology, Reno, NV.
237 Miller, J. V. (1991). The FBI's forensic DNA analysis program. *FBI Law Enforcement Bulletin*, 60 (7), 11-15.
238 Brown, J. R. (1994, March). DNA analysis: A significant tool for law enforcement. *The Police Chief*, pp. 51-52.
239 Weedn, V. W., & Hicks, J. W. (1998). *The unrealized potential of DNA testing* (NIJ Publication No.NCJ-170596). Washington, DC: U.S. Government Printing Office.
240 Davies, A., & Dale, A. (1995). *Locating the stranger rapist* (Special Interest Series: Paper 3). London: Police Research Group, Home Office Police Department.

241 DNA profiling. (1995, January). *DNA Database*, p. 2.
242 Sparrow, M. K. (1994, April). Measuring AFIS matcher accuracy. *The Police Chief*, pp. 147-151.
243 Dees, T. M. (1994, March). Automation of forensic ballistics. *Law Enforcement Technology*, pp. 44, 47.
244 Strandberg, K. W. (1994, April). FBI's "Drugfire." *Law Enforcement Technology*, pp. 50-51.
245 Davis, J. E. (1958). *An introduction to tool marks, firearms and the striagraph*. Springfield, IL: Charles C. Thomas.
246 Di Maio, V. J. M. (1985). *Gunshot wounds: Practical aspects of firearms, ballistics, and forensic techniques*. Boca Raton. FL: CRC Press.
247 Michaud, S. G., & Aynesworth, H. (1983). *The only living witness*. New York: Penguin Books.
248 Winn, S., & Merrill, D. (1979). *Ted Bundy: The killer next door*. New York: Bantam Books.
249 Mardia, K. V., Coombes, A., Kirkbride, J., Linney, A., & Bowie, J. L. (1996). On statistical problems with face identification from photographs. *Journal of Applied Statistics*, 23, 655-675.
250 Gabor, T. (1978). Crime displacement: The literature and strategies for its investigation. *Crime and Justice*, 6, 100-106.
251 Reppetto, T. A. (1976). Crime prevention and the displacement phenomenon. *Crime and Delinquency*, 22, 168-169.
252 Keppel, R. D. (1995). Signature murders: A report of several related cases. *Journal of Forensic Sciences*, 40, 670-674.
253 Keppel, R. D., & Birnes, W. J. (1997). *Signature killers*. New York: Simon & Schuster.
254 Douglas, J. E., & Munn, C. (1992). Violent crime scene analysis: Modus operandi, signature, and staging. *FBI Law Enforcement Bulletin*, 61 (2), 1-10.
255 Homant, R. J. (1998). [Review of Offender profiling: Theory, research and practice]. *Criminal Justice and Behavior*, 25, 507-510.
256 Mackay, R. E. (1994). Violent Crime Analysis. *RCMP Gazette*, 56 (5), 11-14.
257 Brooks, P. R. (1984, November). *VICAP*. Lecture presented at Washington Criminal Justice Training Center seminar, Seattle, WA.
258 Howlett, J. B., Hanfland, K. A., & Ressler, R. K. (1986). The Violent Criminal Apprehension Program -VICAP: A progress report. *FBI Law Enforcement Bulletin*, 55 (12), 14-22.
259 Newton, M. (1998). *Rope: The twisted life and crimes of Harvey Glatman*. New York: Simon & Schuster.
260 Brooks, P. R., Devine, M. J., Green, T. J., Hart, B. L., & Moore, M. D. (1988). *Multi-Agency investigative team manual*. Washington, DC: National Institute of Justice.
261 Rebscher, E., & Rohrer, F. (1991). Police information retrieval systems and the role of electronic data processing. In E. Kube & H.U. Störzer (Eds.), *Police research in the Federal Republic of Germany: 15 ears research within the "Bundeskriminalamt"* (pp. 241-251). Berlin: Springer-Velag.
262 Cryan, M. P. (1988). Halt program joins VICAP in hunting serial criminals. *Trooper Magazine*, (May/June), 8-9.
263 Geberth, V. J. (1994, April). State-Wide and regional information systems. *Law and Order*, pp. 1-6.
264 Keppel, R. D., & Weis, J. G. (1993). HITS: Catching criminals in the Northwest. *FBI Law Enforcement Bulletin*, 62 (4), 14-19.
265 Keppel, R. D., & Weis, J. G. (1993). *Improving the investigation of violent crime: The Homicide Investigation and Tracking System* (NIJ Publication No.NCJ-141761). Washington, DC: U.S. Government Printing Office.
266 Collins, P. I., Johnson, G. F., Choy, A., Davidson, K. T., & MacKay, R. E. (1998). Advances in violent crime analysis and law enforcement: The Canadian Violent Crime Linkage Analysis System. *Journal of Government Information*, 25, 277-284.
267 U.S. Department of Justice. (1998). *Regional Information Sharing Systems Program* (BJA Fact Sheet No.FS000037). Washington, DC: U.S. Government Printing Office.
268 Icove, D. J. (1981). *Principles of incendiary crime analysis: The arson pattern recognition system (APRS) approach to arson information management*. Quantico, VA: National Center for the Analysis of Violent Crime.
269 Johnson, G. (1994). ViCLAS: Violent Crime Linkage Analysis System. *RCMP Gazette*, 56 (10), 9-13.
270 Kocsis, R. N., & Davies, K. (1997). An introduction to criminal profiling. *Police Issues & Practice Journal*, 5 (4), 31-35.
271 Dale, A., & Davies, A. (1994). *Developments in the analysis of rapists speech*. Unpublished manuscript, Police Research Group, Home Office Police Department, London.
272 Marshall, I., & Zohar, D. (1997). *Who's afraid of Schrödinger's Cat?: An A-to-Z guide to all the new science ideas you need to keep up with the new thinking*. New York: William Morrow and Company.

273 Grubin, D., Kelly, P., & Ayis, A. (1996). *Linking serious sexual assaults*. Unpublished manuscript, Police Research Group, Home Office Police Department, London.

274 Grubin, D., Kelly, P., & Ayis, A. (1997). *Linking serious sexual assaults*. Draft briefing note, Police Research Group, Home Office Police Department, London.

275 U.S. Department of Justice. (1991). *Serial Murder Investigation System Conference* (Federal Bureau of Investigation). Washington, DC: U.S. Government Printing Office.

276 Federal Bureau of Investigation. (1996). *Rapid Start Information Management System: Reference Guide*. Washington, DC: Author.

277 Brooks, P. R. (1982). *The investigative consultant team: A new approach for law enforcement cooperation*. Washington, DC: Police Executive Research Forum.

278 Bayless, A. (1982, Summer/Fall). Paying a murderer for evidence. *Criminal Justice Ethics*, pp. 47-55.

279 Lyons, A., & Truzzi, M. (1991). *The blue sense: Psychic detectives and crime*. New York: Mysterious Press.

280 Copson, G. (1995). *Coals to Newcastle? Part 1: A study of offender profiling* (Special Interest Series: Paper 7). London: Police Research Group, Home Office Police Department.

281 Homant, R. J. (forthcoming). Crime scene profiling in premises security litigation. *Security Journal*.

282 Teten, H. D. (1989). Offender profiling. In W. G. Bailey (Ed.), *The encyclopedia of police science* (pp. 365-367). New York: Garland.

283 Brussel, J. A. (1968). *Casebook of a crime psychiatrist*. New York: Bernard Geis Associates.

284 Frank, G. (1966). *The Boston Strangler*. New York: Penguin Books.

285 Lines, K. (1999, September). Police Profilers. *The Police Chief*, p. 49.

286 Depue, R. L. (1986). An American response to an era of violence. *FBI Law Enforcement Bulletin*, 55 (12), 2-5.

287 Van Zandt, C. R., & Ether, S. E. (1994, April). The real "Silence of the Lambs." *The Police Chief*, pp. 45-52.

288 Cavanagh, K., & Mackay, R. E. (1991). Violent Crime Analysis Section. *RCMP Gazette*, 53 (1), 5-7.

289 Aitken, C. G. G., Connolly, T., Gammerman, A., & Zhang, G. (1994). *Statistical analysis of the CATCHEM data*. Unpublished manuscript, Police Research Group, Home Office Police Department, London.

290 Aitken, C. G. G., Connolly, T., Gammerman, A., Zhang, G., Bailey D., Gordon, R., & Oldfield, R. (1995). *Statistical modelling in specific case analysis*. Jurimetrics.

291 Iversen, G. R. (1984). *Bayesian statistical inference*. Sage university paper series on quantitative applications in the social sciences, 43. Beverly Hills: Sage.

292 Dale, A., & Davies, A. (1994). *The geography of rape*. Unpublished manuscript, Police Research Group, Home Office Police Department, London.

293 Farrington, D. P., & Lambert, S. (1993, October). *Predicting violence and burglary offenders from victim, witness and offence data*. Paper presented at the meeting of the First NISCALE Workshop on Criminality and Law Enforcement, The Hague, The Netherlands.

294 Jackson, J. L., & Bekerian, D. A. (1997). Does offender profiling have a role to play? In J. L. Jackson & D. A. Bekerian (Eds.), *Offender profiling: Theory, research and practice* (pp. 1-7). Chichester: John Wiley & Sons.

295 Ressler, R. K., & Burgess, A. W. (1985). Classifying sexual homicide crime scenes: Interrater reliability. *FBI Law Enforcement Bulletin*, 54 (8), 12-17.

296 Wilson, P., Lincoln, R., & Kocsis, R. N. (1997). Validity, utility and ethics of profiling for serial violent and sexual offenders. *Psychiatry, Psychology and Law*, 4, 1-11.

297 Canter, D. V., & Heritage, R. (1990). A multivariate model of sexual offence behaviour: Developments in 'offender profiling.' I. *Journal of Forensic Psychiatry*, 1, 185-212.

298 Kocsis, R. N. (1999). Criminal profiling of crime scene behaviours in Australian sexual murders. *Australian Police Journal*, 53, 113-116.

299 Geberth, V. J. (1996). *Practical homicide investigation: Tactics, procedures, and forensic techniques* (3rd ed.). Boca Raton, FL: CRC Press.

300 Ault, Jr., R. L., & Hazelwood, R. R. (1995). Indirect personality assessment. In R. R. Hazelwood & A. W. Burgess (Eds.), *Practical aspects of rape investigation: A multidisciplinary approach* (2nd ed.) (pp. 205-218). Boca Raton, FL: CRC Press.

301 Geberth, V. J. (1981, September). Psychological profiling. *Law and Order*, pp. 46-52.

302 Bensimon, P. (1997). Characteristics of handguns and personality traits in murderers. *International Criminal Police Review*, (462-463), 59-70.

303 Hazelwood, R. R., Ressler, R. K., Depue, R. L., & Douglas, J. E. (1995). Criminal investigative analysis: An overview. In R. R. Hazelwood & A. W. Burgess (Eds.), *Practical aspects of rape investigation: A multidisciplinary approach* (2nd ed.) (pp. 115-126). Boca Raton, FL: CRC Press.

304 Kennedy, D. B., & Homant, R. J. (1997). Problems with the use of criminal profiling in premises security litigation. *Trial Diplomacy Journal*, 20, 223-229.

305 Baeza, J. J. (1999). Task-Force management. In B. E. Turvey, *Criminal profiling: An introduction to behavioral evidence analysis* (pp. 415-428). San Diego: Academic Press.

306 Jeffers, H. P. (1991). *Who killed Precious?* New York: Pharos Books.

307 Masters, B. (1994, September 25). Mind over murder. Night & Day, pp. 38-42.

308 Poythress, N., Otto, R. K., Darkes, J., & Starr, L. (1993, January). APA's expert panel in the Congressional review of the USS Iowa incident. *American Psychologist*, 8-15.

309 Rosenbaum, R. (1993, April). The F.B.I.'s agent provocateur. *Vanity Fair*, pp. 122-136.

310 Turco, R. N. (1990). Psychological profiling. *International Journal of Offender Therapy and Comparative Criminology*, 34, 147-154.

311 Bartol, C. R. (1996). Police psychology: Then, now, and beyond. *Criminal Justice and Behavior*, 23, 70-89.

312 Copson, G., & Holloway, K. (1996). *Review of the scientific status of the 'abuser/exploiter' model of sexual offending.* Unpublished manuscript.

313 Wilson, P., & Soothill, K. (1996, January). Psychological profiling: Red, green or amber? *The Police Journal*, pp. 12-20.

314 Nelson, R. (1990, December). What really happened on the IOWA? *Popular Science*, pp. 84-87,120-121.

315 Ebert, B. W. (1987). Guide to conducting a psychological autopsy. Professional Psychology: *Research and Practice*, 18, 52-56.

316 Fowler, R. D. (1986, May). Howard Hughes: A psychological autopsy. *Psychology Today*, pp. 22-25, 28-33.

317 *U.S.S. Iowa tragedy: An investigative failure*. (1990). Report of the Investigations Subcommittee and the Defense Policy Panel of the Committee on Armed Services, House of Representative.101st Congress, 2nd Session.

318 *Review of Navy investigation of U.S.S. Iowa explosion*. (1990). Joint hearings before the Investigations Subcommittee and the Defense Policy Panel of the Committee on Armed Services, House of Representatives,101st Congress,1st Session (HASC No.101-41). Washington, DC: U.S. Government Printing Office.

319 Jackson, J. L., van Koppen, P. J., & Herbrink, J. C. M. (1993). *Does the service meet the needs? An evaluation of consumer satisfaction with specific profile analysis and investigative advice as offered by the Scientific Research Advisory Unit of the National Criminal Intelligence Division (CRI), The Netherlands* (NISCALE Report NSCR 93-05). Leiden, The Netherlands: The Netherlands Institute for the Study of Criminality and Law Enforcement.

320 Ault, Jr., R. L., & Reese, J. T. (1980). A psychological assessment of crime profiling. *FBI Law Enforcement Bulletin*, 49 (3), 22-25.

321 Hazelwood, R. R., & Douglas, J. E. (1980). The lust murderer. *FBI Law Enforcement Bulletin*, 49 (4), 18-22.

322 Porter, B. (1983, April). Mind hunters. *Psychology Today*, pp. 44-52.

323 Icove, D. J. (1986). Automated crime profiling. *FBI Law Enforcement Bulletin*, 55 (12), 27-30.

324 Reboussin, R., & Cameron, J. (1989). Expert systems for law enforcement. *FBI Law Enforcement Bulletin*, 58 (8), 12-16.

325 Benfer, R. A., Brent, Jr., E. E., & Furbee, L. (1991). *Expert systems*. Sage university paper series on quantitative applications in the social sciences, 77. Newbury Park, CA: Sage.

326 Bunge, E. (1991). The role of pattern recognition in forensic science: An introduction to methods. In E. Kube & H. U. Störzer (Eds.), *Police research in the Federal Republic of Germany: 15 years research within the "Bundeskriminalamt"* (pp. 253-265). Berlin: Springer-Velag.

327 Dietz, P. E. (1985). Sex offender profiling by the FBI: A preliminary conceptual model. In M. H. Ben-Aron, S. J. Hucker, & C. D. Webster (Eds.), *Clinical criminology: The assessment and treatment of criminal behaviour* (pp. 207-219). Toronto: M&M Graphics.

328 Institutional Research and Development Unit, FBI Academy. (1981). *Evaluation of the psychological profiling program*. Unpublished manuscript.

329 Pinizzotto, A. J., & Finkel, N. J. (1990). Criminal personality profiling: An outcome and process study. *Law and Human Behavior*, 14, 215-233.
330 Pinizzotto, A. J. (1984). Forensic psychology: Criminal personality profiling. *Journal of Police Science and Administration*, 12, 32-40.
331 Kocsis, R. N., Irwin, H. J., Hayes, A. F., & Nunn, R. (forthcoming). Expertise in psychological profiling: A comparative assessment. *Journal of Interpersonal Violence*.
332 Jackson, J. L., van Koppen, P. J., & Herbrink, J. C. M. (1993). *An expert/novice approach to offender profiling* (NISCALE Working Paper). Leiden, The Netherlands: The Netherlands Institute for the Study of Criminality and Law Enforcement.
333 Adhami, E., & Browne, D. P. (1996). *Major crime enquiries: Improving expert support for detectives* (Special Interest Series: Paper XX). London: Police Research Group, Home Office Police Department.
334 Jackson, J. L. (1994, March). *An expert/novice approach to offender profiling*. Paper presented at the meeting of the Academy of Criminal Justice Sciences, Chicago, IL.
335 Oldfield, D. (1995). *Investigative support for low incidence serious crime*. Unpublished manuscript, Police Research Group, Home Office Police Department, London.
336 Bekerian, D. A., & Jackson, J. L. (1997). Critical issues in offender profiling. In J. L. Jackson & D. A. Bekerian (Eds.), *Offender profiling: Theory, research and practice* (pp. 209-220). Chichester: John Wiley & Sons.
337 de Cocq, M. (1997). *Interpol crime analysis booklet*. Lyon, France: International Criminal Police Organization.
338 Garland, N. M., & Stuckey, G. B. (2000). *Criminal evidence for the law enforcement officer* (4th ed.). New York: McGraw-Hill.
339 *Frye v. United States*, 293 F.2d 1013, 104.
340 *Daubert, v. Merrell Dow Pharmaceuticals, Inc.*, 509 U.S. 579 (1993).
341 *R. v.* Mohan (1994), 89 C.C.C.(3d)402(S.C.C.).
342 *R. v.* Clark (1998), unreported, O.C.J. (General Division).
343 Forst, B. (1996). Evidence, probabilities, and legal standards for the determination of guilt: Beyond the O.J. trial. In G. Barak (Ed.), *Representing O.J.: Murder, criminal justice and mass culture* (pp. 22-28). Guilderland, NY: Harrow and Heston.
344 Martin, R. M. (1992). *There are two errors in the the title of this book: A sourcebook of philosophical puzzles, problems, and paradoxes*. Peterborough, ON: Broadview Press.
345 Reid, P. (1996, October 13). Fit the profile, pay the price. *The Edmonton Journal*, p. F5.
346 Grubin, D. (1999, March). *Offender profiling: Art or science*. Lecture presented at New Scotland Yard, Directorate of Intelligence, London, UK.
347 Kosko, B., & Isaka, S. (1993). Fuzzy logic. *Scientific American*, 269 (1), 76-81.
348 Yager, R. R., & Zadeh, L. A. (1994). *Fuzzy sets, neural networks, and soft computing*. New York: Van Nostrand Reinhold.
349 Verma, A. (1997). Construction of offender profiles using fuzzy logic. Policing: An International *Journal of Police Strategies and Management*, 20, 408-418.
350 Austin, V. (1996, July). *An investigation into offender profiling: Assessing the performance of automated profiling on criminal identification, using fuzzy logic*. Paper presented at the Third International Conference on Forensic Statistics, Edinburgh, UK.
351 Goodall, B. (1987). *The Penguin dictionary of human geography*. Harmondsworth, Middlesex: Penguin.
352 Zipf, G. (1950). *The principle of least effort*. Reading, MA: Addison-Wesley.
353 Reber, A. S. (1985). *The Penguin dictionary of psychology*. Harmondsworth, Middlesex: Penguin.
354 Cornish, D. B., & Clarke, R. V. (Eds.). (1986). *The reasoning criminal: Rational choice perspectives on offending*. New York: Springer-Verlag.
355 Luce, R. D. (1959). *Individual choice behavior*. New York: John Wiley & Sons.
356 Tversky, A., & Kahneman, D. (1981). The framing of decisions and the psychology of choice. *Science*, 211, 453-458.
357 Rhodes. W. M., & Conly, C. (1981). Crime and mobility: An empirical study. In P. J. Brantingham & P. L. Brantingham (Eds.), *Environmental criminology* (pp. 167-188). Beverly Hills: Sage.
358 Waters, N. (1995). The most beautiful formulae in GIS. In J. K. Berry (Ed.), *Spatial reasoning for effective GIS* (pp.

175-192). Fort Collins, CO: GIS World Books.
359 Lowe, J. C., & Moryadas, S. (1975). *The geography of movement*. Boston: Houghton Mifflin.
360 Stea, D. (1969). The measurement of mental maps: An experimental model for studying conceptual spaces. In K. R. Cox & R. G. Golledge (Eds.), *Behavioral problems in geography* (pp. 228-253). Evanston, IL: Northwestern University Press.
361 Clark, A. N. (1990). *The New Penguin dictionary of geography*. London: Penguin Books.
362 Gould, P. (1975). Acquiring spatial information. *Economic Geography*, 51, 87-99.
363 Gould, P., & White, R. (1986). *Mental maps* (2nd ed.). London: Routledge.
364 Rengert. G. F., & Wasilchick, J. (1985). *Suburban burglary*. Springfield, IL: Charles C. Thomas.
365 Lynch, K. (1960). *The image of the city*. Cambridge, MA: MIT Press.
366 Jakle, J. A., Brunn, S., & Roseman, C. C. (1976). *Human spatial behavior: A social geography*. Prospect Heights, IL: Waveland Press.
367 Canter, D. V. (1994). *Criminal shadows*. London: HarperCollins.
368 Coucelis, H. Golledge, R. Gale, N., & Tobler, W. (1987). Exploring the anchor point hypothesis of spatial cognition. *Journal of Environmental Psychology*, 7, 99-122.
369 Rengert, G. F. (1990, November). *Drug purchasing as a routine activity of drug dependent property criminals and the spatial concentration of crime*. Paper presented at the meeting of the American Society of Criminology, Baltimore, MD.
370 U.S. Department of Justice. (1992). *Ted Bundy Multiagency Investigative Team report 1992* (Federal Bureau of Investigation). Washington, DC: U.S. Government Printing Office.
371 Kind, S. S. (1987). Navigational ideas and the Yorkshire Ripper investigation. *Journal of Navigation*, 40, 385-393.
372 Britton, P. (1997). The Jigsaw Man. London: Bantam Press.
373 Newton, Jr., M. B., & Swoope, E. A. (1987). *Geoforensic analysis of localized serial murder: The Hillside Stranglers located*. Unpublished manuscript.
374 Canter, D. V., & Hodge, S. (1997). *Predatory patterns of serial murder*. Unpublished manuscript, The University of Liverpool, Institute of Investigative Psychology and Forensic Behavioural Science, Liverpool.
375 Kocsis, R. N., & Irwin, H. J. (1997). An analysis of spatial patterns in serial rape, arson, and burglary: The utility of the circle theory of environmental range for psychological profiling. *Psychiatry, Psychology and Law*, 4, 195-206.
376 McIver, J. P. (1981). Criminal mobility: A review of empirical studies. In S. Hakim & G. F. Rengert (Eds.), Crime spillover (pp. 20-47). Beverly Hills: Sage.
377 Boots, B. N., & Getis, A. (1988). *Point pattern analysis*. Sage university paper series on scientific geography, 8. Beverly Hills: Sage.
378 Garson, G. D., & Biggs, R. S. (1992). *Analytic mapping and geographic databases*. Sage university paper series on quantitative applications in the social sciences, 87. Newbury Park, CA: Sage.
379 Blalock, Jr., H. M. (1972). *Social statistics* (2nd ed.). New York: McGraw-Hill.
380 Blanche, T., & Schreiber, B. (1998). *Death in paradise: An illustrated history of the Los Angeles County Department of Coroner*. Los Angeles: General Publishing Group.
381 Seltzer, M. (1998). *Serial killers: Death and life in America's wound culture*. New York: Routledge.
382 Brantingham, P. J., & Brantingham, P. L. (Eds.). (1981). *Environmental criminology* (1991 reissue). Prospect Heights, IL: Waveland Press.
383 Brantingham, P. J., & Jeffery, C. R. (1981). Afterward: Crime space, and criminological theory. In P. J. Brantingham & P. L. Brantingham (Eds.), *Environmental criminology* (pp. 227-237). Beverly Hills: Sage.
384 Clarke, R. V. (Ed.). (1992). *Situational crime prevention: Successful case studies*. New York: Harrow and Heston.
385 Clarke, R. V. (Ed.). (1997). *Situational crime prevention: Successful case studies* (2nd ed.). Guilderland, NY: Harrow and Heston.
386 Felson, M. (1986). Linking criminal choices, routine activities, informal control, and criminal outcomes. In D. B. Cornish & R. V. Clarke (Eds.), *The reasoning criminal: Rational choice perspectives on offending* (pp. 119-128). New York: Springer-Verlag.
387 Goldstein, H. (1990). *Problem-Oriented policing*. New York: McGraw-Hill.
388 Lowman, J. (1986). Conceptual issues in the geography of crime: Toward a geography of social control. *Annals of the*

Association of American Geographers, 76 (1), 81-94.
389 Smith, S. J. (1986). *Crime, space and society*. Cambridge: Cambridge University Press.
390 Brantingham, P. J., & Brantingham, P. L. (1981). Introduction: The dimensions of crime. In P. J. Brantingham & P. L. Brantingham (Eds.), *Environmental criminology* (pp. 7-26). Beverly Hills: Sage.
391 Warren, R. L. (1972). *The community in America* (2nd ed.). Chicago: Rand McNally.
392 Williams, F. P., & McShane, M. D. (1988). *Criminological theory*. Englewood Cliffs, NJ: Prentice Hall.
393 Brantingham, P. J., & Brantingham, P. L. (Eds.). (1981). *Environmental criminology*. Beverly Hills: Sage.
394 Kinsey, R., Lea, J., & Young, J. (1986). *Losing the fight against crime*. Oxford: Basil Blackwell.
395 Baldwin, J., & Bottoms, A. E. (1976). *The urban criminal: A study in Sheffield*. London: Tavistock Publications.
396 Capone, D. L., & Nichols, Jr., W. W. (1975). Crime and distance: An analysis of offender behaviour in space. *Proceedings, Association of American Geographers*, 45-49.
397 Nichols, Jr., W. W. (1980). Mental maps, social characteristics, and criminal mobility. In D. E. Georges-Abeyie & K. D. Harries (Eds.), *Crime: A spatial perspective* (pp. 156-166). New York: Columbia University Press.
398 Reppetto, T. A. (1974). *Residential crime*. Cambridge, MA: Ballinger.
399 Gabor, T., & Gottheil, E. (1984). Offender characteristics and spatial mobility: An empirical study and some policy implications. *Canadian Journal of Criminology*, 26, 267-281.
400 Pettiway, L. E. (1995). Copping crack: The travel behavior of crack users. *Justice Quarterly*, 12, 499-524.
401 Feeney, F. (1986). Robbers as decision-makers. In D. B. Cornish & R. V. Clarke (Eds.), *The reasoning criminal: Rational choice perspectives on offending* (pp. 53-71). New York: Springer-Verlag.
402 Feeney, F. (1996). Robbers as decision makers. In P. F. Cromwell (Ed.), *In their own words: Criminals on crime* (pp. 87-97). Los Angeles: Roxbury Publishing.
403 Canter, D. V., & Gregory, A. (1994). Identifying the residential location of rapists. *Journal of the Forensic Science Society*, 34, 169-175.
404 Turner, S. (1969). Delinquency and distance. In M. E. Wolfgang & T. Sellin (Eds.), *Delinquency: Selected studies* (11-26). New York: John C. Wiley.
405 Burgess, E. W. (1925). The growth of the city. In R. E. Park, E. W. Burgess, & R. D. McKenzie (Eds.), *The city* (pp. 47-62). Chicago: University of Chicago Press.
406 Amir, A. (1971). *Patterns in forcible rape*. Chicago: University of Chicago Press.
407 Normandeau, A. (1968). *Trends and patterns in the crime of robbery*. Unpublished doctoral dissertation, University of Pennsylvania, Philadelphia.
408 Ploughman, P. D., & Ould, P. J. (1990, November). *Toward a self-protective, rational calculus: The nexus of routine activities and rape victimization risk*. Paper presented at the meeting of the American Society of Criminology, Baltimore, MD.
409 Rand, A. (1986). Mobility triangles. In R. M. Figlio, S. Hakim, & G. F. Rengert (Eds.), *Metropolitan crime patterns* (pp. 117-126). Monsey, NY: Criminal Justice Press.
410 Brantingham, P. L., & Brantingham, P. J. (1981). Notes on the geometry on crime. In P. J. Brantingham & P. L. Brantingham (Eds.), *Environmental criminology* (pp. 27-54). Beverly Hills: Sage.
411 DeFrances, C. J., & Smith, S. K. (1994). *Crime and neighborhoods* (BJS Publication No.NCJ-147005). Washington, DC: U.S. Government Printing Office.
412 Capone, D. L., & Nichols, Jr., W. W. (1976). Urban structure and criminal mobility. *American Behavioral Scientist*, 20, 199-213.
413 van Koppen, P. J., & de Keijser, J. W. (1997). Desisting distance decay: On the aggregation of individual crime trips. *Criminology*, 35, 505-515.
414 Langbein, L. I., & Lichtman, A. J. (1978). *Ecological inference*. Sage university paper series on quantitative applications in the social sciences, 10. Beverly Hills: Sage.
415 Rengert, G. F., Piquero, A. R., & Jones, P. R. (1999). Distance decay reexamined. *Criminology*, 37, 427-445.
416 Warren, J. I., Reboussin, R., Hazelwood, R. R., Cummings, A., Gibbs, N., & Trumbetta, S. (1998). Crime scene and distance correlates of serial rape. *Journal of Quantitative Criminology*, 14, 35-59.
417 Nash, J.R. (1992). *World encyclopedia of 20th century murder*. New York: Paragon House.
418 Newton, Jr., M. B., & Newton, D. C. (1985, October). *Geoforensic identification of localized serial crime: Unsolved*

female homicides, Fort Worth, Texas, 1983-85. Paper presented at the meeting of the Southwest Division, Association of American Geographers, Denton, TX.
419 Davies, A., & Dale, A. (1995). *Locating the rapist*. Unpublished manuscript, Police Research Group, Home Office Police Department, London.
420 Leyton, E., O'Grady, W., & Overton, J. (1992). *Violence and public anxiety: A Canadian case*. St. John's, NF: Institute of Social and Economic Research.
421 Rossmo, D. K., & Routledge, R. (1990). Estimating the size of criminal populations. *Journal of Quantitative Criminology*, 6, 293-314.
422 House, J. C. (1993). *Facet theory and stranger sexual assault behaviour: Investigative classification in Canadian offenders*. Unpublished master's thesis, University of Surrey, England.
423 Brantingham, P. L., & Brantingham, P. J. (1993). Environment, routine and situation: Toward a pattern theory of crime. In R. V. Clarke & M. Felson (Eds.), *Routine activity and rational choice* (pp. 259-294). New Brunswick, NJ: Transaction.
424 Boggs, S. (1965). Urban crime patterns. American Sociological Review, 30, 899-908.
425 Bullock, H. A. (1955). Urban homicide in theory and fact. *Journal of Criminal Law, Criminology and Police Science*, 45, 565-575.
426 Chappell, D. (1965). *The development and administration of the English law relating to breaking and entering*. Unpublished doctoral dissertation, University of Cambridge, Cambridge.
427 Erlanson. O. A. (1946). The scene of sex offences. *Journal of Criminal Law & Criminology*, 31, 339-342.
428 Hanfland, K. A. (1982). *Distance/Suspect age-group relationship - Crime scene to suspect residence*. Unpublished manuscript.
429 Pope, C. E. (1980). Patterns in burglary: An empirical examination of offense and offender characteristics. *Journal of Criminal Justice*, 8 (1), 39-51.
430 Pyle, G. F. (1974). *The spatial dynamics of crime* (Research Paper No.159). Chicago: Department of Geography, University of Chicago.
431 Pyle, G. F. (1976). Spatial aspects of crime in Cleveland, Ohio. *American Behavioral Scientist*, 20, 175-198.
432 Reiss, Jr., A. J. (1967). *Place of residence of arrested persons compared with the place where the offence charged in arrest occurred for Part I and II offences*. A Report to the President's Commission on Law Enforcement and Administration of Justice, Washington, DC: U.S. Government Printing Office.
433 Rossmo, D. K., & Baeza, J. J. (1998). *The Upper East Side Rapist: A case study in geographic profiling*. Paper presented at the meeting of the American Society of Criminology, Washington, DC.
434 Shaw, S. (1998). *Applying environmental psychology and criminology: The relationship between crime site locations within offences of murder*. Unpublished undergraduate thesis, University of Plymouth, England.
435 Suttles, G. C. (1968). *The social order of the slum*. Chicago: University of Chicago Press.
436 Topalin, J. (1992). *The journey to rape*. Unpublished master's thesis, University of Surrey, England.
437 Waller, I., & Okihiro, N. (1978). *Burglary: The victim and the public*. Toronto: University of Toronto Press.
438 White, R. C. (1932). The relation of felonies to environmental factors in Indianapolis. *Social Forces*, 10, 498-509.
439 Wolfgang, M. E. (1958). *Patterns of criminal homicide*. Philadelphia: University of Pennsylvania Press.
440 Jeffery, C. R. (1977). *Crime prevention through environmental design* (2nd ed.). Beverly Hills: Sage.
441 Brower, S. (1980). The defensibility of defensible space: A critical review and a synthetic framework for future research. In T. Hirschi, & M. Gottfredson, (Eds.), *Understanding crime: Current theory and research*.
442 Wood, D. (1981). In defense of indefensible space. In P. J. Brantingham, & P. L. Brantingham (Eds.), *Environmental criminology* (pp.167-188). Bererly Hills: Sage.
443 Brantingham, P. L., Brantingham, P. J., & Wong, P. S. (1990). Malls and crime: A first look. *Security Journal*, 1, 175-181.
444 Brantingham, P. J., Brantingham, P. L., & Wong, P. S. (1991). How public transit feeds private crime: Notes on the Vancouver "Skytrain" experience. *Security Journal*, 2, 91-95.
445 Buckley, J. B. (1996). *Public transit and crime: A routine activities/ecological approach*. Unpublished master's thesis, Simon Fraser University, Burnaby BC.
446 Felson, M. (1989, November). *Preventing crime at Newark Subway stations*. Paper presented at the meeting of the

American Society of Criminology, Reno, NV.

447 Cohen, L., & Felson, M. (1979). Social change and crime rate trends: A routine activity approach. *American Sociological Review*, 44, 588-608.

448 Ouimet, M., & Proulx, J. (1994, November). *Spatial and temporal behaviour of pedophiles: Their clinical usefulness as to the relapse prevention model*. Paper presented at the meeting of the American Society of Criminology, Miami, FL.

449 Clarke, R. V., & Felson, M. (Eds.). (1993). *Routine activity and rational choice*. New Brunswick, NJ: Transaction.

450 Cornish, D. B. (1993). Theories of action in criminology: Learning theory and rational choice approaches. In R. V. Clarke & M. Felson (Eds.), *Routine activity and rational choice* (pp. 351-382). New Brunswick, NJ: Transaction.

451 Cornish, D. B., & Clarke, R. V. (1986). Introduction. In D. B. Cornish & R. V. Clarke (Eds.), *The reasoning criminal: Rational choice perspectives on offending* (pp. 1-16). New York: Springer-Verlag.

452 Jeffery, C. R., & Zahm, D. L. (1993). Crime prevention through environmental design, opportunity theory, and rational choice models. In R. V. Clarke & M. Felson (Eds.), *Routine activity and rational choice* (pp. 323-350). New Brunswick, NJ: Transaction.

453 Jacoby J. E. (Ed.). (1979). *Classics of criminology*. Prospect Heights, IL: Waveland Press.

454 Trasler, G. (1993). Conscience, opportunity, rational choice, and crime. In R. V. Clarke & M. Felson (Eds.), *Routine activity and rational choice* (pp. 305-322). New Brunswick, NJ: Transaction.

455 King, B. (Ed.). (1996). *Lustmord: The writings and artifacts of murderers*. Burbank, CA: Bloat.

456 Clarke, R. V., & Felson, M. (1993). Introduction: Criminology, routine activity, and rational choice. In R. V. Clarke & M. Felson (Eds.), *Routine activity and rational choice* (pp. 1-14). New Brunswick, NJ: Transaction.

457 Linedecker, C. L. (1991). *Night Stalker*. New York: St. Martin's Press.

458 Ford, D. A. (1990). Investigating serial murder: The case of Indiana's "Gay Murders." In S. A. Egger (Ed.), *Serial murder: An elusive phenomenon* (pp. 113-133). New York: Praeger.

459 Eastham, M. W. (1989). Blindfold/Paperbag Rapist. *The RCMP Quarterly*, 54 (2), 30-37.

460 Wright, R. T., & Decker, S. H. (1996). Choosing the target. In P. F. Cromwell (Ed.), *In their own words: Criminals on crime* (pp. 34-46). Los Angeles: Roxbury Publishing.

461 Casti, J. (1998, May 9). Easy does it. *New Scientist*, pp. 44-47.

462 Eck, J. E., & Weisburd, D. A. (1995). Crime places in crime theory. In J. E. Eck & D. A. Weisburd (Eds.), *Crime and place: Crime prevention studies, Vol. 4* (pp. 1-33). Monsey, NY: Criminal Justice Press.

463 Taylor, R. B. (1997, July). *Crime and Place: What we know, what we can prevent, and what else we need to know*. Paper presented at the National Institute of Justice Annual Research and Evaluation Conference, Washington ,DC.

464 Newman, O. (1972). *Defensible space: Crime prevention through urban design*. New York: Macmillan.

465 Newman, O. (1996). *Creating defensible space*. Washington, DC: U.S. Department of Housing and Urban Development.

466 Brantingham, P. L., & Brantingham, P. J. (1995). Criminality of place: Crime generators and crime attractors. *European Journal on Criminal Policy and Research: Crime Environments and Situational Prevention*, 3 (3), 5-26.

467 Beavon, D. J. K., Brantingham, P. L., & Brantingham, P. J. (1994). The influence of street networks on the patterning of property offenses. In R. V. Clarke (Ed.), *Crime prevention studies, Vol. 2* (pp.115-148). Monsey, NY: Criminal Justice Press.

468 Cromwell, P. F., Olson, J. N., & Avary, D. W. (1990). *Residential burglary: An ethnographic analysis*. Washington, DC: National Institute of Justice.

469 Cromwell, P.F., Olson, J.N., & Avary, D.W. (1991). *Breaking and entering: An ethnographic analysis of burglary*. Newbury Park, CA: Sage.

470 Brantingham, P. J., & Brantingham, P. L. (1975). The spatial patterning of burglary. *Howard Journal of Penology and Crime Prevention*, 14, 11-24.

471 Walsh, D. (1986). Victim selection procedures among economic criminals: The rational choice perspective. In D. B. Cornish & R. V. Clarke (Eds.), *The reasoning criminal: Rational choice perspectives on offending* (pp. 39-52). New York: Springer-Verlag.

472 Brantingham, P. L., & Brantingham, P. J. (1993). Nodes, paths and edges: Considerations on the complexity of crime and the physical environment. *Journal of Environmental Psychology*, 13, 3-28.

473 Block, C. R. (1990, December). *Hot spots and isocrimes in law enforcement decision making*. Paper presented at the conference on Police and Community Responses to Drugs: Frontline Strategies in the Drug War.

474 Block, C. R., & Block, R. L. (Eds.). (1995). *Trends, risks, and interventions in lethal violence: Proceedings of the Third Annual Spring Symposium of the Homicide Research Working Group* (NIJ Publication No.NCJ-154254). Washington, DC: U.S. Government Printing Office.
475 Sherman, L. W., Gartin, P. R., & Buerger, M. E. (1989). Hotspots of predatory crime: Routine activities and the criminology of place. *Criminology*, 27, 27-55.
476 Van Soomeren, P. (1989). The physical urban environment and reduction of urban insecurity: A general introduction. *Local Strategies for the Reduction of Urban Insecurity in Europe* (Urban Renaissance in Europe Study Series, Vol. 35, pp. 219-232). Strasbourg: Council of Europe.
477 Douglas, K. (1999, September 4). Basic instinct. *New Scientist*, pp. 32-35.
478 Rossmo, D. K. (1998). Target patterns of serial murderers: A methodological model. In R. M. Holmes & S. T. Holmes (Eds.), *Contemporary perspectives on serial murder* (pp. 199-217). Thousand Oaks, CA: Sage.
479 Cleary, S., & Rettig, R. P. (1994, November). *A profiling matrix for serial killers*. Paper presented at the meeting of the American Society of Criminology, Miami, FL.
480 Flowers, A. (1993). *Blind fury*. New York: Windsor.
481 Keppel, R. D., & Birnes, W. J. (1995). *The Riverman: Ted Bundy and I hunt for the Green River Killer*. New York: Simon & Schuster.
482 Robbins, R. (1977). *Mantracking*. Montrose, CA: Search and Rescue Magazine.
483 Sacks, D. (1999). Tracking. *RCMP Gazette*, 61 (2/3), 10-12.
484 Skinner, M., & Lazenby, R. A. (1983). *Found! Human remains: A field manual for the recovery of the recent human skeleton*. Burnaby, BC: Archaeology Press, Simon Fraser University.
485 France, D. L., Griffin, T. J., Swanburg, J. G., Lindemann, J. W., Davenport, G. C., Trammell, V., Travis, C. T., Kondratieff, B., Nelson, A., Castellano, K., Hopkins, D., & Adair, T. (1997). NecroSearch revisited: Further multidisciplinary approaches to the detection of clandestine graves. In W. D. Haglund & M. H. Sorg (Eds.), *Forensic taphonomy: The postmortem fate of human remains* (pp. 497-509). Boca Raton, FL: CRC Press.
486 Kubik, R. (1996, Winter). New tool for imaging. *Canadian Resources*, pp. 2-5.
487 Haglund, W. D., & Sorg, M. H. (Eds.). (1997). *Forensic taphonomy: The postmortem fate of human remains*. Boca Raton, FL: CRC Press.
488 Haglund, W. D. (1997). Dogs and coyotes: Postmortem involvement with human remains. In W. D. Haglund & M. H. Sorg (Eds.), *Forensic taphonomy: The postmortem fate of human remains* (pp. 367-381). Boca Raton, FL: CRC Press.
489 Haglund, W. D. (1997). Scattered skeletal human remains: Search strategy considerations for locating missing teeth. In W. D. Haglund & M. H. Sorg (Eds.), *Forensic taphonomy: The postmortem fate of human remains* (pp. 383-394). Boca Raton, FL: CRC Press.
490 Murad, T. A. (1997). The utilization of faunal evidence in the recovery of human remains. In W. D. Haglund & M. H. Sorg (Eds.), *Forensic taphonomy: The postmortem fate of human remains* (pp. 395-404). Boca Raton, FL: CRC Press.
491 Cusson, M. (1993). A strategic analysis of crime: Criminal tactics as responses to precriminal situations. In R. V. Clarke & M. Felson (Eds.), *Routine activity and rational choice* (pp. 295-304). New Brunswick, NJ: Transaction.
492 Douglas, J. E., & Olshaker, M. (1995). *Mindhunter: Inside the FBI's elite serial crime unit*. New York: Simon & Schuster.
493 Glover, J. D., & Witham, D. C. (1989). The Atlanta serial murders. *Policing*, 5 (1), 2-16.
494 Ressler, R. K., & Burgess, A. W. (1985). Crime scene and profile characteristics of organized and disorganized murderers. *FBI Law Enforcement Bulletin*, 54 (8), 18-25.
495 Ressler, R. K. (1989, November). *Sexual homicide: Patterns and motives*. Paper presented at the meeting of the American Society of Criminology, Reno, NV.
496 Shargorodsky, S. (1998, November 22). *Ukraine - Serial Murders*. Associated Press Newswire.
497 Petrucci, S. J. (1997). *Victim-Acquisition techniques of serial sexual killers*. Unpublished master's thesis, California State University, Fresno, CA.
498 Petrucci, S. J. (1998, February). *A victim-acquisition technique typology of serial sexual killers*. Paper presented at the conference of the Western Society of Criminology, Newport Beach, CA.
499 Daly, M., & Wilson, M. (1995, November). *Foraging theory for criminologists*. Paper presented at the meeting of the American Society of Criminology, Boston, MA.
500 Westfall, B. (1992). Westley Allan Dodd. *Police*, 16 (7), 58-60,84.

501 Hickey, E. W. (1996). An interview with a serial murderer. In P. F. Cromwell (Ed.), *In their own words: Criminals on crime* (pp. 117-127). Los Angeles: Roxbury Publishing.

502 Pearson, P. (1994, June). Murder on her mind. *Saturday Night*, pp. 46-53,64-68.

503 Bennett, T., & Wright, R. T. (1984). *Burglars on burglary: Prevention and the offender*. Aldershot, Hants: Gower.

504 Schaller, G. B. (1972). *The Serengeti lion: A study of predator-prey relations*. Chicago: University of Chicago Press.

505 Gaskins, D., & Earle, W. (1993). *Final truth*. New York: Windsor.

506 Falk, G. (1990). *Murder: An analysis of its forms, conditions, and causes*. Jefferson, NC: McFarland.

507 Robbins, S. R. (1991). *The spatial typology of serial murder: An exploration of the differences in the methods, motivations, and selected variables between the geographically stable and the geographically transient serial killers*. Unpublished master's thesis, University of Louisville, Louisville, KY.

508 Wilson, C. (1988). *The mammoth book of true crime*. London: Robinson.

509 Burn, G. (1984). *Somebody's husband, somebody's son*. New York: Penguin.

510 Jenkins, P. (1993). African-Americans and serial homicide. *American Journal of Criminal Justice*, 17 (2), 47-60.

511 Barnard, C. J. (1984). The evolution of food-scrounging strategies within and between species. In C. J. Barnard (Ed.), *Producers and scroungers: Strategies of exploitation and parasitism* (pp. 95-126). London: Croom Helm.

512 Flanagan, T. J., & Maguire, K. (Eds.). (1990). *Sourcebook of criminal justice statistics - 1989* (U.S. Department of Justice, BJS Publication No.NCJ-124224). Washington, DC: U.S. Government Printing Office.

513 Biondi, R., & Hecox, W. (1992). *The Dracula Killer*. New York: Simon & Schuster.

514 Olson, C. R. (1989). *Profile of a serial killer - The Clifford Olson Case*. Unpublished manuscript.

515 Olson, C. R. (1992). *Inside the mind of a serial killer - A profile*. Unpublished manuscript.

516 Gates, D. F., & Shah. D. K. (1992). *Chief*. New York: Bantam Books.

517 O'Brien, D. (1985). *Two of a kind*. New York: New American Library.

518 Schwarz, T. (1981). *The Hillside Strangler: A murderer's mind*. New York: Penguin Books.

519 Time-Life Books. (1993). *Compulsion to kill*. Alexandria, VA: Author.

520 Wolf, M. I., & Mader, K. (1986). *Fallen angels*. New York: Ballantine Books.

521 James, C. A. M. (1992). *Peter William Sutcliffe: 'The Yorkshire Ripper.'* Unpublished manuscript, Simon Fraser University, School of Criminology, Burnaby, BC.

522 Jones, R. G. (Ed.). (1989). *The mammoth book of murder*. New York: Carroll & Graf.

523 The killing ground. (1981, May24). *The Sunday Times*, p. 13.

524 Allen, J. (1993, August). *The lady-killer*. Mirabella, pp. 76-81.

525 Carpozi, Jr., G. (1977). *Son of Sam: The .44-Caliber Killer*. New York: Manor Books.

526 Lane, B., & Gregg, W. (1992). *The encyclopedia of serial killers*. New York: Diamond Books.

527 Murder and attempted murders - New York City. (1977). *The New York Times Annual Index*, p. 874.

528 Dahmer, L. (1994). *A father's story*. London: Little, Brown.

529 Dvorchak, R. J., & Holewa, L. (1991). *Milwaukee massacre*. New York: Dell.

530 Masters, B. (1993). *The shrine of Jeffrey Dahmer*. London: Hodder & Stoughton.

531 Norris, J. (1992). *Jeffrey Dahmer*. New York: Windsor.

532 Eftimiades, M. (1993). *Garden of graves*. New York: St. Martin's Press.

533 Keyes, E. (1976). *The Michigan Murders*. New York: Simon & Schuster.

534 Kennedy, D. (1994). *On a killing day*. New York: Shapolsky Publishers.

535 Reynolds, M. (1992). *Dead ends*. New York: Warner Books.

536 Kelleher, M. D., & Kelleher, C. L. (1998). *Murder most rare: The female serial killer*. Praeger Publishers: Westport, CT.

537 Harrison, F. (1987). *Brady and Hindley: Genesis of the Moors Murders*. London: Grafton Books.

538 Williams, E. (1967). *Beyond belief*. London: World Books.

539 Rule, A. (1983). *Lust Killer*. New York: Penguin Books.

540 Holmes, R. M. (1991). *Sex crimes*. Newbury Park, CA: Sage.

541 Smith. J. N. M. (1974). The food searching behaviour of two European thrushes I: Description and analysis of search paths. *Behaviour*, 48, 276-302.
542 Smith, J. N. M. (1974). The food searching behaviour of two European thrushes II: The adaptiveness of the search patterns. *Behaviour*, 49, 1-61.
543 Smith, J. N. M., & Sweatman, H. P. A. (1974). Food-searching behavior of titmice in patchy environments. *Ecology*, 55, 1216-1232.
544 LeBeau, J. L. (1986). *The geographical profiling of serial and non-serial rape offenders*. Unpublished manuscript, Southern Illinois University, Carbondale, IL.
545 Büchler, H., & Leineweber, H. (1991). The escape behavior of bank robbers and circular blockade operations by the police. In E. Kube & H. U. Störzer (Eds.), *Police research in the Federal Republic of Germany: 15 years research within the "Bundeskriminalamt"* (pp. 199-208). Berlin: Springer-Velag.
546 Farrell, G., & Pease, K. (1993). *Once bitten, twice bitten: Repeat victimisation and its implications for crime prevention* (Crime Prevention Unit Series Paper No. 46). London: Police Research Group, Home Office Police Department.
547 Pease, K., & Laycock, G. (1996). *Revictimization: Reducing the heat on hot victims* (NIJ Publication No.NCJ-162951). Washington, DC: U.S. Government Printing Office.
548 Moore, O. K. (1957). Divination - A new perspective. *American Anthropologist*, 59, 69-74.
549 Clarke, K. C. (1990). *Analytical and computer cartography*. Englewood Cliffs, NJ: Prentice Hall.
550 Anderson, D. (1992, July). Tracking crime with GIS - Geographic information systems. *Law Enforcement Technology*, pp. 58-59.
551 Goodchild, M. F., Kemp, K. K., & Poiker, T. (1990). *Introduction to GIS* (NCGIA Core Curriculum). National Center for Geographic Information and Analysis.
552 Goodchild, M. F., Kemp, K. K., & Poiker, T. (1990). *Technical issues in GIS* (NCGIA Core Curriculum). National Center for Geographic Information and Analysis.
553 Miller, T. (1993, May). GIS catches criminals. *GIS World*, pp. 42-43.
554 Tomlin, C. D. (1990). *Geographic information systems and cartographic modeling*. Englewood Cliffs, NJ: Prentice Hall.
555 Waters, N. (1995, January). GIS and criminal shadows. *GIS World*, p. 72.
556 Wendelken, S. (1995, January). GIS enhances preventive law enforcement. *GIS World*, pp. 58-61.
557 Waters, J. K. (1998). The geography of crime. *Mercator's World*, 3 (5), 46-51.
558 Mamalian, C. A. & La Vigne, N. G. (1999). *The use of computerized crime mapping by law enforcement: Survey results* (NIJ Publication). Washington, DC: U.S. Government Printing Office.
559 Block, C. R. (1993). Automated spatial analysis as a tool in violence reduction. *CJ the Americas*, 6 (1), 7-8, 10.
560 Block, R. L., & Block, C. R. (1995). Space, place and crime: Hot spot areas and hot places of liquor-related crime. In J. E. Eck & D. A. Weisburd (Eds.), *Crime and place: Crime prevention studies, Vol. 4* (pp. 145-183). Monsey, NY: Criminal Justice Press.
561 Rogers, R., Craig, D., & Anderson, D. (1991, March). *Serial murder investigations and geographic information systems*. Paper presented at the conference of the Academy of Criminal Justice Sciences, Nashville, TN.
562 International Association of Chiefs of Police. (1975). *Geographic base files for law enforcement*. Gaithersburg, MD: Author.
563 Reuland, M. M. (Ed.). (1997). *Information management and crime analysis: Practitioners' recipes for success*. Washington, DC: Police Executive Research Forum.
564 Egger, S. A., Lange, R., & Egger, K. A. (1996, November). *Chaos from chaos: Using chaos and facet theory to predict the date of the serial killer's next kill*. Paper presented at the meeting of the American Society of Criminology, Chicago, IL.
565 Olligschlaeger, A. M. (1997). Artificial neural networks and crime mapping. In D. A. Weisburd & J. T. McEwen (Eds.), *Crime mapping and crime prevention: Crime prevention studies, Vol. 8* (pp. 313-347). Monsey, NY: Criminal Justice Press.
566 Cook, R. (1985, October). Predicting arson. *Byte*, pp. 239-245.
567 Fung, D. S., & Potter, W. D. (1992). *An expert system to predict illicit cannabis growth sites in northeast Georgia*. In Proceeding. Third Annual Symposium of the International Association of Knowledge Engineers (pp. 563-569). Gaithersburg, MD: IAKE.

568 McEwen, J. T., & Taxman, F. S. (1995). Applications of computer mapping to police operations. In J. E. Eck & D. A. Weisburd (Eds.), *Crime and place: Crime prevention studies, Vol. 4* (pp. 259-284). Monsey, NY: Criminal Justice Press.

569 Sorensen, S. L. (1997). SMART mapping for law enforcement settings: Integrating GIS and GPS for dynamic, near-real time applications and analyses. In D. A. Weisburd & J. T. McEwen (Eds.), *Crime mapping and crime prevention: Crime prevention studies, Vol. 8* (pp. 349-378). Monsey, NY: Criminal Justice Press.

570 Berry, J. K. (1995). Spatial reasoning for effective GIS. Fort Collins, CO: GIS World Books.

571 Eck, J. E. (1997). What do those dots mean? Mapping theories with data. In D. A. Weisburd & J. T. McEwen (Eds.), *Crime mapping and crime prevention: Crime prevention studies, Vol. 8* (pp. 379-406). Monsey, NY: Criminal Justice Press.

572 Herbert, S. (1994, November). *The normative ordering of police territoriality*. Paper presented at the meeting of the American Society of Criminology, Miami, FL.

573 Rossmo, D. K. (1995). Place, space, and police investigations: Hunting serial violent criminals. In J. E. Eck & D. A. Weisburd (Eds.), *Crime and place: Crime prevention studies, Vol. 4* (pp. 217-235). Monsey, NY: Criminal Justice Press.

574 Eden, R. S. (1985). *Dog training for law enforcement*. Calgary: Detselig.

575 Eden, R. S. (1994). On automatic pilot. *Police*, 18 (3), 20-21.

576 Leineweber, H., & Büchler, H. (1991). Preventing bank robbery: The offense from the robber's perspective. In E. Kube & H. U. Störzer (Eds.), *Police research in the Federal Republic of Germany: 15 years research within the "Bundeskriminalamt"* (pp. 209-222). Berlin: Springer-Velag.

577 Cook, P. (1998). Mapping a murderer's path. In N. G. La Vigne & J. Wartell (Eds.), *Crime mapping case studies: Successes in the field* (pp. 123- 128). Washington, DC: Police Executive Research Forum.

578 Moland, R. S. (1998). Graphical display of murder trial evidence. In N. G. La Vigne & J. Wartell (Eds.), *Crime mapping case studies: Successes in the field* (pp. 69-79). Washington, DC: Police Executive Research Forum.

579 Wood, D. R. (1998). Geospatial analysis of rural burglaries. In N. G. La Vigne & J. Wartell (Eds.), *Crime mapping case studies: Successes in the field* (pp. 117-121). Washington, DC: Police Executive Research Forum.

580 Investigators believe many killers, acting separately, slew children in Atlanta. (1981, March15). *The New York Times*, pp. A1,A32-A33.

581 Conradi, P. (1992). *The Red Ripper*. London: Virgin.

582 Cullen, R. (1993). *The Killer Department*. New York: Ballantine Books.

583 Lourie, R. (1993). *Hunting the devil*. New York: HarperCollins.

584 Graysmith, R. (1976). *Zodiac*. New York: Berkley.

585 Rengert, G. F. (1996). *The geography of illegal drugs*. Boulder, CO: Westview Press.

586 Costanzo, C. M., Halperin, W. C., & Gale, N. (1986). Criminal mobility and the directional component in journeys to crime. In R. M. Figlio, S. Hakim, & G. F. Rengert (Eds.), *Metropolitan crime patterns* (pp. 73-95). Monsey, NY: Criminal Justice Press.

587 Larson, R. C., & Odoni, A. R. (1981). *Urban operations research*. Englewood Cliffs, NJ: Prentice-Hall.

588 Harries, K. (1990). *Geographic factors in policing*. Washington, DC: Police Executive Research Forum.

589 Kocsis, R. N., Irwin, H. J., Hayes, A. F., & Nunn, R. (2000). Expertise in psychological profiling: A comparative assessment. *Journal of Interpersonal Violence*, 15, 310-330.

590 *Vancouver local areas 1981-1991*. (1994). Vancouver: City of Vancouver Planning Department.

591 Rossmo, D. K. (1992, April). *Targeting victims: Serial killers and the urban environment*. Paper presented at the First International Conference on Serial and Mass Murder: Theory, Research and Policy, Windsor, ON.

592 Rossmo, D. K. (1993). Geographic profiling: Locating serial killers. In D. Zahm & P. F. Cromwell (Eds.), *Proceedings of the International Seminar on Environmental Criminology and Crime Analysis* (pp. 14-29). Coral Gables, FL: Florida Criminal Justice Executive Institute.

593 Dale, A. (1996). Modelling criminal offences. *The Police Journal*.

594 U.S. Department of Justice. (1995). *Certification of DNA and other forensic specialists* (National Institute of Justice Update). Washington, DC: U.S. Government Printing Office.

595 Menzel, D. H., & Pasachoff, J. M. (1983). *A field guide to the stars and planets* (2nd ed.). Boston: Houghton Mifflin.

596 Levy, D. H. (1994). *Skywatching*. Alexandria, VA: Time-Life Books.
597 Brahan, J. W., Valcour, L., & Shevel, R. (1994). The investigator's notebook. In *Applications and innovations in expert systems*. Cambridge: Cambridge University Press.
598 Pilant, L. (1994, January). Information management. *The Police Chief*, pp. 30-38, 42-47.
599 Popkin, J. (1994, September 19). Natural born predators. *U.S. News and World Report*, pp. 64-68, 73.
600 U.S. Department of Justice. (1994, October 3). *Violent Crime Control and Law Enforcement Act of 1994* (Fact Sheet No.NCJ-FS000067). Washington, DC: U.S. Government Printing Office.
601 How the DNA 'Database' & 'Caseworking' Units will function! (1995, February). *DNA Database*, p. 2.
602 National Crime Faculty. (1996). *Intelligence led DNA screening: A guide for investigating officers*. Bramshill: Author.
603 Cunliffe, F., & Piazza, P. B. (1980). *Criminalistics and scientific investigation*. Englewood Cliffs, NJ: Prentice-Hall.
604 Raskin, D. C. (Ed.). (1989). *Psychological methods in criminal investigation and evidence*. New York: Springer.
605 Rossmo, D. K. (1994, Fall). STAC tools: The Crime Site Probability Program. *STAC News*, pp. 9,14.
606 Balding, D. J., & Donnelly, P. (1994). Inference in forensic identification. *Journal of the Royal Statistical Society*, 157 (3), 1-20.
607 Karp, C., & Rosner, C. (1991). *When justice fails*. Toronto: McClelland & Stewart.
608 Boyd, N., & Rossmo, D. K. (1992). *Milgaard v. The Queen: Finding justice —-Problems and process*. Burnaby, BC: Criminology Research Centre, Simon Fraser University.
609 Milgaard, J., & Edwards, P. (1999). *A mother's story: The fight to free my son David*. Toronto: Doubleday Canada.
610 Connors, E., Lundregan, T., Miller, N., & McEwen, J. T. (1996). *Convicted by juries, exonerated by science: Case studies in the use of DNA evidence to establish innocence after trial* (National Institute of Justice Research Report No.NCJ-161258). Washington, DC: U.S. Government Printing Office.
611 Abrahamsen, D. (1992). *Murder & madness: The secret life of Jack the Ripper*. New York: Donald I. Fine.
612 Rumbelow, D. (1977). The Ripper's ladies. In D. Winn (Ed.), *Murder ink* (pp. 200-202). New York: Workman.
613 Wilson, C. (1960). My search for Jack the Ripper. In R. G. Jones (Ed.), *Unsolved! Classic true murder cases* (pp. 13-32). New York: Peter Bedrick Books.
614 Howells, M., & Skinner, K. (1987). *The Ripper legacy*. London: Sphere Books.
615 Wilson, C., & Odell, R. (1987). *Jack the Ripper: Summing up and verdict*. London: Corgi Books.
616 Begg, P., Fido, M., & Skinner, K. (1991). *The Jack the Ripper A to Z*. London: Headline.
617 *The secret identify of Jack the Ripper*. (1988, October 25). KCPQ. Tacoma, WA.
618 Fido, M. (1987). *The crimes, detection and death of Jack the Ripper*. London: Weidenfeld and Nicolson.
619 Underwood, P. (1987). *Jack the Ripper: One hundred years of mystery*. London: Blandford Press.
620 Harrison, S. (1993). *The diary of Jack the Ripper: The discovery, the investigation, the debate*. New York: Hyperion.
621 Butts, W. (1994). The diary of Jack the Ripper [Review of The diary of Jack the Ripper: The discovery, the investigation, the debate]. *Manuscripts*, 66, 131-133.
622 Newark, S., & Sullivan, S. (1995, Summer). High risk offenders: Unmasked. *Canadian Police Association Express*, pp. 14-20.

訳者略歴

監訳
渡辺　昭一（わたなべ　しょういち）

1943年	山梨県に生まれる
1969年	上智大学大学院文学研究科修士課程（心理学）修了
現　在	科学警察研究所防犯少年部長
	捜査面接，目撃証言，犯罪手口分析，人質事件の説得・交渉技術などの研究に従事
論　著	「応用心理学の現在」北樹出版（共著），「日本の科学警察」東京法令出版（共著），「司法心理臨床」星和書店（共著），「臨床家のためのバイオフィードバック法」医学書院（共訳）など

翻訳
渡邉　和美（わたなべ　かずみ）　担当：1章，2章，5章，8章，9章

1967年	千葉県に生まれる
1990年	学習院大学文学部心理学科卒業
現　在	科学警察研究所防犯少年部環境研究室主任研究官
	凶悪犯罪者の心理と行動，犯罪者プロファイリング，犯罪情報分析，被害者の心理と行動，危機介入とメンタルヘルスなどの研究に従事
論　著	「Sex and Violence: the psychology of crime and risk assessment」Routledge（分担執筆），「法と心理学のフロンティア1・2」剄草書房（分担執筆，近刊），「日本の犯罪学7・8」東京大学出版会（分担執筆），「プロファイリングとは何か」立花書房（分担執筆）など

鈴木　護（すずき　まもる）　担当：3章，7章，10章，12章

1969年	秋田県に生まれる
1992年	岩手大学人文社会科学部（行動科学）卒業
現　在	科学警察研究所防犯少年部犯罪予防研究室研究員
	犯罪者の空間行動，居住環境と犯罪の関連，犯罪抑止要因，地理的プロファイリングなどの研究に従事
論　著	「警察官のための調査統計入門」立花書房（分担執筆），「プロファイリングとは何か」立花書房（分担執筆），連続放火犯の犯人像と地理的プロファイリング（火災，49(4)，1999）など

島田　貴仁（しまだ　たかひと）　担当：4章，6章，11章

1972年	大阪府に生まれる
1996年	大阪大学大学院人間科学研究科博士前期課程（行動学）修了
現　在	科学警察研究所防犯少年部犯罪予防研究室研究員
	地理情報システムによる犯罪の空間分析，構築環境と犯罪との関連，住民の環境認知と犯罪不安感などの研究に従事
論　著	Moran's I 統計量による犯罪分布パターンの分析（GIS-理論と応用，10(1)，2002），都市の空間構成と犯罪発生との関連（科学警察研究所報告防犯少年編，40(1)，1999）など

地理的プロファイリング
―凶悪犯罪者に迫る行動科学―

2002年　9月20日　初版第1刷印刷
2002年　10月1日　初版第1刷発行

定価はカバーに表示
してあります。

著　　　者	D・キム・ロスモ
監　訳　者	渡　辺　昭　一
発　行　者	小　森　公　明
発　行　所	㈱北大路書房

〒603-8303　京都市北区紫野十二坊町12-8
電　話　(075) 4 3 1 - 0 3 6 1 ㈹
FAX　(075) 4 3 1 - 9 3 9 3
振　替　01050-4-2083

Ⓒ2002　　　制作／T.M.H.　　印刷・製本／亜細亜印刷㈱
検印省略　落丁・乱丁本はお取り替えいたします。

ISBN4-7628-2274-4　　　　　　　Printed in Japan

関連図書

犯罪者プロファイリング
－犯罪行動が明かす犯人像の断片－
J．L．ジャクソン・D．A．ベカリアン　編　田村雅幸　監訳
A5判・248頁・定価（本体2200円＋税）

ウソ発見
－犯人と記憶のかけらを探して－
平　伸二・中山　誠・桐生正幸・足立浩平　編著
A5判・286頁・定価（本体2200円＋税）

目撃証言の研究
－法と心理学の架け橋をもとめて－
渡部保夫　監修　一瀬敬一郎・厳島行雄・仲真紀子・浜田寿美男　編著
A5判・590頁・定価（本体6500円＋税）

心理学者，裁判と出会う
－供述心理学のフィールド－
大橋靖史・森　直久・高木光太郎・松島恵介　著
A5判・192頁・定価（本体2500円＋税）